ज्ञानमार्ग -
पाठ्यक्रम

एक विलक्षण आध्यात्मिक पद्धति

व्याख्यान : श्री तरुण प्रधान; संकलन: रमाकांत शर्मा;

ॐ श्री सदगुरुवे नमः।

अखंड मंडलाकारं, व्याप्तं येन चराचरम।

तत पदम् दर्शितं येन तस्मै श्री गुरवे नमः॥

अज्ञानान्धस्य लोकस्य, ज्ञानाञ्जनशलाकया ।

चक्षुरुन्मीलितं येन, तस्मै श्री गुरवे नमः॥

ब्रह्मानंदं परमसुखदं, केवलं ज्ञानमूर्तिं।

द्वन्द्वातीतं गगनसदृशं, तत्त्वमस्यादि लक्ष्यम॥

एकं नित्यं विमलमचलं, सर्वधीसाक्षीभूतं।

भावातीतं त्रिगुण रहितं, सद्गुरुं तं नमामि॥

गुरुर्ब्रह्मा गुरुर्विष्णु गुरुर्देवो महेश्वरा।

गुरुर्साक्षात परब्रह्म तस्मै श्री गुरवे नमः॥

ॐ श्री सदगुरुवे नमः।

क्रम-सूची

क्रम-सूची

समर्पण

समर्पण

यह पुस्तक गुरुदेव श्री तरुण प्रधान जी को समर्पित है जिन्होंने अद्भुत "ज्ञानमार्ग दीक्षा कार्यक्रम" में

श्रवण, मनन और निदिध्यासन द्वारा अभ्यास करवाते हुए, अपने सानिध्य में सीधा मार्ग दर्शन करते हुए

इसे मेरे द्वारा पूर्ण करवाया। इस पुस्तक के प्रकाशन के लिए गुरुदेव की ही प्रेरणा और कृपा है।

सूचना

इस पुस्तक का

लेखन अथवा प्रतिलेखन

शत-प्रतिशत

गुरुदेव

श्री तरुण प्रधान जी

केवीडियो व्याख्यान श्रंखला

ज्ञानमार्गज्ञानदीक्षा कार्यक्रम

पर आधारित है।

संक्षिप्त परिचय: गुरु श्री तरुण प्रधान जी

गुरुजनों का परिचय उनका ज्ञान है। ज्ञान में अस्तित्व होकर ही गुरु रहते हैं। परन्तु अस्तित्व में जिस रूप और नाम में प्रकट होकर वो ज्ञान प्रसार का यज्ञ करते हैं उसकी विशेष महिमा है।

व्याख्याकार श्री तरुण प्रधान एक आध्यात्मिक गुरु हैं जो पुणे के तम्हिनी घाट क्षेत्र में प्रवास कर रहे हैं। बाल्यकाल से ही आप अध्यात्म की ओर प्रेरित रहे और बाद में शास्त्रों के गूढ़ ज्ञान का साक्षात्कार कर, उस के प्रबल शोधकर्ता रहे हैं। इंजीनियरिंग और टेक्नोलॉजी में स्नातकोत्तर शिक्षा से अर्जित वैज्ञानिक तकनीक का भरपूर और अभूतपूर्व उपयोग कर, इस आध्यात्मिक ज्ञान को एक व्यवस्थित और सरल पद्धति द्वारा हिंदी और अंग्रेजी में साधकों को, ज्ञानदीक्षा और त्रिज्ञान (आत्म - माया - ब्रम्ह ज्ञान) कार्यक्रम का आविष्कार उपरांत उसको निःशुल्क उपलब्ध करवाया है।

ज्ञानदीक्षा और त्रिज्ञान कार्यक्रम में सम्मिलित क्षात्र-क्षात्राओं, साधक साधिकाओं की सहायता के लिए साप्ताहिक हिंदी और अंग्रेजी में सत्संग का आयोजन निरंतर हो रहा है, जिसका सञ्चालन स्वयं श्री तरुण जी कर रहे हैं। इनमें सारे आध्यात्मिक प्रश्नों, शंकाओं का समाधान किया जा रहा है। ज्ञान-दीक्षा कार्यक्रम से उत्तीर्ण कुछ साधक साधिकाओं को श्री तरुण जी ने प्रेरित कर उनके द्वारा भी सत्संग, प्रश्न उत्तर का आयोजन किया जा रहा है।

उसके आधार पर अनेकानेक वीडियो, ऑडियो, सत्संग का प्रसारण, बोधिट्यूब, यूट्यूब, टेलीग्राम, पॉडकास्ट, ब्लॉग इत्यादि माध्यमों द्वारा ये अमूल्य आध्यात्मिक ज्ञान निःशुल्क उपलब्ध हो रहा है। वस्तुतः गुरु तरुण जी ने ऑनलाइन गुरुकुल उपलब्ध करवा दिया है। आपके द्वारा अपने सभी आध्यात्मिक कार्यक्रमों में, पाठ्यक्रमों में उच्च स्तरीय शोध कार्य भी निरंतर चलाया जा रहा है।इसके अतिरिक्त प्रत्यक्ष ऑफलाइन सत्संग कार्यक्रमों का आयोजन भी उनके द्वारा हो रहा है। पुणे, दिल्ली, मुंबई, रायपुर में ये कार्यक्रम हो चुके हैं। निःशुल्क ज्ञान प्रसार आपका जीवन व्रत है। दृढ़ संकल्प शक्ति, पूर्ण समर्पण और स्वीकार भाव से इस ज्ञान प्रसार के कार्य में निष्ठापूर्ण तरीके से आप लगे हुए हैं। ये पुस्तक भी ज्ञान प्रसार का एक भाग है।

प्रस्तावना

"ज्ञानमार्ग दीक्षा-पाठ्यक्रम - एक विलक्षण आध्यात्मिक पद्धति", श्री रमाकांत शर्मा द्वारा संकलित इस पुस्तक को सभी पाठकों को समर्पित करते हुए मुझे अत्यधिक प्रसन्नता हो रही है। जैसा कि सभी जानते हैं, ज्ञानमार्ग या सनातन मार्ग इस उपमहाद्वीप की सर्वोच्च उपलब्धि है। हमारी वैदिक सभ्यता की देन है और दर्शनशास्त्र की नींव है। मेरा स्वयं का कार्य और यह पुस्तक इस ज्ञान को जिज्ञासु साधकों तक पहुँचाने का प्रयास है।

ज्ञानमार्ग, विशेष रूप से अद्वैत दर्शन, मूल ज्ञान प्रदान करता है, जो सभी साधकों के लिए आवश्यक है, भले ही वो किसी भी मार्ग पर हों। मूल ज्ञान अर्थात आत्मज्ञान, माया का ज्ञान और ब्रह्मज्ञान अध्यात्म का आधार है। इसके बिना आध्यात्मिक साधना अर्थहीन होगी। मुझे ये देखकर दुःख होता है कि बहुत से साधकों ने योगासन, ध्यान, क्रियाएं, तंत्र, पूजापाठ या अंधविश्वास को ही अध्यात्म समझ लिया है, मूल ज्ञान को भुला दिया है और वो बिना किसी मार्गदर्शन के अपना बहुमूल्य समय नष्ट कर रहें हैं। इसका कारण वैदिक ज्ञान का लुप्तप्राय होना, इसका कठिन प्राचीन भाषाओं में होना और कुशल शिक्षकों का अभाव हो सकता है। इस स्थिति को सुधारने का मैंने अपनी ओर से छोटा सा प्रयास आरंभ किया है और जो भी गुरुजनों की कृपा से मिला है, उसे सरल भाषा में सुनियोजित रूप में जनसामान्य को उपलब्ध कराने का प्रयत्न किया है। इसी से प्रेरणा लेते हुए लेखक ने कुशलतापूर्वक इस पुस्तक की रचना की है।

जैसी कि ज्ञानमार्ग की विशेषता है, जो अपरोक्ष अनुभव द्वारा प्रमाणित न हो वो ज्ञान नहीं। इस पुस्तक में केवल प्रवचन न देकर आपके अपने अनुभव की ओर संकेत किया गया है। पुस्तकें ज्ञान दे नहीं सकती, आपके अनुभव की ओर संकेत कर सकती हैं। शिष्य स्वयं के अनुभव से सीखता है और स्वयं की बुद्धि से निष्कर्ष निकालता है। ये कार्य योग्य शिक्षक की सहायता से होता है। संकलनकर्ता ने यहाँ पर यथासंभव प्रयास किया है कि पाठकों को ज्ञान हो, वो ज्ञानमार्ग के दावों को स्वतः प्रमाणित कर सकें और स्वयं सत्य असत्य का निर्धारण कर सकें। सभी पाठकों से मेरा अनुरोध है कि इसे केवल पढ़ें नहीं, इस पर मनन भी करें और अपने अनुभव में प्रमाण खोजें।

मुझे इस बात की संतुष्टि है कि अन्य साधकों ने भी ज्ञानमार्ग की शिक्षा लेकर अब उसको सबके साथ बांटने का महाकार्य आरंभ किया है, और रमाकांत जी का इस कार्य में सहयोग सराहनीय है।

यह कहना अतिशयोक्ति नहीं होगी कि रमाकांत जी विलक्षण साधक हैं। उनकी ज्ञान में रूचि, इस मार्ग के प्रति समर्पण और निष्ठा अद्वितीय है। इन्होने ज्ञानदीक्षा कार्यक्रम बिना किसी बाधा के पूरा किया और वहां इन्होने जो लेख लिखे वो उच्च कोटि के हैं, अन्य साधकों के लिए एक उदाहरण हैं। मेरी इच्छा थी कि ये लेख सभी जनों तक पहुंचे और सभी इनका लाभ ले सकें। इस पुस्तक में इन्ही लेखों का समावेश किया गया है और इस विषय को

विस्तारपूर्वक समझाया गया है। इस पुस्तक के प्रकाशन के साथ उन्होंने एक बड़ा कदम लिया है।

मैं यह भी बताना चाहूंगा कि आपकी ज्ञानमार्ग की यात्रा पुस्तक पढ़ने से ही समाप्त नहीं होगी, यह एक शुरुआत है और इच्छुक पाठक लेखक से संपर्क कर आगे मार्गदर्शन ले सकते हैं, जो निःशुल्क प्रदान किया जायेगा। मुझे आशा है कि यह पुस्तक सभी साधकों के लिए लाभकारी होगी। मेरी शुभकामनायें आपके साथ हैं।

तरुण प्रधान

पुणे , मई २०२२

भूमिका

भूमिका

मानव को हमेशा प्रेम, सद्भाव, शान्ति, अहिंसा, दया, क्षमा, नैतिकता इत्यादि चाहिए। ये ऐसे गुण, स्वभाव और व्यवहार हैं जो धन से खरीदे नहीं जा सकते। मनुष्य को ये व्यवहार अपने परिवार में सभी परिजनों से चाहिए। आसपास के सभी पड़ोसियों से चाहिए। समाज से चाहिए। अपने देश और राष्ट्र से चाहिए। सारे विश्व से चाहिए। अर्थात् सर्व से चाहिए। परन्तु वो स्वयं ये व्यवहार सर्व से नहीं करता, और करना भी नहीं चाहता। ये व्यवहार एक तरफ़ा हो नहीं सकता।

ये स्थिति बड़ी विकट है, जो गुण और व्यवहार चाहिए, ठीक उसके विपरीत गुणों का वातावरण निर्मित हो जाता है। ये तो एक व्यक्ति के व्यवहार का परिणाम है। यही 800 करोड़ मनुष्यों को जोड़ दें, अन्य जीवों को जोड़ दें तो स्थिति अत्यन्त भयावह होगी।
वास्तव में यही हो रहा है। यही भयावह, कोलाहल वाली स्थिति चल रही है। समाज में, देशों में, मनुष्यों में एक छीना झपटी चल रही है। निरंतर एक अघोषित युद्ध, सूक्ष्म महाभारत, प्रत्येक मानव जीवन में, समाजों में, देशों में चल रहा है।

पशुवृत्ति, भोगवृत्ति, जातिवृत्ति, भाववृत्ति में अटके हुए मानव चित्त को तो यही लगता है कि सारी धन, संपत्ति, शक्तियां उसे प्राप्त हो जायें जिससे वो दूसरों पर अपना प्रभुत्व जमा सके। यही हो रहा है।

इसके समाधान के रूप में यही विकल्प रह जाता है कि मनुष्य शरीर में चित्त वृत्ति को ऊपरी परतों बौद्धिक, प्रज्ञा, अध्यात्मिक की ओर विकसित किया जाय। उसकी चेतना के स्तर तक आ जाय, तभी अभीष्ट की प्राप्ति होगी।

इसके लिए अध्यात्मिक मार्ग पर चलना आवश्यक है। कोई भी मार्ग ले सकते हैं ज्ञान मार्ग, भक्ति मार्ग, योग मार्ग, क्रिया, तंत्र इत्यादि।

ज्ञानमार्ग सीधा मार्ग है जिसमें मान्यताओं और अवधारणाओं के रूप में एकत्रित अज्ञान का नाश होते ही निज आत्म, साक्षी चैतन्य स्वरूप में स्थित हो जीव आनंद और मुक्त भाव की अनुभूति करता है। साक्षीभाव की ज्ञानदृष्टि / दिव्य दृष्टि में वो वैयक्तिक से सर्व भाव में आ जाता है क्योंकि साक्षी एक ही है जो अनंत रूपों से अनुभव ले रहा है।

ये पुस्तक इसी ज्ञानमार्ग पर चलने के लिए एक सरल, सहज और आधुनिक पद्धति प्रस्तुत करने का प्रयास है जिसे गुरुदेव श्री तरुण प्रधान जी ने युक्तिपूर्ण, अपने परिश्रम और तप से प्रकट करके प्रसारित किया है। उनका ये प्रयास अनवरत जारी है। जिसमें ये पुस्तक भी जुड़ गयी है।

ॐ श्री गुरुवे नमः।

पावती (स्वीकृति)

गुरूदेव श्री तरुण प्रधान जी के प्रति ..

संकलनकर्ता अपनी कृतज्ञता व्यक्त करता है सद्गुरू श्री तरुण प्रधान जी के लिए।

उनके साथ मेरा पहला सन्देश आदान-प्रदान २२ जुलाई २०२१ को हुआ था। आज लगभग १० माह हो रहे हैं। ये भौतिक रूप से कोई पुराना परिचय नहीं है। २२ जुलाई से एक सप्ताह पूर्व मैंने उनके वीडियो सुने। उसमें व्यक्त ज्ञान, उनकी स्पष्ट आवाज, आकर्षक धारा प्रवाह वाणी, चुने हुए विषय की स्पष्ट व्याख्या मुझे अपनी ओर खींच रहे थे। एक संयोग था कि मेरे सामने अध्यात्म में सर्वोच्च महत्वपूर्ण विषय आत्म ज्ञान और ब्रम्ह ज्ञान वीडियो ही सामने आए। मैंने सुने।

प्रश्न उठने स्वाभाविक थे। ये कारण था मेरा पहला संदेश भेजने का। और आश्चर्य, २ घंटे २५ मिनट के अंदर ही उनका उत्तर का ई-मेल।उसके बाद मुझे साप्ताहिक सत्संग में जुड़ने और ज्ञानदीक्षा कार्यक्रम की जानकारी मिली।

भारतीय परिवार में जन्म लेने के कारण, स्वभाविक रूप से, आध्यात्मिक ज्ञान की झलक तो मुझे थी, इसलिए ज्ञान दीक्षा कार्यक्रम में बिना अधिक विचार किये प्रवेश ले कर आगे बढ़ा। श्रवण लेखन प्रारंभ हुआ। थोड़ी समस्या आयी कि पाठ को अक्षरशः कैसे स्मरण रखें लेखन के लिए। अब ज्ञान में उद्धृत प्रत्येक वाक्य में एक शब्द भी रह जाय तो अर्थ संपूर्णता से प्रकट नहीं होता था। इसलिए मुझे अक्षरशः लेखन करना पड़ा।

ज्ञान का हृदय में प्रवेश होते-होते अज्ञान की विलुप्ति, अवधारणाओं का हटना, मान्यताओं का तर्क और अपरोक्ष अनुभव से साक्षी भाव का प्राकट्य का चमत्कार घटित हुआ, और एक साधारण जीव का संकलनकर्ता के रूप में पुस्तक का अभिलेखन, जो आपके समक्ष है, ये दूसरा चमत्कार है।

इस पुस्तक का अभिलेखन गुरुदेव के आदेश से ही हुआ है। वीडिओ के रूप में धारा प्रवाह वाणी गुरुदेव की। इस प्राचीन ज्ञान को साक्षात्कार कर, उसके एकत्रीकरण की तपस्या गुरुदेव की। इस ज्ञान के अद्भुत व्यवस्थीकरण का श्रम और कौशल्य गुरुदेव का। संकलन और अभिलेखन में केवल मेरा नाम हो गया है।

ये सब गुरु कृपा ही है। मैं कृतज्ञ हूँ गुरुदेव आपके प्रति। मेरा कोटिशः धन्यवाद और आभार।

आपका शिष्य
रमाकांत शर्मा,
गुरुग्राम १७ मई २०२२

प्रिय गुरुभाई आदित्य मिश्रा जी के प्रति ..

हमारे बहुत ही प्रिय और प्रेमी गुरुभाई, साधक, ज्ञानी श्री आदित्य मिश्रा जी, निवासी धमतरी, छत्तीसगढ़, के इस पुस्तक के लेखन में की गई त्रुटियों के सुधार में किए गए योगदान के लिए मैं आदित्य जी का हृदय से आभार और धन्यवाद प्रेषित करता हूँ । विशेष रूप से इन त्रुटियों को चिन्हित करना अत्यंत कठिन कार्य था। जो उन्होंने अपनी बौद्धिक क्षमता एवं कौशल्य द्वारा, पारिवारिक कठोर परस्थितियों के बीच अपना अमूल्य समय निकाल कर पूर्ण किया। ये उनका इस ज्ञान के प्रति समर्पण का भाव दर्शाता है और संकलनकर्ता के प्रति स्नेह और प्रेम का भाव प्रकट करता है।

मैं एक बार पुनः आदित्य जी के लिए अपनी कृतज्ञता एवं धन्यवाद व्यक्त करता हूँ।

रमाकांत शर्मा

गुड़गांव, दिल्ली एनसीआर।

२० जनवरी २०२३

आमुख

विषय प्रवेश

जन्म और मृत्यु के चक्रव्यूह में फंसे हुए इस मानव शरीर में, जीव, भाग दौड़ करते हुए, जीवन के उतार चढ़ाव से सामना जब होता है, तो थक जाता है, पराजित होता है। तो व्यथित होता है, दुखी होता है, कष्ट का अनुभव करता है। तब इसका ध्यान अध्यात्म की ओर मुड़ता है। तब संतों, ज्ञानियों, योगी जनों की खोज करता है।

यहां दो चार वर्ष भटकता है, गुरु की खोज में, कोई मिलता नहीं, ये अध्यात्म की प्रथम भूमिका है। पहले तो मंदिर में पूजा करता था सांसारिक वस्तुओं की प्राप्ति के लिए। परन्तु अब वो तड़प रहा है अपने जीवन का समाधान खोजने के लिए।

ये खोज की तड़प जब पराकाष्ठा पर पहुँचती है, तो गुरु प्रकट होता है, ऐसा संयोग बनता है। क्योंकि गुरु भी ऐसे शिष्य को ढूँढता है। गुरु शिष्य मिलते हैं। गुरु रास्ते पर लाकर शिष्य को ज्ञान दृष्टि प्रदान करते हैं। शिष्य के लिए अध्यात्म की द्वितीय भूमिका प्रारंभ होती है।

इसके बाद फिर गुरु धीरे-धीरे शिष्य की बुद्धि के अनुसार समझाते हुए आगे बढ़ाते हैं। कैसे ये आगे बढ़ते हैं ये इस पुस्तक में आगे आने वाले अध्यायों में सीढ़ी दर सीढ़ी वर्णित किया है।

अस्तित्व क्या है, ब्रम्ह क्या है, जगत क्या है, मैं क्या है, वस्तुएं क्या है, शरीर क्या है, माया, आत्मन, ब्रम्हन इन सबके भेद खुलते हैं।

साधक को सांसारिक बंधन से मुक्त कर अपने सत्य स्वरुप आनंद स्वरूप में स्थित कर ये विश्व एक लीला मात्र है... इसका प्रत्यक्षीकरण कैसे किया जाता है, आइए पुस्तक में प्रवेश कर विषय सूची के अनुसार एक अध्याय से १८ अध्याय तक क्रमशः आगे बढ़ते हैं...

सभी साधक, ज्ञान पिपासु, जिज्ञासु, मुमुक्षु जन इस पद्धति का लाभ अवश्य लें।

ॐ श्री गुरुवे नमः

ज्ञान की बात....

आत्म ज्ञान की बात हो रही,
नष्ट हुए अज्ञान हमारे।
माया ज्ञान और ब्रम्ह ज्ञान से,
एक हुए अस्तित्व में सारे।
        हृदय में हैं गुरु विराजित,
गुरुक्षेत्र है सर्व हमारे।
चित्त शक्ति का अनुपम खेल,
प्रकट हुआ प्रत्यक्ष हमारे॥
        अनुभवकर्ता, दृष्टा , चैतन्य,
निराकार है साक्षी आत्मन।
नेति नेति के सूत्र से गुरुवर,
सिद्ध किया ये चित्त हमारे।
        अनुभव ये सब जगत वस्तुएं,
मन बुद्धि अहंकार हमारे।
चित्त की परतें, चित्त की वृत्ती,
मिथ्या संग ये शरीर हमारे ॥
        परिवर्तन ही नाद रुप में,
नाद से मिल ये जटिल बनाये।
सद्गुरु रूप में प्रकट होय तब,
भेद सिद्ध प्रत्यक्ष हमारे ॥
        अस्तित्व ब्रम्ह का प्रकट रूप हो,
अनुभव में दिखता हम सबको।
अज्ञेय ज्ञेय के चक्र के ऊपर,
द्वैत विलय अद्वैत हमारे॥
        ॐ श्री गुरुवे नमः

1

ज्ञानमार्ग के आधारभूत सिद्धांत;

प्रस्तावना

अध्यात्म में मैं क्या हूँ, अस्तित्व क्या है, जगत क्या है, ये जीवन क्या है, मूल तत्व क्या है, उसका ज्ञान क्या हो, इत्यादि। इन प्रश्नों के उत्तर हमें परिवार से, समाज से, शिक्षण संस्थाओं से नहीं मिलते, मिलते भी हैं तो मान्यताओं के रूप में, अवधारणाओं के रूप में। क्या इनको सही मान लिया जाय?

इन महत्व पूर्ण प्रश्नों का उत्तर ढूंढने के लिए हमें ज्ञान मार्ग पर चलना पड़ता है। गुरु के सानिध्य में जाना पड़ता है। इसी मार्ग में आगे बढ़ने के लिए सत्संग है। साधक का, शिष्य का गुरु से सीधा वार्तालाप है, प्रश्नों का सीधा उत्तर और समाधान है। अपने अपरोक्ष अनुभव और तर्क के आधार पर मान्यताओं अवधारणाओं को परखना। इसी ज्ञान के प्रकाश में हमारा जीवन सुचारु रूप से, सुख पूर्वक, बंधन मुक्त चल सकता है। इसीलिए इसी की जिज्ञासा होनी चाहिए। इसीलिए हमारे जीवन का मुख्य उद्देश्य ज्ञान की प्राप्ति है।

ज्ञान मार्ग के अतिरिक्त अन्य मार्ग भी हैं जैसे योग मार्ग, क्रिया मार्ग, भक्ति मार्ग। इन सबकी अपनी अलग अलग व्यवस्था है, गुरु हैं, लक्ष्य हैं। ये प्राचीन ज्ञान अब विलुप्त होता जा रहा है। ज्ञान मार्ग सीधा मार्ग है, ज्ञान मार्ग का अर्थ है ऐसा जीवन जिसका मुख्य उद्देश्य ज्ञान की प्राप्ति हो। इस जगत की, वस्तुओं की गहरायी में जाना, उनके मूल में जाना, उनका भेद जानना। और फिर स्वयं को जानना, ब्रम्ह को जानना, स्वयं और ब्रम्ह के भेद को जानना। सर्व से एकाकार होना और जीवन के इस प्रवाह को साक्षी भाव से देखते हुए आनंद में रहना, समभाव में रहना। ये ज्ञान मार्ग की विलक्षणता है। इसीलिए हमें ज्ञान मार्ग

पर चलना पड़ता है।

ज्ञानमार्ग पर चलकर साधक ज्ञानी बन जाता है। अपने ज्ञान के बाद की विशेषताएं देखते हुए, उसकी इच्छा रहती है की सबको ज्ञान का लाभ मिले इसलिए वो ज्ञान प्रसार के कार्य में लग जाता है।

ज्ञान की परिभाषा

ज्ञान की परिभाषा है अनुभवों का व्यवस्थापन और संयोजन, विभिन्न अनुभवों को आपस में जोड़ना।

ज्ञान प्राप्त करने से पहले ये जानना आवश्यक है की ज्ञान क्या है। ज्ञानमार्ग की शुरुआत ज्ञान के अध्ययन से ही शुरू होती है। ज्ञान का और अनुभव का सीधा सम्बन्ध है। अनुभव का जब संयोजन होता है, अनुभव का जब व्यवस्थीकरण होता है, व्यवस्थापन होता है, उसको हम ज्ञान कहते हैं। अनुभव जब होते हैं, उनका व्यवस्थापन होता है, सम्बन्ध जोड़े जाते हैं, सम्बन्ध बनते हैं, रचनाएँ बनती हैं, उसे हम ज्ञान कहते हैं। ये ज्ञान चित्त में होता है।

अनुभव से परिचय

अब प्रश्न ये है कि अनुभव क्या है? अनुभव बहुत मौलिक है। जो भी हो रहा है, जो भी अस्तित्व में है, वो अनुभव है। अनुभव तीन तरह से हो रहा है। जगत का, वस्तुओं का जो अनुभव हो रहा है वो इन्द्रियों से हो रहा है, दूसरा शरीर है और तीसरा चित्त है।

चित्त एक तरह का अनुभव है, हम देख सकते हैं।

पहला अनुभव जैसे जगत का, वस्तुओं का अनुभव इन्द्रियों से हो रहा है, जैसे आँखों से देखना, कानों से सुनना, नासिका से सूंघना, जिह्वा से जो स्वाद है, त्वचा से स्पर्श है, ये एक तरह का अनुभव है। पंचेन्द्रियों से दिखाई दे जाता है, जगत और वस्तुओं का अनुभव है।

दूसरे प्रकार का अनुभव शरीर का अनुभव है, जिसमें आधा शरीर जो शीशे में दिखता है उसका अनुभव पंचेन्द्रियों से होता है, आधा शरीर मानसिक होता है जिसका हमें एहसास होता है। उसका अनुभव आंतरिक होता है।

तीसरा अनुभव चित्त का, पूरी तरह आंतरिक अनुभव होता है, ये एक प्रकार का व्यक्तिगत निजी अनुभव है, ऐसा लगता है कि सिर में कहीं हो रहा है, जो हमारे विचार हैं, स्मृतियाँ हैं, भावनाएं हैं, या वासनाएं हैं, कल्पना है, दुःख दर्द का ज्ञान है, ये सब चित्त में हो रहा है। चित्त की वृत्तियाँ हैं , चित्त चल रहा है। ये चित्त का ज्ञान हमें चित्त से ही होता है। ज्ञान के लिए चित्त आवश्यक है। इसके बिना कोई ज्ञान नहीं होता है।

ज्ञान एक संयोजन

मूल बात ज्ञान की परिभाषा ही है। जिसके अनुसार ज्ञान एक संयोजन है अनुभवों का, अनुभवों का संयोजन चित्त में होता है। अनुभवों में सम्बन्ध बनते हैं। उससे अनुभव और ज्ञान होता है।

विभिन्न अनुभवों के सम्बन्ध को विस्तार से जानते हैं।

१. नाम और रूप: जैसे कोई मित्र दिखाई देता है, तुरंत उसका नाम स्मरण हो जाता है।आप उसका नाम जान सकते हैं क्योंकि मित्र का जो रूप है उसका सम्बन्ध उसके नाम से जुड़ा हुआ है आपके चित्त में कहीं। तो आपको याद आता है, उसका नाम आपको स्मरण होता है। क्योंकि उस नाम का उस रूप के साथ सम्बन्ध है। नाम और रूप का सम्बन्ध एक बंधन है, वो एक तरह का ज्ञान है।

२. क्रिया और कर्ता: दूसरे प्रकार का सम्बन्ध है चित्त में, क्रिया और कर्ता का।यानि कोई क्रिया है उसका सम्बन्ध करता से है । अगर आपसे कोई पूछे आज खाना किसने बनाया तो आपके चित में एक नाम उभरेगा। मेरी माँ ने बनाया या मेरी पत्नी ने बनाया अथवा ये होटल में किसी ने बनाया, तो ये किसने किया है, अर्थात क्रिया का करता से सम्बन्ध।

३. कारण - प्रभाव : तीसरे प्रकार का सम्बन्ध है कारण और प्रभाव। अर्थात प्रभाव को देख कर कारण का अनुभव होता है। हर अनुभव का चित्त कोई कारण ढूंढता है। इन दोनों के बीच में सम्बन्ध बनाता है। उदाहरण कोई बहुत मोटा हो रहा है, ये प्रभाव है, कारण वो बहुत ज्यादा खाता है और व्यायाम नहीं करता।

४. विषय और वस्तु... विषय का ध्यान करते ही वस्तु का ज्ञान होता है, उदहारण के लिए यदि यात्रा करनी है तो कार की ओर ध्यान जायेगा।

५. वर्गीकरण : जैसे कोई जीव दिखाई देता है चलता फिरता, जिसके चार पैर हैं, दो सींग हैं, एक पूँछ है तो उसे जानवर कहेंगे, वो जानवर के वर्गीकरण में आएगा।

६. सार ग्रहण : सार ग्रहण अर्थात चीजों का सार क्या है। इसका चित्त निर्माण करता है जब उसको अनुभव आते हैं, तो उसका सार निकालता है, जैसे भारत की न्याय व्यवस्था क्या है ? ये शब्द न्याय व्यवस्था, पूरी न्याय व्यवस्था का सार है, ये ज्ञान की ओर संकेत करता है। कई परतों में, क्रमिक व्यवस्था में उसका ज्ञान होता है। इस प्रकार से हजारों वर्गीकरण हैं।

७. अवधारणा या मान्यता : किसी चीज की अवधारणा, मान्यता जैसे गुरुत्व, कोई भी चीज ऊपर हवा में फेकते हैं वो वापिस नीचे आती है। पानी का नीचे की ओर बहना। इसके पीछे एक ज्ञान है, अनुभव है। इसकी अवधारणा हमने बना दी है जिसे गुरुत्वाकर्षण कहते हैं। ये एक मान्यता है जो उस अनुभव को दर्शाती है, उसकी व्याख्या करती है, उसका कारण बताती है, ये नाम ही है लेकिन ये पूरी अवधारणा बताती है।

८. विवेक : विवेक की कला। सत्य असत्य का स्थापन, सच या झूठ। ये जानना एक व्यवस्थापन करना है। क्या चीज सही है, क्या अनुभव में है, क्या अनुभव में नहीं है, इसको परखने को कहते हैं विवेक। क्या वास्तविक है क्या अवास्तविक है ये जानना, जानने की

कला, ये जानने की योग्यता, विवेक होता है।

९. अनुक्रमः एक अनुभव को दूसरे अनुभव के नीचे व्यवस्थित करना। किसी सरकारी ऑफिस में अधिकारी होता है, उसके नीचे छोटे अधिकारी होते है, उसके नीचे क्लर्क होते हैं, उसके नीचे चपरासी होते हैं, ऐसे इनके अलग अलग पद होते हैं, ये है अनुक्रम, एक के नीचे दूसरा।

तो अंत में एक बार पुनः देखते हैं कि ज्ञान एक संयोजन है अनुभवों का, अनुभवों में सम्बन्ध बनते हैं। सम्बन्ध जैसे नाम और रूप, क्रिया और कर्ता, कार्य और कारण इत्यादि। ऊपर वर्णित।

ज्ञान की ये जानकारी, परिभाषा हमारे मौलिक अनुभव पर आधारित है। ये कोई अवधारणा नहीं है। ये ठोस धरातल पर आधारित है। ज्ञान अनुभव से आता है और अनुभवों का व्यवस्थापन जब चित्त में होता उसे हम ज्ञान कहते हैं। ज्ञान एक तरीके की रचना है जो चित्त में बनती है। चित्त फिर से एक अनुभव है। हम ज्ञान का अनुभव कर सकते हैं

तीन तरीके के अनुभव हैं, जगत का, शरीर का, और चित्त का। एक और तरीके का अनुभव है स्व का अनुभव। खुद का भी अनुभव होता है, इसको अनुभव के वर्ग से निकाल देते हैं अभी। क्योंकि स्वयं का अनुभव विशेष अनुभव है, आसान नहीं है उसका समझना। स्व का ज्ञान दूसरे प्रकार का ज्ञान है जो चित्त में नहीं होता है।

ज्ञान कहाँ है?

प्रश्न ये है ज्ञान कहाँ होता है ? ज्ञान संयोजित होता है, तो कहाँ संयोजित होता है। ज्ञान चित्त में संयोजित होता है। चित्त एक तरह का अनुभव है। ज्ञान का भी अनुभव कर सकते हैं। ये जो व्यवस्थापन हुआ है, रचना बनी है ये चित्त में बनती है। इसको नाम देते हैं संस्कार।

जब अनुभव होते हैं तो चित्त पर एक छाप छोड़ते हैं। इस छाप को हम संस्कार कहते हैं। जैसे आप गीली मट्टी पर चले तो पैरों की छाप मिट्टी पर छूट जाती है। इसी प्रकार कोई भी अनुभव जब चित्त के संपर्क में आता है तो अपनी छाप चित्त पर छोड़ जाता है, जिसे हम स्मृति कहते हैं। लेकिन स्मृति इतना सही शब्द नहीं है, सही शब्द है संस्कार। अनुभव जब होते हैं तो चित्त पर अपने संस्कार छोड़ते हैं। जब ये संस्कार आयोजित होते हैं , नियोजित होते हैं, व्यवस्थापन होता है, चित्त में एक प्रक्रिया है जो चित्त में चल रही है, ये व्यवस्थापन करती है।अनुभव आते जाते हैं उनका संयोजन चित्त में होता जाता है।

चित्त की परिभाषा

चित्त मानसिक व्यक्तिगत अनुभव है। चित्त की परिभाषा है की चित्त एक पराभौतिक और परामानसिक रचना है। पराभौतिक परामानसिक रचनाएँ अर्थात चित दिखाई नहीं देगा। इन्द्रियों से पता नहीं चलेगा। किसी भी उपकरण से, यंत्र से चित्त दिखाई नहीं देगा। इसलिए

ये पराभौतिक है। परामानसिक अर्थात ये रचनाएँ वृत्ति के रूप में दिखाई देता है। अन्तःकरण केवल वृत्तियाँ ही बताएगा। ये वृत्तियां कहाँ से उठ रही हैं, ये नहीं बताएगा। वो कभी दिखाई नहीं देंगी इसलिए वो परामानसिक हैं। हम जानते हैं की ये रचनाएँ हैं, क्योंकि उनके प्रभाव हमें दिखाई देते हैं, कुछ लोग उसको ऊर्जा भी कह सकते हैं, शक्ति भी कह सकते हैं, चित्तशक्ति। चित्त चलित है क्योंकि उसके प्रभाव दिखाई देंगे। परन्तु चित्त को ढूंढने जाएंगे तो नहीं पता चलता। क्योंकि वो भौतिक नहीं है, पराभौतिक है। मानसिक नहीं परामानसिक हैं।

अनुभव के परिणाम स्वरूप चित्त पर प्रभाव होता है, छाप पड़ती है, संस्कार बनते हैं, इनका जब सम्बंध बनता है तो वृति की रचना होती है। चित्त ऊर्जा है, शक्ति है, रचनाये है। ये परिभाषा सैद्धांतिक है, लेकिन चित्त में होने वाली वृत्तियां अनुभव में है।
अनुभव के परिणाम स्वरुप चित्त में संस्कार बनते हैं। रचनाएँ बनती हैं। इन रचनाओं में जब संस्कारों का आपस में सम्बन्ध जुड़ता है तो उसे हम ज्ञान कहते हैं।

ज्ञान दर्शन का विषय है, इसलिए कोई नहीं बताता की ज्ञान क्या है। लेकिन मूल तत्व के, मूल प्रश्नों के उत्तर चाहिए, तो ज्ञान क्या है जानना आवश्यक है।

ज्ञान सृजन एक वृत्ति

अब प्रश्न है की ज्ञान का सृजन कौन कर रहा है। चित्त स्वयं ज्ञान का अर्जन कर रहा है, चित्त की वृत्ति है । वृत्ति का अर्थ है प्रक्रिया। वृत्ति शब्द वृत्त से निकला है। वृत्त का अर्थ है घेरा, गोल, चक्र में। वृत्ति का अर्थ है घेरे में चलना। जब कोई क्रिया बार बार चलती है घेरे में, उसे हम प्रक्रिया कहते हैं। तो चित्त वृत्तियाँ चित्त में चलने वाली प्रक्रियाएं हैं, जो अपने आप को दोहराती हैं। अर्थात वो एक वृत्त के रूप में चलती हैं। जब समाप्त होती है तो फिर से चालू हो जाती है। जैसे दिन और रात एक वृत्ति है। जब दिन समाप्त होता है तो रात्रि प्रारम्भ होती है, रात्रि समाप्त होती है तो दिन प्रारम्भ होता है। दोहराना, आवृति करना, पुनरावृत्ति।

चित्त में जो प्रक्रियाएं चल रही है, दोहराती रहती हैं, उनकी पुनरावृत्ति होती रहती है, उनको वृत्तियाँ कहते हैं। शरीर में भी ये प्रक्रियाएं हैं जैसे श्वाँस लेना अथवा हृदय गति जो हमेशा धड़कता रहता है। हमेशा वृत्त में चलता रहता है। श्वांस भी चलती रहती है वृत्त में। तो ये सब प्रक्रियाएं हैं जो दोहराती रहती हैं, इनको वृत्ति कहते हैं। ज्ञान का सृजन एक वृत्ति है, ये चल रही है। ज्ञान का जमा होना, संग्रह होना चलता रहता है, अपने आप चलता है।

यदि कोई कहे मैं ज्ञान ले रहा हूँ, तो ये कहना गलत होगा। ज्ञान सृजन अपने आप हो रहा है। यदि आप कुछ भी नहीं कर रहे हैं, परन्तु आप जीवित हैं , आपको अनुभव हो रहे हैं इसलिए ये ज्ञान जमा होता चला जाता है। इसका संग्रह चित्त में होता चला जा रहा है। इसको टाल नहीं सकते। इसको रोक नहीं सकते। ज्ञान का ये अर्थ नहीं है की आपने किताब में लिखी किसी बड़ी चीज को जान लिया है। डॉक्टर है, सर्जन है या कोई वैज्ञानिक है, उसने

कोई गूढ़ बात जान ली है ये ज्ञान नहीं है। अनुभव आपके चित्त के पटल पर उभरते रहते हैं। उनके आपस में सम्बन्ध बनते रहते हैं। वो ज्ञान जमा होता चला जाता है, संग्रह होता जाता है। सिर्फ आप जीवित हैं आपको ज्ञान मिल रहा है। ये अपने आप हो रहा है। ये प्रक्रिया है, ये अपने आप चल रही है। कोई करता नहीं है। लोगों के मन में ये भ्रान्ति है की ज्ञान कॉलेज में मिलेंगा। कुछ करने से मिलेगा। ये बात सही है लेकिन वो विशेष ज्ञान होगा जिसके पीछे लग कर आपने अनुभव लिया हैं, जिसके कारण आपके चित्त में वो संस्कार बन गए हैं।

जैसे किसी कला, गाना, संगीत, चित्रकारी,या कुछ और। इसके लिए आपको वो विशेष अनुभव लेने पड़ते हैं, चित्त में उसके संस्कार बनते हैं, उसका ज्ञान होता है। अब मैं कलाकार हो गया हूँ। ये भ्रान्ति है की कुछ तरीके के अनुभव ही ज्ञान है बाकि ज्ञान नहीं है। जैसे व्यक्ति जन्म लेता है ज्ञान संग्रह शुरू हो जाता है। पहला उसे अपनी माँ का ज्ञान होता है की मेरी माँ कौन है, कौन मेरा ध्यान रखता है। पिता का ज्ञान, चलने का ज्ञान, बोलने का ज्ञान, कपड़े पहनने का ज्ञान, नहाने का ज्ञान, खाना खाने का ज्ञान, चम्मच कैसे पकड़ना है जैसे और ये सारे अनुभव ज्ञान में बदलते रहते हैं।

ज्ञान कभी रुकता नहीं, चलता रहता है। जब तक ये जीवन है ज्ञान की प्रक्रिया, वृत्ति चलती रहती है। सबसे मूर्ख व्यक्ति भी ज्ञान प्राप्ति में लगा हुआ है। रोक नहीं सकता। उसके चित्त में क्या संस्कार बन रहे हैं वो हो सकता है उल्टा सीधा हों, कुछ गलत हों इसलिए उसको मूर्ख कहते हैं। लेकिन वो भी ज्ञान है। एक बुद्धिमान व्यक्ति के लिए ज्ञान लेना बहुत आसान होता है क्योंकि उसकी बुद्धि तेज होती है। उसको एक अनुभव दिख जाए उसी से सारा ज्ञान हो जाता है।

ज्ञान का महत्व

ज्ञान क्यों आवश्यक है? इसका महत्त्व क्या है? ज्ञान श्वांस से भी अधिक महत्त्वपूर्ण है।
एक बात सही है कि ज्ञान के लिए आप मना नहीं कर सकते। जैसे श्वांस चल रही है, हृदय गति चल रही है, इसको आप रोक नहीं सकते। इसी प्रकार से ज्ञान है। ये श्वांस से भी अधिक महत्त्वपूर्ण है। जिसके बिना जीवन जीना संभव नहीं है। छोटे बच्चे को यदि माँ का ज्ञान नहीं होगा, खाना कैसे खाना है, चलना कैसे है इसका ज्ञान नहीं होगा तो ज्यादा दिन तक जीवित नहीं रहेगा।

यदि विचार करें कि मनुष्य के लिए सबसे महत्त्वपूर्ण क्या है तो सबसे पहले ज्ञान ही आएगा। ज्ञान से महत्त्वपूर्ण कुछ नहीं है। शरीर महत्त्वपूर्ण नहीं है। आप किस देश में हैं, आप क्या करते हैं, ये महत्त्वपूर्ण नहीं है। ज्ञान से ही सारा संसार चल रहा है। ज्ञान पर ही संसार टिका हुआ है। जैसे ही इन मूल प्रश्नों के गहराई में उतरेंगे तो पता चलेगा कि जो भी अनुभव हमें होता है वो ज्ञान की वजह से ही होता है। यदि किसी प्रकार से ज्ञान हटा दें तो सारे अनुभव भी बंद हो जाएंगे। इसीलिए चित्त में जो वृत्ति चलती है वो श्वांस से भी ज्यादा महत्त्वपूर्ण है।

आपके हृदय से, खाने पीने से ज्यादा आवश्यक है ये ज्ञान। अगर आप कहें कि बिना ज्ञान के मैं जी लूंगा तो इसका अर्थ यही की आपको ज्ञान का ज्ञान नहीं है। आप समझते हैं की ज्ञान बड़ी किताबों में है या बड़े लोग जो जानते हैं वो ज्ञान है, ऐसा नहीं है।

ज्ञान बहुत विस्तृत और मूलभूत है। उतना ही मूलभूत है जितना अनुभव। ज्ञान और अनुभव में इतना अंतर है कि अनुभव शुद्ध होता है। ज्ञान अनुभव का संस्करण या छाप होता है। जब विभिन्न अनुभवों में सम्बन्ध बना दिए जाते हैं तो वो ज्ञान कहलाता है। जो भी अस्तित्व में है वो अनुभव ही हैं। अस्तित्व अनुभवों की एक श्रंखला है। एक के बाद एक अनुभव आते रहते हैं। अनुभव जब चित्तवृत्ति के माध्यम से व्यवस्थित किये जाते हैं उसको ज्ञान कहते हैं। ये बहुत मूल बात है कि अनुभव से संस्कार बनते हैं और संस्कार से ज्ञान मिलता है। ज्ञान से हमारे विचार उत्पन्न होते हैं। हमारे मन में विचार ज्ञान के धरातल से ही आते हैं। जो आप जानते हैं वही सोच सकते हैं जो आप नहीं जानते वो सोच भी नहीं सकते। उसकी कल्पना भी नहीं कर सकते।

जो मन में विचार हैं, जो मन में वृत्ति है, उसी से हमारी वाणी की रचना होती है। वाणी से कर्म होते हैं। कर्म ही हमारे जीवन की नींव है उसी पर आधारित है। वाणी और कर्म हमारे जीवन का मुख्य आधार है, यदि वही गलत होंगे तो हमारा जीवन कैसा होगा ? दुःख और परेशानी से भरा होगा। आपकी वाणी यदि सत्य से , ज्ञान से , अनुभव से निकल रही है उसका प्रभाव कुछ और ही होगा, यदि आपकी वाणी मूर्खता पूर्ण है, जिसके पीछे कोई अनुभव नहीं है, कोई ज्ञान नहीं है, कोई संस्कार नहीं हैं, उसका कुछ और ही प्रभाव होगा। हाथ और पैरों से होने वाले कर्म का प्रभाव हमें मालूम ही है। हमारा सारा जीवन हमारे कर्मों पर आधारित है। हमारे सम्बन्ध, माता, पिता, परिवार जनों के साथ या मित्रों के साथ, आपके कार्यालय साथी कर्मचारी, या अधिकारियों के साथ, सरकार के साथ ये सब वाणी पर आधारित हैं। वचनों पर आधारित हैं।

यदि आपकी वाणी मधुर है, प्रेम पूर्वक है तो सम्बन्ध अच्छे हैं अन्यथा खराब हो जाते हैं। सम्बन्ध शत्रुता में बदल जाते हैं। वाणी बहुत महत्वपूर्ण है। पशुओं के लिए हो सकता है केवल कर्म ही मुख्य हों जीवन के लिए, परन्तु मनुष्य के लिए वाणी ही सबसे बड़ा कर्म है। इसका महत्त्व आम लोग नहीं समझते इसलिए उनका जीवन उलझा हुआ है, कठिनाइयों से भरा हुआ है, दुःख से भरा है या वो दिशाहीन, भटके हुए हैं। उन्होंने वाणी को साधा नहीं है. उसका कारण है अज्ञान, ज्ञान का अभाव। मन में विचार ज्ञान से ही निकलते हैं।विचारों का सृजन ज्ञान से ही होता है। ज्ञान के अनुसार ही विचार आएंगे। विचारों के अनुसार वाणी होगी और वाणी के अनुसार कर्म होंगे। अंततः जीवन का आधार ज्ञान ही है। ज्ञान से अधिक महत्त्वपूर्ण कुछ भी नहीं है। ज्ञान का ज्ञान ही ज्ञानमार्ग है। इसीलिए ज्ञानमार्ग से महत्त्वपूर्ण कुछ भी नहीं है। एक मनुष्य के लिए ज्ञान सर्वोपरि है। ज्ञानमार्ग सर्वोपरि है। जितने भी मार्ग हैं वो ज्ञान की ओर ले जाते हैं। उसकी तैयारी ही करवाते हैं। उनका और कोई उद्देश्य नहीं है। इसीलिए ज्ञानमार्ग को सीधा मार्ग कहा गया है। अगर गुरु देखता है कि किसी व्यक्ति को

सीधा ज्ञान नहीं मिल सकता, तो उसे दूसरे मार्ग दिए जाते हैं। पहले चित्त शांत कर लो, एक जगह बैठना सीख लो, आपकी वाणी सही कर लो, कर्म सही कर लो। ये प्रभाव दोनों ओर से होता है। जैसे ज्ञान से कर्म होता है, उसी प्रकार कर्म से ज्ञान होता है। जीवन की गुणवत्ता का आधार ज्ञान है। हमारा जीवन सुखपूर्वक होना चाहिए और वो ज्ञान आधारित है।

ज्ञान वो है जो सीधा प्रत्यक्ष अथवा अपरोक्ष अनुभव आधारित होता है।अनुभव के आधार पर जो व्यवस्थाएं या संस्कार बनते हैं चित्त में वही ज्ञान होता है। अगर सैद्धांतिक ज्ञान है तो वो सिद्धांत के आधार पर हो गया, वो अनुभव के आधार पर नहीं है। सिद्धांत जिस बारे में कह रहा है उसका ज्ञान नहीं है। क्योंकि समाज में, स्कूलों में, कॉलेज में ये बातें नहीं बताई जाती। शहर के सबसे बड़े ज्ञानी को भी पता नहीं होता की ज्ञान क्या है ? सिर्फ आध्यात्मिक मार्ग पर जो लोग हैं, ज्ञानमार्ग पर हैं, ज्ञान दर्शन में हैं, उनको ही पता है की ज्ञान क्या है। ये लोग संख्या में १% से भी कम है। जिनको पता होगा क्या ज्ञान है, क्या अज्ञान है, क्या केवल जानकारी है।

सूचना और अनुभव आधारित ज्ञान में, अज्ञान में लोग भेद नहीं कर पाते। हमारे शास्त्रों के अनुसार, ऋषियों मुनियों के अनुसार सुचना को, जानकारी को ज्ञान नहीं कहते। उन्होंने ये स्पष्ट बता दिया की ये अवधारणाएं हैं, मान्यताएं हैं, ज्ञान नहीं अज्ञान हैं। दिखने में लगता है की ज्ञान है, परन्तु यदि अनुभव आधारित नहीं है तो वो ज्ञान नहीं है अज्ञान ही है। परिभाषा से ही पता चलता है कि ज्ञान अनुभवों का संयोजन है। अनुभव नहीं तो ज्ञान भी नहीं। परिभाषा से ही पता चलता है कि ज्ञान अनुभवों का संयोजन है। अनुभव नहीं तो ज्ञान भी नहीं।

अज्ञान क्या है?

अब प्रश्न ये है की अज्ञान क्या है? जो सैद्धांतिक है, या कहे सुने, या समाज से या माता पिता, समाचार पत्र, या टीवी से जो मिला है, हम उसे ज्ञान मान लेते हैं लेकिन वो अज्ञान है। वो मान्यताएं हैं। अज्ञान का अर्थ है ज्ञान का अभाव। अनुभव का अभाव। अनुभव नहीं होगा तो ज्ञान नहीं होगा। ज्ञान का अभाव या जब ज्ञान की जगह मान्यताओं ने ले लिया, हमने केवल मान लिया तो वो अज्ञान है। ज्यादातर लोगों के चित्त में केवल मान्यताएं भरी हुई हैं। अनुभव के आधार पर केवल १०% है, ९०% अज्ञान है। मान्यताएं हैं। इसीलिए ज्ञान मार्ग पर हमारा काम मान्यताओं को ख़त्म करने का है। ज्ञान मिलने से ज्यादा महत्त्व है की जो मान्यताएं हमारे जीवन में भर दी गयी हैं, जो उलटे सीधे संस्कार हमारे बना दिए गए हैं हमारे चित्त पर, उनको नष्ट करना।

अगर किसी व्यक्ति के मन में अवधारणाएं नहीं है, मान्यताएं नहीं हैं तो ऐसे व्यक्ति को हम अबोध कहते हैं। जैसे एक छोटा बच्चा जिसे अभी ज्ञान नहीं है, अज्ञान भी नहीं है, अबोध है। वो निर्दोष है।अबोधता से दुःख नहीं होता। अबोध व्यक्ति के सामने ज्ञान अर्जन का मामला खुला रहता है।

लेकिन अज्ञानी के सामने वो मार्ग नहीं होता। उसको लगता है उसे ज्ञान प्राप्त है। उसका जीवन गलत मार्ग पर चला जाता है दुखों का कारण हो जाता है। जिसमें ज्ञान का आभाव है उसकी चित्तवृत्ति कैसे होगी? वहां कुछ भी सही नहीं मिलेगा। अगर उसके मन को पढ़ सकें तो उसमें कचरा ही मिलेगा। उसकी वाणी भी वैसी ही होगी। उसमें कोई अर्थ नहीं होगा। उसके कर्म और विचार एक के बाद एक, आवेग से भरे होंगे। उनमें कोई बुद्धिमानी नहीं दिखाई देगी। अज्ञान के अँधेरे से किये हुए कर्म दुःख के कारण हैं। इसलिए लोगों के जीवन में इतना ज्ञान होना चाहिए की उनको कोई दुःख न हो। जो दूसरों को हानि या दुःख न पहुंचाए, कम से कम इतना ज्ञान होना चाहिए। लेकिन ९०% लोगों को इतना ज्ञान नहीं है वो अज्ञान में हैं। स्वयं भी दुःख में रहते है दूसरों को भी दुःख पहुंचाते हैं। पैसा हो, सम्बन्धी हों, शरीर अच्छा हो, चुस्त दुरुस्त हो, लेकिन ये सब चीजें होने के बाद भी दुःख ही दुःख है। उसका कारण है चित्त की वृत्ति। वो इसलिए दुःख पैदा कर रही है क्योंकि वहां अज्ञान है, मान्यताएं हैं, संस्कार वैसे भरे हैं चित्त में। इसीलिए जैसे कर्म हैं वैसी वाणी है उनकी। दुःख है, बंधन है, सुखी नहीं है, उसका कारण है अज्ञान। इसलिए हम ज्ञान पर जोर देते हैं।

अज्ञान का स्त्रोत

कहे सुने, मान्यताओं पर आधारित, अवधारणा पर आधारित, टीवी से, समाचार पत्रों से उपलब्ध ज्ञान, प्रत्यक्ष अनुभव पर आधारित न होने के कारण अज्ञान है इसलिए यही इनके स्त्रोत हैं। चित्त पर पड़े हुए अज्ञान के संस्कार भी स्त्रोत हैं।

पंचवृत्ति

ज्ञान और चित्त वृत्ति का सीधा सम्बन्ध है। ज्ञान होगा तो कैसी वृत्ति होगी, नहीं होगा तो कैसी वृत्ति होगी। आपका स्वयं का चित्त इसका उदहारण है। ज्ञान से जो वृत्ति होती है वो कैसी है? और अज्ञान से होने वाली वृत्ति कैसी है। यदि जाँच करें तो पाएंगे की ये अनुभव आधारित है। हमारे गुरुओं ने जो लिखा है उसमें जो हमारे अनुभव में आयी है वो ये है की चित्त की वृत्ति और ज्ञान का जो सम्बन्ध है वो पातंजलि ने दिया है योगशास्त्र में। पातंजलि ने पांच प्रवृत्तियाँ बताई हैं चित्त की। ज्ञानमार्ग के अनुसार हजारों होनी चाहिए। लेकिन उनको पांच भागों में बाँट सकते हैं। ये वही वृत्ति हैं जो पातंजलि ने बताई हैं।

1. प्रमाण से अपरोक्ष : प्रमाण वो वृत्ति है जहां हमें सही ज्ञान मिलता है। जहां प्रत्यक्ष या अपरोक्ष ज्ञान मिलता है, वृत्ति है प्रमाण। अगर खिड़की के बाहर रात्रि दिखाई देती है, ये रात का समय है, ये प्रामाणिक ज्ञान है। रात्रि दिखाई दी ये मेरे सामने प्रमाण दिख रहा है।

2. विपर्यय : दूसरी वृत्ति है विपर्यय। इस का अर्थ है उल्टा ज्ञान। या गलत ज्ञान। अनुभव हो रहा है परन्तु गलत है, इसको गलत अंकित करना विपर्यय है। इसका उदाहरण है, रेगिस्तान में मृग मरीचिका, रेगिस्तान में देखें तो दूर पानी लगता है, लेकिन वो केवल गरम

हवा होती है। आपका अनुभव तो आपको बता रहा है यहां पानी है, लेकिन आपको ज्ञान हो रहा है की वहां पानी नहीं है। अगर आप उसके पीछे जाएंगे तो वो भी और पीछे जाता जाएगा। एक समय आएगा की आप गिर पड़ेंगे प्यास से, ये अनुभव से उल्टा है अर्थात विपर्यय है।

3. विकल्प : तीसरी वृत्ति है विकल्प। ये सबसे बड़ा कारण है अज्ञान का। ये काल्पनिक ज्ञान है, किसी चीज की कल्पना करना और उसको ज्ञान मान लेना। लोगों ने तरह तरह की धारणाएं बना रखी हैं। आपके मन में कल्पना होती है उसकी, और आप उसे ज्ञान मान लेते हैं। ऐसी वृत्ति को पातंजलि ने विकल्प कहा है। उदाहरण गलत धारणाएं, अंध श्रद्धाः मान्यता है कि मंदिर में जा कर नारियल फोड़ेंगे, पूजा करेंगे, तो कुछ मिलेगा। हो सकता है पैसा मिले, सफलता मिले, ये एक तरह का विकल्प है।

अगर ये आपका अनुभव है तो ठीक है अन्यथा ये कल्पना है। कुछ लोगों की काफी सारी कल्पनाएं रहती हैं जैसे एक शर्ट आप पहन कर जाते हैं, उस दिन कुछ बुरा हो जाता है, अगले दिन आप उस शर्ट को हाथ नहीं लगाएंगे क्योकि मन में संस्कार बन गया है कि शर्ट पहनी थी बुरा हो गया अब दुबारा पहनूंगा तो फिर कुछ बुरा होगा। ये विकल्प है। ये हमारे आसपास बहुत ज्यादा है। बहुत सारा अज्ञान है विकल्प के रूप में। जैसे मैं ये मंहगा वाला फ़ोन खरीदूंगा तो लोगों में मेरी शान और सम्मान बढ़ेगा लेकिन होता विपरीत है लोग ईर्ष्या करने लग जाते हैं। मान सम्मान होता भी है तो दिखावटी होता है या डर के मारे ऐसा व्यवहार करते है लोग।

4. निद्रा या सुषुप्ति : चौथी वृत्ति जो बताई गयी है वो है निद्रा या सुषुप्ति अर्थात गहरी नींद। इसमें कोई अनुभव नहीं है तो कोई ज्ञान भी नहीं होता। कोई अज्ञान भी नहीं होता। ऊपर तीन वृत्तियाँ भी नहीं होती। इस अवस्था में चित्त को ज्ञान अज्ञान दोनों से मुक्ति मिलती है।ना ज्ञान ना अज्ञान, दोनों से मुक्त।

5. स्मृति : स्मृति ये पांचवी वृत्ति है। इसमें बहुत सी बातें आ जाती हैं। दिन में जो स्वप्न देखते हैं वो भी आ जाते हैं इसमें। रात में जो स्वप्न देखते हैं वो भी स्मृति है। दिन में कुछ पढ़ते हैं वो भी स्मृति है। ये एक प्रकार का संचित ज्ञान है। जमा हुआ ज्ञान है। इसमें ऊपर के तीनों ज्ञान हो सकते हैं। सही ज्ञान, गलत ज्ञान, अज्ञान, अबोधता ये सारी वृत्तियाँ स्मृति से होती हैं।

अंत में हम देखते हैं की ये पांच वृत्तियाँ हैं जिनसे ज्ञान अज्ञान होता है। इसमें पहली वृत्ति प्रमाण ही है जिससे सही ज्ञान होता है बाकि सबसे ज्ञान अज्ञान दोनों होते हैं। इसलिए बड़ा ध्यान रखना पड़ता है की चित्त की कौन सी वृत्ति हो तो ज्ञान मिले। एक ही वृत्ति है जिससे ज्ञान होता है वो है प्रमाण। इसी से सही ज्ञान का अर्जन बताया गया है क्योंकि प्रमाण अनुभव से सम्बंधित है। अगर आपको सीधा अनुभव हो रहा है, अपरोक्ष अनुभव हो रहा है तो वो प्रमाण है।

प्रमाण

प्रमाण ही ज्ञान का मुख्य साधन है। क्योंकि प्रमाण अनुभव से सम्बंधित है। अगर आपको सीधा अनुभव हो रहा है, अपरोक्ष अनुभव हो रहा है तो वो प्रमाण है। आपका चित्त विपर्यय में नहीं जा रहा है तो आपको ज्ञान मिलेगा। नहीं तो अज्ञान। विभिन्न दर्शनों में उनके भेद बताये गए हैं, अलग अलग तरीके के प्रमाण बताये गए हैं।

1.अपरोक्ष अनुभवः पहला प्रमाण है प्रत्यक्ष, अपरोक्ष अनुभव। तीन अनुभवों जगत, शरीर, चित्त में से कोई अनुभव हो सकता है। अगर वो प्रत्यक्ष, अपरोक्ष, सीधा अनुभव है तो उसे प्रमाण कहेंगे।

2.अनुमानः दूसरा तरीका है अनुमान। जो तार्किक हो, तर्क पर आधारित हो, अनुमान कहते हैं। जैसे कहीं धुआं दिखाई देता है, तो कहेंगे की यहां आग भी होनी चाहिए। आग का ज्ञान धुऐं से हुआ क्योंकि आपके चित्त में धुऐं और अग्नि का सम्बन्ध पहले से बना हुआ है। आपको धुआं दिखा आपको आग दिखी। ये पुराना ज्ञान आपकी स्मृति में आएगा तो धुआं देख कर आप अनुमान लगा सकते है कि वहां आग भी है। ऐसे ही अगर आपको काले बादल दिखाई दे रहे हैं तो आप अनुमान लगा सकते हैं की कहीं बारिश हो रही है या होने वाली है। ये ज्ञान भी आपका पुराना प्रत्यक्ष अनुभव है, चित्तवृत्ति से स्मृति के माध्यम से वो ज्ञान होता है। ये भी एक प्रमाण का ही प्रकार है। अनुमान लगाना। लेकिन ये तर्क पर आधारित होना चाहिए। अगर ये तर्कहीन है तो गलत अनुमान लगा लेंगे तो वो विपर्यय या या विकल हो जाएगा।

3.उपमानः तीसरा भेद बताया गया है वो है उपमान। किसी चीज की किसी दूसरी चीज से उपमा देना। उपमा से आपको थोड़ा ज्ञान हो सकता है। जैसे मान लीजिये आपने कभी गाय नहीं देखी है। आपने हिरण देखा है। तो आपको बताएं की गाय एक जानवर है, हिरण जैसी होती है, उसके चार पैर होते हैं, घास खाती है, एक पूंछ है , दो सींग हैं, ऐसे आवाज़ करती है तो आपको थोड़ा ज्ञान हो जाएगा की गाय कैसी होती है। लेकिन तब तक पक्का नहीं होगा जब तक प्रत्यक्ष नहीं देख लेते। उपमा से कुछ ज्ञान हो सकता है। अवधारणा बना सकते है की वो कैसा होगा।

आपने कभी हीरा नहीं देखा है तो मैं आपको कांच दिखा सकता हूँ। जो गोल काटा गया है और चमक रहा है। मैं उपमा दे रहा हूँ। ऐसा होता है। इससे काफी ज्ञान हो जाता है। आगे जाकर आप हीरा देखेंगे तो पहचान जाएंगे। आप उसका सम्बन्ध उन शब्दों से बना सकते हैं। आपको ज्ञान हो जायेगा।

अगर आपने कभी सीडी नहीं देखी है और मैं आपको बताऊं की ग्रामोफोन में रिकॉर्डिंग जैसा होता है, सुई नहीं होती, लेकिन अगली बार जब आप सीडी देखेंगे तो ज्ञान हो जाएगा कि संगीत बजेगा या फिल्म दिखेगी। इसी प्रकार से फल, शेर का चित्र, कोई बताए उसके साथ उपमा करके वस्तु का ज्ञान हो जाता है। स्कूलों में चित्र दिखा कर ज्ञान कराया जाता है। ये उपमा देकर अर्थात उपमान है। (न्याय दर्शन से)

4. शब्द अथवा आगम: ये भी एक प्रकार का प्रमाण बताया गया है। किताबों में लिखा हुआ या बोला हुआ किसी का। इसको भी प्रमाण माना है। अलग अलग मत हैं। ज्ञानमार्ग में इसे प्रमाण नहीं माना जाता परन्तु कई दर्शनों में प्रमाण मानते हैं।

5.अर्थापत्ति: ऐसा प्रमाण जिसमें एक बात, वस्तु हो तो दूसरा सिद्ध हो जाता है। अगर अभी दिन है तो रात्री नहीं होगी। यदि आप सिर्फ कार्यालय में या घर में पाए जाते हैं, इस समय आप कार्यालय में हैं तो ये पक्का है कि आप घर में नहीं हैं। कोई वस्तु सोने की बनी है या उसमें कीमती हीरे लगे हैं तो उससे सिद्ध हो जाता है की ये वस्तु बहुत कीमती है। एक बात कहने से दूसरा ज्ञान अपने आप हो जाता है। बिजली के काम में एक तार लाइव होता है दूसरा न्यूट्रल होता है । यदि निरीक्षण में एक लाइव पाया गया तो पक्का है दूसरा न्यूट्रल होगा। इसको भी एक तरीके का ज्ञान माना गया है। प्रमाण माना गया है।

6. अनुपलब्धि; अभाव : यदि कोई वस्तु उपलब्ध नहीं है तो उसका न होने का ज्ञान अनुपलब्धि कहा जाता है। अनुभव नहीं हो रहा है, वो भी एक तरह का ज्ञान है। आप घर में जाते हैं, खाना देखते हैं, नहीं मिलता है। तो वहां खाना नहीं है, ये भी एक अनुभव है और ज्ञान है। ये प्रमाण है। यदि आप एक दूकान में जाते हैं और पुस्तक ढूंढते है। वो वहां नहीं है। तो ये भी एक ज्ञान है की पुस्तक नहीं है।

एक और प्रमाण है अभाव। अर्थात वो चीज कभी उपलब्ध नहीं होगी। अभाव में वो कभी उपलब्ध नहीं होती। शास्त्रों में उदहारण मिलता है खरगोश के सींग, मिठास का क्या रंग होता है, सूर्य की छाया का अभाव है, ये प्रमाण माना जाता है। इन सबका कोई अनुभव नहीं होगा। इस प्रश्न का कभी उत्तर नहीं आएगा। ये एक प्रकार का ज्ञान माना जाता है।

६: प्रकार बताये गए हैं प्रमाण के। ये मूल बात है। यदि आपके समक्ष कोई ज्ञान आता है, जो इन ६ के अंतर्गत नहीं है. तो वो ज्ञान नहीं अज्ञान है।

अब आप कहेंगे कि मुझे तो शाब्दिक ज्ञान ज्ञान नहीं लगता क्योंकि ये अनुभव आधारित होना चाहिए। परन्तु ज्ञान इतना अधिक है कि सारे अनुभव लेने जाएंगे तो पूरा जीवन लग जायेगा लेकिन ज्ञान नहीं होगा। व्यवहारिकता के लिए इसको डाल दिया गया है प्रमाण में। आप एक फार्मासिस्ट हैं तो दवा को खोजने जाएंगे, देखने जाएंगे तो पूरा जीवन लग जाएगा लेकिन आपको ज्ञान नहीं होगा। लेकिन आप कॉलेज जाएंगे, डिग्री के लिए अध्ययन करेंगे तो पुस्तकों से आपको सारा ज्ञान हो जाएगा। व्यवहारिकता में शब्द ज्ञान काम की चीज़ है। गुरुजनों ने इसे प्रमाण में डाल दिया है। ये इस पर निर्भर करता है की आप को उस पर भरोसा कितना है। उस पुस्तक पर जहां से ज्ञान आ रहा है यदि आपको पूरा भरोसा है तो उसे प्रमाण मन लिया गया है। आपको पुस्तक में लिखे ज्ञान की परीक्षा करनी पड़ती है कि ये सही है। अपने अनुभव से परखना पड़ता है।

ज्ञान के साधन

सीधा और सरल तरीका है कि ज्ञान के साधन, ज्ञान के प्रमाण चार प्रकार से ही आ सकते हैं। ये ज्ञान के स्तोत्र हैं: **1. अपरोक्ष अनुभव2.अनुमान और तर्क3. गुरु 4. पुस्तकें;** लेकिन ज्ञान का तत्व हमेशा अनुभव ही रहेगा। ये चार क्यों कहा है ? यदि छे कठिन लग रहें हों या ठीक नहीं लग रहे हों। ये दर्शन शास्त्र की बातें हैं। अनुभव ये कहता है की ये चार साधन काफ़ी हैं ज्ञान के लिए। अपरोक्ष अनुभव ही मूल है। तर्क गुरु और पुस्तक ये अतिरिक्त साधन हैं।

1. अपरोक्ष अनुभव ही ज्ञान है। अपरोक्ष अनुभव ही मूल है।

2.अनुमान और तर्क धुआं है तो आग है, पिछले अनुभव के अनुसार सही अनुमान अनुभव आधारित होगा तो ज्ञान अन्यथा अज्ञान, तर्क भी पुराने अनुभव आधारित रहता है। बिना अनुभव के तर्क भी विपर्यय में बदल सकता है। मेरे घर में जो खरगोश है उसके सींग सफ़ेद रंग के हैं जो सभी खरगोशों के होते हैं। आपके अनुभव में कोई ऐसा खरगोश है जिसके सींग होते हैं ? ये तार्किक है कहना कि खरगोश के सींग सफ़ेद हैं क्योकि सभी खरगोशों के सींग सफ़ेद होते है। लेकिन ये अनुभव में नहीं है। तो तर्क भी अनुभव आधारित नहीं होता तो वो ज्ञान नहीं हो सकता। उससे ज्ञान नहीं मिलेगा अज्ञान ही मिलेगा। आपके आसपास के लोग मान लेते हैं तर्क पूर्ण है। लेकिन अनुभव में नहीं है।

3. गुरु अनुभव आधारित होना चाहिए तो ज्ञान अन्यथा अज्ञान होगा। गुरु भी दो प्रकार से होते हैं। एक अनुभव से पढ़ा रहे होते हैं। दूसरे वो हैं जो कही सुनी बातें बता रहे होते हैं या काल्पनिक बातें या सैद्धांतिक बातें बता रहे होते हैं। सही क्या है गलत क्या है ? ये तो गुरु ही जानता है लेकिन गुरु का ज्ञान स्वयं के अनुभव पर ही आधारित होना चाहिए। तभी वो ज्ञान होगा। गुरु के माध्यम से कोई ज्ञान आया है तो अनुभव आधारित होगा तो ज्ञान अन्यथा अज्ञान होगा। मुख्य बात ये है की ज्ञान गुरु के अनुभव पर आधारित है। गुरु के माध्यम से जो ज्ञान आता है अनुभव से ही आता है। गुरु सिर्फ माध्यम है।

4. पुस्तकें, चौथा साधन है पुस्तक। इसमें वर्णित ज्ञान यदि अनुभव आधारित है तो ज्ञान है अन्यथा अज्ञान।

साधन नंबर दो, तीन, चार में अनुभव आधारित होता है तो ज्ञान हैअन्यथा अज्ञान भी हो सकता है। आपकी श्रद्धा कितनी है उस पर निर्भर करता है। यदि आप ज्ञान का साधन मानते हैं तो ठीक, नहीं मानते तो ज्ञान का साधन नहीं हो सकता। इसीलिए ज्ञान का जो तत्व है जो सार है वो अनुभव ही है।

ज्ञान का तत्व

हम वेदांत या अद्वैत दर्शन की बात करते हैं। अद्वैत में ज्ञान के दो साधन ही बताये गए हैं। ये हैं अपरोक्ष अनुभव और तर्क। तर्क अर्थात अनुमान जो तर्कपूर्ण हो। मान का अर्थ होता है किसी चीज का माप लेना। अनुमान का अर्थ भी है प्रमाण लेना। अनुमान प्रमाण एक ही शब्द से निकले हैं। लेकिन जब तक अनुभव नहीं ज्ञान नहीं। हर बात की परीक्षा करनी पड़ेगी।

जांचना पड़ेगा। कही सुनी बातों को न मानें। जब तक आपके अनुभव में नहीं आती तब तक नहीं माने।पुस्तकों में लिखी बात भी यदि आपने जांचा नहीं है, परखा नहीं है अपने अनुभव के आधार पर, तो खतरा होता है कि आपको अज्ञान मिल रहा है वहां से।अनुमान भी यदि पिछले अनुभव पर आधारित है तो ज्ञान है अथवा अज्ञान हो सकता है।

ये चार साधन जो बताये गए हैं उनको देखा जाय तो मूल है-अनुभव। अन्यथा उसे ज्ञान नहीं कहते। मूल ये है कि अनुभव और ज्ञान एक ही है। उसके माध्यम विभिन्न हो सकते हैं। पुस्तक, गुरु। मुख्य अनुभव ही है। गुरु या पुस्तक एक शार्टकट है। लेकिन आपको पक्का ज्ञान तब तक नहीं होगा जब तक अनुभव नहीं होगा। आपके मन में शक रहेगा कि सही है या नहीं।

विशेषकर आध्यात्मिक ज्ञान के लिए अनुभव बहुत आवश्यक है। यदि कोई आपके सामने आध्यात्मिक ज्ञान लाता है आँख बंद कर के उसे नहीं मानना है। वो मान्यता बन जाएगा।अवधारणा बन जाएगा। अगर तर्क सगत लगता है तो सैद्धांतिक बन जाएगा। वो परोक्ष ज्ञान हो जाएगा। सीधा ज्ञान नहीं है वो। आपको हमेशा लगता रहेगा ऐसा है तो क्यों है। जब तक अनुभव नहीं होता पक्का ज्ञान नहीं होता। विशेषकर अध्यात्म में ये बहुत जरुरी है महत्त्व की है। कोई भी आपको कुछ बताये तो आपको जांचना है कि ये कौन से साधन में से है? क्या प्रमाण है ? किस प्रमाण के आधार पर बताया जा रहा ज्ञान, ज्ञान है। अगर छे में से कोई नहीं है तो नहीं मानना। वहां से निकल जाना है , कोई बहस करने की भी जरुरत नहीं है। समय नष्ट करने के बराबर है। बस आपको इतना पता चल जाएगा कि ये ज्ञान मेरे काम का नहीं है, अज्ञान है।

अगर इस आधार पर मैंने कोई कर्म किया तो समस्या ही आने वाली है। इसीलिए ये जानना आवश्यक है की ज्ञान के साधन क्या हैं और क्यों हैं ?

वाद विवाद चलता रहता है विभिन्न दर्शनों में सांख्य, मीमांसा ,न्याय, अद्वैत, बौद्ध जैन में। दार्शनिकों में। पश्चिमी विज्ञान ने भी अद्वैत के दो साधन ही माने हैं। ज्ञान का साधन है प्रयोग अर्थात अनुभव। जब तक प्रयोग नहीं होता कुछ भी ज्ञान नहीं आता है। दूसरा तर्क यानि की अनुमान लगाना। गणित में, या तार्किक रूप से उसका मॉडल बना कर विश्लेषण करना। उससे ज्ञान विज्ञानं का सृजन करना। विज्ञान में गुरु और पुस्तक भी मानें गये हैं लेकिन वो माध्यम मानें गए हैं। ये सहायक हैं, अतिरिक्त साधन हैं। जब तक अनुभव नहीं होता प्रयोग नहीं होता तब तक सिद्धांत समझा जाता है। विज्ञान और वेदांत एक ही चीज है दोनों ही ज्ञान प्राप्ति के साधन हैं। किताबें, गुरु , तर्क या अनुमान आपको सहायता दे सकता है। लेकिन आखिर में अनुभव से ही ज्ञान मिलेगा।

प्रथम अध्याय "ज्ञानमार्ग के आधारभूत सिद्धांत" समाप्त हुआ।

2

सत्य का यथार्थ

सत्य का परिचय

ज्ञान के अगले चरण में प्रवेश करते है जहां हम सत्य के बारे में जानेंगे। सत्य क्या है, क्या चीज सत्य है, क्या चीज असत्य है, क्या मिथ्या है, कैसे पता करें कि ये सत्य है, सत्य के बारे में मूल बातें?

हमारा अपना अनुभव है कि ये बचपन में केवल बता दिया जाता है कि ये सत्य है, ये झूठ है। इसकी बात पर विश्वास करो, उसकी बात पर विश्वास नहीं करो। लेकिन हमें कभी नहीं बताया जाता की वो चीज सच क्यों है ? जो बताया जाता है वो हम मान भी लेते हैं, लेकिन उसको अनुभव में परखने का अवसर नहीं मिलता है। हम मानते हैं, उसके अनुसार कर्म करते हैं, लेकिन वो हमारी मान्यताएं बन जाता है। स्कूल में भी एक प्रकार की पट्टी पढ़ाई जाती है कि जो किताबों में लिखा है वो सत्य है उसको वैसा का वैसा याद करके परीक्षा में लिखना है, वैसा लिख दिया तो पास अन्यथा फेल। परीक्षा में पास होना रोज़गार से सम्बंधित है, रोजी रोटी से संबन्धित है इसलिए मानना ही पड़ता है। ये काम भी आता है। इसमें कुछ सच भी होता है। लेकिन जो व्यक्ति आध्यात्मिक मार्ग पर चल रहा है उसके लिए ये सब बाधा बन जाती है। जो चीजें मन में, मस्तिष्क में बचपन से डाल दी गयीं हैं वो बाधा बन जाती हैं।

तो सत्य क्या है? जो माता पिता बोल देते हैं क्या वो सत्य है? जो किताब में लिखा है, जो शिक्षक बोलते हैं, जो गुरुजन बोलते हैं, जो टीवी में देखते हैं, क्या वो सत्य है? जो मित्र ने बोला है, जो दूसरे लोगों ने कहा है, नेता ने बोल दिया, सुनी सुनाई बात, क्या ये सब सत्य है ? यदि नहीं, तो कैसे मान लें की ये सब सत्य है ?

जो भी अध्यात्म मार्ग में है शिष्य अथवा साधक, उनका एक बहुत बड़ा गुण होता है कि उनको सत्य असत्य में भेद तुरंत पता चल जाता है।

सत्य क्या होना चाहिए? सत्य, असत्य ऐसे ही मान लेना चाहिए ? अथवा कोई परीक्षण करना चाहिए ? या सत्य असत्य से कोई लेना देना नहीं है, हम वही करते हैं जो हमारे मन में

आता है। यदि किसी नें कह दिया की ये वस्तु खरीद लो तो छोटी वस्तु है तो खरीद लेते हैं, क्योंकि जान पहचान के मित्र ने बोला है तो सत्य ही बोला होगा। लेकिन कोई कहे की पचास लाख का मकान है खरीद लो तो उसकी परीक्षा करनी पड़ती है, कागज़ पत्र देखने पड़ते हैं, कौन बेच रहा है ? कैसा है ? पक्का करना पड़ता है। उसके लिए कई तरीके प्रयोग में लाने पड़ते हैं जैसे प्रमाण, अनुमान।

ज्यादातर लोग जो कहते हैं उसी को सच मान लिया जाता है। जो ज्यादा लोगों ने (900 लोगों ने 1000 मे से) बोल दिया, नेता ने बोल दिया क्योंकि वो बड़ा आदमी है उसने बोला है तो सच बोला है। उस नेता का हर शब्द पत्थर की लकीर हो जाता है। विरोधी नेता की बात उसके सुनने वाले मानते हैं। सुनी सुनाई बातें सच मान ली जाती हैं। लोगों के पास कोई उपाय नहीं है ये जानने का कि क्या सच है क्या झूठ। अशिक्षित लोगों की बात छोड़ दें , पढ़े लिखे लोगों के पास भी उपाय नहीं होता सत्य असत्य को जांचने का। टीवी पर समाचार आता है की उस वैज्ञानिक ने ये कह दिया है। आँख बंद कर के उस पर विश्वास कर लिया जाता है। कुछ लोग उस पर कर्म भी कर देते हैं। उनकी बात को तोते की तरह रट कर बोल भी देते हैं।

लेकिन एक अध्यात्ममार्गी के लिए शुरू से ही ये जानना आवश्यक है कि सत्य क्या है। उसको सत्य की अपनी परिभाषा बनानी चाहिए।

सत्य की परिभाषा

सत्य क्या है ? सत्य अनुभवों का वर्गीकरण है, अपने अनुभव लीजिये और उनको दो वर्गों में बाँट दीजिये। कुछ अनुभव सत्य के खाने/वर्ग में रखना और कुछ असत्य के वर्ग में । वर्गीकरण कैसे करें, कोई अनुभव आपके अनुभव के अनुसार सत्य हुआ है तो वह सत्य है, असत्य सिद्‌ध हुआ तो असत्य। ये आपके अनुभव प्रत्यक्ष भी हो सकते हैं। शारीरिक इन्द्रियों से हो सकते हैं। मानसिक इन्द्रियों से हो सकते हैं। अथवा अप्रत्यक्ष अनुभव जैसे अनुमान, पुस्तकें, गुरु के वचन या लोगों के कहे हुए, सुने हुए या बोले हुए उनके अनुभव। तो इस प्रकार से वर्गीकरण कर सकते हैं। ये आवश्यक है क्योकि उसी आधार पर हमारे कर्म होने है।

दूसरी परिभाषा: सत्य एक कथन है, मुंह से बोला हुआ, हाथ से लिखा हुआ, या कर्म भी इशारा करते हैं। अर्थात सत्य एक कथन है, जो संचार का माध्यम है, संचारित होता है। किसी को अनुभव बताना चाहते हैं कि आपके साथ क्या हुआ, मेरा क्या विचार है किसी के बारे में, क्या देखा क्या सुना ? आप उसे संचारित करना चाहते हैं। यदि आपने वही का वही संचारित किया जो आपका अनुभव है तो उसको सत्य कहा जाता है। दूसरे के पास भी कोई तरीका नहीं है ये जानने का कि आपने वही कहा है जो आपका अनुभव है। कभी कभी विपर्यय या विकल्प के अनुभव भी हो जाते हैं अर्थात गलती हो सकती है। कुछ लोग जान बूझ कर झूठ बोलते हैं। अगर पता चलता है अनुभव से सत्य का तो सत्य, पता न चले अनुभव के अनुसार, उसे असत्य कह देते हैं । अगर पता नहीं चले की अनुभव क्या हुआ तो उसका वर्गीकरण हो नहीं

सकता, बोल नहीं सकते कि वो क्या है सत्य या असत्य।

ज्ञान मार्ग पर साधक को जब तक पक्का अनुभव नहीं होता तो उसे कह देते हैं कि पता नहीं, बीच मे रहते हैं। न सत्य न असत्य। मार्ग खुला रहता है। कुछ लोग मान्यता बना कर चलते हैं की जब तक पता नहीं चलता कि ये सत्य है या असत्य तब तक वो असत्य ही मानते हैं। परन्तु इसमें बाधा आ जाती है। एक बार असत्य कह दिया बाद में बदल गया तो अहम् के कारण असत्य कहे हुए को कैसे कहें की ये सत्य हो गया। लेकिन जो ज्ञानमार्ग पर हैं वो उसको सत्य असत्य दोनों नहीं मानते हैं, इससे उनका मार्ग खुला रहता है। वो बीच में रहते हैं जब तक पक्का पता नहीं चलता की ये असत्य है या सत्य।

कोई भी सत्य ज्ञान की ओर इशारा करता है, कुछ लोग सत्य को ज्ञान का पर्याय वाची मानते हैं और असत्य को झूठ का। तो सत्य अनुभवों का वर्गीकरण है। उसका आधार क्या हो ये प्रश्न है ? मानदंड क्या हो ? कोई कहे की प्रत्यक्ष अनुभव हो तो सत्य, ये उसके सत्य का मानदंड हो गया।

सत्य का आधार

सत्य अनुभवों का वर्गीकरण है। उसका आधार क्या हो ? अगर हम विचार करें देखते हैं कि सत्य स्वैच्छिक है, सत्य व्यक्ति निष्ठ है, इसको हम सत्य के मानदंड कहते हैं। ये आश्चर्य है कि सत्य इतनी ठोस अवधारणा है और ज्ञानमार्ग में इसे स्वैच्छिक और व्यक्तिनिष्ठ बता दिया गया। विचार करके देखें तो ये अनुभव की बात है कि सभी लोगों के सत्य असत्य के मानदंड अलग अलग होते हैं। और वो उनके अनुभव और प्रमाण पर आधारित होते हैं। जिसके पास अपने अनुभव और प्रमाण नहीं हैं वो दूसरों के अनुभव और प्रमाण को सत्य मान लेते हैं। जो ज्यादा लोग कह रहे हैं वो सत्य है वो उस व्यक्ति का मानदंड हो गया।

सत्य का सत्य क्या है? सत्य का यथार्थ क्या है ? सत्य अनुभवों का वर्गीकरण है। जो स्वेच्छा से और व्यक्तिगत तरीके से किया जाता है। सबके सत्य के मानदंड अलग रहेंगे। किसी को जबरदस्ती नहीं किया जा सकता की तुम्हारा मानदंड वही होना चाहिए जो मेरा है। कोई नहीं मानेगा। मेरे मानदंड मेरे होंगे, आपके मानदंड आपके होंगे। किसी और के मानदंड और होंगे। इस दुनियां में झगड़ा यही है कि कौन किस बात को सच मानता है। ये अपने अनुभव से देख सकते हैं। झगड़ा ये नहीं है कि कौन सी बात वास्तविक तरीके से सत्य है। समस्या ये है कि कौन किस बात को सत्य मानता है। ये इसीलिए है कि सत्य के मानदंड सबके अलग हैं। दो लोगों के मानदंड भी आपस में नहीं मिलते। कोई एक दो मिल सकते हैं। बाकि सब अलग होंगे। सत्य को पत्थर की लकीर नहीं मान सकते। इससे हानि हो सकती है। सत्य असत्य के फेर में नहीं पड़ना है। व्यावहारिक रूप से हमें सत्य असत्य का वर्गीकरण करना पड़ता है। कर्म करना पड़ता है। कभी कुछ बोलना पड़ता है। प्रयास यही रहता है कि हम सत्य के आधार पर करें। अध्यात्म में एक तरीके की हानि होती है वो है अज्ञान, क्योंकि

सत्य बहुत भारी होता है उसका बहुत प्रभाव पड़ता है। इसके कारण अज्ञान हो सकता है। धार्मिक और राजनितिक लोग तरह तरह की मान्यताएं लेकर बैठे हैं जो अज्ञान है। मृत्यु ही उस अवधारणा से निकाल सकती है। एक आध्यात्मिक साधक के लिए बहुत बड़ा नुकसान है। अगर कोई सत्य कह रहा है तो वो अपने स्वैछिक व्यक्तिगत मानदंड के अनुसार होता है। सत्य व्यवहारिक होता है और काम का होता है। मानदंड काम के होते हैं।

मानदंडों के उदाहरण

सत्य के मानदंड सबके अलग है । कई तरह के सत्य के मानदंड हो गए । व्यवहारिक मानदंड है, इसलिये व्यवहार में लाभप्रद होता है। लोगों के मानदंड के उदहारण क्या हैं, इस पर बात करते हैं।

पहला मानदंड है की जो शिक्षा स्कूलों में हुई है, उसके कारण पुस्तकों में जो लिखा है वो हमारे लिए सच हो जाता है हमेशा के लिए। बोलने का इतना महत्त्व नहीं है परन्तु पुस्तकों में लिखा हुआ बहुत महत्त्वपूर्ण हो जाता है। इसलिए शिक्षण संस्थाए पुस्तकों का प्रयोग करती हैं। और हमारी अवधारणा बन गयी है की पुस्तकों में जो लिखा गया है वो सत्य है। आध्यात्मिक लोग भी पुस्तकों को आँख बंद करके सच मान लेते हैं। अंध श्रद्धा से जितनी पुरानी पुस्तक है उसमें लिखा है, या किसी बड़े आदमी ने लिखी है उसको सत्य मान लेते हैं। उस पर प्रश्न करने का उनको कोई विचार भी नहीं आता।

दूसरा मानदंड है समाज। जो बात सभी लोग कह देते हैं वो सही मान ली जाती है। समाज में ज्यादा लोग कहते हैं तो सच मानते हैं, एक आदमी बोलता है तो नहीं मानते। उस पर हँसते है।

तीसरा मानदंड है समाचार पत्र, टीवी, इन्टरनेट इत्यादि पर जो लिखा है वो सत्य होता है ऐसा मान लेते हैं, बहुत लोगों का विश्वास हो गया है इन माध्यमों पर। जब समाचार पत्र प्रारम्भ हुए थे तो ईमानदार लोग चलाते थे उनको। उन पर लोगों का विश्वास होता था। आजकल भरोसा नहीं कर सकते। ज्यादातर राजनैतिक होते है। अपने स्वार्थ के अनुसार बात को लिखते हैं। लेकिन हमारी अवधारणा बन गयी है, हमारे संस्कार बन गए हैं की जो उसमें लिखा है वो सत्य ही होगा। ऐसा नहीं है की उसमें लिखी हर बात झूठ होती है कुछ सच भी होगा। परन्तु ये भी सच है की उसमें लिखी हर बात सत्य नहीं होती।

चौथा मानदंड हैं माता पिता। बचपन में माता पिता ही होते हैं, इसलिए माता पिता जो कहते हैं सत्य मान लेते हैं। वो असत्य भी हो सकता है। बचपन में आप इतने भोले हैं कि कोई संदेह भी नहीं कर सकते। माता पिता जानकर झूठ नहीं बोलते। लेकिन वो अपने अज्ञान के कारण ऐसा करते हैं। ऐसा नहीं है की दुनिया के सारे माता पिता ज्ञानी हों। ज्यादातर अज्ञानी ही होते हैं। वो कुछ बातें सही बताते हैं परन्तु उनकी हर बात सही नहीं होती। लेकिन हमारा मानदंड बचपन से बन जाता है कि माता पिता सत्य बोलते हैं।

उसके बाद का मानदंड है शिक्षक। शिक्षक भी जो पढ़ाए वो सत्य मान लेते हैं, ऐसा मानते हैं की शिक्षक कभी असत्य नहीं हो सकता। कोई सोच भी नहीं सकता की शिक्षक असत्य बोल सकता है। परन्तु आध्यात्मिक व्यक्ति, ज्ञानी जानते हैं की शिक्षक और गुरु में भेद होता है। गुरु शिक्षक होता है लेकिन शिक्षक गुरु नहीं होता। पुस्तकें या शिक्षक सूचना का माध्यम हो सकते हैं परन्तु ज्ञान का नहीं। ज्ञानमार्ग के अनुसार सही मानदंड है प्रत्यक्ष औरअनुमान। किताबें और गुरु अपने अनुभव के आधार पर कहते है, लेकिन ये उनका अनुभव है। प्रोफेसर या किसी बड़े व्यक्ति ने कुछ कहा है तो उस पर कोई संशय नहीं करता परन्तु आध्यात्मिक मार्ग के साधक के लिए ये ठीक नहीं है।

अगला मानदंड है पाठशाला में जो सिखाया जाता है वो सत्य है ऐसा मानते हैं। पाठशाला में भारतीय संस्कृति के अनुसार नहीं है, पश्चिम के अनुसार चला आ रहा है, हमारे देश में विद्यालयों में जो भी पाठ्यक्रम चल रहा है वो अंग्रेजों द्वारा बनाया हुआ है। उसमें भारतीय संस्कृति और ज्ञान के विषय के बारे में नहीं पढ़ाया जाता। इतिहास को भी ऐसा तोड़ मरोड़ कर पढ़ाया जाता है कि हीनता की भावना होती है। उनको शासन करना था इसलिए उन्होंने अपने को सर्वश्रेष्ठ सिद्ध करने के लिए ऐसा किया। परन्तु वही चला आ रहा है। अंग्रेजी में अध्ययन अच्छा समझा जाता है। हिंदी में अध्ययन गरीब लोग करते हैं। ऐसी धारणा बना दी है। अंग्रेजों ने जो नुकसान किया है वो अभी तक चला आ रहा है। किसी को नहीं पता क्या पढ़ाना चाहिए।

इसके बाद मानदंड है, मित्र ने जो कहा वो सत्य मान लेते हैं। ऐसा नहीं है की मित्र हमेशा असत्य बोलते हों, वो अज्ञान के कारण ऐसा बोलते हैं। कोई बड़ा आदमी है, पैसे वाला है, नेता है, उसने कुछ कह दिया तो सत्य है, वो झूठ कैसे हो सकता है। इस प्रकार ये मानदंड बन जाता है की मित्र ने कह दिया तो सही होगा। कोई व्यक्ति फाटे पुराने कपड़े पहने हुए है उसकी बात कोई नहीं मानता। सूट बूट में है तो मान लेते हैं।

ऐसे उलटे सीधे मानदंड इस समाज में हैं और इन मानदंडों के आधार पर लोग सत्य असत्य का वर्गीकरण करते हैं। उसी के अनुसार कार्य करते हैं। परिणाम हमारे समक्ष हैं। समाज में संस्कृति क्यों गिर गयी है क्योंकि सत्य असत्य का भेद पता नहीं है।

आध्यात्मिक साधक समाज का अंग है, वो समाज को सुधारना है ये लक्ष्य नहीं करता, परन्तु स्वयं में सुधार लाना है ये ध्यान करता है। वो पहले तो समाज नें क्या भरा है उसके दिमाग में, इसका त्याग करना है। उसके साथ अपने सत्य असत्य के मानदंड बनाने हैं। सही मानदंड बनाने से साधक के समय की बचत होती है।

सत्य के उचित मानदंड

अब विचार करते हैं कि सत्य के उचित मानदंड क्या होने चाहिए ? उचित मानदंड रखने से जीवन में बहुत समय बचेगा ।

1. पहला मानदंड स्वः अनुभव, ये सत्य होगा। अपना स्वयं का अनुभव। कोई बात आपके अनुभव में है तो वो आपका सत्य है।

2.सत्य तर्कसंगत होना चाहिए, तर्क पर सही उतरना चाहिए। यदि कोई कथन सत्य कहा गया है तो उसका विरुद्ध सत्य नहीं होगा। यदि किसी ने कोई बात कही कि ये सच है, और उसकी उलटी बात भी सच है तो ये तर्कसंगत नहीं है।

3. पुनरावृति संभव होनी चाहिए। अगर कोई चीज सत्य है तो वो हर बार सत्य होगी। ऐसा नहीं है की जो आज सत्य है वो कल सत्य नहीं होगा। अगर बार बार सत्य बदल रहा है, उसकी पुनरावृत्ति नहीं है तो वो सत्य नहीं असत्य होगा।

4.सर्व व्यापकता सब जगह सत्य है तो सत्य है, इसका अर्थ है कि देश काल पर निर्भर नहीं है। कोई बात यहां सत्य है तो आपके यहां भी सत्य होगी। विश्व में हर देश में सत्य होगी। यदि चाँद गोल है तो सब जगह गोल होगा। तो सत्य है।

5. अपरिवर्तनीय अर्थात समय के अनुसार न बदलना। प्रत्येक समय में वही रहना। समयके अनुसार न बदले, कोई वस्तु, गेंद गोल है, तो सब समय गोल होना चाहिए, यदि समय के अनुसार बदल जाए तो असत्य।

6. स्वतः प्रमाण जिसका प्रमाण आपके सामने हो। जो बात स्वयं को सिद्ध करे चाहे अनुभव न हो। तो वो सत्य होती है।

ये सब कठोर मानदंड हैं। अब आप देखेंगे की बहुत चीजें असत्य हो जाएंगी। इसके अतिरिक्त व्यावहारिक मानदंड हैं जो इतने कठोर नहीं हैं। अपनाने पड़ेंगे क्योंकि व्यावहारिक हैं।

7. अव्यैक्तिक अगर कोई चीज मेरे अनुभव में है और आपके अनुभव में भी है तो वो सत्य मान ली जाएगी। वो अव्यैक्तिक है।अनुभव सत्य है, पानी का गिलास मुझे दिखता है, और दूसरे को भी दिखता है तो सत्य।

8. गुरु वचन को सत्य के मानदंड मान लेते हैं। । गुरु के अनुभव पर, गुरु पर विश्वास हो, श्रद्धा हो, निष्ठा हो, उनको सत्य मान लेते हैं, ये मानदंड बन जाता है।

9. विज्ञान /गणितीय विज्ञान में, गणित कह रहा है तो सत्य मान लेते हैं। नियम अथवा सूत्र कह रहा है 2+2=4 है, सही है तो सत्य मान लेते हैं। सत्य का मानदंड बन जाता है।

10. प्रायोगिक को भी सत्य का मानदंड, ऐसे प्रयोग होगा तो ये परिणाम आएगा।

स्वयं विचार करे, व्यवहारिक कैसे भी कर सकते हैं, मेरे और आपके मानदंड मिल रहे हैं तो परस्पर संचार हो सकता है। सत्य असत्य बदलता रहता है। समाज में जैसे भी मानदंड रख सकते हैं जो व्यावहारिक हों। परन्तु अध्यात्म में उचित मानदंड ही होने चाहिए। अन्यथा आपका अज्ञान दूसरों के लिए ज्ञान हो जायेगा। इसमें जो मानदंड आपको उचित लगते हों अपना लीजिये।

अद्वैत का मानदंड

अध्यात्म में अद्वैत में, जो अपरिवर्तनीय है वह सत्य है, ये एक ही मानदंड है, ये सरल है, शक्तिशाली है। इसमें वजन है और अद्वैत में जो परिवर्तनशील है वो असत्य है। आप कहते हैं की जगत मिथ्या है। कोई पूछे कैसे ? तो मानदंड बताना है कि जगत परिवर्तन शील है, और जो परिवर्तन शील है वो अद्वैत के मानदंड के अनुसार मिथ्या है। असत्य का मानदंड परिवर्तन है, जगत परिवर्तन शील है इसलिए मिथ्या है। इस प्रकार अद्वैत का मानदंड बहुत कठोर है। जो अपरिवर्तनीय है वह सत्य है, जो परिवर्तन शील है, वो मिथ्या है। अध्यात्म में अंधश्रद्धा नहीं होती है।

व्यवहार में सत्य असत्य परिवर्तनीय है, प्रवाही है, बदलता रहता है। केवल अद्वैत में मानदंड नहीं बदलता।

वर्गीकरण का उद्देश्य

अब प्रश्न ये है कि अनुभवों को सत्य, असत्य में वर्गीकरण क्यों आवश्यक है ?

कर्म होते हैं, बोलना पड़ता है। वाणी का उपयोग करना पड़ता है। हाथ पैरों से कर्म करना पड़ता है। यहां सत्य उपयोगी है। क्योंकि अगर असत्य पर कोई कर्म कर बैठे तो उसका परिणाम बहुत विपरीत आता है। इसलिए सत्य और असत्य का वर्गीकरण बहुत आवश्यक है।

कोई कहता है कि ये फल मत खाओ जहरीला है। अब इसमें सत्य और असत्य का ज्ञान आवश्यक है कि फल ठीक है या जहरीला है। आपकी जान बच सकती है। इसी प्रकार कोई कहे इस रास्ते से मत जाओ वहां शेर है या डाकू है तो आपको ये जानना आवश्यक है कि वहां जाना है कि नहीं जाना। ये जीवन का प्रश्न है, अर्थात उत्तरजीविता के लिए बहुत उपयोगी है। सत्य का वर्गीकरण ज्ञान के लिए आवश्यक हो न हो परन्तु उत्तरजीविता के लिए बहुत आवश्यक है।

माता पिता की जिम्मेदारी है छोटे बच्चों को बचपन में ही बता दें की ऐसा करोगे तो मरोगे ऐसा करोगे तो सुरक्षित रहोगे। उन्होंने बचपन में ही बताया है ऐसा अन्यथा हम जीवित नहीं रहते। हमारी माता पिता और शिक्षक पर श्रद्धा है क्योंकि उन्होंने हमें सत्य असत्य बता कर हमारा जीवन बचाया है। शिक्षक ने जो बताया उससे हमें नौकरी मिली, धन मिला, हमारा जीवन निर्वाह हो रहा है। उन्होंने जो कूट कूट कर हमें शिक्षा दी उसका हमारे जीवन के लिए बहुत उपयोग है परन्तु इसका ये अर्थ नहीं कि उनकी बताई गयी सारी बातें सत्य हों।

अध्यात्म समाज की दृष्टि से उपयोगी नहीं है। वहां लागू नहीं है। अध्यात्म में जब कहते हैं की आप शरीर नहीं हैं तो इसका कोई अर्थ नहीं है। इसका कोई उपयोग नहीं है। कुछ लोगों की भ्रान्ति है कि अध्यात्म बड़े काम की चीज है। कुछ लोग कहेंगे की टैक्स भरो अन्यथा आर्थिक दण्ड लगेगा। तो ये जानना जरुरी है क्योंकि आपको समाज में किसी तरीके से

जीवित रहना है तो आपके मानदंड यदि पहले से ही हों तो आपका समय बच जाता है और आप उचित निर्णय पहले से ले लेते हैं।

सत्य के सन्दर्भ

आइये सत्य की परिस्थितियां अथवा सन्दर्भ देखते हैं कि सत्य कैसे बदल जाता है सन्दर्भ के अनुसार। अध्यात्म से सम्बंधित जो सन्दर्भ हैं उनके उदाहरण देखते हैं।

जागृत अवस्था का सत्य - सर्वसम्मति वास्तविकता: जागृत अवस्था चित्त की एक अवस्था है, जागृत अवस्था ज्ञान के लिए उपयोगी है। इसका क्या सत्य है ? जागृत अवस्था में हमारे लिए क्या सत्य है ? उत्तर है सर्वसम्मति वास्तविकता। इसे सत्य माना जाता है। गिलास में पानी है, मेरा अनुभव है। आपका भी अनुभव है। बाकि सब भी वही कह रहे हैं। तो वहां सर्वसम्मति है इसलिए वो सत्य माना जाएगा। अगर मैं कहूँ की मुझे पानी नहीं आम का रस दिख रहा है लेकिन सबको पानी दिख रहा है तो सर्वसम्मति नहीं है, ये असत्य माना जाएगा। तो जागृत अवस्था है। सब लोग कह रहे हैं पानी है तो ये सत्य होगा। इसमें हमारी भ्रान्ति छुपी है कि जो ज्यादा लोग कह रहे हैं वो सही है। भौतिकतावादी के लिए एक ही मानदंड है सर्वसम्मति वास्तविकता।

इसमें समस्या ये है कि मुझे दर्द हो रहा है इसमें सर्वसम्मति नहीं हो सकती। तो मेरे लिए दर्द वास्तविक है। डॉक्टर के पास जाऊंगा। डॉक्टर को भी मेरे पर भरोसा करना पड़ेगा कि दर्द हो रहा है लेकिन और सबके अनुभव में नहीं है। मैं झूठ भी बोल सकता हूँ। कुछ लोग इसका फायदा उठाते हैं। तार्किक होना चाहिए। जागृत अवस्था में सत्य अव्यक्तिक होना चाहिए।

2. **विज्ञान** का कोई सत्य नहीं होता। केवल अनुभव, प्रयोग, मॉडल और सिद्धांत का सत्य मान लिया जाता है, एक वैज्ञानिक ये बताएगा की ये प्रयोग करेंगे तो ऐसा अनुभव आएगा और इसके पीछे ये सिद्धांत है जो ये व्याख्या करता है। वो कभी नहीं कहेगा कि ये सत्य है। क्योंकि विज्ञान में कोई एक मान्यता है लेकिन अगले किसी प्रयोग से वो नष्ट हो सकती है। विज्ञान का सत्य बदलता रहता है। जागृत अवस्था का सत्य विज्ञान में सत्य मान लिया जाता है।

3. **मानसिक सत्य (व्यक्तिनिष्ठ):** शरीर में दर्द हो रहा है, क्रोध आ रहा है, ये सत्य माना जाता है, ये मानसिक सत्य है। केवल आपका होगा। केवल व्यक्ति का होगा। वो स्वप्रमाणित होगा। आपका अपना अनुभव होगा। तार्किक होगा। आपका सत्य होगा। ये मानसिक सत्य व्यक्तिनिष्ठ होता है इसमें सर्वसम्मति की आवश्यकता नहीं होती।

4. **स्वप्न:** चित्त की स्थिति है स्वप्न, स्वप्न में स्वप्न सत्य है, अस्थायी है । जब आप स्वप्न में होते हैं तो जो भी घटना होती है आपके लिए सत्य होती है। उस पर आपको कोई शक नहीं होगा। उल्टा सीधा स्वप्न आता है लेकिन जब तक आप स्वप्न में हैं आपको कोई शंका नहीं होगी। आपके लिए सत्य है। जब आप जाग जाते हैं तो आपको लगता है ये असत्य

है। बनावटी है। वहां सत्य तो है लेकिन अस्थायी है। ऊपर से ये मानसिक भी है। तो ये व्यक्तिनिष्ठ, मानसिक, अस्थायी है। ये चित्त की विशेष अवस्था है। आप कल्पना कर सकते हैं की कोई व्यक्ति हमेशा के लिए स्वप्न में बंध जाय, कैद हो जाए, तो जीवन कैसा होगा। कुछ लोग कहते हैं की हमारी जो जागृत अवस्था है वो करीब करीब स्वप्नावस्था है। स्वप्न तब तक सत्य लगता है जब तक चित्त की अवस्था बदल नहीं जाती।

5. मृत्यु के बाद का सत्य: एक और बड़ा उदाहरण है जिसका अनुभव हमें नहीं होगा अभी, वो है मृत्यु के बाद का सत्य। बहुत लोगों की ये धारणा है कि जगत स्वप्न है किताब में लिखा है। जब मृत्यु होगी, इस जगत से पीछा छूटेगा, छुट्टी होगी तो वो जो अनुभव होंगे वो सत्य होंगे। अनुभव जिसमें जागृत, स्वप्न, नहीं परन्तु उस समय का सत्य है। मृत्यु के बाद चित्त की भिन्न अवस्था होगी तो क्या उसमें जो अनुभव हो रहे होंगे भिन्न होंगे। उस समय वही अनुभव सत्य होंगे जो उस समय के मानदंड होंगे वही सत्य होगा। अद्वैत कहता है की जगत तो स्वप्न है ही, जब इससे पीछा छूट जाता है, मृत्यु हो जाती है, मुक्ति हो जाती है तो उस समय जो अनुभव होते हैं वो भी असत्य हैं, मिथ्या हैं। यदि ये माया है तो वो महा माया है।

6. आध्यात्मिक अनुभव का सत्य (चित्तवृत्ति) आध्यात्मिक अनुभव ही सत्य है, परन्तु ये परिवर्तन शील है। चित्त भी वृत्ति है वो भी सत्य नहीं है, अनुभव परिवर्तनीय है वो असत्य है बहुत से लोगों की मान्यता है कि आध्यात्मिक अनुभव ही सत्य है बाकि अनुभव मिथ्या हैं। मैं आत्मन हूँ, मैं ब्रम्हन हूँ, निर्विकल्प समाधि, ऐसे अनुभव होते हैं, मोक्ष। या मैं जीवन्मुक्त हूँ। उसमें भी थोड़ी समस्या है क्योंकि आध्यात्मिक अनुभव का सत्य है वो चित्तवृत्ति है। वो भी सत्य नहीं है। जबतक चित्तवृत्ति है तब तक सत्य नहीं होता। जब चित्त की वृत्ति बंद होती है तो जो बचता है वो अपरिवर्तनीय होता है। जब तक चित्त है तब तक बदलाव का अनुभव है। अनुभव की परिभाषा है की जिसमें बदलाव हो, जो आता जाता हो। अद्वैत के मानदंड के अनुसार जो परिवर्तनशील हो वो सत्य नहीं है। मिथ्या है। ये सब विशेष अनुभव भी मिथ्या ही हैं।

जगत का, मानसिक, चित्त के अनुभव सब बदलते हैं, निर्विकल्प समाधि से भी बाहर आते हैं, बदलाव है। पुनर्जन्म, जीवन, संसार ये सब कुछ असत्य है क्योकि इसमें परिवर्तन है। पुनर्जन्म असत्य है महा माया है। उस गड्ढे में नहीं पड़ना है, इसलिए वताया है। बड़े बड़े आध्यात्मिक गुरु इस गड्ढे में फंस चुके है की मुझे ये अनुभव हो गया। अध्यात्म मे, अद्वैत में मानदंड रखा गया है अपरिवर्तनीय है तो सत्य है। यदि आप अद्वैत का अनुसरण करते हैं तो आप कभी गड्ढे में नहीं गिरेंगे। इसीलिए इसको सीधा मार्ग कहा गया है।अन्य मार्गों में कहीं न कहीं प्रगति रुक जाती है क्योंकि उनमें इतना कड़ा मानदंड नहीं है जितना ज्ञानमार्ग में अद्वैत में है। इसके अनुसार वास्तव में अस्तित्व अज्ञेय है।

सत्य के सन्दर्भ बहुत काम की चीज है। आम आदमी को सत्य से कोई लेना देना नहीं है। आध्यात्मिक मार्ग में सावधान रहना पड़ेगा क्योंकि इनमें से आप किसी को भी सत्य मान बैठेंगे आपकी प्रगति वहीं रुक जायेगी। पूर्ण ज्ञान कभी नहीं आएगा। तो सत्य परिवर्तनशील

है, सापेक्ष है, अर्थहीन है और एक सीमित सन्दर्भ में उपयोगी है। स्वप्न में, जागृत में, सत्य कैसे बदलते हैं। चित्त की कोई भी स्थिति बदलती है तो सत्य के मानदंड बदल जाते हैं। ये मानदंड भी सापेक्ष हैं। इस जगत में इसीलिए इतनी अशांति है क्योंकि ये मूल बातें लोगों के ज्ञान में नहीं हैं। इसके बाद भी जगत में जीवित रहने के लिए ये सत्य असत्य का ज्ञान उपयोगी है। सीमित सन्दर्भ में उपयोगी है। सही मानदंड बनाने से जीवन सुखपूर्वक चलता है। अध्यात्म में सत्य का उपयोग नहीं है।

आपका अनुभव ही आपका सत्य है

एक मानदंड सबसे बड़ा है स्वयं का अनुभव। आप मनुष्य शरीर में हैं जगत में हैं। ये मानदंड से तेजी से प्रगति होगी। आपका बहुत समय बचेगा। आप अज्ञान की खाई में गिरने से बचेंगे। ज्ञान का अर्थ सत्य नहीं होता। आपका अनुभव ही आपका ज्ञान है और वही आपका सत्य है। जब तक वो आपका अनुभव है, तब तक एक ही है, ज्ञान है। लेकिन कभी भी आपका उल्टा अनुभव आ सकता है, गुरु आपकी धारणा को तोड़ सकता है। अनुभव महत्त्वपूर्ण है परन्तु इसको बहुत ज्यादा वजन नहीं देना है। पत्थर की लकीर नहीं मानना है। जबकि बाद में इसे भी छोड़ना पड़ेगा। एक दिन आपको पता चलता है की सत्य असत्य पहले भी नहीं था अब भी नहीं है। केवल परम सत्य ही आपको अज्ञान से मुक्ति दिलाता है। ये जानना है की सत्य बदलता रहता है, पत्थर की लकीर नहीं है। सबका ज्ञान अलग अलग होता है, उनके अनुभव पर आधारित होता है। ज्ञान के प्रमाण भिन्न भिन्न होते हैं। एक शिक्षक कुछ बोल रहा है। दूसरा कुछ और बोलता है। तीसरा कहता है की इस पुस्तक में ऐसा लिखा है। आपको इस चक्र में , जाल में नहीं फंसना है की किसी ने कह दिया तो मानना है। आपको अपने मानदंड बनाने हैं और बोलना है की ये मेरे मानदंड हैं। या व्यक्तिनिष्ठ हैं।

जब आप गुरु के पास जाते हैं तो उनसे पूछिए ये आप बोल रहे हैं किसी पुस्तक से पढ़कर बोल रहे हैं। वो कहें की ये उनका अनुभव है तो आपको उनके सत्य के मानदंड पूछने हैं। जब गुरु ने बता दिया ये मेरा मानदंड है तो आपको गुरु के प्रति श्रद्धा रखनी पड़ेगी। तो शुरू मे समर्पण करना उसको मानना, इसका अर्थ ये नहीं की आप जीवन भर समर्पित रहें। काम होने के बाद निकल सकते हैं। ज्ञान लेने के बाद में छोड़ सकते हैं। यदि आप किसी अद्वैत के गुरु के पास जाते हैं तो बहुत कठोर मानदंड होगा वहां। जो भी आप जानते हैं उस सबको गुरु असत्य कहने वाला है। इसलिए अध्यात्म के मार्ग पर बहुत कम लोग जाते हैं।

यदि किसी ने अपने मानदंड दूसरे पर थोपने का प्रयास किया तो ये कट्टरपंथी होना कहा जाएगा। आध्यात्मिक जीव बहुत प्रसन्न रहते हैं। उनको किसी से लेना देना नहीं है। व्यावहारिक जीवन में भी प्रसन्न रहते हैं। वो किसी बंधन में नहीं होते। वो सत्य और असत्य के बंधन में भी नहीं होते। किसी बात पर आसक्ति नहीं होती। उन्हें किसी से राग द्वेष नहीं होता। मुक्त और सुखी होते हैं।

यही सब सत्य का यथार्थ है।

अध्याय २ सत्य का यथार्थ समाप्त हुआ

3

ज्ञान दीक्षा

प्रश्न और ज्ञान

ज्ञान में प्रश्न होना आवश्यक है। प्रश्न से उत्तर होगा, उत्तर से ही ज्ञान होगा। अतः ज्ञान मार्ग के लिए प्रश्न आवश्यक है। यदि आपके मन में कोई प्रश्न नहीं उठता है, आप सुखी हैं, संपन्न हैं, जीवन में कोई समस्या नहीं है तो आपको कोई आध्यात्मिक मार्ग अपनाने की आवश्यकता नहीं है। जब उसकी आवश्यकता पड़ेगी प्रश्न अपने आप आएगा। किसी अध्यात्म मार्ग की और आप अपने को झुका पाएंगे। छोटे मोटे प्रश्नों से प्रारम्भ होता है, लेकिन मूलभूत प्रश्न होने चाहिए।

संसार में दुख हो, कष्ट हो या सुख नहीं है, सुख आता जाता हो, अथवा जिज्ञासा हो, समाधान न हो, इन्हीं से ही प्रश्न उत्पन्न होते हैं। इसी से व्यक्ति अध्यात्म में, ज्ञान में प्रविष्ट होता है। इसी से मूलभूत प्रश्नों की ओर ध्यान जाता है। ये प्रश्न हैं जीवन क्या है, जीव क्या है। जो जीवित है, क्या है, मैं क्या हूँ, संसार का अनुभव क्या है, ये प्रश्न उत्पन्न होते हैं। इसके उत्तर लेना है। ये उत्तर कहाँ मिलेगा, या गुरु के पास या पुस्तकें पढ़ते हैं लोग। इस तरीके से उनकी आध्यात्मिक यात्रा प्रारम्भ होती है।

आप बहुत सुखी हैं, धर्म अर्थ काम प्राप्त कर लिए हैं। मोक्ष की और ध्यान जा रहा है। कोई शारीरिक मानसिक दुख नहीं है, लेकिन संतुष्टि नहीं है , तब जिज्ञासा होती है, प्रश्न होते हैं, तो व्यक्ति अपनी रुचि से, बिना किसी दबाव या दुख के ज्ञान मार्ग की तरफ बढ़ता है।

प्रश्न नहीं तो ज्ञान मार्ग या किसी आध्यात्मिक मार्ग पर प्रगति नहीं होती। ज्ञान मे कुछ नया नहीं होना है, जो होना है वो आप पहले से है। अज्ञान की धूल जब साफ होती है तो स्वरुप, अपना रूप दिखाई दे जाता है। ये ज्ञान मार्ग में अन्य मार्गों की अपेक्षा अधिक आसान है।

मूल प्रश्न पांच प्रकार के होते हैं

क्या, कहाँ, कब, क्यों, और कैसे? इसमें दो प्रकार के प्रश्न और जुड़ सकते हैं, वो हैं, कौन और कितना?

1. क्या है, इस प्रश्न के उत्तर में मूलभूत जानकारी है, बिल्ली क्या है.. जानवर है, उसका भी अनुभव नहीं, तो जानवर क्या है.. इसके अनुभव के लिये चिड़िया घर जाना पड़ेगा। वहां जानवर दिखाना पड़ेगा।
2. कहाँ, आप कहां रहते हैं... इसमें देश स्थान, जगह, शहर, दिशा का नाम आएगा। परन्तु प्रश्न हो कि चित्त कहाँ है, सिर में है, गलत अनुभव होगा।अध्यात्म में पुरानी मान्यताएं भरी होती हैं मस्तिष्क में, इन प्रश्नों से ध्वस्त हो जाती है।
3. कब में समय, तारीख, कैलेण्डर, घड़ी, की और इशारा किया जाता है, इत्यादि होंगे। व्यवसाय में कब से हैं, जन्म कब हुआ.. शरीर का, जन्म माँ बाप बतायेंगे, लेकिन आपके जन्म का आपको कोई अनुभव नहीं। ये उत्तर सही नहीं है।
4. क्यों में कारण बताना है, खाना क्यों खाते हैं, उत्तर है जीवित रहने के लिए।
5. कैसे में कोई प्रक्रिया होनी चाहिए, किसी पिछले अनुभव से मिलता जुलता होना चाहिए, कम्प्यूटर, कार कैसे काम करती, कई जवाब है, चित्त की स्मृति कैसे बदलती है, इसका अनुभव नहीं होगा।
प्रश्नों के 2 विशेष प्रकार और हैं।
6. कौन प्रश्न किसी व्यक्ती को इशारा करता है। खाना किसने बनाया, माँ ने, लेकिन संसार किसने बनाया। ये अनुभव मे नहीं, इसका उत्तर गलत आएगा।
7. कितना मात्रा या संख्या बतायेंगे, लोग कितने.. संख्या, लेकिन चैतन्य कितने हैं, आत्मन कितने है.. तो उत्तर नहीं। अनुभव में नहीं है।

जसे ही आप मूल प्रश्न करेंगे आपका अज्ञान धीरे धीरे गिरना, नष्ट होना शुरू हो जाएगा। यदि आप प्रश्न नहीं करते हैं तो आपका अज्ञान वैसा ही रहेगा या और बढ़ता जाएगा। आप इधर उधर से पढ़ेंगे, टीवी देखेंगे, लोगों से सुनेंगे, किताबें पढ़ेंगे उतना अज्ञान बढ़ता जाएगा। प्रश्न करेंगे तो टूटता जाएगा। प्रश्नों के द्वारा ही सत्य की ओर रास्ता जाता है। जितना ज्यादा आपका अज्ञान नष्ट होगा उतना ज्यादा आप सत्य के निकट पहुंचेंगे। वो इतना आवश्यक नहीं है की उत्तर मिलेगा या नहीं। प्रश्न आवश्यक है। उत्तर जब आना है आएगा, हो सकता है आपको अभी गलत उत्तर मिले। आपको पसंद भी आये। परन्तु उसे सहीं मान कर बैठ जाना ठीक नहीं है। प्रश्नों के जब उत्तर मिलते हैं तो उन उत्तरों पर भी प्रश्न होना चाहिए। ये कुंजी है। पहले उत्तर के ऊपर प्रश्न। ज्ञानमार्ग में प्रश्न आवश्यक हैं। उसका उत्तर अनुभव की ओर ले जाएगा, आज का, पूर्व का, या भविष्य का, अनुभव प्रत्यक्ष या अनुमान के आधार पर होना चाहिए, यही प्रमाण होगा। उत्तरों का मूल्याङ्कन कैसे करें। अपने प्रत्यक्ष अनुभव के आधार पर। यदि अनुभव नहीं हो तो जाकर ढूंढ़कर लाइए अनुभव। यही ज्ञानमार्ग है क्योंकि उस पर चलना पड़ता है। प्रयास करना पड़ता है। प्रश्न का उत्तर पाने का। कुछ प्रश्न वहीं के वहीं मिल जाएंगे क्योंकि अनुभव यहीं है। अस्तित्व यहीं है। इसी समय।

अतिरिक्त सहायता के लिए गुरु और पुस्तक से। प्रश्न है तो ज्ञान मार्ग है अन्यथा कोई आवश्यकता नहीं है ज्ञान की। व्यक्ति सांसारिक भोग में व्यस्त तो कोई प्रश्न नहीं। स्कूल

शिक्षा उत्तरजीविता के लिए है, आध्यात्मिक ज्ञान के लिए नहीं। बहुत ज्यादा अज्ञान है तो अन्य मार्ग भी है भक्ति, योग। उन पर जाना चाहिए।

ज्ञानमार्गी के लक्षण

ज्ञानमार्ग एक जीवन शैली है। कोई रूचि या शौक नहीं है। स्कूल कॉलेज में ज्ञान नहीं मिलता। शिक्षा मिलती है। उत्तरजीविता के लिए है शिक्षा। ज्ञानमार्गी का लक्ष्य है प्रश्नों के उत्तर आना। कोई प्रश्न छूटे नहीं । कितनी लंबी साधना चलेगी, ये निर्भर करेगा अज्ञान कितना है । ज्ञानमार्गी के क्या लक्षण या गुण होने चाहिए ये विचार करते है। अगर ये लक्षण नहीं है, विकसित करने की योग्यता नहीं है तो उस साधक को ज्ञान मार्ग में नहीं आना चाहिए। किसी और मार्ग को अपनाना चाहिए।

शास्त्रों के अनुसार ज्ञान मार्गी के ये चार विशेष लक्षण होने चाहिए :

1. मुमुक्षत्व: मुक्ति की प्रचंड इच्छा, सिर्फ मुक्ति, और कुछ नहीं चाहिए। ये सबसे बड़ा गुण होना चाहिए एक ज्ञानमार्गी के लिए। ये लक्षण नहीं है तो आप किसी पुस्तक को नहीं पढ़ेंगे, किसी गुरु के पास नहीं जाएंगे, अपना जीवन राग द्वेष पूर्ण व्यतीत रहेंगे। आपको कभी पता नहीं चलेगा की अध्यात्म नाम की कोई चीज होती है। ९०% लोग हैं जिनमें मुमुक्षत्व का गुण नहीं है। उनको अज्ञान इतना है की उनको पता नहीं है की मुक्ति नाम की कोई चीज़ होती है।

2. वैराग्य: संसार की गतिविधियों में रूचि नहीं होनी चाहिए। खाना, पीना, ऐशो आराम, ये वस्तु, वो वस्तु, ये सम्बन्ध, वो सम्बन्ध, ये बंधन, वो बंधन, सारी भोग की वस्तुओं से, मन पहले से भर गया हुआ होना चाहिए। नहीं तो ज्ञान मार्ग पर बहुत बाधाएं आएँगी। राग ही दुःख का कारण है। यदि आपके मन में आसक्ति है तरह तरह की वस्तुओं के लिए, तो ज्ञान मार्ग पर असफलता ही मिलेगी। समय नष्ट होगा। जो भोग कर रहें हैं वो भोगें, जब तक सही चल रहा है। एक दिन वो दुःख का कारण बनेगा तब उनके लिए ज्ञान मार्ग उपयोगी होगा, अभी नहीं। अभी उनका मन भोग विलास की वस्तुओं की तरफ भाग रहा है। अभी ज्ञान में रूचि नहीं आएगी।

3. विवेक: सही गलत, सत्य असत्य मे भेद जानना, ये गुण विकसित किया जा सकता है,

4. षट संपति: अर्थात छह (६) तरीके की संपत्ति होना।

शम: मन में आंतरिक शत्रु काम, क्रोध, लोभ, मोह, पर विजय । मन शांत ।

दम: इन्द्रियां आपको जिन विषयों की ओर ले जाती हैं उनपर नियंत्रण । वचनों पर नियंत्रण। भाषा पर नियंत्रण। और कर्मों पर नियंत्रण। दम अर्थात दमन करना। मन में तरह तरह के आवेग आते होंगे उनका दमन करना, नहीं तो आप उन्ही के पीछे भागेंगे और वही आपका सारा समय ले लेंगे।

श्रद्धाः गुरु वचन या शास्त्रों में जो बात लिखी है उनको सत्य मानना, उनका अन्वेषण करना या उनका सत्य जानने का प्रयास करना। बात मानना, श्रद्धा कुछ लोग बिना सोचे समझे मानते हैं वो श्रद्धा नहीं होती वो अन्धश्रद्धा होती है। साधना शुरू करने के लिए भी श्रद्धा होनी चाहिए। श्रद्धा वो है कि आपने अपने अंदर के अज्ञान को नष्ट करने का निश्चय कर लिया है। अब आप प्रयास कर रहे हैं। विश्वास के साथ, अंध श्रद्धा नहीं, प्रयोग के साथ स्वीकार। जीवंत श्रद्धा अर्थात गुरु की 10 मे 8 बाते सही निकलती है तो बाकी दो बातें भी श्रद्धा से माने।

समाधानः ज्ञान मे समाधान होना चाहिए, ये अत्यंत आवश्यक है। जब तरह तरह का ज्ञान मिलना शुरू होता है, तब नयी वासनाएं आती हैं। सिद्धियां मिलती हैं लोगों को, तो उन को, उनका उपयोग करने का लालच आ जाता है। यदि समाधान नहीं है तो आप फंस जाएंगे, आपकी प्रगति रुक जायेगी। यदि समाधान नहीं है तो सांसारिक वस्तुओं जैसे रूपये पैसे, धन दौलत, रिश्ते, दूसरों पर शासन करने की इच्छा इत्यादि, में फंसे रहेंगे।

उपरतिः संसारिक गतिविधियां मे लगेगा, दूसरों को देखने से दुख होगा उन्हें सुधारने की इच्छा होगी, लेकिन इससे दूर रहना चाहिए, ये उपरति, उसमे फंसना नहीं हैं, आपका मन करेगा की आपको कुछ नहीं चाहिए मेरे पास हर चीज है। मेरा परिवार सुखी परिवार है। मैं भी सुखी हूँ। लेकिन जब आप बाहर देखेंगे अपने दरवाजे के बाहर तो आपको दिखेगा की दुर्गति हो चुकी है समाज में। देश की। तो उससे आपको दुःख होगा। आपको लगेगा की यहां कुछ करना चाहिए। बाकि दूसरे लोगों को ठीक करने की इच्छा जागेगी। उपरति उस इच्छा का नाश है। यदि आप उस फेर में पड़ गए तो आपका जीवन उसी में नष्ट हो जाएगा। आप अपने लिए कुछ नहीं कर पाएंगे। बहुत लोगों को लगता है की उन्हें बहुत ज्ञान है और वो दूसरों को सुधारना चाहते हैं। ये उनकी मूर्खता है। संसार के वातावरण से दूर रहना चाहिए, उससे प्रभावित नहीं होना है। अच्छा है तो अच्छा है, नहीं है तो नहीं है। संसार स्वप्न या मिथ्या है इसमें कुछ नहीं करना है। उपरति आपको इस गड्ढे में गिरने से बचाएगी। अन्यथा दूसरों के चक्र में आपका समय नष्ट होगा। चाहे वो अच्छे कार्य क्यों न हों।

तितिक्षाः तितिक्षा का अर्थ है सहन शक्ति। ज्ञान मार्ग में बहुत बाधायें आती हैं इसमें आगे बढ़ने के लिए बहुत बल चाहिए। ताकत लगती है। इसके लिए बहुत मजबूत मनस बुद्धि चाहिए। यदि आपमें वो शक्ति नहीं है इन बाधाओं से संघर्ष करने की तो प्रगति नहीं होती है। रुक जाती है। तितिक्षा वो गुण है जो आपको बड़ी शक्ति देता है आगे चलते जाने की लिए। ज्ञानमार्गी के लिए हार मानना उचित नहीं है। अतः आपमें धैर्य और दृढ शक्ति होनी चाहिए, ज्ञान मे आगे बढ़ने के लिए, बाधाओं से, कठिनाइयों से लड़ने की शक्ति होनी चाहिए, अतः तितिक्षा का लक्षण ज्ञानमार्गी के लिए बहुत आवश्यक है।।

ज्ञानमार्गी के गुण

तो ये चार लक्षण शास्त्रों में मिलेंगे। इसके अतिरिक्त बहुत सारे गुण और हैं जो ज्ञानमार्गी के लिए होने चाहिए। वो विकसित किये जा सकते हैं एक गुरु के अंतर्गत। जो अतिरिक्त गुण हैं वो ये हैं:

1. रुचि होनी चाहिए ज्ञान मार्ग मे । प्रश्न का उत्तर मिल रहा है तो रुचि बढती है । यदि बिलकुल भी रूचि नहीं है तो आप प्रारम्भ भी नहीं करेंगे। शुरू करने के लिए रुचि होना आवश्यक है, जो बाद में मार्ग पर चलने से बढ़ जायेगी।

2. **जिज्ञासा**, ज्ञान की इच्छा होनी आवश्यक है । यदि इससे ऊपर, बड़ी कोई इच्छा हुई तो आप उसके पीछे भागेंगे। इसलिए आपकी सबसे बड़ी इच्छा ज्ञान प्राप्ति की होनी चाहिए। तो जिज्ञासा प्राथमिक होनी चाहिए, प्रगति बहुत तेज होगी अन्यथा नहीं होगी।

3. **बुद्धि**: बुद्धि यदि क्षीण है तो ज्ञान मार्ग सही नहीं, उसमें नहीं आना चाहिए। समय नष्ट होगा। कोई और मार्ग योग या भक्ति मार्ग पकड़ लें। ज्ञान मार्ग में तेज बुद्धि चाहिए, ज्ञान बढ़ता है तो बुद्धि भी बढ़ती है। फिर भी ज्ञान मार्ग में प्रारम्भ करने के लिए, कम से कम कुछ बुद्धि की आवश्यकता होती है। ज्ञान मार्ग पर चलने से भी बुद्धि बढ़ती है।

4. **पूर्वाग्रह से मुक्त**: आपका पूर्वाग्रह मुक्त चित्त होना चाहिए। अगर आपके मन में पहले से बहुत सी बातें हैं और आपने मान लिया वो सत्य है तो आप पूर्वाग्रही हैं। यदि आप सोचें यही मेरा ज्ञान है मुझे और ज्ञान नहीं चाहिए तो प्रगति नहीं हो सकती। कुछ धार्मिक लोग हैं समाज में अंध श्रद्धा से पूर्ण। उनके सामने आप ज्ञान की एक भी बात रखेंगे तो आपसे लड़ने, मारपीट करने के लिए दौड़ पड़ेंगे। वे आपके शत्रु बन जाएंगे। उनके आपसे सम्बन्ध खराब हो जाएंगे। तो ऐसे लोग पूर्वाग्रह से मुक्त नहीं हैं। तो ज्ञान ग्रहण करने के लिए प्याला या बर्तन खाली होना चाहिए अन्यथा उसमें कुछ नहीं भरेगा।

5. **मानसिकता समालोचनात्मक**: ज्ञान मार्ग पर चलने के लिए अगला गुण है की उसकी मानसिकता समालोचनात्मक होनी चाहिए, उपयोग होना चाहिए आलोचना का, किसी कथन में गलती है तो न माने । इसका अर्थ है की किसी भी बात को बिना सोचे समझे न माने। यदि आपने बिना गलतियां ढूंढें हुए बात मान ली तो वो अंध श्रद्धा हो गया। ये बड़ा आदमी कह रहा है, विवेकानंद कह रहे हैं तो सही होगा। ऐसा नहीं होना चाहिए। कोई जरुरी नहीं है की सही होगा। किसी शिक्षा या कहे हुए सत्य में गलतियां ढूंढना ये बहुत बड़ा गुण है। शिक्षा उपाय होता है साधक को किसी गड्ढे से निकलने के लिए। आलोचना नहीं समालोचना अर्थात अर्थहीन आलोचना नहीं करनी है। अर्थहीन आलोचना करनी है तो ज्ञानमार्ग पर आने की आवश्यकता नहीं है।

6. **तार्किक**: कोई भी बात तार्किक होनी चाहिए। अगर कोई बात तार्किक नहीं लगती है तो उसे स्वीकार नहीं करना है। उसे मानने की आवश्यकता नहीं है। तर्क सत्य का मानदंड है। लेकिन लोगों की तर्क कमजोर होती है की उन्हें तर्क और वितर्क में भेद नहीं पता होता। तो यदि तर्क का गुण नहीं है तो बहुत काम ज्ञान होगा।

7. **धैर्य और दृढ़ता:** धैर्य और दृढ़ता में धीरज रखना पड़ता है। अर्थात मुझे अभी का अभी उत्तर चाहिए ऐसा सही नहीं है। धैर्य के लिए वर्षों लग जाते हैं क्योंकि चित्त तैयार नहीं होता, पकता नहीं है। ज्ञान मार्ग पर धैर्य रखना पड़ता है। दृढ़ता अर्थात आपको इसमें लगे रहना पड़ता है। अगर आपने छोड़ दिया की ये तो ठीक नहीं है, तो फिर प्रगति नहीं होती।

8. **प्रयोगकर्ता:** ज्ञानी को प्रयोगकर्ता होना चाहिए जैसे वैज्ञानिक। भौतिक विज्ञान में जब तक कोई बात प्रयोग से सिद्ध नहीं होती तब तक वो सत्य नहीं होती। अध्यात्म में भी इसी प्रकार है। कोई भी बात प्रयोग पर सही उतरती है तभी वो सत्य है।

9. **ज्ञानदानी:** दूसरों को ज्ञान बाँटना आनंददायी होना चाहिए ज्ञानमार्गी के लिए। अगर आज आपने कुछ सीखा है तो आप भी और लोगों को वो सिखाएं। किसको सिखाना है, ज्ञान का अधिकारी कौन है ये बाद में विचार करेंगे। ज्ञान बाँटना एक अच्छे शिष्य का गुण है।

10. **अविवादी होना:** ज्ञानी को अविवादी होना चाहिए। अगर आपकी बात किसीको समझ नहीं आ रही है क्योंकि हर एक का सत्य अपना होता है। तो उससे वाद विवाद में नहीं पड़ना चाहिए। विवाद से दूर रहना चाहिए। अगर आपका अनुभव है और वो आपने दिखा दिया तो विवाद समाप्त हो जाना चाहिए। अगर विवाद चलता जा रहा है इसका अर्थ ये है की समय नष्ट हो रहा है। या तो आपके ज्ञान में, सत्य में कोई कमी है या फिर सुनने वाला जानना, समझना नहीं चाहता। इससे दोनों का समय नष्ट होता है। अविवादी होना चाहिए। तर्क वितर्क नहीं करना चाहिए। जब तक कोई पूछे नहीं तब तक बताना भी नहीं चाहिए।

11. **ग्रहण मुद्रा:** ज्ञानी को और ज्ञान जानने का गुण होना चाहिए। ज्ञान जानने की इच्छा होनी चाहिए । जहाँ नया ज्ञान मिले वहां सब कुछ छोड़ कर पहुँच जाना चाहिए। हमेशा गुरु के समक्ष हाथ जोड़ कर इस मुद्रा में होना चाहिए की मुझे और जानना है मुझे और उत्तर चाहिए। यदि ये मानसिकता नहीं रहेगी तो प्रगति धीरे रहेगी।

12. **समर्पण:** ज्ञान के लिए जीवन समर्पित होना चाहिए। यदि आप और चीजों के पीछे लगे हैं तो प्रगति बहुत धीरे होगी। अज्ञान का नाश करने की इच्छा ही समर्पण है। ये मान लेना की मैं अज्ञानी हूँ, मुझे और ज्ञान लेना है। इस भाव से प्रगति बहुत तेज होगी।

13. **आलोचना को सहन करने की क्षमता:** ज्ञानमार्ग के साधक का एक विशेष गुण है आलोचना का कारण ढूँढना, उसको सहन करना, देखना मेरे से क्या भूल हुई। निंदा नहीं मानना।

14. **खाने, बोलने, सोने, साधना में अतिवादी नहीं होना:** साधना में अतिवादी नहीं होना चाहिए। बहुत ज्यादा खाने वाले लोग या बहुत कम खाने वाले लोग, दोनों के लिए ज्ञान मार्ग उपयुक्त नहीं है। ज्यादा खाने से आपका शरीर अस्वस्थ हो जाता है। बुद्धि क्षीण हो जाती है। मूर्खता बढ़ जाती है। आप देखेंगे की खाना खाने के बाद दिमाग काम करना बंद कर देता है। ऊर्जा खाना पचाने या शरीर के रख रखाव में खर्च हो जाती है। खाने में जो लगे हैं उन्हें ज्यादा कमाना भी पड़ता है, उन्हें तरह तरह की नयी चीजें खाने का शौक होता है तो उनका अधिकतम समय खाने पीने में जाता है। ऐसे लोगों की ज्ञानमार्ग में कोई प्रगति नहीं होती।

बिलकुल न खाने वाले जिनका शरीर कमजोर दुबला पतला होता है, वो अपनी पीठ सीधी करके एक दो घंटे सीधा बैठ नहीं सकते। वो रोगी हैं। उनका भी ज्ञान मार्ग में कोई भविष्य नहीं है। स्वस्थ व्यक्ति, जितना भूख लगे उतना खानेवाले व्यक्ति, उसकी बुद्धि तेज हो जायेगी। उनकी प्रगति तेज हो जायेगी। ज्यादा सोनेवाले, उनकी बुद्धि भी ज्यादा नहीं चलती। अगर एक वाक्य भी गुरु बोलना शुरू करे तो उसको नींद आनी शुरू हो जाती है। न रूचि है, न बुद्धि है, ऐसे सुस्त लोगों के लिए ज्ञानमार्ग नहीं है। जो कम सोते हैं उनकी बुद्धि भी क्षीण हो जाती है। बराबर सोना जितना आवश्यक है। सही समय पर सोना और उठना। ये ज्ञानी के लिए आवश्यक है ज्ञानमार्ग पर। साधना में भी कोई अति नहीं करनी चाहिए , गुरु ने कहा बीस मिनट तो बीस घंटे नहीं करना है। ज्यादा उत्साह में शक्तिहीन हो जाएंगे। बिलकुल ढील भी नहीं देना की कल करेंगे या परसों करेंगे। ऐसे लोगों की भी कोई प्रगति नहीं होती।

15. अति सूक्ष्मवादः ज्ञानी को अतिसूक्ष्मवादी होना चाहिए। कम बोलना, उचित मात्रा में खाना, सोना, जितना आवश्यक है उतना करना। जितने आवश्यक उतने ही मित्र या रिश्तेदार, सम्बन्धी, जितना आवश्यक है उतना ही कार्य करना। ज्यादा नहीं , कम भी नहीं, ये होता है अति सूक्ष्मवाद। ये एक जीवनशैली है, की यदि कोई वस्तु आवश्यक नहीं है तो वो आपके पास नहीं होनी चाहिए। इससे मन शांत रहता है। समय बहुत मिलता है। आपके प्रश्नों के उत्तर जल्दी आते हैं।

16. गुरुभाविताः गुरुभाविता अर्थात अभी जो शिष्य है वो आगे जाकर शिक्षक बनेगा। यदि आपमें वो गुण हैं कि आप गुरु बन सकते हैं तो आप शिष्य भी अच्छे होंगे। वो शिष्य जिसमें गुरु के लक्षण दिखने लगते हैं वो बड़ी तेज प्रगति करता है। जैसे गुरु हैं वैसे बनने का प्रयास करना।

ऊपर के चार गुणों के अतिरिक्त ये सारे गुण भी शिष्य में हों तो बहुत ही अच्छा है। ये चिंता मत कीजिये की ये गुण मेरे पास नहीं हैं, ये गुण विकसित किये जा सकते हैं। इन गुणों से शुरू करेंगे तो ज्ञानमार्ग आपके लिए है।

गुरु के लक्षण

यदि आप ज्ञानमार्ग में नए हैं तो कम से कम आपका एक गुरु तो होना ही चाहिए। ये आवश्यक नहीं कि गुरु से सामने मिले या बैठें। किताबों से या वीडियो से या सुन कर भी आप गुरु से सीख सकते हैं। ज्ञानमार्ग की साधना में गुरु का इतना बड़ा हाथ नहीं होता। गुरु थोड़ी बहुत सहायता कर देता है। लेकिन शुरू में गुरु ही आपको चाहिए चाहे पुस्तक के रूप में या अन्य माध्यम के द्वारा। जैसे ही आपके मन में प्रश्न उठते हैं तो गुरु की आवश्यकता पड़ेगी। धीरे धीरे समाधान होता जाएगा तो गुरु की आवश्यकता कम हो जाती है। एक गुरु होना ही चाहिए, शुरू करने के लिए, शुरू में आपको अच्छे गुरु के पास जाना चाहिए। गुरु के

भी कुछ लक्षण होते हैं। शिष्य के लिए गुरु का मूल्यांकन करना संभव नहीं क्योंकि वो गुरु है। अगर आपने मूल्यांकन कर लिया गुरु का, तो फिर आप बड़े है। आप गुरु हो गए। वो गुरु नहीं हो सकता। तो आपका गुरु कैसा होना चाहिए इसका अनुमान लगा सकते हैं। गुरु के कुछ लक्षणों पर चर्चा करते हैं ये आपके लिए सहायक होगा।

1. गुरु अपने अनुभव से बताता है, पुस्तक से नहीं, गुरु का मुख्य लक्षण, गुरु पुस्तक से नहीं बताता। कि इस पुस्तक में ये लिखा है। इस महान आदमी ने ये कहा है। ये तो स्कूल के शिक्षक के बराबर हो गया। जो अपने अनुभव से ये बताये की ऐसा ऐसा करोगे ये ये अनुभव ज्ञान मिलेगा तो वो सही गुरु है। यदि कुछ बातें किताबों से भी बता देता है तो कोई बात नहीं लेकिन जो मूल ज्ञान है वो गुरु के स्वयं के अनुभव से आना चाहिए। यदि आप गुरु के सानिध्य में एक दो वर्ष व्यतीत कर चुके हैं और कोई अनुभव नहीं हुआ है तो आपको गुरु बदल देना चाहिए। वो आपका गुरु नहीं है। वो शास्त्रों की शिक्षा दे सकता है। वो आपकी अंध श्रद्धा है आप इतने दिनों से वहां है। आपको निर्णय लेना है कि आपको जाना है या वही रहना है।

2. गुरु प्रभावी वक्ता होना चाहिए, वाणी आकर्षण होना चाहिए, प्रभाव होना चाहिए, उनकी वाणी समझने लायक होनी चाहिए. नींद नहीं आनी चाहिए सुन कर। भले ही गुरु को अनुभव हो, ज्ञान हो, लेकिन उसकी वाणी समझ में आनी चाहिए। अगर ज्ञान का संचार नहीं हो रहा, उसको ज्ञान देना नहीं आता है, तो गुरु अनुपयोगी है। जो नए गुरु होते हैं वो ऐसे होते हैं। उनको नहीं आता ज्ञान को कैसे सिखाना है। कुछ लोगों की वाणी बहुत तेज होती है अच्छी होती है। उनमें अपना अनुभव दूसरों को बताने की योग्यता होती है। वो अच्छा गुरु है।

3. धैर्य होता है गुरु में, शिष्य के लिए । अगर एक शिष्य बार बार वही प्रश्न कर रहा है। उसकी समझ में नहीं आ रहा है। गुरु को धैर्य रखना पड़ता है शिष्य के लिए। जो शिष्य बहुत धीरे धीरे चल रहे हैं। १५ साल हो गए उनको ज्ञान नहीं हुआ। गुरु में धैर्य होता है। वो प्रयास करता रहता है की शिष्य को ज्ञान हो जाय। यदि कोई गुरु ५ मिनट सिखाने के बाद कहता है तुम नहीं सीख सकते तो वो गुरु नहीं है। उसमें धैर्य नहीं है। शिष्य में धैर्य होना ही चाहिए लेकिन गुरु में और १० गुना धैर्य होना चाहिए।

4. कुशल होते हैं गुरु, प्रश्न के उत्तर देने में, गुरु कुशल होते हैं अपना ज्ञान दूसरों को बांटने के लिए। उनके पास तरह तरह के उपाय होते हैं। अंत में ज्ञान तो होता नहीं है, सारे प्रश्न समाप्त हो जाते हैं। गुरु जो भी उत्तर देता है कुशलता से देता है कि कैसे सारे प्रश्न नष्ट करें। यदि गुरु कुशल नहीं है प्रश्नों के उत्तर देने में । यदि उसके उत्तर से आपके और १० प्रश्न खड़े हो जाते हैं तो सही गुरु नहीं है। फिर भी कुछ समय देना चाहिए ऐसे गुरु को। हो सकता है इस समय कोई आपको समस्या हो।

5. समय होना चाहिए गुरु के पास शिष्य के लिए, बहुत व्यस्त हैं, यदि गुरु आपको समय नहीं दे पा रहा है। उसके दस हजार शिष्य हैं आपको समय नहीं मिल रहा है या वर्षों लग जाते हैं मिलने में। वो गुरु आपके लिए सही नहीं है। गुरु के पास आपके लिए समय होना चाहिए।

१०-१२ शिष्य से ज्यादा नहीं होना चाहिए। आपको जितना समय गुरु से चाहिए उतना उन्हें देना चाहिए। आपको वो सुविधा मिलनी चाहिए। यदि गुरु के पास आपके लिए समय नहीं है, दो बाते बताता है कहता है फिर आना साल भर बाद, मैं दूसरे देश जा रहा हूँ, मुझे चुनाव लड़ना है , या बड़ा आश्रम बनाना है उसके पैसे एकत्र करने हैं। या उनके इतने शिष्य हैं जो आपको गुरु से मिलने नहीं दे रहे हैं। तो वो गुरु आपके किसी काम के नहीं हैं आपका समय नष्ट होगा। इसका कोई अर्थ नहीं है कि गुरु को बहुत अनुभव है। वो बहुत बड़ा गुरु है। अगर गुरु के पास आपके लिए समय नहीं है तो आपके लिए व्यर्थ है। दूसरा गुरु ढूँढना पड़ेगा।

6. निस्वार्थ होना चाहिए, गुरु यदि कुछ चाहता हो तो वो शिक्षक है गुरु नहीं, व्यापार है, अगर वो कहता है की मैं आपको ये बताऊंगा बीस हजार लगेंगे, वो गुरु नहीं है। गुरु निःस्वार्थ होना चाहिए। अपने स्वार्थ के लिए जो ज्ञान देता है वो गुरु नहीं शिक्षक है। वृद्ध गुरु को दक्षिणा चाहिए तो दे सकते हैं, कोई बात नहीं। अन्यथा व्यापार है। यदि गुरु कहता है मेरा पांच सितारा आश्रम है उसमें आओ इतना पैसा लगेगा तो वो व्यापार है। जिन गुरु के पास अनुभव नहीं है वो ही व्यापर में लगे रहते है जो बेकार है।

7. गुरु उत्तरदायी होना चाहिए शिष्य के लिए, संरक्षण कर्ता है. माता पिता से ऊपर होता है गुरु, यदि गुरु कोई साधना देता है, कोई तरीका सिखाता है, उसमें कुछ बाधा आती है, तो गुरु उत्तरदायी होना चाहिए। अगर गुरु मन्त्र बता कर भाग जाए की इसके जिम्मेदार तुम हो। कुछ गड़बड़ हो गयी तो मेरे पास मत आना। तो वो गुरु नहीं है। यदि गुरु उत्तरदायित्व नहीं लेना चाहता, मैं जो बता रहा हूँ इसका क्या परिणाम होगा इसकी जिम्मेदारी नहीं लेना चाहता गुरु, तो वो सही गुरु नहीं है। गुरु कितना भी बड़ा हो। यदि वो आपका साथ नहीं देना चाहता तो वो आपके लिए सही गुरु नहीं है।

ये गुरु के कुछ लक्षण हैं। पहले जाकर थोड़ा प्रयास करना चाहिए। कुछ महीने साल बीतने चाहिए तरह तरह के गुरुओं के साथ। जहाँ आपकी प्रगति सबसे अधिक हो वहां आपको टिकना चाहिए। ये लक्षण नहीं बताये गए की वो सन्यासी, वस्त्र, भगवा रंग, सिर मुंडा हुआ होना चाहिए, ये सब ये सब अनावश्यक है। लाल कपड़े, या सफ़ेद कपड़े, या दाढ़ी बढ़ी होनी चाहिए, ये सब लक्षण नहीं हैं गुरु के। ये सब मूर्खता है। जहां प्रगति हो, उसी गुरु को स्वीकार करना। गुरु को स्वयं ही ढूँढना पड़ता है शिष्य को।

ज्ञानमार्ग की साधना

साधना सरल है। केवल श्रवण, मनन, निदिध्यासन करना है ज्ञान मार्ग में।

श्रवणः सुनना, गुरु के सामने बैठकर, वीडियो से, या पढ़ना पुस्तक से, श्रवण अर्थात कुछ सुनना, पढ़ना या देखना। सामने बैठ कर सुनना। जैसा सत्संग में आप सुन रहे हैं। यदि किसी की सुनने की भी इच्छा नहीं है तो बड़ा कठिन है। ज्ञान कैसे मिलेगा।

मनन: सुनने के बाद विचार करना, प्रश्न करना। उत्तर को अनुभव से तौलना। मनन करना, मन में बैठाना है। मनन से होगा ।

निदिध्यासन: नित्य उन्हीं विचारों में रहना, चलना, मनसा, वाचा, कर्मणा से पालन करना, नित्य उसी में रहना, ज्ञान मे लिप्त होना, चित्त उसी में रहना। अनुभव या ज्ञान को जीवन में उतारना। नित्य अध्यासन। नित्य यानि सदैव। चित्त या बुद्धि उसी में लगी होनी चाहिए। ज्ञान में ही निरंतर रहना है। उसको भूलना नहीं है। ऐसा नहीं की बता दिया मालूम हो गया लेकिन करूँगा वही जो मैं पहले करता था। तो उसका कोई उपयोग नहीं है। आपकी कोई प्रगति नहीं हो रही है। यदि आप ज्ञान में लिप्त हो जाएंगे तो वो निदिध्यासन है। ज्ञान में लिप्त हो जाना।

तो शास्त्रों में ज्ञानमार्ग के तीन चरण बताएं है जो काफी हैं। लेकिन इनके अतिरिक्त भी कुछ हैं, जैसे श्रवण से पहले कोई प्रश्न होना चाहिए। प्रश्न से पहले कोई कारण होना चाहिए। निदिध्यासन के बाद ज्ञान के प्रयोग, चित्त पर जो प्रभाव होते हैं ज्ञान के। चित्त कैसे बदलता है, उसके सुप्रभाव या कुप्रभाव जो भी होते हैं, ये बातें पुस्तकों में नहीं मिलतीं। सुनने को भी नहीं मिलेगा केवल अनुभव से आता है। जिसका अनुभव है वो बताएगा अन्यथा औपचारिक रूप से तीन ही बताये जाएंगे। निदिध्यासन से मन शांत हो जाता है। आपको ज्ञान है, अनुभव हो गया। आपके मन में प्रश्नों की झड़ी लग जायेगी। मन अशांत है इसका अर्थ है ज्ञान नहीं हुआ। अज्ञान है। उत्तर सुनकर अज्ञान नष्ट हो जाता है. ज्ञान प्रगट होता है, मन शांत सुख में आ जाता है। मूल्यांकन करना पड़ता है निदिध्यासन के बाद। ये व्यावहारिक अनुभव है।

गुरु से शुरू करें

सत्संग.. गुरु के सामने बैठकर, इसमें प्रश्न उत्तर होता है। सत्संग यानि सत्य के साथ रहना, केवल किताब से समय अधिक लगता है। प्रश्न शांत होते हैं, वाणी कर्म शुद्ध होते हैं, प्रश्न लिख कर रखें, अपने अनुसार क्या उत्तर है लिखे, गुरु से प्रश्न पूछें, उससे विचार करें, अनुभव के अनुसार चर्चा करें, मोक्ष मिले न मिले. ज्ञान से शुद्धि होती है, पुरुषार्थ है ये। विचार, वाणी और कर्म शुद्ध होते हैं। ज्ञानमार्ग पर चलते रहना चाहिए।

अध्याय ३ : ज्ञान दीक्षा समाप्त हुआ।

4

अस्तित्व, अनुभव, अनुभवक्रिया और अनुभवकर्ता

अस्तित्व

अस्तित्व क्या है, इसकी परिभाषा क्या है। मौलिक प्रश्न है, जो भी अनुभव है या अनुभवों की श्रंखला है, वही अस्तित्व है, अस्ति माने होना, किसी बात का अस्तित्व होना यानी उसका अनुभव होना।

कोई वस्तु सामने होती है उस का अनुभव होता है यानि उसका अस्तित्व है। पांच+दो प्रश्न अनुभव या अस्तित्व पर लगाए.. क्या, क्यों, कहां, कब, कैसे, और कितना, कौन ।

क्या है.. अस्तित्व, ये मौलिक प्रश्न है, अस्तित्व अनुभव है, अनुभव भी अस्तित्व का ही भाग है। जो वस्तु सामने है, उसका अनुभव होता है, यही अस्तित्व है। अस्तित्व स्वयं अस्तित्व है।

क्यों.. अस्तित्व क्यों है, इस का क्या कारण है। कारण अस्तित्व के अंदर ही होगा, बाहर नहीं है। अगर बाहर मान लें तो वो बड़े अस्तित्व का हिस्सा हो जाएगा वो भी अस्तित्व ही होगा। इसलिए अस्तित्व का कारण अस्तित्व के अंदर ही है. अर्थात अस्तित्व का कारण अस्तित्व स्वयं है। ये बस है।

कहाँ है.. अस्तित्व जो भी है यहां है, या हर जगह है, उसका एक देश या जगह बताना असंभव है।

कब से.. हमेशा से है, कोई समय मानते हैं तो वो मान्यता है, अस्तित्व हमेशा से है, चिरस्थाई है, आता जाता नहीं है. हमेशा रहेगा। कोई समय मान लें तो उसका कोई अनुभव

होगा, अनुभव कर्ता होगा, ये पहले से ही है, अर्थात अस्तित्व पहले से ही है, समय अस्तित्व के अंदर है।

कैसे.. अस्तित्व का जन्म कैसे हुआ। इसकी प्रक्रिया नहीं है, प्रक्रिया अगर है मान लें, तो ये प्रक्रिया अनुभव में है, तो वो अस्तित्व में है, अर्थात अस्तित्व पहले से ही है।

कितने हैं.. अस्तित्व एक ही है, और कोई नहीं है, यदि दूसरा या कई अस्तित्व है तो वह भी अस्तित्व में है, इसलिये अस्तित्व एक ही है। ऐसे ही अनुभव भी एक ही है, इसके प्रकार कई है। परंतु अनुभव एक ही है।

कौन है... अस्तित्व के पीछे अस्तित्व है. इसका धरातल अस्तित्व स्वयं है इसकी नींव भी अस्तित्व ही है।

ये सारे प्रश्न अर्थहीन है, अस्तित्व के बारे ।

अनुभव

अनुभव और अस्तित्व एक ही है। जो प्रत्यक्ष है, अपरोक्ष है उसका अनुभव हो रहा है। कोई चीज़ नहीं है तो उसका अनुभव नहीं होगा, उसका अस्तित्व भी नहीं होगा। तीन प्रकार के अनुभव होते हैं वस्तुओं का या जगत, शरीर, मन के अनुभव । ये सब अस्तित्व में हैं । जगत का अनुभव ज्ञानेन्द्रियों से चित्त में होता है। शरीर के बाहर वाला जगत का भाग ज्ञानेन्द्रियों से, और शरीर के अंदर आभास वाले हिस्से का अनुभव मन या चित्त में है, और मन या चित्त का अनुभव भी चित्त में होता है। ध्यान से देखें ये तीनों अनुभव एक ही है।

क्या है अनुभव? कोई वस्तु है तो उसका अस्तित्व है, उसका अनुभव भी है, अनुभव अस्तित्व का ही एक भाग है ।

क्यों है? अनुभव है तो बस अनुभव है, अनुभव का कारण अनुभव स्वयं है, जिस प्रकार अस्तित्व का कारण अस्तित्व स्वयं है, ये कारणहीन है ।

कहाँ है ? अनुभव यहां है। अनुभव सब जगह है। सारी जगह अनुभव है ।

कब से ? अनुभव सदैव है, सारे समय है, हमेशा से है अस्तित्व सदैव है, अनुभव भी सदैव है। कैसे ? अनुभव भी हमेशा है, स्वयंभू है। इसकी जन्म की कोई प्रक्रिया है तो उसका अस्तित्व होगा, उसका अनुभव होगा, वो प्रक्रिया अनुभव में होगी

कितने है ? अनुभव, अनुभव एक ही है, इसके प्रकार कई हैं, परंतु अनुभव एक ही है

कौन है ? अनुभव, अनुभव है, अस्तित्व बस अस्तित्व है, उसी प्रकार अनुभव बस अनुभव है।

ये सारे प्रश्न अर्थहीन है, अस्तित्व और अनुभव के बारे में।

प्रश्न	अस्तित्व	अनुभव	अनुभवक्रिया	अनुभवकर्ता
क्या	मूल तत्त्व	मूल तत्त्व	मूल तत्त्व	मूल तत्त्व
क्यों	कारणहीन	कारणहीन	कारणहीन	कारणहीन
कहाँ	सर्वव्यापी	सर्वव्यापी	सर्वव्यापी	सर्वव्यापी
कब	नित्य	नित्य	नित्य	नित्य
कैसे	स्वयंभू	स्वयंभू	स्वयंभू	स्वयंभू
कौन	अवैयक्तिक	अवैयक्तिक	अवैयक्तिक	अवैयक्तिक
कितना	एक	एक	एक	एक

अस्तित्व, अनुभव, अनुभवक्रिया और अनुभवकर्ता

अनुभवक्रिया और अनुभवकर्ता

अस्तित्व है, उसकी चेतना है, उसका अनुभव है उस अनुभव का अनुभव जिसको हो रहा है, वो अनुभवकर्ता है। मैं ही अनुभवकर्ता हूँ, इसमें "मैं" एक अवधारणा है। सारे अनुभवों का एक अनुभवकर्ता है। अस्तित्व में अनुभवकर्ता और अनुभव दोनों हैं । अनुभव, अनुभवक्रिया के द्वारा अनुभवकर्ता को हो रहा है । सिर्फ अनुभवक्रिया है, उसमें अनुभव और अनुभवकर्ता दोनों हैं । अस्तित्व अनुभवक्रिया है । चित्त अस्तित्व अथवा अनुभवक्रिया को दो भागों में विभाजित करता है, अनुभवकर्ता और अनुभव। जैसे हमारे ऋषियों ने दृष्टा (अनुभवकर्ता), दृश्य (अनुभव), और दृष्टि (अनुभवक्रिया) का वर्णन किया है, लेकिन इसमें नेत्र ज्ञानेन्द्रिय, जबकि अनुभव (रूप, रस, गंध, स्पर्श, शब्द.. के लिए नेत्र, जिह्वा, नासिका, त्वचा, कर्ण इत्यादि) समस्त ज्ञानेन्द्रियों और मानसिक अनुभवों का समुच्चय है।

क्या है ? अनुभव जिसको हो रहा है, वो अनुभवकर्ता है।

क्यों है? अनुभवकर्ता है तो बस अनुभवकर्ता है, अनुभवकर्ता का कारण अनुभवकर्ता स्वयं है, जिस प्रकार अस्तित्व का कारण अस्तित्व स्वयं है, ये कारणहीन है ।

कहाँ है ? जहां अनुभव है, वहाँ अनुभवकर्ता है, यहां है, सब जगह है, अर्थात अनुभवकर्ता सब जगह है. अनुभव भी सब जगह है.. वस्तुओं की कोई सीमा नहीं है, देश की सीमाओं से परे है, इसी प्रकार अनुभवकर्ता की कोई सीमा नहीं, सीमाओं से परे है।

कब से ? अनुभवकर्ता हमेशा से है, दृष्टा है समय का, अनुभवकर्ता है समय से परे है, समय अनुभवकर्ता मे है,

कैसे ? किस प्रक्रिया से अनुभवकर्ता का जन्म? कोई प्रक्रिया नहीं, उस प्रक्रिया का अनुभवकर्ता पहले से होगा,

अनुभवकर्ता कौन है: व्यक्ती अनुभव है, अनुभवकर्ता नहीं हो सकता, अनुभवकर्ता भिन्न है, वह स्वयं है,

कितने अनुभवकर्ता: एक ही है, दो नहीं हो सकते, हजार भी नहीं हो सकते, गिनने की जरूरत नहीं है. दूसरा अनुभवकर्ता मान लें तो वो अनुभव हो जाएगा।

ये सारे प्रश्न अस्तित्व पर, अनुभवकर्ता, अनुभवक्रिया, और अनुभव पर लगाने से एक जैसे उत्तर है, एक ही है।

अनुभव और अनुभवकर्ता अनुभवक्रिया में विलीन हो जाते हैं, अस्तित्व और अनुभवक्रिया है. अस्तित्व नहीं बदलता।चित्त भेद करता है। कभी अनुभव, कभी अनुभवकर्ता. चित्तवृत्ति समाप्त होने पर केवल एक अनुभवक्रिया है।

एकता या अद्वैत

अस्तित्व = अनुभव = अनुभवक्रिया = अनुभवकर्ता = अद्वैत

एकता अथवा अद्वैत

अस्तित्व है, अनुभव मे है तो उसका अनुभवकर्ता है, ये दोनों अनुभवक्रिया में है, ये एक ही है। अस्तित्व में है। एकता है अद्वैत है। इसमें भेद अज्ञान है, चित्त भेद कर्ता है, चित्तवृत्ति है, इसलिए कभी अनुभव है, कभी अनुभवकर्ता है, कभी दोनों को विलीन कर के अनुभवक्रिया हो जाता है, जो अस्तित्व है। चित्त विलीन हो जाता है, उस समय अद्वैत रहता है, भेद केवल माया है। एक सिक्के के ही दो पहलू होते हैं, इसी प्रकार अनुभवक्रिया के दो भाग अनुभव और अनुभवकर्ता है। मूल प्रश्न करते हैं तो चित्त के बजाय स्व से अनुभव कर्ता के रूप में देखे तो सब एक ही है।

चित्त की विभाजिय वृत्ति

चित्त एक अनुभव है, एक वृति है, चित्त वृत्ति है, यही भेद करती है अनुभव क्रिया को अनुभव और अनुभवकर्ता में विभाजित करती है। ये चित्तवृत्ति जब नष्ट होती है, तब एक ही है, अस्तित्व है, अनुभवकर्ता है। माया का प्रक्षेपण अनुभवकर्ता, चेतना पर ही है। चित्त कभी अनुभव, कभी अनुभवकर्ता है, कभी अनुभव क्रिया कहेगा। वृत्ति समाप्त होने पर भेद समाप्त हो जाते हैं, केवल अस्तित्व है, ये सब अस्तित्व में ही है, एक ही है, अद्वैत है।

आत्मविचार

स्वयं की दृष्टि से देखना है कि अद्वैत मे मानदंड जो नहीं बदलता वो अनुभवकर्ता है ये चिर स्थायी है, अनुभवकर्ता, चेतना ही सत्य है, ये भी अस्तित्व में है। जो माया है, असत्य है। अनुभव परिवर्तन शील है मिथ्या है, असत्य है, परंतु इसका अनुभव होता है, ये असत्य माया भी अस्तित्व में है। अनुभव की चेतना अनुभवकर्ता है। अनुभव परिवर्तनशील है इसलिए असत्य है, जो असत्य है वो भी अस्तित्व में है। अनुभवकर्ता सत्य है। ये दोनों अनुभवक्रिया है, अस्तित्व है, यही परम सत्य है। सत्य असत्य के फ़ेर में नहीं पड़ना, परम सत्य है दो नही है, अद्वैत है।

हमारा अनुभव कहता है की दृष्टा और दृष्टि में कोई भेद नहीं है। शास्त्रों में अनुभव (जगत , शरीर और मन) को माया कहा गया है। मिथ्या कहा है। जो इसका अनुभवकर्ता है, जो चेतना, अनंत चेतना अनुभव करती है वो सत्य है। जो असत्य है उसका भी अस्तित्व है। इसीलिए क्योंकि उसका अनुभव हो रहा है उसको असत्य कहना ठीक नहीं होगा। यदि आप कहते हैं की अनुभवकर्ता भिन्न है अनुभवक्रिया से तो सत्य असत्य है। नहीं तो नहीं। द्वैत भी अद्वैत के अंदर आता है। द्वैत के अंदर यदि आप सत्य असत्य का प्रयोग करेंगे तो सारा अनुभव असत्य हो जाता है। माया हो जाता है। माया का अर्थ है जो नहीं है। अर्थात जो दीखता है वैसा नहीं है। हमें अनुभव तरह तरह के दिखाई पड़ते है, लेकिन उसके पीछे अनुभवकर्ता ही है, इसलिए उसको माया कहा गया है। एक अनुभवक्रिया है जो बदलती है और वो बदलाव चित्त के कारण है। ये चित्तवृत्ति है। अस्तित्व के ऊपर माया का प्रक्षेपण उसको असत्य में बदल देता है। ये चित्तवृत्ति है। ये वृत्ति जब शांत या नष्ट हो जाती है तो आपको सब कुछ जैसा है वैसा दिखाई देता है। अर्थात अद्वैत के रूप में दिखाई देता है। ये मूलभूत सत्य हैं। परम सत्य अनुभव और अनुभवकर्ता है। अनुभव असत्य है। अनुभवकर्ता सत्य है। यही परमसत्य है।

निदिध्यासन अर्थात इन्हीं विचारों में लिप्त रहना। आपकी बुद्धि में ये ज्ञान समा जाना चाहिए। ये ठोस हो जाना चाहिए। सिर्फ सुनकर आप एक दो दिन में भूल जाएंगे। आपकी मिथ्या धारणाएं नष्ट होती चली जाएंगी जैसे जैसे आप प्रश्न करते जाएंगे और उनका उत्तर

मिलता जाएगा। अपना मानसिक पटल साफ़ कर लें। तो स्पष्ट हो जाता है की आपका अनुभव ही आपका सत्य है।

अध्याय ४ : अस्तित्व, अनुभव, अनुभवक्रिया और अनुभवकर्ता समाप्त हुआ।

5
अनुभवकर्ता के गुण;

अनुभवक्रिया :

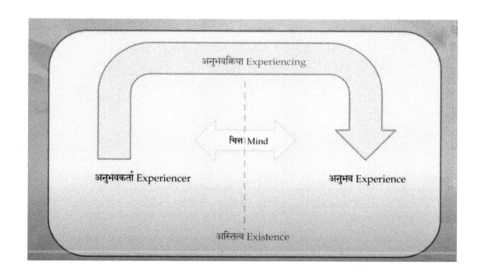

अनुभवक्रिया

अस्तित्व, अनुभव, अनुभव क्रिया, अनुभवकर्ता एक ही है । जो सारा अस्तित्व है वो स्वयं का अनुभव कर रहा है, अनुभवकर्ता के रूप में । कैसे कर रहा है ? अनुभवक्रिया द्वारा। अनुभव और अनुभवकर्ता ये एक हैं, अनुभवक्रिया में। ये अस्तित्व का अभिन्न अंग है। अस्तित्व, अनुभवक्रिया को दो भाग में बांट सकते हैं अनुभव और अनुभवकर्ता में। जैसे दृश्य, दृष्टा, दृष्टीकोण है। ये केवल एक अस्तित्व को समझने के लिए दो भाग करते हैं।

अनुभवकर्ता

अस्तित्व का जो अनुभव कर रहा है वो है अनुभवकर्ता। अनुभवकर्ता के कई नाम हैं- अनुभवकर्ता, साक्षी, दृष्टा, आत्मन, चैतन्य, स्व, ब्रह्म। इन सब नामों का एक ही अर्थ है कि वो जो अनुभव कर रहा है। ज्ञानमार्ग में यही परिभाषा प्रयोग में लायी गयी है। अहम् या मैं इसका अलग अर्थ है।

अनुभवकर्ता के गुण

अनुभवकर्ता का गुण या लक्षण, ये मात्र अनुभव हैं। गुण या लक्षण होंगे तो उसका कोई रूप,रंग, ध्वनि, गंध, स्वाद, स्पर्श, माप, मात्रा, भार, गति, ताप, ऊर्जा, प्रतिक्रिया, प्रक्रिया, आरम्भ, मध्य, अंत इत्यादि भी होंगे। इसी का परीक्षण करते हैं। इन गुणों से हमें उसका ज्ञान होता है। ये गुण विभिन्न तरीके के अनुभव मात्र हैं। क्या प्रश्न किया जाएगा तो उनका उत्तर इन्हीं गुणों के रूप में मिलेगा। गुणों के प्रकाश में किसी भी अनुभव की व्याख्या कर सकते हैं। ये सारे गुण अनुभव के रूप में दिखेंगे। अनुभवकर्ता वो है जिसको अनुभव हो रहे हैं। तो आप उसमें गुण ढूंढने जाएंगे तो देखें क्या होता है?

रूप, अनुभवकर्ता कैसा दिख रहा है? आंख से, मन से, चित्त में कोई रूप नहीं दिखेगा, अनुभवकर्ता वो है जो देख रहा है, जो अनुभूति कर रहा है। स्वयं अस्तित्व है, कोई रूप मान लें, गोल चौकोर, तो वो अनुभव बन जाएगा, अनुभव के वर्ग में आयेगा। इस रूप का अनुभव किसने किया। क्या है जिसने अनुभवकर्ता का रूप अनुभव किया, जैसे ही अनुभवकर्ता को रूप देने का प्रयास करते हैं वो वहां से पीछे हट जाता है और उसका दृष्टिकोण एक अनुभव में बदल जाता है। मानने को कोई रूप मान सकते हैं लेकिन उसका अनुभव करने जाएंगे, उसका रूप नहीं ढूंढ पाएंगे। अनुभवकर्ता रूप का अनुभवकर्ता है, रूप अनुभव है, इसलिए अनुभवकर्ता का कोई रूप नहीं है। उसमें रूप का गुण नहीं है।

अनुभवकर्ता के गुणों का अनुसंधान			
गुण	परिणाम	गुण	परिणाम
रूप	✗	गति	✗
रंग	✗	ताप	✗
ध्वनि	✗	ऊर्जा	✗
गंध	✗	क्रिया	✗
स्वाद	✗	प्रतिक्रिया	✗
स्पर्श	✗	प्रक्रिया	✗
माप	✗	आरम्भ	✗
मात्रा	✗	मध्य	✗
भार	✗	अंत	✗

अनुभवकर्ता के गुण

रंग, यदि आप देखने जाएंगे कि अनुभवकर्ता का रंग क्या है तो लाल,पीला,हरा, नीला, नहीं हो सकता क्योंकि वो अनुभव है। सफ़ेद या काला भी नहीं हो सकता क्योंकि वो भी अनुभव है। कोई रंग अगर है तो अनुभव हो जाएगा, इसलिए उसका कोई रंग नहीं है।

ध्वनि, क्या अनुभवकर्ता बोल रहा है इस समय ? हम देखेंगे कि जो ध्वनि है या वाणी है वो भी अनुभव है। उसका भी अनुभवकर्ता है, उसकी भी चेतना है। अनुभवकर्ता की कोई ध्वनि नहीं है। अगर बोलता है, तो उसका साक्षी होगा, ये ध्वनि अनुभव है अनुभवकर्ता नहीं है। इसका भी कोई साक्षी होगा। ध्वनि अनुभव है। साक्षी अनुभवकर्ता। कोई प्रक्रिया नहीं दिखाई देती वहां पर, केवल साक्षी दीखता है। आपको अगर ज्ञान है कि कोई भी रंग या ध्वनि का अनुभव हो रहा है तो इसको साक्षी भाव कहते हैं। इसी को अनुभवक्रिया भी कहते हैं और अनुभव भी कहते हैं। यदि आप बांटे अनुभवक्रिया को अनुभव और अनुभवकर्ता में, तो उसमें

जो अनुभवकर्ता का भाग है उसमें ये गुण नहीं हैं रूप, रंग ध्वनि।

गंध, भी नहीं है अनुभव कर्ता में, क्यों कि गंध वस्तु में होती है। वो अनुभव है। कोई प्रक्रिया नहीं दिखाई देती वहां पर, केवल साक्षी दीखता है। आपको अगर ज्ञान है कि कोई भी रंग या ध्वनि का अनुभव हो रहा है तो इसको साक्षी भाव कहते हैं। इसी को अनुभवक्रिया भी कहते हैं और अनुभव भी कहते हैं। यदि आप बांटे अनुभवक्रिया को अनुभव और अनुभवकर्ता में, तो उसमें जो अनुभवकर्ता का भाग है उसमें ये गुण नहीं हैं रूप, रंग ध्वनि। वैसे ही गंध का भी नहीं है। गंध वस्तुओं की होती है। स्वाद वस्तुओं का होता है। स्पर्श वस्तुओं में होता हैं।

आप उसकी कल्पना मन में कर सकते हैं। मन में कल्पना में आपको रूप रंग ध्वनि स्वाद स्पर्श सारे गुण मिलेंगे। आपके चित्त में, लेकिन वो भी अनुभव होंगे। कुछ लोगों को गलती हो सकती है कि ये गुण वस्तुओं में मिलेंगे लेकिन चित्त में मैं देख सकता हूँ कि अनुभवकर्ता का क्या रूप है। लेकिन मानसिक गुण जो वस्तुओं के हैं वो एक कल्पना है। वो जरा सी कल्पना दिखाई देती है वो भी एक अनुभव है। वो वस्तुओं का नहीं, मन का अनुभव है मानसिक है। ये भ्रान्ति न करें कि वस्तु नहीं है लेकिन मन से देखी जा सकती है। मन में जो भी दिख रहा है या ध्वनि सुन रहा है, चाहे वो स्मृति से आ रहे हों या कल्पना से, वो भी एक मानसिक अनुभव ही है। उनका भी अनुभवकर्ता है। साक्षी है। मन में जो दिखेगा वो कल्पना होगी और उसका कोई साक्षी होगा। उसका कोई रूप नहीं होगा, कोई ध्वनि नहीं होगी। स्वयं अनुभव लीजिये। कहा हुआ मानना नहीं है। अनुपलब्धि भी एक प्रमाण माना गया है। अर्थात किसी वस्तु का नहीं होना भी प्रमाण है की वो नहीं है। स्पर्श, स्वाद, ये सब गुण अनुभव में हैं उनका कोई अनुभवकर्ता है, अर्थात ये गुण अनुभव कर्ता के नहीं है।

किसी गुण की अनुपलब्धता ये भी ज्ञान है। ये सारे गुण अनुभवकर्ता पर दिखाई नहीं देते, अनुभव मे है। ये गुण अनुभवकर्ता में अनुपलब्ध हैं। इसलिए अनुभवकर्ता में ये गुण नहीं हैं। इसलिए अनुभवकर्ता इन गुणों से परे है। इन गुणों से आप उसकी व्याख्या नहीं कर सकते। क्योकि आपका प्रत्यक्ष अनुभव है कि अनुभवकर्ता में ये गुण नहीं दिखाई देते आपको। ये गुण उनके होंगे जो अनुभव हो रहा है।

अनुभवकर्ता का माप क्या है? कितना बड़ा है अनुभवकर्ता ? तो हम देखते हैं कि इसका माप भी नहीं लिया जा सकता। कहां से शुरू होता है ? कहाँ टेप रखेंगे ? फीता कहाँ रखेंगे ? वजन कैसे करेंगे उसका ? संभव नहीं है क्योंकि जिस चीज को मापा जा सकता है वो अनुभव के वर्ग में आएगी। वो अनुभवकर्ता के वर्ग में नहीं आएगी। उसका कोई माप नहीं है। अनुभवकर्ता वो है जो माप या मात्रा का साक्षी है। अगर मैं कहता हूँ की १० या १२ चीजें हैं , तो इस गिनती का जो साक्षी है वो अनुभवकर्ता है।

उसका कोई भार नहीं है, आकार नहीं है, वो अस्तित्व का वो भाग है जो अनुभव कर रहा है। अनुभव है तो अनुभवकर्ता भी है उसकी मात्रा नहीं हो सकती। दोनों अनुभव और अनुभवकर्ता एक साथ उभरते है। पर्दा है तो चित्र है, पर्दा नहीं तो चित्र नहीं। मात्रा भी नहीं है भार भी नहीं है। अनुभवकर्ता मे ।

इसकी कोई **बदलाव या गति** नहीं है, अनुभवकर्ता में क्या कोई गति हो रही है? क्या वो चलित है? क्या उसमें बदलाव हो रहा है ? जैसे ही आप कहेंगे इसमें कोई गति हो रही है। बदलाव हो रहा है तो वो अनुभव में बदल जाएगा। अनुभवों में बदलाव और गति होती है, अनुभवकर्ता वैसा का वैसा रहता है। उसमें कोई गति नहीं है। कोई बदलाव नहीं है। जैसे ही बदलाव होगा तो वो अनुभव में बदल जाएगा। अनुभवकर्ता स्वयं को वहां से हटा लेगा। लेकिन ये चित्त की वृत्ति है। अनुभवकर्ता कुछ करता नहीं है। जब चित्त देखने जाएगा तो उसको गति अनुभव के रूप में दिखेगी। अनुभवकर्ता में नहीं दिखेगी। हर अनुभव चित्त के माध्यम से ही आ रहा है।

वहां ताप नहीं मिलेगा। ऊर्जा नहीं मिलेगी। गति नहीं है तो ऊर्जा भी नहीं होगी। अगर ऊर्जा होगी तो बदलाव होगा अर्थात अनुभव हो जाएगा।

यदि उसमें कोई **क्रिया है,** प्रक्रिया है, उसका अनुभव होगा। यदि वो मानसिक प्रक्रिया है तो उसका भी अनुभव होगा। मन के द्वारा, अंदरूनी इन्द्रियों के द्वारा उसका अनुभव होगा । लेकिन अनुभवकर्ता में कोई क्रिया प्रक्रिया नहीं मिलेगी। उसकी एक ही क्रिया चल रही है वो है साक्षी भाव। या फिर अनुभवक्रिया। लेकिन वो भी हम देखने जाएंगे, तो देखेंगे की अनुभवकर्ता के भाग में कोई क्रिया प्रक्रिया नहीं है। न ही वो किसी दूसरे वस्तु से प्रतिक्रिया करता है। जो भी प्रतिक्रिया है वो मन में है वो चित्त करता है। चित्त स्वयं एक क्रिया है। तो जैसे ये संस्कार चित्त पर पड़ता है तो चित्त प्रतिक्रिया करता है। उसको या तो अच्छा लगता है, या बुरा लगता है या आकर्षित होता है। या दूर होता है। या तो आनंद होता है या दुःख होता है। ये सारी प्रतिक्रियाएं अनुभव से चित्त में होती है। इन प्रतिक्रियाओं का साक्षी अनुभवकर्ता है। अनुभवकर्ता वो है जिसकी दृष्टि में प्रक्रियाएं होती हैं। उसमें स्वयं में कोई प्रक्रिया नहीं होती।

उसी तरह **आरंभ और अंत** भी नहीं है अनुभवकर्ता का। वो आरंभ और अंत से परे है। गुण ढूंढनें जाएंगे कि अनुभवकर्ता का आरम्भ कब है? अनुभवकर्ता का कोई आरंभ समय है तो उसका साक्षी होना चाहिए। और वो साक्षी उस आरम्भ होने से पहले स्थित होना चाहिए। अगर अनुभवकर्ता पहले से स्थित है तो उसका आरम्भ वहां से नहीं है पहले से है। तो उसका कोई आरम्भ समय नहीं है। अंत के लिए भी वही तर्क और अनुमान लगा सकते है। यदि उसका अंत होगा तो उसका प्रमाण मिलना चाहिए। अगर अनुभवकर्ता उस अंत को देख रहा है, उसका दृष्टा है तो वो उसका अंत नहीं है। किसी और वस्तु या बात का अंत होगा किसी और प्रक्रिया का अंत होगा, और अगर अनुभवकर्ता साक्षी है उस अंत का तो वो अनुभवकर्ता का अंत नहीं है क्योंकि वो उसको देख रहा है अंत होते हुए। तो किसी प्रकार के अंत की कल्पना कर लीजिये आप अनुभवकर्ता का अंत नहीं ढूंढ पाएंगे। वो अनंत है या फिर आरम्भ और अंत उस पर लागू नहीं होता। अनुभवकर्ता उससे परे है।

ऐसे ही उसका कोई **मध्य** नहीं है। मध्य उन का होता है जिनका आरम्भ और अंत होता है। जिसका आरम्भ नहीं है, अंत नहीं है उसका मध्य भी नहीं है।

हमने देखा कि कोई भी रूप, रंग, गुण ढूंढने जाएँ अनुभवकर्ता पर तो असफलता मिलेगी। तो ये आश्चर्यजनक तथ्य सामने आता है कि अस्तित्व का या अनुभवकर्ता का कोई गुण नहीं है। वो निर्गुण है। ये बड़ी काम की बात है। ये सत्य है क्योंकि आपके सत्य के मानदंडों पर ये साबित होगा। तो क्यों आत्मन, साक्षी, चैतन्य, अनुभवकर्ता को निर्गुण कहा गया है क्योंकि कोई भी गुण ढूंढने जाएँ उस में, नहीं मिलेगा। तो कह सकते हैं कि अनुभवकर्ता का एक ही लक्षण है कि वो निर्गुण है। ये व्याख्या कर सकते है कि ऐसा क्या है जो निर्गुण है ? इसका उत्तर है अनुभवकर्ता। जो साक्षी है, दृष्टा है, आत्मन है, चैतन्य है। वही ऐसा है जिसका कोई गुण नहीं है। यदि कोई अनुभव ले लें, अस्तित्व का परिवर्तनशील भाग ले लें, तो उसमें गुण दिखेंगे।

इसलिए हम कभी ये कहते हैं कि अस्तित्व सगुण है, अनुभव सगुण है सिवाय अनुभवकर्ता के जिसमें कोई गुण नहीं होता।

अनुभवकर्ता कुछ नहीं है स्थान, काल.., यदि उसमें भी कोई गुण हो तो उसे अनुभवकर्ता नहीं कह पाएंगे वो अनुभव हो जायेगा। तो जहाँ अनुभव है वहां अनुभवकर्ता के अरूप में वहां मिलेगा। इसका कोई स्थान नहीं है। इसका कोई काल भी नहीं है। इसका कुछ भी नहीं है। बड़ी विचित्र बात है की अनुभवकर्ता है, इसका ज्ञान है, फिर भी वो दिखाई नहीं देता। शून्य भाव के अनुभव में उसका अनुभव होगा। ये कहना भी गलत होगा। इस वाक्य का कोई अर्थ नहीं है। यदि अनुभव के रूप में देखने जाएंगे तो वहां शून्यता मिलेगी।

बहुत से शिष्य या साधक अनुभवकर्ता को अनुभव में ढूंढ रहे हैं। आँख बंद करके बैठे रहते हैं कि अनुभवकर्ता दिखेगा किसी दिन। हिमालय में जाकर ढूंढते हैं कि यहाँ मिलेगा। किसी मंदिर या गुरु के पास जाते है कि वहां मिलेगा। उस स्थान पर वो उपस्थित होगा। ऐसा कुछ भी नहीं है। ये मूर्खता है, अज्ञान है आपका। आपने उस पर कोई गुण आरोपित कर दिया है, वो गुण आप ढूंढने जाते हैं तो स्पष्ट है कि वो गुण आपको कहीं नहीं मिलेगा।

यदि कोई कहता है कि **अनुभवकर्ता का अनुभव** है तो ये असत्य है। क्योंकि वो अनुभव कर रहा है। यहाँ है, अभी है। यदि आपको कोई अनुभव हो रहा है तो अनुभवकर्ता की वजह से हो रहा है। इसको आप कहीं और नहीं ढूंढ सकते। ये आत्म परिचय है। आत्म परिचय अनुभव नहीं है। ये अनुभवकर्ता का ज्ञान है। ये सरल सी बात है। लेकिन अज्ञानी जिसपर अज्ञान की बहुत सी परतें चढ़ी हुई हों वो अनुभव में ढूंढने जाएगा अनुभवकर्ता को। तो ये गलती न करें। इस भ्रान्ति में न रहें की मुझे अनुभव चाहिए अनुभवकर्ता का, आत्म परिचय के लिए। अनुभव का साक्षी है अनुभवकर्ता। जो भी अनुभव हो रहें है उनको नकार दें की ये अनुभवकर्ता नहीं है। इसका भी एक गुण है जो दिख रहा है तो वो अनुभव हो गया। हर चीज, गुण, प्रक्रिया त्यागने के बाद जो बचता है वो साक्षी है। वो स्व है, आत्मन है। आसान है। नेति नेति। जिसके प्रकाश में अनुभव हो रहे है वो अनुभवकर्ता है। ये आत्म परिचय है।

अनुभवकर्ता की व्याख्या नकारात्मक रूप में करेंगे तो बहुत आसान हो जाता है। ये अनुभव नहीं है। ये कोई क्रिया नहीं है, इसका कोई रूप नहीं है, इसको काटा नहीं जा सकता,

इसको तौला नहीं जा सकता। इसका कोई भार नहीं है, इसका माप नहीं है, इसको स्पर्श नहीं कर सकते। कोई प्रतिक्रिया नहीं होती, कोई प्रक्रिया भी नहीं होती। कहीं शुरू नहीं होता, कहीं अंत नहीं होता इसका। इसका मध्य नहीं है, कोई भाग नहीं है, इसमें कोई बदलाव भी नहीं है। नहीं, नहीं,नहीं सब कुछ नकारात्मक है। यदि एक भी गुण मिल जाय तो बहुत आसान है बताना कि ये अनुभव है। इसको अनुभव के वर्ग में डालो। ये अनुभवकर्ता नहीं है। ये बहुत मूल बात है अध्यात्म में। क्योंकि अध्यात्म आत्म परिचय से ही प्रारम्भ होता है। अध्यात्म की शुरुआत यहां से होती है कि आत्मन क्या है। अनुभवकर्ता क्या है ? साक्षी क्या है? अध्यात्म शब्द का अर्थ ही ये है कि जो आत्म के विषय में हो। तो अनुभवकर्ता निर्गुण है ये व्याख्या है।

अनुभवकर्ता का प्रमाण

और क्या व्याख्या हो सकती है अनुभवकर्ता की ? अनुभवकर्ता सत्य है। कोई भी मानदंड ले लें। कितना भी विचित्र चित्र बना लें असत्य का, कितना भी कठोर मानदंड बना लें सत्य का, अनुभवकर्ता को आप नकार नहीं पाएंगे। असत्य सिद्ध नहीं कर पाएंगे। ऐसा क्यों है ? अनुभव को आप असत्य कह सकते हैं। माया है। लेकिन क्या अनुभवकर्ता को कह सकते है कि ये नहीं है ? अगर कह दें कि ये माया है, ऐसा है, वैसा है तो वो अनुभव हो जाएगा। अनुभवकर्ता नहीं होगा। वो इस भाव का भी साक्षी है। इस नकारात्मक विचार का भी साक्षी है। यदि उसका भी अनुभव हो रहा है तो अनुभवकर्ता है। यदि आप नकारने जाय अनुभवकर्ता को तो वही उसका प्रमाण हो जाता है। आश्चर्य की बात है कि अनुभवकर्ता को आप नकारने जाय किसी भी तरीके से उसको असत्य प्रमाणित करने जायं तो वो खुद को सिद्ध कर देता है। स्वयंसिद्ध है वो। आश्चर्यजनक बात है कि और कोई वस्तु नहीं है जो इतने निश्चित तरीके से सिद्ध हो सके कुछ नहीं मिलेगा आपको, लेकिन अनुभवकर्ता है। कितना कठोर मानदंड बना लें लेकिन अनुभवकर्ता वहां रहेगा क्योंकि वो उसका भी साक्षी है।

उसको चैतन्य भी कहा है, चित्त को प्रकाशित कर्ता, आत्मन है, स्वयं आनंद है, सुख दुख से परे।

अनुभवकर्ता का वर्णन

उसको **सत्य** कहा गया है। यही सत्य है। बाकी सबको, आप असत्य सिद्ध कर सकते हैं लेकिन अनुभवकर्ता को नहीं। संभव ही नहीं है।

उसको **चैतन्य** कहा गया है। अर्थात जो चित्त को प्रकाश देता है। चित्त के पीछे है। सारे अनुभव चित्त के माध्यम से हो रहे हैं। लेकिन जो चित्त को प्रकाशित कर रहा है, जो इसका साक्षी है वो अनुभवकर्ता है। आत्मन है। चित्त को कोई अनुभव नहीं होते, वो स्वयं एक अनुभव है। लेकिन चित्त एक माध्यम है, तरह तरह के अनुभव चित्त के माध्यम से होते हैं। तो चैतन्य कहा गया है।

अनुभवकर्ता का वर्णन			
सत	✓	अखंड	✓
चैतन्य	✓	अद्वितीय	✓
आनंद	✓	अपरिवर्तनीय	✓
पूर्ण	✓	ज्योतिर्मय	✓
सुन्दर	✓	दीप्त	✓
नित्य	✓	दिव्य	✓
निराकार	✓	आलोकित	✓
निर्दोष	✓	स्वयंभू	✓
निष्कलंक	✓	शाश्वत	✓

अनुभवकर्ता का वर्णन

अगर देखें इसमें कोई प्रतिक्रिया है क्या? न सुखी है, न दुखी है। सुख यानि जब आदमी नाचने, गाने लगता है जब सुख का भाव आता है। उसका भी अनुभव होता है। कोई सा भी भाव हो। वो भी चित्त में होता है। तो वो भी अनुभवकर्ता नहीं है। इसलिए उस भाव को विशेष नाम दिया गया है वो है आनंद। सुख और दुःख से परे है। आप देखेंगे कि जब सुख नहीं होता, दुःख भी नहीं होता जो स्थिति उस समय होती है वो है आनंद। तो आनंद कहा गया है अनुभवकर्ता को। स्वयं आनंद है। तो सत्य है, चैतन्य है, आनन्द है, या **सचिदानंद** है एक शब्द में।

उसका कोई भाग नहीं है। आरम्भ नहीं, अंत नहीं है। इसलिए वो **पूर्ण** है। अनुभवकर्ता पूर्ण है। इसमें कहीं अपूर्णता दिखाई नहीं देती। कहीं समाप्त होते हुए नहीं दीखता। क्योंकि कोई बदलाव नहीं है। इसलिए वो पूर्ण है।

उसका कोई रूप नहीं है। कुरूप नहीं है। इसलिए **सुन्दर** कहा गया है। उसमें कोई दोष नहीं मिलेंगे। अपने आप में कोई कमी नहीं मिलेगी। कुछ ज्यादा भी नहीं मिलेगा। रूपवान भी नहीं है और कुरूप भी नहीं है। सुंदर कहा गया है उसको क्योकि पूर्ण है। उत्तम है। इसीलिए **सत्यम, शिवम् सुंदरम**। शिवम् का अर्थ है अनुभवकर्ता, साक्षी। शिव शब्द शव से निकला है अर्थात जो नहीं है वो शिव है। एक ही है जो नहीं है वो है अनुभवकर्ता। ये प्रत्यक्ष प्रमाण है आपके सामने। नहीं होने के बराबर है लेकिन ज्ञान कहता है कि है। इसलिए उसको बहुत अच्छा नाम दिया गया है वो है शिव। इसीलिए उसे सत्यम शिवम् सुंदरम कहा गया है तीन शब्दों में।

अनुभवकर्ता **नित्य है**, अनुभव आते जाते हैं। अनुभवकर्ता स्थिर है, सदैव है, नित्य है। शाश्वत है। अखंड है। अद्वितीय कहा है, उसके जैसा और कोई नहीं है। अपरिवर्तनीय है। अनुभवकर्ता कारण है ज्ञान का, इसलिये दिव्य है, आलोकित है, प्रकाशित है। जन्म नहीं है, कारण नहीं है, इसलिये स्वयंभू है। स्वयं से अस्तित्व में आया है। निर्गुण है, लेकिन बोल सकते हैं, अनुभवकर्ता में कोई गुण नही है। वो गुणों से परे है।

अनुभवकर्ता हमेशा रहता है। इसलिए नित्य है। शास्वत भी है। उसका कोई आकार नहीं है इसलिए निराकार कहा गया है। उसमें कोई दोष नहीं है तो निर्दोष कहा गया है। उसमें कोई छलकपट या दाग नहीं दिखाई देगा। इसलिए निष्कलंक कहा गया है। उसमें कोई भेद या भाग नहीं दिखाई देंगे इसलिए अखंड कहा गया है। वो एक ही है उसके जैसा कोई और है ही नहीं, उसकी गिनती नहीं है इसलिए अद्वितीय कहा गया है उसे। उसमें कोई बदलाव नहीं है इसलिए अपरिवर्तनीय कहा गया है। उसमें परिवर्तन नहीं होता, वो परिवर्तनों का साक्षी है। इसके प्रकाश में हर अनुभव प्रकाशित होता है। हर अनुभव का ज्ञान अनुभवकर्ता की वजह से होता है। वो कारण है ज्ञान का इसीलिए उसे दिव्य कहा गया है। दिव्य का अर्थ है जो प्रकाशित हो। दीप्त कहा गया है जिसमें से प्रकाश निकल रहा हो। अनुभवकर्ता को ज्योतिर्मय कहा गया है। ज्योति का अर्थ है दिया जो प्रकाश देता है। आलोकित कहा गया है। आलोकित का अर्थ है प्रकाश जिससे हर अनुभव प्रकाशित है। कोई कारण नहीं है उसके जन्म का, उसका आरम्भ नहीं है। किसी कारण से अस्तित्व में नहीं आया है, इसलिए उसे स्वयंभू कहा गया है। अर्थात जो स्वयं से अपने आप जन्मा है। ये सारे शब्द बड़े बड़े शब्द प्रयोग किये गए हैं अनुभवकर्ता के लिए। लेकिन एक नए शिष्य के, ज्ञानमार्गी के लिए ये विचित्र और रहस्यमय लगते हैं ऐसा क्यों कहा है ?

कभी कभी लोग अनुभवकर्ता को मैं से जोड़ देते हैं। मैं सुंदर हूँ, नित्य हूँ, वो मैं और अनुभवकर्ता में भेद नहीं करते। एक ही समझ लेते हैं। अगर आपको भेद मालूम है तो आप मैं और अनुभवकर्ता को एक कह सकते हैं। यदि आत्म परिचय नहीं हुआ है तो ये कहना सही नहीं होगा। मैं सत्य हूँ, चैतन्य हूँ कहने का कोई अर्थ नहीं होगा। यदि आपको आत्म परिचय हुआ है। आपने उसे ढूँढा है अनुभवकर्ता का पता चल गया है। तब वो व्याख्या इन शब्दों से हो सकती है। अनिर्वचनीय है। ये व्याख्या से परे है।

मैं और अनुभवकर्ता

यदि ये सब मैं हूँ, तत्वमसि, मैं और अनुभवकर्ता का क्या सम्बन्ध है। मैं अर्थात अहम् की चित की परत। अनुभवकर्ता कभी नहीं कहता की मैं अनुभवकर्ता हूँ। वो निर्बोध है। स्वयं को कुछ मान लेने का भी नहीं है अनुभवकर्ता में। स्वयं को कुछ मान लेना ये चित्त करता है।

मैं से जोड़ देते हैं अनुभव कर्ता को, भेद नहीं कर पाते, एक नहीं है, भेद आवश्यक है। मेरा और अनुभव कर्ता का क्या संबंध है। मैं और अहम, चित्त से आता है ये शब्द, मैं माया का रूप है, चित्त में से शब्द निकलते हैं। चित्त संबंध बनाता है इससे भ्रांति को बल मिलता है। चित्त कभी कहता है मैं शरीर हूँ, ये अहंकार की क्रिया है, कभी कहता है मैं मन हूँ , कभी जीव होता है। (मैं को अनुभवकर्ता न कहें, प्रारम्भ के कुछ समय के लिए) मैं या हूँ या नहीं हूँ। दो भाग है। जबकि अनुभवकर्ता एक है। मैं बोल रहा हूँ, सत्संग में बैठा हूँ, ये अनुभव है, मैं पत्नी पति हूँ, ये शरीर है। अनुभव है। शरीर के चलने का अनुभव होता है। आत्म परिचय के बाद उस समय मैं अनुभवकर्ता हूँ। सही मान लिया जाता है। शिवोहम अथवा अहं ब्रम्हास्मि कहा जा सकता है। तत्वमसि..बोलते हैं। मैं आत्मन हूँ, उसके बाद कह सकते हैं मैं अनुभवकर्ता हूँ। मैं अंत में अनुभवकर्ता तक पहुंच सकता है। आत्म परिचय के बाद सब कह सकते हैं ।

अनुभवकर्ता का ज्ञान

अनुभवकर्ता निर्गुण है, अज्ञेय है, स्वय सत्य है, स्वयं सिद्ध है। ये केवल व्याख्या है, वचनों से। वास्तव में अनुभवकर्ता वर्णन से परे है। अनुभवकर्ता कोई अनुभव नहीं है, सत्य के मानदंड से। अनुभवकर्ता बुद्धि के परे है, बौद्ध है, बुद्ध वो है जिसने चित्त छोड़ दिया, अज्ञेय है, ज्ञान से परे है, कोई चीज़ नहीं, कोई वस्तु नहीं। मैं सब कुछ हूँ, या कुछ भी नहीं हूँ। मैं वो हूँ जिसको शरीर का अनुभव हो रहा है।

अद्वैत में द्वैत का विश्लेषण करने जाएंगे तो कुछ नहीं मिलेगा। अद्वैत की भाषा में कहें तो मैं अनुभव भी हूँ, अनुभवकर्ता भी हूँ। उसमें ये कहें की मैं ये हूँ ये नहीं हूँ तो ये वचन समस्या खड़ी करता है। अगर आप कहेंगे मैं सब कुछ हूँ , मैं कुछ भी नहीं हूँ तो ये दोनों सत्य है। अद्वैत के दृष्टिकोण से कोई व्याख्या नहीं है इसकी। इसका प्रयास भी अर्थहीनता की ओर ले जाएगा। विरोधाभास मिलेगा। इसका वर्णन नहीं किया जा सकता। ठोस ज्ञान होना चाहिए की जो भी कहा जाएगा वो माया के अंतर्गत आएगा। रोज के लिए अज्ञानी की भाषा ही प्रयोग में लानी पड़ेगी। आप ज्ञानी हैं तो आप कह सकते हैं। दूसरा भी ज्ञानी है तो समझ जाएगा कि आप क्या कह रहे हैं। अच्छा होगा कि आप इस प्रकार प्रयोग करें की सारे अनुभव अनुभवकर्ता को हो रहें हैं। मैं ये अनुभव नहीं हूँ। जो भी अनुभव हो रहा है वो मैं नहीं हूँ। शरीर एक अनुभव है। इसलिए मैं वो नहीं हूँ। मैं वो हूँ जिसे शरीर का अनुभव हो रहा है।

लेकिन मुझे अंदर से अनुभूतियाँ हो रही हैं, तरह तरह के आभास हो रहे हैं। वो भी अनुभव है। वो भौतिक नहीं तो मानसिक अनुभव हैं। भौतिक अनुभव भी मानसिक होते हैं। इन्द्रियों के द्वारा हैं। भौतिक अनुभव हैं। मानसिक अनुभव हैं। वो भी मन में ही होते हैं, चित्त में ही होते हैं। अनुभव का एक ही प्रकार है। भौतिक मानसिक नहीं है। मन में यदि विक्षेप या विकल्प है कि मैं वो हूँ, मरने के बाद जो दिखेगा, तो ये बहुत बड़ी भ्रान्ति है। ऐसा कुछ भी नहीं है। वो भी एक अनुभव होगा जो आप को दिखेगा। कैसा भी दिखे वो अनुभव ही होगा। अनुभवकर्ता नहीं।

विश्लेषण करते हैं तो आखिर में वो अनुभवकर्ता मिलेगा जिसको सारे अनुभव हो रहे हैं। अनुभवकर्ता निर्गुण है, अज्ञेय है स्वय सत्य है, स्वयं सिद्ध है। अनुभवकर्ता बुद्धि के परे है, बौद्ध है। अज्ञान के परे तो है ही। ज्ञान के भी परे है। ज्ञान उसका होता है जिसका अनुभव होता है। ज्ञान अनुभवों का व्यवस्थीकरण है। जिसका अनुभव नहीं उसका क्या ज्ञान होगा। चित्त में स्मृति में कोई व्यवस्था नहीं होगी। आत्म विचार की बुद्धि बहुत शक्तिशाली है, कोई प्रश्न उठेंगे तो उनका उत्तर साथ साथ या अगले दिन आ जाएगा। अनुभव कर्ता स्वयं सिद्ध है, स्वयं भू है, अंतिम है अनुभवकर्ता मैं का सार है, प्रत्यक्ष अनुभव से देखें। निदिध्यासन करें। श्रवण, मनन, निदिध्यासन ही है ज्ञान मार्ग में, इसे करें। बड़ा रोचक अध्ययन है अनुभवकर्ता का।

अध्याय 5: "अनुभवकर्ता के गुण" समाप्त हुआ।

6

अनुभवकर्ता: विस्तृत अध्ययन

अहम् और अनुभवकर्ता

पिछले अध्याय में प्रत्यक्ष अनुभव और प्रमाण, के द्वारा अध्ययन किया कि अनुभवकर्ता वो है, जो हर अनुभव का अनुभव कर रहा है, अभी इसी समय, सर्वत्र अनुभव कर रहा है। उसे वस्तु की तरह समझना संभव नहीं है। वो अपने तरीके का एक ही है, हम देखने जाएंगे तो नहीं दिखेगा। वो बुद्धि से परे है, इसलिए बुद्धि से नहीं जाना जा सकता। आज अनुभवकर्ता की और गहराई से परीक्षा, पूछताछ करते हैं।

मैं के बारे में शुरू करते हैं। मैं अर्थात अहम् चित्त निर्मित है। उसकी स्थिति बदलती रहती है। अद्वैत में मानदंड है, कि जो बदलता है, परिवर्तनशील है, वो मिथ्या है असत्य है। तो क्योंकि अहम् बदलता रहता है, इसलिए अहम् असत्य है। अहम् वो है, जो स्थिति के अनुसार बदल जाता है। अहम् अनुभवकर्ता हो सकता है। अनुभवकर्ता अहम नहीं हो सकता।

अहम् शरीर भाव में, चोट लगने पर, या भूख लगने पर चित्त, मैं, ये नहीं कहता कि अहम् को चोट लगी है या अहम् को भूख लगी है। वो कहता है मुझे चोट लगी है या भूख लगी है। शरीर ही मैं हूँ। 90% लोग यही सोचते हैं। कभी कभी शरीर के बाहर भी अहम की स्थिति होती है। जैसे कि आपकी प्रिय वस्तु कोई ले जाये, तो इतनी पीड़ा होती है, जैसे कि शरीर को कोई नुकसान हुआ हो। एक तरीके से आसक्ति होती है, उन चीजों पर, जो मालिक होते हैं उन बहुमूल्य चीजों के, जैसे उनकी गाड़ी या रिश्तेदारों के, या मित्र, धर्म, देश या जाति पर भी कब्ज़ा दिखा देता है। आपके देश को कोई कुछ बोल दे या क्रिकेट टीम हार जाय, दुःख होता है। वस्तुओं से लेकर शरीर तक बदलता रहता है। दूसरे लोगों के साथ भी जुड़ा रहता है। जाग्रत अवस्था में ९०% लोगों की यही स्थिति रहती है कि मैं शरीर हूँ। ऐसी ही परिकल्पना रहती है कि मैं शरीर हूँ।

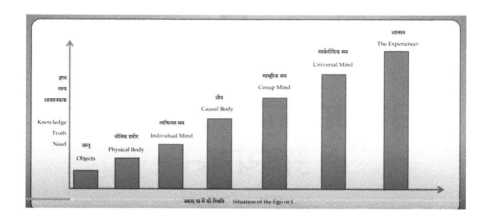

अहम की स्थिति

ये प्रश्न करने पर कि शरीर बदल रहा है ? बचपन में शरीर छोटा था। शरीर में पदार्थ बदलते रहते हैं। पदार्थ का आना जाना चलता रहता है। जीवन की क्रिया चलती रहती है। कल जो मैं था, आज नहीं हूँ। तो मैं क्या हूँ? जिसमें परिवर्तन नहीं हुआ है जबकि शरीर बदल रहा था। इसके पीछे या ऊपर ऐसा क्या है जो मैं हूँ? इसकी जब परीक्षा करते हैं तो वो कहता है कि मैं मन हूँ। जो मेरा नाम है, वो मैं हूँ। मेरा काम, मैं हूँ। जो माता पिता ने बताया, वो मैं हूँ। शरीर ठीक है बदलता रहता है, वो मशीन है। लेकिन इसके पीछे जो मन है, मानस है वो मैं हूँ। इतना भी जान लें तो बहुत बड़ी बात है। आम आदमी मन पर अटक जाता है। अहम् मन पर स्थित हो जाता है यहाँ। ऐसा विचार कर मनस भाव में आ जाता है।

अब प्रश्न आता है की मेरे जो भाव हैं मन में, विचार हैं, बुद्धि है, काम है, व्यवसाय है, वो मैं हूँ। बिजनेसमैन, डॉक्टर, इंजीनियर हूँ इत्यादि, मैं अच्छा हूँ, बुरा हूँ, स्वभाव ऐसा है, मुझे ये पसंद है, शरीर की चिंता नहीं है क्योकि अन्न से बना है। लेकिन मैं मन हूँ। लेकिन मन को देखें तो वो भी परिवर्तित होता रहता है। इच्छा बदलती रहती है। विचार आते जाते रहते है। पसंद नापसंद बदलती रहती है। स्वभाव बदल जाता है, व्यवसाय बदल जाता है। एक दो दिन में नहीं तो एक दो साल में बदल जाता है। नाम में क्या रखा है कभी भी बदल सकते है। जो नाम आपको लोगों ने दे दिया है, अहम उसी पर स्थित हो जाता है। लोग उसी नाम से आपको बुलाते हैं। इसलिए एक प्रकार का भ्रान्ति या भ्रम हो जाता है कि नाम मैं हूँ। इन लोगों की स्थिति उनसे थोड़ी अच्छी है जो शरीर को ही मैं मान लेते हैं। वस्तुओं को, घर को, गाड़ी को, समाज को, देश को मैं मानते हैं, उनसे प्रभावित होते हैं, उनसे काफी अच्छी स्थिति है।

लेकिन मन भी बदलता है। वो क्या है, जो इस बदलते हुए मन का भी साक्षी है? तभी तो आप मैं कह सकते हैं उसे। अन्यथा मैं कल था आज नहीं है, बदल गया है। कैसे हो गया? मैं तो हमेशा से रहा है। जो बदला नहीं है वो मैं हूँ। आप ऐसा कह सकते हैं। उसकी स्थिति और अच्छी कर सकते हैं। जो आध्यात्मिक शिष्य या साधक के लिए ये कहना बहुत आसान है कि मैं साक्षी हूँ। मैं वो बदलते हुए अनुभवों का साक्षी हूँ। मैं नहीं बदलता। यदि अहम् अनुभवकर्ता पर स्थित है, आत्मन पर स्थित है, तो आप देखेंगे वो कभी नहीं बदलता। वैसा का वैसा ही है जो अनुभव कर रहा है, जो न दिखाई देता है, न सुनाई देता है लेकिन ऐसा है वहां कुछ, जो अनुभव कर रहा है। वो अस्तित्व खुद है। स्वयं अस्तित्व अनुभव कर रहा है। अहम के कारण लगता है की वो शरीर है, मन है या कुछ और है।

हमने हर अनुभव जाँच कर देखा तो पता चला कि अनुभवकर्ता किसी हाल में बदलता नहीं है। अहम् अगर अनुभवकर्ता पर स्थित है तो सत्य है। मैं आत्मन हूँ यह कहना सत्य हो जाता है। जिसकों आत्म परिचय या साक्षात्कार हो गया है, उसका यही प्रयास रहता है कि उसका अहम् अनुभवकर्ता, आत्मन पर स्थित हो जाय। यही आपकी साधना है। यही है अनुभवकर्ता और अहम् का सम्बन्ध। आपका अनुभव या अज्ञान इस बात पर निर्भर करता है कि आपका अहम इस समय कहाँ पर स्थित है। जब अहम का ध्यान अनुभवकर्ता पर स्थित होता है इस स्थिति में वो कहता है मैं सत्य हूँ। मैं आत्मन हूँ। मैं सदैव हूँ। मैं सर्वत्र व्याप्त हूँ। मैं परिवर्तन शील नहीं हूँ। समस्त अनुभवों का अनुभवकर्ता हूँ।

काल और अनुभवकर्ता

अनुभव कर्ता का समय, काल से क्या सम्बन्ध है। न उसकी शुरुआत है, न अंत है, न मध्य है। अनुभवकर्ता कल भी था आज भी है। एक साल बाद भी होगा। यह कैसे कह सकते हैं कि वो समय से परे है। उसका एक प्रारम्भ होना चाहिए। हो सकता है कि ये मेरा अज्ञान हो कि अनुभवकर्ता का काल से कोई सम्बन्ध नहीं है। हो सकता है की ये अज्ञान हो। या ये सत्य हो। अनुभवकर्ता समय से जुड़ा है। यदि आप अपना प्रत्यक्ष अनुभव देखें कि काल को तीन भागों में बाँट सकते हैं। भूत, वर्तमान और भविष्य ।

अगर आप कहते हैं की मैं अहम् अनुभवकर्ता कल भी था एक साल पहले भी था, दस साल पहले भी था। इसलिए मैं कह सकता हूँ कि उसमें कोई परिवर्तन नहीं हुआ है। यदि अपना प्रत्यक्ष अनुभव देखें तो पता चलता है कि भूतकाल स्मृति है, हम वहां जा कर नहीं देख सकते कि वहां अनुभवकर्ता, आत्मन था। कल स्मृति बन कर आएगा सामने। स्मृति का समय या काल क्या है? वो अब है वर्तमान है। स्मृतियों की स्मृति भी संभव है परन्तु वो भी वर्तमान में हैं। अगर आप कहें कि कल मैंने कुछ याद किया था, तो वो भी वर्तमान में कह रहे हैं। भूतकाल हमेशा स्मृति से आता है। स्मृति हमेशा वर्तमान में होती है। अनुभव हमेशा वर्तमान में होगा। भूतकाल का अनुभव भी वर्तमान में होगा। ये प्रत्यक्ष अनुभव है। प्रत्यक्ष

प्रमाण है। आप ऐसा पूछ सकते हैं कि ऐसा कौन सा भूतकाल है जो वर्तमान में नहीं है? मेरा ऐसा कौन सा अनुभव है जो वर्तमान में नहीं है? आप कह सकते हैं कि कल मैं था। घर पर था। ऑफिस गया था। मेरी इससे बात हुई, उससे बात हुई। ये सारी स्मृतियाँ हैं जो वर्तमान में चल रही हैं। आपको कभी भूतकाल का अनुभव नहीं हुआ। भूतकाल में अनुभवकर्ता कभी नहीं रहा। किसी भी अनुभव में नहीं रहा। भूतकाल हमेशा स्मृति बनकर ही मिला है। और वर्तमान में ही मिला है। स्मृति की स्मृति का अनुभव भी वर्तमान में होता है। आप कितनी भी दूर तक याद कर लें, आप भूतकाल में कुछ नहीं कर सकते। भूतकाल में अस्तित्व भी नहीं है। अस्तित्व का कोई भूतकाल नहीं होता। सिर्फ स्मृति होती है। ये हमारा प्रत्यक्ष अनुभव है। अपरोक्ष अनुभव है।

आने वाले कल, भविष्य के सारे क्रियाकलाप परिकल्पना मात्र है। मैं कल कहाँ जाऊँगा, कल क्या करूँगा, कल के लिए मैंने क्या कार्यक्रम तय कर रखा है ये आज की वर्तमान की परिकल्पना है। कल भी मैं रहूँगा, एक महीने बाद भी रहूँगा, सही बात है। या एक साल बाद ऐसा होगा, वैसा होगा, सही है। लेकिन ये सारी परिकल्पनाएं हैं। विचार मात्र हैं। चित्तवृत्ति है। जो वर्तमान में चल रहे हैं। क्या आपने भविष्य में जाकर कुछ किया है? अभी तक आपने जो भी किया है, जो भी अनुभव हुए हैं, वर्तमान में ही हुए हैं। हम देखते है अनुभवकर्ता न कभी भूतकाल में था, न कभी भविष्य में रहेगा। ये हमेशा वर्तमान में ही रहा है।

ये भ्रान्ति क्यों होती है ? मैं कल भी था, आज भी हूँ, कल भी रहूँगा, सुबह भी था। शाम को भी रहूँगा। ये चित्त में आने वाले विचार हैं। अहम जब चित्त में स्थित होता है, तो वो समय या काल में है। तो काल सत्य बन जाता है। अहम् की स्थिति पर निर्भर करता है कि काल सत्य है या असत्य है। तो काल सत्य बन जाता है। अहम् की स्थिति पर निर्भर करता है कि काल सत्य है या असत्य है। शरीर तो समय में है, मन भी समय में है। चित्त भी समय में है। जो मन के ऊपर है, आत्मन, वो समय के परे है। स्मृतियाँ जब तक हैं काल का अनुभव है। शरीर भी एक स्मृति है। शरीर भी काल में चल रहा है। इसमें बदलाव आते हैं, परिवर्तन आते हैं, चित्त कहता है कि वही शरीर है जो मेरा था और बदल रहा है। काल का. समय का ये बड़ा मायाजाल है। बहुत बड़ी भ्रान्ति है ये। आपको देखना पड़ेगा की काल का अनुभव कब और किस रूप में हुआ, आप पाएंगे की ये अनुभव वर्तमान में ही हुआ। अहम यदि चित्त पर स्थित है, मन पर स्थित है तो आपको भ्रान्ति होगी कि मैं समय में हूँ। आज भी हूँ, कल भी था, कल भी रहूँगा। ये सब विचार आएंगे क्योंकि आपके अहम् का जुड़ाव चित्त के साथ है। चित्त काल में है, समय में है। चित्त स्मृति में है। चित्त स्मृति ही है। निष्कर्ष ये निकलता है कि मैं अपना जुड़ाव अनुभवकर्ता के साथ करता हूँ तो मैं काल के परे हूँ। समय के परे हूँ। यदि मैं सोचता हूँ की मैं चित्त हूँ या शरीर हूँ तो मैं समय में हूँ।

शरीर जन्मा था, ये नष्ट होगा। ये बात सत्य हो जाती है तब। यदि मैं मन के साथ जुड़ा हूँ, अपने आपको मानसिक वस्तु समझता हूँ, मानसिक प्रक्रिया एक दिन शुरू हुई थी वो नष्ट होगी। जो शुरू हुआ है, बदलता है, वो एक दिन नष्ट भी होगा। कहीं जाकर रुकेगा। जो कभी

शुरू नहीं हुआ, बदलता नहीं है, वो कभी नष्ट नहीं होगा।

आपके गुरु कहेंगे, कल यहां सत्संग है। ये कर लो, वो कर लो। अगले दिन वो कहेंगे कि तुम तो समय के परे हो। उलझन में नहीं पड़ना है कि अभी तक मैं समय में था, समय मेरे पर शासन कर रहा था। और अभी आप कह रहे हैं की मैं समय के परे हूँ। आपके गुरु सिर्फ ये बताना चाहते हैं कि आपका जो अहम् भाव है कभी शरीर पर रहता है तो समय के बारे में बोल सकते हैं। जैसे ही आपका अहम् भाव शरीर से हटकर अनुभवकर्ता पर स्थित होता है तो समय के परे कह सकते हैं। क्योंकि जो बदलता नहीं है, जिसमें परिवर्तन नहीं होता है, जो हमेशा है, नित्य है, अनित्य नहीं है, यदि उसको मैं कहूँ तो समय के परे हो जाता है। क्योंकि फिर मैं बदलता नहीं, यही मेरा प्रत्यक्ष अनुभव है। यही प्रमाण है। हमेशा जो अनुभव हुआ है वो वर्तमान का हुआ है। कभी भूतकाल का अनुभव नहीं हुआ। कभी भविष्य का अनुभव नहीं हुआ। ये सिर्फ मान्यताएं हैं। परिकल्पना है। अवधारणाएं हैं, बनी हुई हैं मन में, कि भूतकाल होता है भविष्य होता है।

आप कहेंगे कि समय नहीं है? तो फिर मैं खाना कब खाऊंगा। ऑफिस कब जाऊँगा? मैं अपने सारे कार्य कब करूँगा? कोई बोलता है इतने बजे यहां आ जाना, तो फिर मैं कैसे जाऊँगा, यदि सब कुछ वर्तमान ही है तो? तो समय की जो माया है, उसमें लींन होता है माया में। ये काफी उपयोगी होता है। समय की अवधारणा काफी उपयोगी होती है। जबतक आप शरीर में हैं, मन की प्रक्रिया शुरू है, चित्त की वृत्ति शुरू है तबतक समय की अवधारणा काफी अच्छी और उपयोगी अवधारणा है, जिसके बिना जीवन संभव नहीं है समय के बिना। आप देखते है कि चित्त छोड़ता नहीं है समय को। आपकी भाषा भी समय से भरी है। आप भूल नहीं सकते। जबतक चित्तवृत्ति चल रही है, संसार चल रहा है, तबतक आप समय के घेरे में रहेंगे। समय की रस्सियों में, उसके पाश में बंधे रहेंगे।

इससे छूटना बहुत आसान है। अपना जो अहम् है, उसको आत्मन पर ले आइये, आप देखेंगे की आप कभी भी समय के पाश में नहीं थे। समय के परे थे। सिर्फ आपका जुड़ाव, आसक्ति मन या शरीर से हो गयी जो समय के भ्रम में रहते हैं। इसलिए आपको भी लगा की मैं समय से बंधा हूँ, मैंने भी जन्म लिया है, मेरी आयु बढ़ती जा रही है और एक दिन मैं मर जाऊँगा। शरीर ने जन्म लिया है, शरीर की आयु बढ़ती है, शरीर बीमार होता है, अस्वस्थ होता है, और शरीर नष्ट होता है। चित्त उससे जुड़ा है। ये मानना अज्ञान है कि मैं शरीर हूँ। उसी की तरह नश्वर हूँ। यदि आपको ज्ञान हो जाय कि शरीर एक वस्तु है जो आनी जानी है, परिवर्तनशील है, जो नश्वर है। जो जन्म लेती है, जिसकी मृत्यु होती है। तो आप यहीं, इसी समय जन्म और मृत्यु के चक्र से छूट जाएंगे। सिर्फ इतना करना है आपको कि आपने अहम् की स्थिति अनुभवकर्ता पर, आत्मन पर लानी है। मैं वो हूँ जो जन्म और मृत्यु का अनुभवकर्ता हूँ। जो चित्त की तीनो अवस्थाओं - जागृत, स्वप्न और सुषुप्ति का मैं साक्षी हूँ। आपकी छुट्टी संसार के समय चक्र से हो गयी। कितना आसान है। बोलना आसान है। वहां रहना कठिन है। आप देखते हैं कि अहम् वापिस खिसक कर नीचे आ जाता है, चित्त से जुड़

जाता है कि मैं चित्त हूँ। पांच सेकंड नहीं रुकता अनुभवकर्ता पर। यही साधना है। ज्ञानमार्ग पर एकमात्र यही साधना है, कि हमेशा स्मरण में रहना मैं क्या हूँ। मैं को उठा कर बार बार आत्मन पर रखना। मात्र इतनी साधना है, लेकिन बहुत कठिन हो जाती है। जिन्होंने कभी की नहीं, एक सेकंड तक नहीं रख पाएंगे। ज्ञान अज्ञान में बदलता जाएगा। बहुत जल्दी फिसल जाएंगे। जो आत्मन है, साक्षी है. माया से परे है, वो अज्ञान के कारण समय से बंधा हुआ दिखाई देता है। अज्ञान हट जाता है तो नित्य हो जाते हैं, नश्वर नहीं रहते। बहुत आसान है उस अवस्था में बने रहना। थोड़ी सी साधना चाहिए रहती है।

अनुभवकर्ता का काल से क्या सम्बन्ध है? कोई सम्बन्ध नहीं है। अहम् का काल से सम्बन्ध है, अहम् परिवर्तनीय है। अहम् असत्य है, माया है। अहम् चित्तवृत्ति है। मैं अहम, अनुभवकर्ता के साथ जुड़े अर्थात मैं को आत्मन पर रखें तो नित्य हो जाते हैं, मुक्त हो जाते हैं।

स्थान और अनुभवकर्ता

अनुभवकर्ता का स्थान कहाँ है? अहम् को अनुभवकर्ता पर बैठाइये, अनुभवकर्ता पर स्थित कीजिये। प्रश्न उठेगा कि अनुभवकर्ता है कहाँ ? ये स्थान से परे है। ये देश के परे है। कोई स्थान नहीं है। उसको आप देख भी नहीं सकते। उसका कोई माप भी नहीं है। उसका कोई रूप भी नहीं है, उसकी कोई मात्रा भी नहीं है। उसका क्या स्थान होगा? यदि अनुभवकर्ता अस्तित्व है तो इसको ले जाकर कहाँ रखेंगे ? कितनी दूर रखेंगे। कितने मीटर या किलोमीटर दूर रखेंगे।

अस्तित्व एक है उसका कोई स्थान नहीं है। स्थानों का अस्तित्व है, अस्तित्व का कोई स्थान नहीं होता। ये कहना भी अर्थहीन सा है कि अस्तित्व यहाँ है, या वहां है। अधिक से अधिक ये कह पाएंगे कि अस्तित्व का कोई स्थान नहीं है। आत्मन क्योंकि अस्तित्व है, उसका कभी कोई स्थान नहीं मिलेगा। बहुत लोगों को ये भ्रान्ति है की वो मेरे सिर में है, शरीर में कहीं है, या हृदय में है। प्रयोग कर सकते हैं। आपको प्रत्यक्ष दीखता है कि आँखों के पीछे से देखता हूँ। जो आँखों के पीछे से देख रहा है वो चित्त है। चित्त ने उसका स्थान निर्धारित कर दिया है। आंख बंद कर देंगे, तो कहेंगे की जो सुन रहा है, सिर में कहीं है अनुभवकर्ता। कान भी बंद कर देंगे तो कहाँ है अनुभवकर्ता? ये जो भ्रान्ति है कि अनुभवकर्ता सिर में कहीं है या शरीर में कहीं है, वो इन्द्रियों की वजह से होता है। क्योंकि इन्द्रियां सिर में हैं। इन्द्रियों के जो अनुभव हैं वो सिर में प्रतीत होते हैं। अनुभवकर्ता वहां बैठा हुआ दिखाई नहीं देगा। प्रश्न कर सकते हैं कि क्या आत्मन सिर में बैठा है? यदि हाँ तो उसको कौन अनुभव कर रहा है ? हृदय में है, तो कौन देख रहा है उसे हृदय में ? महसूस होता है, ज्ञान होता है कि मैं शरीर में कहीं हूँ तो अनुभवकर्ता शरीर में कहीं बैठा हुआ दिखाई देना चाहिए किसी रूप में। लेकिन हमारा अनुभव नहीं होगा। दूसरे अनुभव होंगे, इन्द्रियों के अनुभव, शरीर के अंदर के

अनुभव। लेकिन आपको अनुभवकर्ता का कभी अनुभव नहीं होगा। संभव ही नहीं है क्योंकि अनुभवकर्ता वो है, जो साक्षी है अनुभवों का। वो अनुभव नहीं है। उसका कोई स्थान नहीं है। वो आलौकिक है। जिसका कोई लोक नहीं है। जिसका कोई स्थान नहीं है। जिसका कोई देश नहीं है। अस्तित्व का कोई स्थान नहीं है। लोक अस्तित्व में हैं। लोक आत्मन में हैं। उल्टा है। शरीर आत्मन में है। आपका सिर आत्मन के द्वारा देखा जा रहा है। सिर को आत्मन नहीं दिख रहा। अहम स्वयं में एक अनुभव है। वो स्वयं एक परिकल्पना मात्र है।

आप मान बैठे हैं तरह तरह की मान्यताएं। मैं शरीर हूँ। ये अज्ञान है। लेकिन प्रश्न करें तो सत्य सामने आ जाता है। कि अनुभवकर्ता का कोई स्थान, देश नहीं है, सारे स्थान, देश, लोक अनुभवकर्ता के अंदर हैं। सारा समय और सारे स्थान अनुभवकर्ता के अंदर हैं। अनुभवकर्ता समय और स्थान में नहीं है। वो नित्य है, अलौकिक है। ये प्रत्यक्ष अनुभव है कि हम ढूंढ़ने जाते है, तो वो नहीं मिलता किसी स्थान में, किसी समय में। ये मनन आपको हमेशा करना है जब तक आपको पक्का नहीं हो जाता। और परिभाषा ध्यान में रखनी है कि साक्षी सभी अनुभवों का साक्षी है। अनुभवकर्ता अनुभव कर रहा है, अनुभव नहीं है। अनुभवों के स्थान होते हैं। समय का अनुभव भी नहीं होता। वो बड़ी शुद्ध परिकल्पना है।

स्थान एक परिकल्पना मात्र है, जिसका अनुभव होता है। ये मेरा घर है। यहाँ है। उसका नक्शा बना रखा है। ये प्रक्रिया है। मकान यहां है। दुकान यहां है। ऑफिस यहां है। आपका देश यहाँ है। ये सारी धारणाएं आपने बना रखी हैं वो विक्षेप है, विकल्प है। परिकल्पना है, मान्यता है, ये सारे अनुभव हैं। इनको आपने स्थान दिया है। ये सारी वस्तुएं हैं जिनको आपने स्थानों में रखा है। जो इनका अनुभव कर रहा है उसका कोई स्थान नहीं है। एक विचित्र बात है कि जिसका कोई स्थान नहीं हो, वो आप कह सकते हैं कि वो सब जगह है। इसलिए उसको सर्वव्यापी कहा गया है। ऐसी कोई जगह आप नहीं ढूंढ सकते जहाँ अनुभवकर्ता न हो। यदि कोई ऐसी जगह है जिसका अनुभव नहीं हुआ है किसी को भी, कहीं भी। तो वो जगह नहीं होने के बराबर है। वो कल्पना में है, सत्य नहीं है। तो ऐसी कोई जगह नहीं है, जिसका कोई अनुभव नहीं हुआ हो, ऐसा कोई स्थान नहीं है जिसके बारे में अनुभवकर्ता को ज्ञान न हुआ हो। इसलिए वो सर्वव्यापी है। इसलिए उसे पारलौकिक कहते हैं। अलौकिक अर्थात किसी लोक में नहीं होना, पारलौकिक अर्थात सभी लोकों के पार होना। हर जगह, सर्वव्याप्त होना। ये विचित्र है बुद्धि से परे है। इतना कहना पर्याप्त है कि अनुभवकर्ता का न कोई स्थान है, न कोई समय है।

अनुभवों का स्थान और समय होता है। परिकल्पना है। अवधारणा है। ये चित्त की सुविधा के लिए है। इससे काफी आसान हो जाता है, जगत में जीवित रहना। जगत चित निर्मित है। अवधारणाओं का बना हुआ है जगत, अनुभवों को निर्मित करता है चित्त। इसीलिए जगत को माया कहा गया है। क्योंकि आपका प्रत्यक्ष प्रमाण नहीं मिलता। जो भी मिलता है चित्त निर्मित ही मिलता है। न भूत है, न भविष्य है न वर्तमान है इसलिए शिव है सब कुछ नष्ट कर देता है। जो अस्तित्व है, ब्रम्हन है, त्रिकालिक है। आत्मन के बराबर है। उस पर ध्यान

करने से हर अवधारणा नष्ट हो जाती है। हर तरह का असत्य नष्ट हो जाता है। माया नष्ट हो जाती है। सिर्फ अनुभवकर्ता बचता है। आत्मन बचता है। यदि उसको मैं कहना चाहें तो बहुत अच्छा है। क्योंकि आप छूट जाते हैं बाकी सब असत्य, नश्वर माया से। आपकी मुक्ति हो जाती है। जीवन्मुक्त हो जाते हैं। समझना इतना है कि मैं आत्मन हूँ, मैं ब्रम्हान हूँ, मैं अस्तित्व हूँ। ये आपका अपरोक्ष अनुभव है। यदि आप सत्य के तराजू में तौलने जाएँ तो एक एक कर सब नष्ट हो जाता है, स्थान, समय, भूतकाल, भविष्य, जगत। सब नष्ट हो जाता है। इसको महादेव कहा गया है। हर चीज नष्ट कर देता है।

अनुभवकर्ता के रूप

यदि आपने अहम् को समझ लिया है, कि अहम एक वृत्ति है, तो ये समझना बहुत आसान हो जाता है कि मेरे कितने रूप हैं। मेरा कोई रूप नहीं है लेकिन सारे रूप मैं ही हूँ। यदि आपने मैं को अनुभवकर्ता के आसन पर बैठा दिया है तो आप देखेंगे कि मैं ही सब कुछ हूँ। मैं ही जगत हूँ, मैं ही सारे जीव हूँ। मैं सारे मनुष्य हूँ। सारे चर अचर प्राणी, जीवित मृत्त, हर वस्तु मैं हूँ। क्योंकि मैं अस्तित्व हूँ। पर मैं वो भी हूँ जिसका कोई रूप नहीं है। न रंग है, न माप है, न भार है न ठंडा है, न गर्म है, न इसको तोड़ सकते हैं न जोड़ सकते हैं। दोनों हैं।

चित्त इसको दो में विभाजित करके ही देख सकता है। या तो इस तरफ, अंदर की ओर देखेगा तो कोई रूप रंग नहीं दिखेगा। मैं क्या हूँ पता नहीं चलेगा कभी। शून्यता दिखेगी उसको। उस तरफ देखेगा तो पता चलेगा की हर अनुभव मैं हूँ। सारा जगत मैं हूँ। सारा ब्रम्हांड मैं हूँ। तो चित्त फंस जाता है एक तरह के भ्रम में। तो समझ नहीं आता की मैं ये हूँ ? या वो हूँ ? अनुभवकर्ता अद्वैत है, दो के अनुसार नहीं देख सकते। जिसका रूप नहीं है वो भी वही है और सारे अनुभव, वस्तुओं का, शरीर का, मन का, भी मैं ही हूँ। विचित्र सी बात है कि मैं शरीर नहीं हूँ, और अब कहता हूँ शरीर, मन भी मैं ही हूँ। सत्य क्या है ? ये निर्भर करता है की आपने अहम को कहाँ रखा है ? यदि शरीर पर रखा है, उससे जुड़ा है, तो कहता है कि मैं शरीर हूँ। कहते हैं कि मैं मन हूँ, तो मन हूँ, फिर शरीर नहीं हो सकता। यदि आप कहते हैं कि मैं अनुभवकर्ता हूँ, साक्षी हूँ तो आप सब कुछ हो सकते हैं। फिर आप शरीर भी हो सकते हैं। क्योंकि अनुभव और अनुभवकर्ता एक ही है।

उनमें कोई भेद नहीं है, कोई दूरी भी नहीं है। अनुभवकर्ता हर अनुभव को, अनुभव के रूप में, अनुभवक्रिया में देख रहा है। प्रत्यक्ष देखने जाएंगे तो कोई अंतर नहीं दिखेगा। इसलिए मैं वो भी हूँ जिसका कोई रूप रंग नहीं है, और मैं वो भी हूँ जिसमें अनुभव है। तो आप कह सकते हैं कि मैं एक वस्तु या मानसिक वस्तु हूँ, या मैं सब कुछ हूँ। बीच वाली बात, कि मैं एक हूँ, दूसरा नहीं हूँ, ये कहना असत्य होगा। ये कहना कि मैं सबकुछ हूँ सत्य है। ये कहना कि मैं कुछ भी नहीं हूँ सत्य है। लेकिन ये कहना कि मैं एक वस्तु हूँ दूसरी नहीं हूँ, वो असत्य है। अगर आप कहें कि मैं शरीर हूँ, बाकि वस्तुएं नहीं हूँ तो आप समस्या में पड़ जाएंगे, आपको

कोई प्रमाण नहीं मिलेगा। अगर आप कहें कि मैं मन हूँ तो आप मन ही बने रहेंगे, कुछ और नहीं बन पाएंगे। आप कभी अनुभवकर्ता नहीं बन पाएंगे। ये मान्यता मन में डाल दी है। जो सत्य की खोज कर रहे हैं, उनको प्रमाण की आवश्यकता होती है। बिना प्रमाण के कुछ भी मानना मूर्खता होती है। आप समाज में रहते हैं तो आपको मानना ही पड़ेगा कि अहम् शरीर का हिस्सा है। मैं शरीर मानना पड़ेगा। क्योंकि समाज शरीरों का समूह है। मानना पड़ेगा कि मैं अहंकार हूँ। क्योंकि दूसरे लोग आपको इसी दृष्टिकोण से देखते हैं। वो आपको आत्मन के रूप में नहीं देखते, क्योंकि उनमें इतना ज्ञान नहीं होता।

यदि आपको ज्ञान हो गया तो हर अनुभव को अनुभवकर्ता के रूप में देखेंगे। अर्थात आप कह सकते हैं की मैं सब कुछ हूँ। इसमें सारी अवधारणाएं आ जाएंगी। जन्म लेने के पहले भी मैं हूँ। मरने के बाद भी मैं रहूँगा। जो अभी हूँ वो भी मैं हूँ। कह सकते हैं की ऐसा कुछ भी नहीं है जो मैं नहीं हूँ। आपका अहम आत्मन पर स्थित है, आपको आत्म परिचय हो गया है तो आपके लिए ये सत्य होगा।

अन्यथा आप एक दो अनुभव हो कर रह जाएंगे। मैं ये हूँ वो नहीं हूँ। मैं ये हूँ, ये नहीं हूँ। चित्तवृत्ति में पड़ गए। चित्त भेद करता है। चित्त को जीवन चलाना है। नहीं तो कुछ समझ नहीं आता की मैं कौन हूँ। क्या हूँ, किसको बचाना है, किसको खिलाना है। किसकी रक्षा करनी है किसको मारना है। चित्त को समझ नहीं आएगा इसलिए उसने अपने सम्बन्ध देह के साथ, शरीर के साथ बना रखे हैं। यदि मन के साथ, तो ये पसंदें मेरी हैं, ये नापसंदें मेरी हैं। अन्यथा चित्त के लिए जीवित रहना बड़ा मुश्किल हो जाएगा। चित्त ने स्वयं को मन के साथ जोड़ रखा है। जो मन में होता है चित्त स्वयं का मान लेता है। मैं हूँ मान लेता है। और फिर संसार में लीन हो जाता है। उसको ढूंढना कठिन हो जाता है।

यदि ज्ञान हो गया की या तो मैं सब कुछ हूँ या कुछ भी नहीं हूँ। तो आपकी संसार से मुक्ति हो जाती है। यहीं के यहीं, इसी पल मुक्ति हो जाती है। मुक्ति कभी भविष्य में नहीं हुई। मुक्ति भूतकाल में भी नहीं है। जो नित्य है, वर्तमान है, समय के परे है। हमेशा मुक्त है। किसी बंधन में सदैव था ही नहीं।

ये आपकी भ्रान्ति थी कि मैं इस बंधन में हूँ, उस बंधन में हूँ। क्योंकि आपने स्वयं को शरीर मान रखा था, मन मान रखा था। शरीर बंधन में है, सही है। जब तक आप कहेंगे मैं शरीर हूँ तब तक बंधन में ही रहेंगे। तब तक आपकी जन्म मृत्यु होती रहेगी। आप संसार के नियमों से बंधे रहेंगे। दुःख सुख आपको होते रहेंगे क्योंकि मन से बंधे हुए हैं आप। आपकी पसंद नापसंद होती रहेगी। आपके मन में सकारात्मक एवं नकारात्मक विचार चलते रहेंगे क्योंकि आपका जुड़ाव है उससे। सुख दुःख तब तक बने रहेंगे जब तक आपका अहंकार कहता रहेगा मैं मन हूँ शरीर हूँ। जब तक आप संसार के, काल के चक्र में बंधे रहेंगे, तब तक आपकी मुक्ति नहीं होगी। भविष्य में कभी मुक्ति होगी, ज्ञान होगा। जन्म लेने के समय मैं मुक्त था, जन्म लेने के बाद मैं बंधन में पड़ गया हूँ। जन्म ही मेरे बंधन का कारण है। या फिर आप कहेंगे मन ही मेरे दुखों का कारण है। सारे दुःख मन से उत्पन्न होते हैं। बड़े परेशान रहते है

कि मन को कैसे वश में करें।

कुछ करना नहीं है। बस ये विचार करना है कि मैं मन नहीं हूँ, मैं मन का साक्षी हूँ। मुझमें कोई परिवर्तन नहीं है। न सुख है, न दुःख है। न आता हूँ, न जाता हूँ, न मेरा जन्म हुआ था भूतकाल में, न भविष्य में मेरी मुक्ति होगी। मैं अभी मुक्त हूँ। मैं अभी बंधनमुक्त हूँ। मैं जीवन्मुक्त हूँ। कर्म से मुक्त हूँ। जो कर्म करता है वो शरीर है, मन है जिसमें इच्छाएं हैं वो मन है। जो साक्षी है उसमें कोई इच्छा नहीं है। इच्छाओं का साक्षी है।

मुक्ति

मैं साक्षी हूँ। मुक्त हूँ। यदि मैं वो हूँ तो इसी क्षण मुक्त हूँ। कहीं जाना नहीं है क्योंकि मेरा कोई स्थान नहीं है। इस स्थान पर, अपने स्थान पर , यहां पर मुक्ति मिलेगी। कोई गुरु आपको मुक्ति नहीं दिला सकता। गुरु अनुभव मात्र है। गुरु बता सकता है कि तुम्हें कहाँ मुक्ति मिलेगी। किस स्थान पर मुक्ति मिलेगी। वो स्थान अनुभव नहीं होगा। वो स्थान वो होगा जहाँ आप अभी हैं। वो सर्व व्याप्त है। ये अलौकिक है। वो आपका स्थान है। वहां मुक्ति है। जीवनमुक्त तत्क्षण होता है। गुरु आपको इतना दिखा सकता है कि आप बंधन में नहीं हो। देखो, तुम अनुभव नहीं हो। अनुभव बंधन में है, वो तुम नहीं हो। शरीर बंधन में है। मन बंधन में है। जिसको शरीर का अनुभव हो रहा है, मन का अनुभव हो रहा है वो स्वयं अस्तित्व है। उसको क्या बांध सकता है। दूसरा अस्तित्व कहाँ से लाएंगे। अनुभवकर्ता जिसका रूप नहीं है। जो समय नहीं है, समय के परे है, जो अलौकिक है उसको आप कैसे बांध पाएंगे। किस नियम में बाँध पाएंगे। वो सारे नियम स्वयं है। सारे बंधन स्वयं है। वो सारे बंधनों का अनुभव कर रहा है। तो ये बंधनों का भ्रम है। बंधन की भ्रान्ति, बंधन की परिकल्पना, ये भी अस्तित्व का ही भाग है जो आप स्वयं हैं।

सिर्फ आपका जुड़ाव हो गया था, उसके साथ। अहम् ने स्वयं उसको मान लिया था। बंधन को अपना मान लिया था। इसलिए बंधन में बंध गए थे। यदि आप चित्तवृत्ति शांत कर दें, मैं ये हूँ, वो हूँ, मैं यहाँ बंधा हूँ वहां बंधा हूँ। मेरा ऐसा होगा, वैसा होगा, यदि आप अब भी वैसा ही मानते हैं तो मुक्ति संभव नहीं है। ये आसक्ति, ये अपनापन, ये लगाव जो आपने शरीर और मन के साथ बना रखा है, उसको तोड़ना पड़ेगा। वो रस्सी काटनी पड़ेगी। अपनी स्थिति अनुभवकर्ता पर, आत्मन पर लानी पड़ेगी। वहीं स्थित होना पड़ेगा। वही आपका स्थान है। आलौकिकता, नित्यता वही आपका स्थान है। वहीं आपको स्थित होना पड़ेगा। वहां आप हमेशा से मुक्त हैं। कुछ नहीं करना है आपको।

अन्य व्यक्ति क्या हैं और संबंध

यदि अस्तित्व एक है, वही आत्मन है, वही मैं हूँ, तो बाकि दूसरे लोग क्या हैं? वो भी कहते हैं की वो भी अनुभवकर्ता हैं। तो अनुभवकर्ता बहुत से हो गए। अनुभवकर्ता एक कैसे हो गया?

इसका बहुत सरल उत्तर है। अनुभवकर्ता के कई दृष्टिकोण हैं। जो अलग अलग रूपों में स्वयं का अनुभव कर रहें हैं। ऐसा थोड़ा कठिन होगा। क्योंकि आप दूसरों के चित्त में जाकर अनुभव नहीं कर सकते। अनुभव चित्त के द्वारा हो रहे हैं। शरीर भिन्न हैं। चित्त भिन्न हैं। शरीर तो दिख जाता है। चित्त नहीं दीखता।

लेकिन अनुमान लगा सकते हैं। ये चित्त तो मेरा नहीं है। मैं ऐसा कभी विचार नहीं करता हूँ। प्रत्येक चित्त शरीर के माध्यम से ही प्रकट होता है। किसी न किसी रूप के माध्यम से प्रकट होता है। यदि वो प्रकट नहीं होगा तो आपको पता नहीं चलेगा की वो है भी की नहीं। क्योंकि चित्त स्वयं अलौकिक है। उसका कोई स्थान नहीं है। चित्त क्रियामात्र है अनुभवकर्ता की।

उसका क्या स्थान होगा? बाकी लोग जो आपको दिखते हैं वो अनुभव मात्र हैं। वो लोग नहीं हैं वो अनुभवकर्ता नहीं हैं। वो जिस अनुभवकर्ता की बात करते है वो भी मैं हूँ। वो अपने दृष्टिकोण से बात करते हैं, मैं अपने दृष्टिकोण से बात करता हूँ। यदि आप चित्त पर स्थित हैं तो सारे लोग अलग अलग दिखाई देंगे। ये सभा चल रही है, उसके यदि यहाँ बीस लोग हैं, तो बीस अनुभवकर्ता दिखाई देंगे। क्योंकि ये चित्त कह रहा है। वो अपने आपको शरीर मानता है। बीस शरीर गिनता है। बीस शरीर हैं, सही बात है, लेकिन अनुभव एक है। एक ही अनुभवकर्ता को हो रहा है। यही बात आप बैठे लोगों में से किसी से पूछेंगे तो वो भी यही कहेगा। आपको दो अनुभवकर्ता दिखायी नहीं देंगे। दो साक्षी दिखायी नहीं देंगे। ठीक उसी प्रकार से जैसे आपको दो आकाश दिखाई नहीं देंगे। आकाश की ओर देखेंगे और बताएंगे एक ही आकाश है। किसी भी स्थिति में सबको एक ही आकाश का अनुभव होगा। ऐसा नहीं है की अलग अलग अनुभव है तो आकाश भी अलग हो गया। एक ही आकाश का कई दृष्टिकोणों से अनुभव होगा।

इसी तरह एक ही आत्मन का, साक्षी का, एक ही अस्तित्व का कई दृष्टिकोणों से अनुभव हो रहा है या अनुभव ले रहा है। प्रमाण है। यदि दो अनुभवकर्ता कहीं से ले आये तो आश्चर्य की बात होगी। वो अनुभवकर्ता नहीं रहेंगे वो अनुभव बन जाएंगे। वो अनुभवकर्ता की श्रेणी में नहीं आएंगे अनुभव के वर्ग में आएंगे। अनुभव कितने भी हो सकते हैं अनंत हैं। इसी प्रकार से सारे जीव, प्राणी, मनुष्य विभिन्न हैं लेकिन उनके पीछे अनुभवकर्ता एक है। एक ही अनुभवकर्ता सभी रूपों में सभी दृष्टिकोणों से अनुभव ले रहा है। क्योंकि सभी संभावनाएं हैं अस्तित्व में। इसलिए जरुरी नहीं एक ही शरीर या चित्त हों जितने चाहें उतने हो सकते हैं। कोई गिनती नहीं है। चला आ रहा है शुरू से। अस्तित्व में। अनंत काल से चला आ रहा है, खेल है। बाकि लोग क्या हैं, आदमी है या औरत है, बच्चा है या बूढ़ा है, इस देश का है, उस जाति का है, ये ऐसा दीखता है, ये बड़ा है ये छोटा है। यदि आपका अहम शरीर पर स्थित है तो सभी लोग ऐसे ही दिखाई देंगे। अगर अज्ञान है की मैं शरीर हूँ तो बाकि लोग भी वैसे ही दिखाई देंगे। उनको शरीर की तरह ही प्रयोग में लाते हैं। शरीर की तरह ही उनसे व्यवहार करते हैं। आपके सम्बन्ध शरीर के सम्बन्ध हो जाते हैं। या तो अच्छा लगता है या बुरा लगता है। या साथ रहना चाहते है या मारना काटना चाहते हैं। ९९% से ज्यादा लोगों की यही स्थिति

है।

यदि आप थोड़े मानसिक व्यक्ति हैं, आप कह सकते हैं की ये इस तरह का व्यक्ति है, इसका ऐसा व्यवहार है। उसका ऐसा चरित्र है। मेरा भाई है, लेकिन उसका चरित्र भिन्न है, उसके विचार भिन्न हैं। वो ये काम करता है, इस व्यवसाय मैं है। मैं ये काम करता हूँ, मेरा ये व्यवसाय है। मेरे ये रिश्तेदार हैं। उसके वो रिश्तेदार हैं। मैं इस देश, जाति का हूँ, वो उस देश, जाति का है। इत्यादि। ये तब होगा, जब आपका अहंकार मन पर होगा। अहंकार की स्थिति मन पर होगी। शरीर से कोई लेने देना नहीं होगा। पर मन के अनुसार भाव होगा।

यदि आपका अहंकार नष्ट हो चुका है केवल आत्मन बचा है। आपका आत्म साक्षात्कार हो गया है। तो आप देखेंगे की मैं ही सारे जन हूँ केवल दृष्टिकोण भिन्न हैं। सभी मैं ही हूँ। सभी जीव मैं ही हूँ। सभी मनुष्य, सभी मानव मैं ही हूँ। सारी मानव जाति मैं ही हूँ। केवल तरह तरह के रूप ले रखे हैं। जिनके माध्यम से मैं तरह तरह के अनुभव करता हूँ। यही मेरी लीला है। अत्यंत महत्त्वपूर्ण है, अहम् का सही जगह अनुभवकर्ता पर स्थित होना। अहम् नीचे तक जा सकता है। जहाँ आपका जीवन नर्क हो सकता है।

बहुत लोगों को अहंकार का ज्ञान नहीं है। अहम् कहाँ रखना है। पता नहीं है। बहुत लोग कहते हैं कि शरीर को अनुभव हो रहे हैं, मन को अनुभव हो रहे हैं। तो शरीर का, मन का अनुभव किसको हो रहा है ? कुछ का अनुभव हो रहा है। वो कहते मन में कोई प्रक्रिया चल रही है उससे अनुभव हो रहे हैं। उस प्रक्रिया का अनुभव किसे हो रहा है। हम देखते हैं कि अनुभवकर्ता दो कदम पीछे हट जाता है। वो पृष्ठभूमि हो जाता है शून्यता हो जाता है। उसे अनुभव हो रहे हैं इसलिए उसे पकड़ना अत्यंत कठिन है। इसीलिए वो बुद्धि से परे है। इसीलिए ज्ञान से परे है। इसीलिए अलौकिक है। नित्य है,समय के परे है। इस प्रश्न का उत्तर आ गया होगा की बाकि लोग क्या हैं। मैं भी मैं हूँ। अन्य सब लोग भी मैं हूँ। तुम भी मैं ही हूँ, कोई भेद नहीं है। इसका नाम है प्रेम। स्वयं से प्रेम ही हो सकता है शत्रुता नहीं। आत्मन प्रेम स्वरूप ही है। प्रेम का अर्थ है भेद नहीं होना। दो नहीं होना। ये सम्बन्ध एक मनुष्य का दूसरे के साथ है। न शरीर एक है, न मन एक है, आत्मन एक है। आप कितने भी प्रमाण ढूंढने जायँ आपको दो आत्मन नहीं मिलेंगे। यदि आपका अहम् नष्ट हो चुका है, केवल आत्मन बचा है, देखने का दृष्टिकोण आत्मन के द्वारा है तो आपको दूसरा कोई मनुष्य दूसरा नहीं दिखाई देगा। अपने ही रूप दिखाई देंगे। ये भी पांच मिनट में दिखता है। लेकिन वहां आत्मन पर बने रहना कठिन है। उसमें प्रयास लगता है। उसमें साधना करनी पड़ती है। क्योंकि चित्त आपको नीचे गिरायेगा, नीचे की ओर खींचेगा। बार बार कहेगा की वो दूसरे लोग हैं। वो मैं नहीं हूँ। इसके लिए साधना करनी पड़ती है। बार बार स्मरण करना पड़ता है। वापिस अहंकार को हटा कर, आत्मन को अपनी सही जगह पर बैठाना पड़ता है।

तो मेरा दूसरों से क्या सम्बन्ध है ? ये सारे सम्बन्ध जो आपने बना रखे हैं दोस्ती दुश्मनी के, तुम्हारे,उसके,अपने,पराये, सारे मिथ्या हैं, असत्य हैं, बनावटी हैं। आने जाने हैं। स्मृति पर निर्भर है। स्मृति मिटा दी जाय तो सारे सम्बन्ध मिट जाएंगे। कुछ पता नहीं चलेगा आप

कौन हैं? सिनेमा में होता है किसी की स्मृति चले जाती है तो सब भूल जाता है। पहचानने से इंकार कर देता है की मेरी पत्नी कौन है, मेरी माँ कौन है? स्मृति भर के सम्बन्ध। स्मृति अर्थात चित्त। जब शरीर आता है जगत में, सम्बन्ध बनाना शुरू कर देता है। उनके रक्त के सम्बन्ध हैं, वो बनावटी हैं। शरीर चले जाता है, वो भी चले जाते हैं, स्मृति रह जाती है। स्मृति गयी वो भी गया। आपका अगला जन्म होगा, स्मृति नहीं रहेगी। सारे सम्बन्ध टूट जाते हैं। जब आप सो जाते हैं, उस समय चित्तवृत्ति बंद होती है। कौन सा सम्बन्ध होता है ? किसी से कोई सम्बन्ध नहीं होता, टूट जाते हैं। जैसे ही सुबह होती है, उठते हैं, चित्तवृत्ति प्रारम्भ होती है, वृति स्मृति को बाहर ले आती है। जो विस्मृत हुआ था प्रकट होता है। जागृत अवस्था, दैनिक चक्र शुरू होता है। सम्बन्ध शुरू हो जाते हैं। ऐसा प्रतिदिन होता है। इसके लिए मरने की आवश्यकता नहीं है। सम्बन्ध रोज नष्ट होते हैं, रोज बनते हैं। परिवर्तनीय हैं। बनते टूटते रहते हैं।

स्मृति भर हैं। वो बदलती रहती है। कभी कहता है मुझे तुमसे प्रेम है, स्मृति में छाप छोड़ जाता है। सम्बन्ध है। अगले दिन कहता है मुझे तुमसे प्रेम नहीं है, मुझे तुमसे घृणा है। किसी और से प्रेम है। तो मन टूट जाता है। उसकी छाप स्मृति में छूट जाती है। ये प्रक्रिया है। सम्बन्ध चित्त बनाता है, रक्त के सम्बन्ध प्रकृति बनाती है। अगर कोई आपको बताये नहीं, तो आपको संबंधों का पता नहीं चल पायेगा, पिता कौन है, माँ कौन है? भाई कौन है ? शक्ल मिलती होगी तो कुछ पता चल सकता है। लेकिन बचपन से आपको बताया जाता है, माता, पिता, भाई,बहन इत्यादि ये, ये, हैं। ये मेरे देश के लोग हैं, ये मेरी जाति के लोग हैं, इनसे प्रेम से रहना, बाकि लोगों को मारना है। ये सिखाया जाता है। संस्कार दिए जाते हैं। आपका कुछ भी नहीं है इसमें, सब बनावटी है। कहाँ पैदा होता है, इस बात पर निर्भर है। ये सारे सम्बन्ध आने जाने हैं, मिथ्या हैं।

जो सत्य का सम्बन्ध है, वो प्रेम का सम्बन्ध है, एकता का सम्बन्ध है। एकता का सम्बन्ध हो जाता है, मैं एक रूप हूँ, एक समान हूँ, सबके साथ, तो फिर आपको किसी संबन्ध की आवश्यकता नहीं रहेगी। जो काल्पनिक, सतही तरीके के सम्बन्ध बना रखे हैं, जरा से धक्के से गिर जाते हैं। बड़ा दुःख होता है। कुछ लोगों को बड़ी ख़ुशी भी होती है सम्बन्ध बनते हैं। सातवें आसमान पर होते हैं। लेकिन जब टूटते हैं तो धरती पर आकर गिर जाते हैं। चोट लगती है। ये सब चित्तवृत्ति है। उन्होंने मान रखा है मैं चित्त हूँ। अहंकार के सम्बन्ध हैं, बनावटी है, काल्पनिक है।

सही सम्बन्ध ये है कि आप और मैं एक ही हैं। एक रूप हैं। ये समझने में बहुत आसान है। पांच मिनट में पता चलता है। लेकिन यहां रहना कठिन होगा। इसके लिए साधना करनी पड़ेगी। बार बार , जब आपका मन कहे बाकी लोग दूसरे हैं, मेरे शत्रु हैं, ये परिवार के लोग हैं। तो एक बात मन में लानी पड़ेगी की ये सभी लोग मेरे हैं। मैं ही हूँ। सारा भेद छूट जाना चाहिए।

संसार का क्या होगा। परिवार की रक्षा नहीं करूँगा, उनको खाना चाहिए। जो शत्रु मुझे मारने आते हैं, उनसे मैं बचूंगा नहीं। तो जीवन कैसे चलेगा? ये सारा जीवन ऐसे ही चल रहा है। ये जीवन सारा मिथ्या है। माया में चल रहा है। ये ऐसे ही चलेगा। मानव जीवन का लक्ष्य है संसार से मुक्ति।

मानव जीवन का लक्ष्य

मनुष्य जीवन का एक ही लक्ष्य है मनुष्य जीवन से मुक्ति। जब तक चल रहा है तो चलने दें। धीरे धीरे उससे मुक्त हो जाओ। आप ठीक करने जाओगे तो कुछ ठीक नहीं होगा। असत्य में क्या ठीक होगा? असत्य सत्य कैसे बनेगा ? आध्यात्मिक ज्ञान को संसार में कैसे व्यवहार में लाओगे? उसका संसार में क्या उपयोग है ? आध्यात्मिक ज्ञान का लक्ष्य है कि आपको संसार से निकाल दे। संसार के ऊपर पहुंचा दे। संसार से मुक्त कर दे। ज्ञान होने में, मुक्त होने में पांच मिनट लगते हैं। लेकिन चित्त फंसा हुआ है संसार में। उसको समय लगता है। चित्त समय में है। कुछ लोगों को समय भी नहीं लगता। उनका ज्ञान इतना सशक्त होता है, इतनी ऊर्जा होती है कि उनकी तुरंत मुक्ति हो जाती है। वैदेह हो जाते हैं वो। उनका देह से सम्बन्ध टूट जाता है। हमें लगता है उसकी मृत्यु हो गयी। लेकिन वो मुक्त हो गया। ये देखा गया है की शरीर से छुट्टी जल्दी नहीं मिलती और मन से छूटने में और समय लगता है। कई जन्म लगते हैं। यदि आप हमेशा ये स्मरण रखते हैं कि मैं क्या हूँ ? मेरा बाकि लोगों से क्या सम्बन्ध है ? शरीर से क्या सम्बद्ध है ? संसार से क्या सम्बन्ध है ? कैसे ये मिथ्या है ? कैसे ये माया है ? तो आपकी मुक्ति जल्दी हो जायेगी। जो की चित्त की मुक्ति होगी। आप तो हमेशा से मुक्त हैं। मैं तो हमेशा से मुक्त हूँ। चित्तवृत्ति चल रही है जब तक, तब तक योग नहीं होगा। मुक्त होने के लिए कोई साधना नहीं होती। चित्तवृत्ति नियंत्रित करने के लिए साधना होती है।

ज्ञानमार्ग सीधा मार्ग है। सरल है। हमेशा मनन और निदिध्यासन में रहना पड़ेगा। जो ज्ञान लिया है उसकी जाँच पड़ताल करती रहनी पड़ेगी। जबतक आपके लिए ठोस नहीं हो जाता। आप निश्चित नहीं हो जाते। तब तक उसपर मनन करते रहना है। ध्यान करते रहना है। उस पर संयम करते रहना है। उस पर धारणा करते रहना है। शंका का समाधान प्रश्न पूछकर कर लेना चाहिए। नहीं तो मान लिया की मैं शरीर हूँ मन हूँ, तो वहीँ प्रगति रुक जाती है।

इसका अर्थ ये नहीं है की आप वैसे हो जाएंगे, अनुभवकर्ता शरीर में बदल जाएगा। आपके मानने न मानने से कुछ भी नहीं होता। सत्य सत्य रहेगा। सिर्फ ज्ञान रहेगा या अज्ञान रहेगा। या मान्यता रहेगी या मान्यता का अभाव रहेगा। या वृत्ति रहेगी चित्त में, या माया रहेगी या माया नहीं रहेगी।

साधना सरल है लेकिन उसमें लगे रहना पड़ता है। छोड़ना नहीं है। हार नहीं माननी है। क्योंकि चित्त पर हजारों जन्मों के संस्कारों का भार है। एक दिन में इधर नहीं आएगा। एक दिन में मुक्ति संभव नहीं है। कुछ लोगों की मुक्ति हो जाती है, वो बड़े भाग्यवान होते हैं, या उनका समय आ गया होता है। वो समय के पार हो जाते हैं। बाकी लोगों को मेहनत करनी पड़ती है। थोड़ा मनन करना पड़ता है। थोड़े प्रश्न उत्तर करने पड़ते हैं। स्वयं को प्रश्न करें। मन में जो परिकल्पनाएं, धारणाएं भरी पड़ी हैं, उस पर प्रश्न चिन्ह लगा कर देखें। प्रत्यक्ष अपरोक्ष अनुभव से सत्य क्या है, मानदंड बनाएं, और देखिये की मुक्ति के लिए कौन सा मानदंड उपयोगी है। मुक्ति हो जायेगी। मुक्ति का ये अर्थ नहीं है कि आप पहले कुछ और थे अब और हो गए हैं। जो अज्ञान था की मैं बंधन में था या हूँ वो अज्ञान नष्ट हो जायेगा। सिर्फ इतना होगा। क्योंकि आप कभी बंधन में नहीं थे, मुक्त करना असंभव है। मुक्ति उसकी हो सकती है जो बंधन में हो। जो कभी बंधन में नहीं रहा उसकी क्या मुक्ति होगी। अज्ञान नष्ट होता है कि मैं बंधन में नहीं हूँ।

ज्ञानमार्ग में हमेशा यही चित्र दिखेगा। यही बात सामने आएगी की आप जो भी हैं वही रहेंगे, होगा। आपने जो मान रखा था उसका विनाश होता रहेगा। ज्ञानमार्ग निडर और साहसी व्यक्तियों के लिए है। उसके लिए बुद्धि चाहिए। जबकि बुद्धि का उपयोग करने जाएंगे तो कुछ हाथ नहीं आता। लेकिन ये समझने के लिए भी बुद्धि चाहिए कि ये बुद्धि से परे है। जब बुद्धि नहीं है, तो कैसे जानेंगे कि बुद्धि के परे क्या है। ज्ञानमार्ग में हम चित्त का उपयोग चित्त के परे जाने के लिए करते हैं। बुद्धि का उपयोग बुद्ध होने के लिए करते हैं। विलक्षण मार्ग है।

अध्याय ६: अनुभवकर्ता: विस्तृत अध्ययन, समाप्त हुआ।

7

अनुभव: मूलभूत तत्व और प्रकार

अनुभव के मूल प्रकार

अस्तित्व के कुल दो भागों में पहला है अनुभवकर्ता मैं स्वयं, और दूसरा भाग है अनुभव। अस्तित्व का ये दूसरा भाग, अनुभव, काफी विस्तृत है, रूचिकर है, बुद्धि के अंदर है। जो भी आपके सामने है, वो अनुभव है, अस्तित्व का वो भाग है जो अनुभवकर्ता के द्वारा जाना जाता है। ये काफ़ी रहस्यमय है। जागृत यानि जगत, वस्तुओं का अनुभव, शरीर का अनुभव, मन का मानसिक अनुभव, स्वयं का अनुभव लेकिन स्वयं अनुभव से परे हैं। लेकिन ये विचार मात्र है, अनुभवकर्ता का कोई अनुभव नहीं।

तीन वर्गों में ही ये अनुभव हैं। ये मूलभूत हैं। पहला अनुभव है जगत और वस्तुओं का। दूसरा है शरीर का। तीसरा है मन का। बहुत से लोग हैं जिनको पूछा जाय कि अभी क्या दिखाई दे रहा है, क्या अनुभव हो रहा है? तो वो सबसे पहले वस्तुओं की ओर जाते हैं।

जागृत अवस्था वस्तुओं से सम्बन्धित है। जगत से सम्बन्धित है। जागृत का अर्थ ही है, जो जगत से सम्बन्धित हो, वो जागृत। जग, जाग्रत, जागृति इस तरीके से ये शब्द हैं। मन की अवस्था है, जिसमें वस्तुओं का अनुभव होता रहता है। मन की अवस्थाएं चलती रहती हैं। नींद में कोई अनुभव नहीं होता वस्तुओं का या शरीर का। कुछ और ही अनुभव होतें हैं।

जागृत में वस्तुओं के अनुभव होते हैं। शरीर के अनुभव होते हैं। एक आम आदमी जो अध्यात्म में नहीं है, वो कहता है कि वस्तुएं हैं, घटनाएं हैं और याद दिलाने पर कहता है कि ये मैं यानि शरीर है। मैं जगत का भाग हूँ। इस तरह से अनुभव होता है। और संकेत देने पर मन भी है, विचार भी है, मन में। तरह तरह की अनुभूतियाँ हैं, भावनाएं हैं, इच्छाएं हैं। एक प्रकार का मानसिक वातावरण भी है।

अनुभव इतना ही है। वस्तुओं का, शरीर का और मन का। स्वयं का अनुभव अलग है, स्व या आत्मन अनुभव नहीं है, अनुभव करने वाला है। ये एक विचार मात्र है कि मेरा अनुभव है। मेरी उपस्थिति है, क्योंकि मैं अनुभवों को देख रहा हूँ।

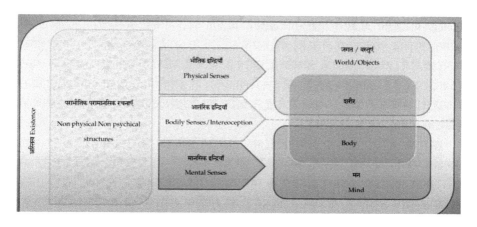

अनुभव के मूल प्रकार

नींद, सुषुप्ति का अनुभव भी एक मानसिक अनुभव है। नींद में अनुभव बहुत कम होता है। मन का अनुभव है। जब आप उठते हैं तब आपको विचार आता है कि मैं सो रहा था। न जगत था न शरीर था। यही नींद का अनुभव है। नींद में यदि नींद का अनुभव हो रहा हो तो आप नींद में नहीं हैं। ये तार्किक बात है कि गहरी नींद या सुषुप्ति में आपको नींद का अनुभव हो रहा है और आप जग भी नहीं रहे हैं तो वो मन का अनुभव है। विचार मात्र है। मानसिक अनुभव है।

स्वप्न का अनुभव शुद्ध मानसिक अनुभव है, शरीर नहीं होता उसमें। स्वप्न में एक अलग जगत होता है, शरीर होता है और मैं भी होता हूँ। अनुभवकर्ता भी होता है, नहीं तो अनुभव नहीं होगा। आध्यात्मिक अनुभव विशेष अनुभव है। अस्तित्व पराभौतिक परामानसिक रचनाओं से बना है।

वस्तुओं में नाम रूप है, इनका इन्द्रियों से सीधा संबंध है। ये चलित है। चित्त इन वस्तुओं को, अनुभवों को गढ़ता है। वस्तुओं की निर्भरता है इन्द्रियों पर। यदि एक इन्द्रिय भी निकाल दें तो वस्तुएं बदल जाती हैं। अंधे व्यक्ति के लिए भिन्न जगत होता है, रूप रंग नहीं होता। स्वाद, गंध या आवाज़ ही रह जाती है संवेदनाओं के लिए। बहरे व्यक्ति के लिए आवाज नहीं होती वस्तुओं में। उसका जगत भिन्न हो जाता है। इसी प्रकार यदि दो तीन इन्द्रियां बंद हो जाएँ तो जगत और वस्तुएं बिलकुल बदल जाते हैं। जानवरों के लिए जगत भिन्न है।

इन्द्रियों के माध्यम से ही जगत और वस्तुओं का अनुभव होता है, इन्द्रियों की अनुपस्थिति में वस्तुओं के अनुभव नहीं होते। ये इन्द्रियों और वस्तुओं के बीच का सीधा सम्बन्ध है। आपकी इन्द्रियां नहीं होंगी तो वस्तुएं नहीं होंगी। जगत का ज्ञान नहीं होगा।

भले ही इन्द्रियां शरीर पर दिखती हैं, परन्तु शरीर का अनुभव इन्द्रियों के माध्यम से होता है। शरीर का जो भाग शीशे में दिखता है, वो एक वस्तु मात्र है, अन्य वस्तुओं की तरह। इसका अनुभव इन्द्रियों से होता है। शरीर एक भौतिक रचना है। उसमें वही गुण हैं जो बाकी वस्तुओं में हैं। हाँ वो चलता है, बोलता है, खाता है, पीता है, सोता है, इसलिए उसको मैं कहते हैं, शरीर कहते हैं, जीवन कहते हैं। लेकिन जिस प्रकार से उसकी गति है, वो बाकी वस्तुओं से भिन्न है। लेकिन है वस्तु। ध्यान से देखें तो शरीर का अनुभव दो प्रकार का है। एक शीशे में इन्द्रियों के माध्यम से दिखता है।

शरीर का दूसरा अंदरुनी, आन्तरिक भाग, मन के माध्यम से दिखता है। इस भाग का अनुभव, जैसे दुख, दर्द, आनंद, आ रहा है, तो हम कहते हैं, वो भी मैं हूँ, शरीर है। लेकिन शरीर के ये आंतरिक अनुभव, इन्द्रियों के माध्यम से नहीं आते। कुछ लोग सोचते हैं कि अंदर से जो अनुभव आ रहे हैं, वो वहां से आ रहे हैं जो भौतिक शरीर है। ये सम्बन्ध बना देते हैं, ये व्यावहारिक भी है। ये अंतःकरण से होता है। धारणा बना लेते है की आंतरिक इन्द्रियां हैं जिनके माध्यम से अनुभव हो रहे हैं।

इसी तरीके से, शरीर का भार है। इसकी अनुभूति आंतरिक इन्द्रियों से सीधी होगी। ये मांसपेशियों का अनुभव है जो शरीर के अंदर से आपको मिल रहा है। इसी तरह आप लेटे हैं, बैठे हैं या उल्टे खड़े हैं इसका ज्ञान आपको अंदरूनी इन्द्रियों के द्वारा मिल रहा है। वो बाहरी इन्द्रियों से नहीं मिल रहा है। इसी प्रकार से शरीर की पीड़ा या भूख का लगना, जो अंदरूनी संवेदनाएं है उनके लिए अवधारणा बना सकते हैं की आंतरिक इन्द्रिय हैं। अंतःकरण है जिससे आंतरिक अनुभूतियां हो रही है।

मन का अनुभवः गुस्सा, ठंडा गरम, शरीर की गति, विचार, भावनायें इत्यादि, ये शुद्ध मानसिक अनुभव होता है। सीधा अनुभव होता है। तीसरे तरीके की अवधारणा बना सकते हैं। अन्तःकरण की इन्द्रियों से। शुद्ध मानसिक अनुभूति अलग प्रकार की आंतरिक इन्द्रियां हैं। जिनसे सीधा अनुभव होता है। इनको बारीकी से देंखे तो अलग से कोई आंतरिक इन्द्रियां नहीं मिलेंगी। ये विचार मात्र है, अवधारणा है अनुभवों को समझने के लिए। लेकिन इन तीनों प्रकारों में वास्तव में अनुभव एक ही हो रहा है।

अनुभव का संश्लेषण

योग में कई तरह के शरीर बताये गए हैं। कई तरीके की इन्द्रियां बताई गयी हैं। ये सारी परिकल्पनाएं हैं, केवल समझने के लिए। सभी अनुभव किसी न किसी इन्द्रियों से हो रहे हैं। ये अनुभव केवल अनुभूति मात्र हैं।

वस्तुओं के अनुभव शरीर पर स्थित इन्द्रियों के माध्यम से हो रहे हैं। शरीर स्वयं एक वस्तु है। इन्द्रियों की अनुभूति वस्तुओं को जन्म देती है। इन्द्रियां नहीं तो वस्तुएं नहीं, शरीर भी नहीं।

इसी तरीके से शरीर के आंतरिक अनुभव, आंतरिक इन्द्रियों के माध्यम से है। उससे शरीर का ज्ञान होता है। शरीर की जो अवधारणा बनती है उन संवेदनाओं के, अनुभूतियों के माध्यम से। इसीलिए उसे मैं कहता हूँ। इसीलिए अहम् वहां स्थित है। ये अनुभूतियां केवल मुझे होती हैं और किसी की नहीं। वस्तुओं कि अनुभूति तो सबको होती है।

मन की अनुभूतियां भी आंतरिक इन्द्रियों के द्वारा है जिसको अंतःकरण भी कह सकते हैं। इनका कारण मन के अंदर स्वयं है, मानसिक इन्द्रियां हैं जिनकी वजह से आपकी भावनाएं, आपकी स्मृतियाँ, आपकी कल्पनाएं, आपके विचार, मानसिक वातावरण का अनुभव आपको होता है।

अनुभव का मूल ये निकलता है की अनुभव अनुभूति मात्र हैं। अनुभव इन्द्रियजनित संवेदनाएं हैं। बहुत विचित्र बात है क्योंकि लोग सोचते हैं कि अनुभव बाहर है कहीं। और मैं उसका अनुभव कर रहा हूँ। ऐसी मान्यता है, अवधारणा है। यदि आप ध्यान से देखें, प्रयोग करें, प्रत्यक्ष अनुभव और प्रमाण खोजने की कोशिश करें, तो आपको यही मिलेगा कि सारे अनुभव अनुभूति मात्र हैं। संवेदनाएं है।

विभिन्न तरीके की संवेदनाएं है, इसलिए आपका मन कहेगा की विभिन्न प्रकार की वस्तुएं हैं। जो जागतिक वस्तुएं है वो एक तरीके का अनुभव है। शरीर का अनुभव दूसरे प्रकार का है। शरीर के अंदरूनी अनुभव तीसरे प्रकार का है। और मानसिक अनुभव मानसिक वस्तुएं हैं वो चौथे प्रकार का अनुभव है। ऐसा विभाजन कर सकते है।

अंत में पता चलता है कि सभी कि सभी अनुभूतियाँ हैं। जो इन्द्रियों के माध्यम से आ रही हैं। इन्द्रियां क्या है? ये चित्त का वो भाग है, जो जाना नहीं जा सकता। ये अज्ञेय है।

आप कहेंगे अनुभव वो है जो इन्द्रियों के अंत में मिलता है। इन्द्रियों के पहले क्या है ? विचित्र बात है परन्तु ये जाना नहीं जा सकता। ये अज्ञेय है। जो इन्द्रियों के पहले है। बीच में इन्द्रियां हैं। उनके परे जगत है, वस्तुएं चाहे शरीर या मन हो। इन्द्रियों के पीछे मैं हूँ। अनुभवकर्ता है।

अनुभूति होती है, मैं सिर में कहीं स्थित हूँ। क्योंकि सारी मुख्य इन्द्रियां सिर में स्थित हैं। नेत्र, नाक ,कान, जीभ इत्यादि। सब एक जगह स्थित है। इसका कारण है। इन्द्रियों का एक केंद्र है जिसको हम इंद्र कह सकते हैं या मस्तिष्क कह सकते हैं जो की इस तंत्र का भाग है। इसीलिए लोगों की अवधारणा बन गयी है कि सारी अनुभूतियाँ मस्तिष्क में होती हैं।

लेकिन मस्तिष्क में अनुभूतियाँ कभी नहीं होती। वो इन्द्रियों का एक भाग है जो इन्द्रियों को एक जगह जमा करता है। उनको आपस में जोड़ता है। इसलिए हमें लगता है की अनुभवकर्ता सिर में कहीं स्थित है। क्योंकि इन्द्रियां वहां स्थित हैं। यदि मन की अवस्था बदलेगी, स्वप्ना अवस्था में आप जायेंगे, ये स्थिति बदल जाती है। तो अनुभवकर्ता सिर में

दिखाई नहीं देगा। वो उन इन्द्रियों के पीछे होगा जो स्वप्न या स्वप्नलोक में हैं। क्योंकि जो ये रोज का जागृत मृत्युलोक है वो भी इन्द्रियों के माध्यम से उसकी अनुभूति हो रही है। अनुभव हो रहा है। स्वप्नलोक का भी किन्ही इन्द्रियों के माध्यम से अनुभव हो रहा है।

स्वप्न के अनुभव के लिए विशेष स्वप्नयोग बना है। लोग इसकी साधना करते हैं। इसकी साधना बस इतनी है कि जो मानसिक स्थिति हमारी जागृत में है उसी को बनाये रखना स्वप्नावस्था में। उतनी ही चेतना रखना स्वप्नावस्था में। वहां पर भी एक शरीर मिलेगा, इन्द्रियां मिलेंगी, जगत मिलेगा। ज्यादा भिन्नता नहीं है इस जगत में और उस जगत में। मूलरूप से एक ही है। योगियों ने कई जगह ढूंढ निकाली हैं। कई अलग लोक ढूंढें हैं जिनमें अलग शरीर, अलग इन्द्रियां होंगी। अलग वस्तुएं होंगी, अलग जीव होंगे। यदि आपकी रूचि है तो प्रयोग करें। अपरोक्ष अनुभव से आपकी सारी शंकाएं मिट जाएंगी। आवश्यक भेद आपने देखा होगा अनुभव और अनुभवकर्ता में, कि अनुभवकर्ता के लिए कहीं जाना नहीं पड़ता। वो यहीं है, अभी है, हर जगह है। अनुभव के अध्ययन में प्रयास लगता है। उसमें साधना लगती है। जो अनुभव आपके सामने है, उसके लिए प्रयास नहीं लगेगा, लेकिन जो अनुभव अभी नहीं हो रहा है उसके लिए प्रयास लगेगा। स्वप्नयोग स्वप्न के बारे में है। निद्रा के बारे में नहीं है।

योगनिद्रा एक भिन्न तरह का योग है जिसमें आप की चेतना निद्रा में भी उतनी ही होती है जितनी जागृत अवस्था में। जितनी अभी है। यदि आपकी चेतना जागृत अवस्था में बलशाली है, तेज है तो स्वप्ना अवस्था में भी रहेगी और निद्रा में भी रहेगी। योगनिद्रा में क्या अनुभव होगा ? अनुभवकर्ता स्वयं का अनुभव होगा, और कुछ नहीं होगा। यदि उसे अनुभव कहना चाहें तो। लेकिन उसकी कोई स्मृति नहीं होती, कुछ अनुभव नहीं होता। सिर्फ इतना पता चलता है कि मैं हूँ, क्योंकि अनुभवों का अभाव होता है। सारे अनुभव शरीर और इन्द्रियों के होंगे चाहे कोई भी शरीर हो। सारे अनुभव वस्तुओं के होंगे। जब शरीर और इन्द्रियां नहीं होंगी तो कोई अनुभव नहीं होगा। इसको योगी लोग, योगनिद्रा को एक तरीके कि समाधि मानते हैं। अर्थात निर्विकल्प समाधि। जिसमें किसी भी प्रकार की वस्तु नहीं होती। कोई अनुभव नहीं होता। निर्विकल्प समाधि को ही योगनिद्रा कहते हैं। योगी कभी सोता नहीं है। हमेशा समाधि में ही होता है।

जब जागृत अवस्था होती है तो सविकल्प समाधि होती है। स्वपना अवस्था होती हो तो भी सविकल्प समाधि होती है। दूसरे लोकों का ज्ञान, अनुभव होता है वो भी सविकल्प समाधि होती है। योगी की चेतना अखंड होती है। उसकी निर्विकल्प समाधि की स्थिति बनी रहती। निद्रा एक प्रकार की मानसिक स्थिति है जिसमें वस्तुओं के अनुभव नहीं होते, शरीर के अनुभव नहीं होते। उसकी जो कुंजी है वो है हमेशा चेतना बनाये रखना। हमेशा समाधि की अवस्था में रहना। स्वप्नयोग जो है, थोड़ा भिन्न है। आराम से सो सकते हैं नींद में। बिना किसी चेतना के। लेकिन आप उसे और आगे ले जाना चाहें तो चेतना को निद्रा में भी खींचा जा सकता है। वहां पर भी आप उसे अखंड रूप से रख सकते हैं। ये साधना से होता है। निद्रा

रहस्यमय अवस्था है। क्योंकि इन्द्रियां उसमें काम नहीं कर रही होती हैं। इसलिए उसको अनुभव के वर्ग में डालना काफी कठिन हो जाता है। उसको अभी अनुभव के वर्ग में डाला गया है। नए साधक की निद्रा में चेतना नहीं होती। उसे जो भी अनुभव होते हैं वो निद्रा से जागने के बाद होते हैं। वो भी मानसिक होता है।

ज्ञानी और योगी के लिए सारी परिभाषाएं बदल जाती हैं। ज्ञानी और योगी के लिए न जागृत अवस्था होती है, न निद्रा होती है। न स्वप्नावस्था होती है। ज्ञानी और योगी के लिए समाधि होती है। समाधि का अनुभव विशेष अनुभव है। उसको अनुभव कहना भी कठिन है। क्योंकि योग है वहां पर। अनुभव और अनुभवकर्ता का योग है। बटवारा नहीं कर सकते, इन दोनों में वहां पर। वहां दो नहीं है। अद्वैत है। सारी परिभाषाएं गिर जाएंगी। योगनिद्रा को किसी अनुभव में नहीं डाल सकते हम। केवल कहने के लिए आसानी होती है अगर योगनिद्रा को अनुभव कह दें। आम लोगों को समझने में आसानी हो जाती है। उसको साधना का एक भाग कहा जाता है। वो न साधना है, न अनुभव है। ज्ञानी और योगी के लिए हर क्षण योगनिद्रा है। चित्तवृत्ति आती जाती है ज्ञानी,योगी के लिए लेकिन वो समाधि में रहता है। समाधि का अर्थ ही है सम और धी। धी अर्थात बुद्धि। चित्त का वो भाग जो बुद्धि सम या एक जैसी, यदि आपकी स्थिति, चित की स्थिति एक जैसी है, चाहे कैसे भी अनुभव आ रहे हों, जा रहे हों, तो आप समाधी में हैं। वस्तुओं के, शरीर के अनुभव आ जा रहे हैं तो सविकल्प समाधि हो जायेगी, अगर नहीं है वहां कुछ, तो निर्विकल्प समाधि हो जायेगी। ये ज्ञान चाहिए तो अनुभव से ही मिलेगा, साधना से मिलेगा।

कितनी भी व्याख्या की जाय कि समाधि क्या है, समझ में नहीं आयेगा। यदि आपने समाधि को साध लिया है तो अच्छे से समझ आ जायेगा। आपको समाधि का ज्ञान हो चुका है तो समझ में आयेगा। ये इसी प्रकार से है कि किसी अन्धे व्यक्ति को बताया जाय कि सूर्य ऐसा होता है, चन्द्र ऐसा होता है।रंग ऐसे होते हैं, रूप ऐसे होते हैं। कुछ समझ नहीं आएगा। जन्म से अँधा है तो समझ नहीं आएगा। जन्म से नहीं है तो, यदि उसे पुरानी अनुभूति है, उसके अनुसार गढ़ लेगा। अवधारणाएं बना लेगा, मान्यताएं बना लेगा, तरह तरह की। कभी देखा नहीं है, अनुभव भी नहीं किया है तो समझना असंभव है। ज्ञान और योग में जो होता है, लोगों के लिए शब्द मात्र होते हैं। उनका कोई ज्ञान नहीं होता। इसीलिए साधना बतायी गयी है, साधना करनी पड़ेगी। आपको उस अवस्था में ले जाना पड़ेगा, ज्ञान होने के लिए। आप पूछते हैं की योगनिद्रा क्या होती है तो अंधे को दिया दिखाने जैसा है।

इसीलिए गुरु आपको सैद्धांतिक ज्ञान नहीं देगा, वो बैठा देगा, कि अपना ध्यान यहाँ केंद्रित करो, वहां केंद्रित करो। अपनी चेतना यहाँ ले जाओ, वहां ले जाओ। ताकि आपको वो अनुभव हो सके जिसको योगनिद्रा या समाधि कहते हैं। तो यदि ज्ञान चाहिए तो साधना करनी पड़ेगी। केवल सूचना चाहिए तो ये है। शब्द सुन कर तो मन कोई कल्पना, अवधारणा बना लेगा।

मन की स्थिति जानना है तो मन को उन स्थितियों में लाना पड़ेगा। मन स्वयं अपनी अवस्थाएं बदलता है। मन की अवस्थाएं ही अनुभव हैं। अनुभवों का सार है। अनुभवों का सार, अनुभवों का तत्व, अनुभूति है। ये आपका प्रत्यक्ष अनुभव है। आपके सामने प्रत्यक्ष प्रमाण है। यदि शंका है कि अनुभव तो बाहर वस्तुएं हैं वहां है, या शरीर में जो गति हो रही है, मन में जो गति हो रही है, वो है। यदि उसका अनुभव नहीं होगा तो भी वस्तुएं रहेंगी। ऐसा नहीं है। अनुभूति जब तक नहीं होती कोई वस्तु नहीं होती। कोई शरीर नहीं होता, कोई मन नहीं होता। ये तीनो भेद अनुभवों के, जगत शरीर मन कल्पना मात्र है। अवधारणा है। समझने के लिए आसान हो जाता है, अगर तीन में बाँट दें। लेकिन मूल रूप से तीनों एक ही अनुभव हैं। अनुभूतियों का अनुभव।

ये अनुभूतियाँ किसकी हो रही हैं ? ये अज्ञेय है, जाना नहीं जा सकता। लगता है हमें काफी कुछ ज्ञान हो रहा है इस समय, लेकिन अनुभवों के पीछे क्या है वो नहीं जाना जा सकता। कुछ न कुछ बीच में इन्द्रियां या शरीर आएगा और जो भी है वहां पर उसको अनुभूति में बदल देगा। उसी का आपको अनुभव होगा। किसी तरीके की इन्द्रियां हों, चाहे शरीर की इन्द्रियां हों, जो भौतिक जगत का अनुभव करवाती हैं या मन की इन्द्रियां हों मानसिक अनुभव के लिए। योग में तरह तरह के शरीर कहा गया है। क्योंकि शरीर इन्द्रियों का घर मात्र है। इन्द्रियां शरीर में रहती हैं। इसका प्रयोजन यही है कि शरीर इन्द्रियों का आधार बने। शरीर के बिना इन्द्रियां काम नहीं करती। जगत का सारा अनुभव इन्द्रियों के माध्यम से है। शरीर है तो इन्द्रियां हैं।

मृत्यु इन्द्रियों का नाश हो जाना, या बंद हो जाना ही है। शरीर का नाश, इन्द्रियों के नाश का कारण है। इसीलिए मृत्यु को शरीर का नाश ऐसा परिभाषित करते हैं। ज्ञानी, योगी की दृष्टि से देखें तो मृत्यु शारीरिक इन्द्रियों का नाश है। उसके बाद क्या है वो किसी को नहीं पता। जबतक अनुभव नहीं होगा तब तक पता नहीं चलेगा। तबतक सब अवधारणाएं मात्र हैं। अनुभव तभी होगा जब शरीर का नाश होगा। इन्द्रियों का नाश होगा। भौतिक जगत से जो इन्द्रियां जुड़ी हुई हैं, वस्तुओं की अनुभूति करवाती है, नाम रूप के अनुभव में। धैर्य रखना चाहिए। मृत्यु के अनुभव के लिए। जब अनुभव होगा तब होगा। यदि मृत्यु के समय चेतना होगी तो याद भी आएगा। क्या अनुभव हुआ है, वो स्मृति में भी जायेगा। उसका संस्कार बनेगा।

इसी प्रकार जन्म के बारे में कह सकते जन्म इन्द्रियों का उद्भव है, प्रकट होना है। जब शरीर में इन्द्रियां काम करने लगती हैं तो उस घटना को हम जन्म कहते हैं। ये विचित्र बात है लोगों के लिए। लोग ऐसा विचार नहीं करते हैं। लोगों की सोच काफी भ्रष्ट तरीके की सोच है। उनको जैसा बोल दिया जाता है, बिना विचारे मान लेते हैं। क्योंकि उन्होंने अनुभव की गहराई में जाकर देखा नहीं है। वो कितने तरीके के हैं, देखा नहीं है। अनुभवों का संश्लेषण नहीं किया है। तीन चार तरीके अनुभव हैं उनको जोड़ना जो केवल एक अनुभूति मात्र है। अनुभवों का मूल, सार अनुभूति है जो मानसिक है। ये चित्त के माध्यम से हो रही है। ये कहता अधिक

उचित है। किसको हो रही है, इसका उत्तर आसान है कि अनुभवकर्ता को हो रही है। उसी को अनुभव का नाम दे देते हैं। ये चित्त का काम है उसे विभाजित करना। वो हजारों प्रकार के अनुभव आपके सामने लाकर खड़ा कर देता है। ये चित्तवृत्ति है एक का दस हजार बना देना। और आपका सारा जीवन यही है। तरह तरह के अनुभव। अनुभूतिओं को अनुभव करना ही जीवन है। अनुभवों की एक शृंखला है। एक के बाद एक अनुभव आते रहते हैं जाते रहते हैं। ये हो गया अनुभवों का मूल तत्व और प्रकार। एक ही प्रकार है। एक ही तत्व है। ऐसा लगता है कि बहुत से अनुभव हैं। लेकिन ये भ्रम है। माया है। मिथ्या है।

अनुभव का स्रोत

जिसका अनुभव हो रहा है वो मैं हूँ। वो अज्ञेय है। अनुभव और अनुभवकर्ता में कोई भेद नहीं है। यदि आप कहें कि मैं अनुभवकर्ता हूँ जो अहम् की सर्वोच्च स्थिति है। सबसे ऊँचा जहां रख सकते हैं वो अनुभवकर्ता ही है। अहम् को कहीं भी रख सकते हैं। मन पर, या शरीर पर। ये चित्तवृत्ति है कि वो मन को ले जाकर कहीं भी जोड़ देता है। जहाँ आवश्यकता होती है। जितना ज्ञान हो गया हैं उसके अनुसार। यदि आपको अनुभवकर्ता का ज्ञान हो गया है, आपका आत्म परिचय हो गया है तो चित्त ये चाहेगा कि अहम भी वहां, अनुभवकर्ता पर स्थित हो। तो बहुत लोग कहते हैं कि मैं आत्मन हूँ। मैं अनुभवकर्ता हूँ। हम देखते हैं कि अनुभव और अनुभवकर्ता एक ही हैं। दोनों में भेद नहीं है। अनुभव उसी का हो रहा है जो कि मैं हूँ। अनुभवकर्ता हूँ। इसीलिए आत्मन उसी को कहा गया है जो ब्रम्हन है। क्योंकि जिसको अनुभव होता है और जिसका अनुभव होता है, वो दोनों एक ही हैं। जो अद्वैत है वो स्वयं का अनुभव अनुभवकर्ता के रूप में कर रहा है। इसको अनुभवक्रिया कहा गया है।

अभी मैंने कहा की वो अज्ञेय है और अभी स्वर बदल लिया कि ये तुम हो। लेकिन वास्तव में अनुभवकर्ता का ज्ञान नहीं हो सकता। अनुभवकर्ता स्वयं अज्ञेय है। इसीलिए अनुभव भी अज्ञेय है। अनुभव के पीछे क्या है वो ज्ञात नहीं हो सकता क्योंकि वो स्वयं मैं हूँ। मेरा कोई ज्ञान नहीं है। मैं वो हूँ जिसको ज्ञान होता है। मैं अस्तित्व स्वयं हूँ। उसका कोई ज्ञान नहीं होता। किस बात का ज्ञान होता है हमको जो अनुभूतियाँ आ रही हैं चित्त के माध्यम से। चित्त क्या है ? एक अवधारणा है जो अनुभव मात्र है। क्योंकि आपको अनुभव हो रहे हैं तो आप कह सकते हैं कि ये अनुभव एक विशेष तरह की वस्तु की वजह से हो रहे हैं जिसको चित्त कहते हैं। लेकिन चित्त कोई वस्तु नहीं है, चित्त गतिमात्र है। अनुभवों की गतिमात्र है। जो भी आपको अनुभव हो रहा हो वो प्रत्यक्ष नहीं है। जिस माध्यम से हमें ज्ञान होता है उसे चित्त कह देते हैं। ऐसी कोई वस्तु दिखाई नहीं देगी, चित्त केवल अवधारणा है। चित्त के माध्यम से जो ज्ञान होता है, वो अज्ञान होता है। जो उसके पीछे है वो आपको कभी दिखाई नहीं देगा। आपको केवल अनुभूतियाँ दिखाई देंगी। जो कि चित्त अपने अनुसार जोड़ तोड़ कर बना देता है। वो उसको किसी रूप रंग में गढ़ देता है वही आपको अनुभव होता है।

ऐसा अनुभव आपको कभी नहीं मिलेगा जो शुद्ध हो। सिवाय अनुभवकर्ता के अनुभव के, जो कि अनुभव नहीं है। निर्विकल्प समाधि की जो स्थिति है वही शुद्ध है। यानि की उसमें कोई अनुभव नहीं है। ये बड़ी विचित्र बात है। आपको तार्किक नहीं लगेगी, लेकिन यही सत्य है। सत्य का तर्क से कोई सम्बन्ध नहीं है। उसका क्षेत्र बहुत छोटा है। बुद्धि के अंदर आता है जिसकी सीमा बहुत छोटी होती है। बुद्धि सीमित होती है। इसलिए ये बात तार्किक नहीं लगेगी। ये भी नहीं कह पाएंगे की ये सत्य है। बुद्धि के परे है। जहाँ बुद्धि जाती है वहां कह सकते हैं सत्य है या असत्य। जहाँ बुद्धि नहीं जा सकती वहां कैसे कह दें की ये सत्य है। तो सारा अनुभव अज्ञान है।

अनुभव माया है

सारा अनुभव अज्ञान है, ज्ञान नहीं है। ये जानना आवश्यक है। अनुभव है, सत्य है। अनुभव के माध्यम से जो ज्ञान हो रहा है वो सत्य नहीं है। सारा का सारा मिथ्या है। सारा अनुभव माया कहा गया है। अर्थात जो नहीं है। मा का अर्थ है "नहीं", या का अर्थ है "जो"। माया का अर्थ है जो नहीं है। जो है उसका ज्ञान नहीं हो रहा है। जो नहीं है उसका ज्ञान हो रहा है। ज्ञान मार्ग में केवल अज्ञान का नाश होता है, कोई ज्ञान नहीं होता।

आपने मान रखा है कि जो अनुभव है वो ज्ञान है। यही सारी समस्यायों की जड़ है। माया को वास्तविक मान रखा है। ये कैसे पता चले कि ये माया है? प्रत्यक्ष अनुभव से या प्रमाण से पता चलेगा। थोड़ा अनुमान लगा सकते हैं। लेकिन हमने जो प्रयोग किया कि सारे अनुभव किसी माध्यम से आ रहे हैं। हम उनको इन्द्रिय कह सकते हैं, चित्त कह सकते हैं। लेकिन जो वो दिखा रहा है वो सत्य नहीं है। वो, वो दिखा रहा है जो उसकी वृत्ति है या गति है। वो गति आपको दिख रही है। या अनुभव गढ़े गए हैं। वो बनावटी है। सत्य नहीं है। इसीलिए उसे माया कहा गया है। अध्यात्म में विशेषता है कि जो अनुभव कर सकते हैं वो माया होता है और जो अनुभव नहीं कर सकते वो सत्य होता है। जिसका अनुभव नहीं हो सकता वो आत्मन है, ब्रम्हन है। और जिसका अनुभव हो सकता है वो जगत है, माया है। जिसका अनुभव नहीं हो सकता, आत्मन, उसको मैं कह सकता हूँ। क्योंकि वो ही मैं हूँ। वो मेरा मूल है। मेरा सार है।

मैं, अनुभव और अस्तित्व

आम लोगों की भाषा में कह सकते हैं कि मुझे मेरा ही अनुभव हो रहा है। अर्थात सारा जगत, सारे जीव, सारे लोग मैं ही हूँ। कह सकते हैं लेकिन बिना किसी प्रत्यक्ष अनुभव के, बिना किसी के प्रमाण के कहने जाएंगे तो कोई नहीं सुनेगा। इसके लिए अनुभव का अध्ययन आवश्यक है।

गहराई से देखतें हैं तो अनुभव भी मैं ही हूँ। अनुभव के पहले, वस्तुएं बाहर नहीं हैं। वस्तुएं अनुभूति मात्र हैं। अंदर बाहर एक अवधारणा है। मन के अंदर कुछ नहीं होता। मन के अंदर

बाहर कुछ नहीं होता। शरीर के अंदर भी शरीर का भाग होता है। लोगों ने बड़ी कल्पनाएं, अवधारणाएं बना रखी हैं की मैं शरीर के अंदर हूँ, वस्तुएं बाहर हैं। इन्द्रियों के माध्यम से मुझे सच दिखाई देता है। इन्द्रियां शत प्रतिशत सही कहती हैं। अनुभव पर ध्यान नहीं दिया। प्रमाण ढूंढने का प्रयास नहीं किया लोगों ने। ये अज्ञान है।

हर अनुभव बनावटी है। इन्द्रियों ने जो बताया है वो है। अनुभूति है। हर जीव को अलग अनुभव हो रहे हैं। अनुभव बदलते रहते है। जो बदलते है वो किसी एक सत्य पर आ रहा होगा। वो सत्य जान नहीं सकते। जो बदलता है। सत्य जीव की रचना पर निर्भर है। चित्त पर निर्भर है। इस जानवर को ये अनुभव हो रहे हैं, उस जानवर को वो अनुभव हो रहे हैं। इस व्यक्ति को ये अनुभव, उस व्यक्ति को वो अनुभव हो रहे हैं। इसका अर्थ है जो बदलता है वो सत्य नहीं है। इसके पीछे वो है जो नहीं बदलता, लेकिन वो आप जान नहीं सकते। जो जान सकते हैं वो माया है। अनुभव की माया। बदलती हुई संरचनाएं हैं, अनुभूतियाँ हैं। मन गढ़ देता है वही दीखता है। तरह तरह के मानसिक अनुभव के रूप में या शरीर के अनुभव के रूप में।

नश्वरता

कोई भी अनुभव ज्यादा देर नहीं रहता, टिकता नहीं है। बदल जाता है। परिवर्तनशील है। ऐसा कोई उदाहरण, अनुभव का आप नहीं दे पाएंगे जो बदलता नहीं है। आप कह सकते है की आपका घर वैसा ही है जैसा कल था आज भी वैसा ही है। कल भी वैसा ही रहेगा, बहुत ध्यान से देखें तो बदल रहा है लेकिन बहुत धीरे बदल रहा है। एक समय था जब वहां घर नहीं था। ऐसे ही एक समय ऐसा आएगा जब फिर वो घर वहां नहीं रहेगा। वापिस वो पत्थर और मिटटी हो जाएगा। बहुत धीरे बदल रहा है इसलिए एक भ्रम होता है कि मकान, स्थिर है, स्थायी है। लेकिन निरंतर बदलता रहता है।

ऐसा कोई अनुभव नहीं होगा जो बदलता नहीं है। आम भाषा में कह सकते हैं कि स्वयं का अनुभव नहीं बदलता। लेकिन स्वयं अनुभव नहीं है। स्वयं अनुभवकर्ता है। अनुभव वो है जो अनुभवकर्ता की दृष्टि में है। वो जिसका अनुभवकर्ता साक्षी है। वो अनुभव से परे है। अनुभवकर्ता अपनी दृष्टि में है क्या ? नहीं। वो दृश्य नहीं है। वो दृष्टा है साक्षी है। सत्य ये है कि स्वयं निरंतर रहता है। स्व आत्मन निरंतर है। उसका कोई अनुभव नहीं है। पता ऐसे चलता है कि मैं आत्मन हूँ। मैं अनुभवकर्ता हूँ। इसका ज्ञान भी मुझे ही होता है। इसीलिए वो स्वयं प्रकाशित है। उसका एक नाम दिव्यता भी है। वो दिव्य है, तेज है, स्वयं प्रकाशित है। उसको अनुभव के रूप में नहीं देख सकते। यदि आप को किसी प्रकाश या वस्तु का अनुभव हो गया जो प्रकाशित है तो वो अनुभव है। माया है। वो अनुभवकर्ता नहीं है। अनुभवकर्ता वो है जिसको उस प्रकाश का अनुभव हो रहा है।

कोई भी अनुभव है तो वो बदलता है। यदि वो बदल नहीं रहा तो वहां अनुभव नहीं है, उसका अभाव है। प्रयोग कर सकते हैं। जैसे नींद में कुछ नहीं बदलता। अनुभव नहीं होता। जब कुछ बदलने लगता है तो स्वप्न के रूप में उसका अनुभव होता है। जब शरीर की इन्द्रिय सक्रिय हो जाती हैं तो जगत का अनुभव शुरू हो जाता है। तो सुबह जागना कहते हैं। यदि जगत में कुछ नहीं बदलेगा तो उसका भी अनुभव नहीं होगा। एक पटल बन कर रह जाएगा।

तो परिवर्तन अनुभव का मूल है। परिवर्तन ही अनुभव है। ये आपको दिखेगा। आध्यात्मिक दृष्टि से देखेंगे तो ऐसा कुछ भी नहीं है जो नहीं बदलता। इसीलिए सभी अनुभवों को नश्वर कहा गया है। कोई अनुभव ऐसा नहीं है जो नश्वर नहीं है। जगत नश्वर है। बनता बिगड़ता रहता है। चीजें आती जाती रहती हैं। लोग नश्वर हैं, सारे जीव जंतु नश्वर हैं। आते जाते हैं। सम्बन्धी नश्वर हैं। पहले नहीं थे। थोड़ी देर के लिए रहेंगे फिर चले जाएंगे। साथी आते जाते रहते हैं। सबसे बड़ा अनुभव मृत्यु का अनुभव है जो आपको बताएगा की सब कुछ नश्वर है। स्वयं का शरीर भी नश्वर है। एक दिन नहीं था, बदलता रहता है। एक दिन चला जाएगा। नश्वर है। शरीर के अंदर की अनुभूतियाँ तो हर पल बदलती हैं। और आपके मानसिक अनुभव तो इतनी तेजी से बदलते हैं कि आप उन्हें पकड़ भी नहीं सकते। तेज बदलते हैं। अभी हैं, अभी नहीं हैं। इसलिए किसी इन्द्रियों के वश में नहीं हैं क्योंकि बहुत तीव्र हैं वो। उनका नाद बहुत तेज गति में है, परन्तु उनका अनुभव होता है। लेकिन ये पूरी तरह नश्वर है। आता है, चला जाता हैं, स्थायी नहीं है। नश्वरता है अनुभव की।

सारा जीवन नश्वर है। क्योंकि जीवन अनुभवों की श्रृंखला मात्र है। जीवन क्या है, एक के बाद एक अनुभव है। आप सोचते होंगे खाना, पीना, इधर जाना, उधर जाना, या सम्बन्धी बनाना, ये सारी क्रियाएं जीवन है। नहीं, ये अनुभव हैं जो बदलते रहते हैं। सारा का सारा जीवन नश्वर है। वो बदलता रहता है। हवा की तरह, पानी की तरह, नदी की तरह, अनुभवों का बहाव है जीवन में। जो घटनाएं हो रही हैं आपने उनको जीवन मान लिया है। लेकिन घटनाओं के मूल में क्या है, प्रत्येक घटना अनुभव मात्र है। क्योंकि मनमाने तरीके से उसकी शुरुआत और अंत निश्चित किया है। एक घटना समाप्त होती है, दूसरी प्रारम्भ होती है। एक अनुभव समाप्त होता है दूसरा प्रारंभ होता है। निरंतर बदलाव है, नदी की तरह। ऐसा नहीं है की एक अनुभव हुआ उसके बाद कुछ नहीं है। अनुभवों के बीच में कोई ठहराव या समय का विराम, नहीं आता। निरंतर बदलाव है। आप ध्यान से देखेंगे तो ये दिखेगा। इसलिए वो सारा का सारा नश्वर है।

मिथ्या

यदि वो बदलना बंद हो जाए तो वो अनुभव नहीं है। जो वस्तु, घटना शुरू होते ही बदलने लगे क्या आप कह सकते हैं कि उसका अस्तित्व है ? क्या आप कह सकते हैं कि वो वास्तविक है? आपके सामने जैसे ही वो घटना या वस्तु आती है वो वैसी नहीं रहती, जैसी वो थी। इसीलिए

हम उसको माया कहते हैं, अवधारणा या कल्पना कहते हैं। क्योंकि जैसे ही वो वस्तु का, घटना का, अनुभूति का अनुभव होता है वो बदल चुकी होती है। जैसा आपने देखा था वैसी वो वहां नहीं है। यदि वो बहुत धीरे बदले जैसे आपका घर, शरीर, सम्बन्धी, लोग आपको भ्रम होगा है कि वो स्थायी है, स्थिर है। आपका मन इसी में पड़ा रहता है, उसको आसक्ति हो जाती है। मन उन अनुभवों से चिपका रहता है। धीरे बदलने के कारण ऐसा लगता है वो हमेशा रहेंगे। हमेशा कुछ भी नहीं रहेगा। ये जीवन हमेशा नहीं रहेगा। क्यों ? क्योंकि वो अभी भी नहीं है। आपकी आँखों के सामने वो बदल रहा है। कुछ चीजें तेज बदलती हैं, कुछ धीरे बदलती हैं इसका अर्थ ये नहीं है कि वो नहीं बदलेंगी। बहुत आसान है देखना। आपका प्रत्यक्ष अनुभव है ये। आपके सामने प्रत्यक्ष प्रमाण है कि जैसे ही आपको अनुभव होता है वो अनुभव उसी क्षण बदल गया होता है। कितने भी धीरे बदलें। इसीलिए उसको माया कहा गया है।

स्थायित्व

ऐसा भ्रम क्यों होता है वस्तु स्थिर या स्थायी है? वो वस्तु कल भी थी, आज भी है, कल भी रहेगी ऐसा क्यों होता है हमें ? तो मन में, चित्तवृत्ति पर ध्यान दें, चित्त में स्मृति है। कोई वस्तु थोड़ी देर न बदले तो उसकी स्मृति बन जाती है। उसका एक संस्कार, उसकी छाप चित्त पर बन जाती है। जल्दी नहीं बदली तो चित्त को समय मिल जाता है उसका संस्कार बनाने में। स्मृति की तुलना वस्तुओं से करें तो स्थायी दिखाई देती है। जब किसी वस्तु की स्मृति होती है, और आप उस की तुलना वस्तु से करते हैं, वो वस्तु धीरे बदल रही है, तो स्थायी दिखाई देती है। जैसे आपका घर। एक महीने पहले भी यही था, एक साल पहले भी था। और अब चित्त उसका आगे भविष्य बना देता है कि, ये बदल नहीं रहा तो थोड़े दिन और चलेगा। और इस तरह से उसकी स्थिरता का भ्रम होता है। जो चित्त निर्मित है।

जो वस्तुओं का, अनुभवों का स्थायित्व है वो चित्त निर्मित है। परिकल्पना है। ध्यान से देखें वास्तविकता क्या है। वस्तु बदल रही है, वो वो नहीं रही जिसका आपने अनुभव किया था। यदि आपकी स्मृति मिटा दी जाय, तो ये स्थायित्व भी चला जाएगा। फिर क्या रहेगा ? शुद्ध अनुभव रह जाएगा जो पल पल प्रतिपल बदलता है। इसका अर्थ है कि वहां कुछ भी ऐसा नहीं है जो स्थायी है। वास्तविक है। स्थायित्व का भ्रम स्मृति के कारण है। स्मृति बड़ा रोचक शब्द है क्योंकि स्मृति चित्त ही है। चित्त अनुभवों का संस्कार मात्र है। अनुभव जो संस्कार छोड़ गए हैं। इसी कारण से जगत माया है, उस का अनुभव स्मृति मात्र है। स्मृति यदि चित्त है तो जगत चित्त का अनुभव है।

जगत वास्तविक नहीं है, माया है, चित्त का रचा हुआ है। चित्त निर्मित है। क्या बदल रहा है। कुछ भी नहीं बदल रहा है। भ्रम मात्र है। विक्षेप है। परिकल्पना है। जैसा कल था वैसा रहेगा। ऐसा कुछ भी नहीं है। निरंतर परिवर्तन हो रहें है उसमें। नश्वर है।

यहां तक कि जगत में,शरीर में, या किसी और अनुभव में, मन में ऐसा कुछ भी नहीं है जो वास्तविक हो,यथार्थ हो,सत्य हो। इसलिए हम कहेंगे कि आम मनुष्य अज्ञान में है, कि सारा जगत, शरीर, मन ये सब सत्य है। इसमें से एक भी अनुभव सत्य नहीं है। भ्रम है,चित्त की वृत्ति है और स्मृति का अनुभव है आपको। ध्यान से देखिये इन्द्रियां भी एक प्रकार कि स्मृति है। ये माया कैसे रची जा रही है, इसकी गहराई में जाया जा सकता है। बहुत गहन है। कई वर्ष या जन्म लग जाएंगे तो भी पूरा ज्ञान नहीं हो पायेगा।

वैज्ञानिक अनुभवों का अध्ययन करते हैं। उनके अनुसार जो यथार्थ है, जगत है, वही वास्तविक है, सत्य है। लेकिन उनको, उसके पीछे कुछ मिलता नहीं है। उनको एक के पीछे एक रचनाएँ मिलती जाती हैं। उनकी गति का भी अध्ययन करते हैं जो कुछ नियमों के अनुसार होती है। उतना ही विज्ञान का क्षेत्र है। उसके बाहर उनको कुछ नहीं मालूम। जो विज्ञान है, वो माया का अध्ययन कर रहा है। वो असत्य का अध्ययन कर रहा है। लोग उसी को सत्य मान बैठते हैं। गहराई से विचार करते है तो पता चलता है जिसको मैं सत्य मान बैठा हूँ, वो माया का खेल है। वो सारा नाटक मन का है। स्मृति का है। मन भी स्मृति है,चित्त भी स्मृति है। स्मृति भी एक अनुभव है ? अनुभव स्वयं का कारण है। स्मृति भी स्वयं का कारण है। हम देखते हैं की इसका कुछ अर्थ नहीं निकलता। क्योंकि वहां कुछ भी नहीं है। आत्मन है, ब्रम्हन है, लेकिन अनुभव नहीं है। वो माया मात्र है। वो चित्र है जो अनुभवकर्ता की पृष्ठभूमी पर दिख रहे हैं। उसमें कोई यथार्थ नहीं है। अगर प्रकाश बंद हो जाए तो चित्र आने बंद हो जाते हैं। अनुभवकर्ता के, आत्मन के प्रकाश में, जो दिख रहा है वो कभी भी बंद कर सकता है. जिसे चेतना कहते हैं। ये बंद तो सारा खेल बंद। इसलिए बहुत लोगों का मानना है की निद्रा में कोई चेतना नहीं होती। मरने के बाद कोई चेतना नहीं होती। लेकिन प्रकाश हमेशा होता है।

चित्त और स्मृति

चीजे देखीं, जिसका मूल निकलता है कि अनुभव असत्य है। अनुभव इन्द्रियों से इन्द्रियजनित है। इन्द्रियां स्वयं चित्त का भाग है। शरीर स्वयं चित्त का भाग है। सारा जगत चित्त है। जो भी अनुभव है वो माया है, क्योंकि बदल रहा है। इसीलिए अद्वैत में सत्य का मानदंड परिवर्तनशीलता रखा गया है। अब आपको समझ आ गया होगा। ये मानदंड क्यों रखा गया है।

जो बदलता है वो मायावी है, चित्त निर्मित है। स्मृति पर आधारित है। स्मृति नहीं तो अनुभव नहीं। स्मृति क्या है? चित्त ही स्वयं स्मृति है। जो चलती है वो स्मृति है। स्मृति में गति है वो चित्त है। आपके मन में जो विचार आते हैं वो स्मृति से आते हैं। स्मृति चलती है, गति करती है तो उसमें विचार आता है, भावनाएं आती हैं, अनुभव के रूप में। इसी प्रकार से एक स्मृति है जो शारीरक इन्द्रियों के माध्यम से अनुभव होता है, हम उसे जगत कहते

हैं। उसको जीवन कहते हैं। सारा खेल है। सारी माया है। सारी चित्त निर्मित है। चित्त स्मृति है। स्मृति कभी स्थायी नहीं होती। हमेशा गतिमान रहती है। इसको चित्त कहते हैं। चित्त पराभौतिक परामानसिक रचनाएं हैं।

स्मृति को पराभौतिक परामानसिक रचना कहा गया है। स्मृति को कर्म भी कहा है। कर्म का संचय होता है। संस्कार भी कहा गया है। स्मृति बहुत अच्छा शब्द है। मृत से निकला है। मृ का अर्थ है मिट्टी। गीली मिट्टी पर पैर की या हाथ की छाप पड़ जाती है, उसी से ये शब्द निकला है स्मृति। संस्कृत के शब्दों के पीछे बहुत बड़ा अर्थ होता है। स्मृति एक प्रकार का संस्कार है, इन संस्कारों को ही कर्म कहा गया है। अनुभवों से बनती हैं स्मृतियाँ।

स्मृति एक तरह की रचना है। पराभौतिक परामानसिक। भौतिक और मानसिक अनुभव स्मृति से आ रहे हैं। इसलिए स्मृति इनके ऊपर होनी चाहिए। इनको बांटना चाहे, तो शरीर के अनुभव होंगे। इसलिए स्मृति को पराभौतिक, परामानसिक कहा है। जब स्मृति में गति होती है जो की अवधारणा मात्र है, स्मृति में सदैव गति होती है, कभी स्थिर नहीं रहती, उसको हम चित्त कहते हैं। चित्त, चित्त की वृत्ति ही है। चित्त अलग, चित्तवृत्ति अलग से नहीं दिखेगी। स्मृतियों से जो अनुभव निकाल कर चित्त देता है अनुभवकर्ता को, वो चित्तवृत्ति है। इसलिए सारा जगत चित्तवृत्ति है। शरीर चित्तवृत्ति है, मन भी चित्तवृत्ति है। ये सब माया है। चित्त निर्मित है। चित्त किसी और आधार से, किसी धरातल से निकाल कर अनुभव दे रहा है, वो आधार क्या है? मैं स्वयं हूँ। वही आत्मन है। ब्रम्हन है। अहम ब्रम्हास्मि। यदि अनुभवकर्ता को अहम् कहें तो हर अनुभव भी अहम होगा। अनुभवकर्ता होगा। आप इससे बच नहीं सकते सिर्फ अनुभवकर्ता मैं हूँ। वही सब कुछ है। द्वैत नहीं अद्वैत है। बड़ी विचित्र स्थिति है। जिसका भी ज्ञान होगा, वो चित्त निर्मित होगा। ज्ञान चित्त का ही अनुभव है। ज्ञान स्मृति में होता है।

जो अनुभवों की छाप स्मृति पर पड़ती है, उसे हम ज्ञान कहते हैं। अज्ञान भी चित्त में होता है। जब चित्त शुद्ध हो जाता है तो अज्ञान कम हो जाता है। ज्ञान बढ़ जाता है। जब सही ज्ञान बढ़ जाता है तो चित्त शुद्ध हो जाता है। सत्य का ज्ञान बढ़ जाता है। नहीं तो अज्ञान में पड़ा रहता है। तरह तरह के अनुभवों से गुजरता है। उन्ही को सत्य मान लेता है। इसमें कोई बुराई नहीं है। लेकिन जल्दी ही वो अनुभव दुखों में बदल जाते हैं। पीड़ा में बदल जाते हैं। चित एक विकास क्रिया में चल रहा है। ये विकास क्रिया चित्त शुद्धि कर रही है। ये काफी नैसर्गिक और प्राकृतिक है की ऐसा हो। कुछ चित्त इस अज्ञान में फंस जाते हैं और नष्ट हो जाते हैं। उनकी स्मृतियाँ नष्ट हो जाती हैं। कुछ विकसित होते हैं, आगे बढ़ते हैं, शुद्ध होते हैं। वो हमेशा रहते हैं। चित्त का जो विकास क्रम चल रहा है, अज्ञान से ज्ञान की ओर चल रहा है। ये भी एक माया है। बनावटी अनुभव है। जो भी इसका विकासक्रम है या विकासक्रिया है, वो भी माया मात्र है।

कोई भी अनुभव है, वो नश्वर है, परिवर्तनीय है इसलिए वो माया है, असत्य है, मिथ्या है। हर तरह के अनुभव। प्रयोग कीजिये यदि कोई अनुभव आपको मिल जाय जो नहीं बदलता तो वो सत्य होगा। नहीं मिलेगा।

वो एक ही हो जो आप हो। आप अनुभव नहीं हो। अनुभवों के साक्षी अनुभवकर्ता हो। वो है अहम, आत्मन के रूप में।

अज्ञान और मान्यताएँ

वो है अहम आत्मन के रूप में। यदि अहम की स्थिति कहीं और रख दे तो फिर वो बदल जाता है। आम लोग यही कर रहे हैं। उनका अहम शरीर पर स्थित है, मन पर स्थित है वो बेचारे भटकते रहते हैं कि मैं क्या हूँ। उनको कोई ज्ञान नहीं है कि मैं कौन हूँ ? वो जगत को ही सत्य मान बैठते हैं। जब वो छूटने लगता है, हाथ से रेत की तरह, तो दुखी हो जाते हैं। मैं क्यों जा रहा हूँ? मेरी आयु क्यों बढ़ रही है ? मेरा शरीर क्यों नष्ट हो रहा है?

वो नहीं रहेगा। वो नश्वर है। अनुभव है। चित्त निर्मित है। वो स्मृति की गति है, वो नहीं रहेगा। यदि वो स्थिर रहे तो अनुभव नहीं है फिर। यदि आप पीछे मुड़कर देखेंगे तो पाएंगे कि यथार्थ में आप वही हैं जो नहीं बदल रहे हैं। दृष्टि पटल पर दृश्य, दृष्टा के सामने आते जाते रहते हैं। बदलते हैं, इन्हीं को हम अनुभव कहते हैं। ये आपका प्रत्यक्ष अनुभव है, अपरोक्ष अनुभव है। प्रमाण आपके सामने हैं। इन प्रमाणों को लेकर आप कुछ अनुमान लगा सकते हैं कि मुझे कैसे रहना चाहिए अब, यदि यही सत्य है तो मेरा व्यवहार कैसा होना चाहिए ? क्या इन चीजों के पीछे भागूं , ये बुद्धिमानी है ? जो की माया है, आनी जानी हैं। यदि मेरी आसक्ति उन पर है जो आनी जानी है तो क्या ये बुद्धिमानी है ? विचार करना चाहिए, मनन करना चाहिए।

यदि आपकी आसक्ति छूट जाए, जो आता जाता है, मिथ्या है, तो आपकी मुक्ति वहीं के वहीं हो जाती है। जीवनमुक्त हो जाते हैं, बहुत आसान है। ये देखना मात्र है कि अनुभव क्या है ? अनुभवों का अध्ययन करना है। मुक्ति वहीं हो जाती है। दस मिनट नहीं लगते।

आपका चित्त अज्ञान में, इतना ज्यादा लिप्त है कि उसको दिखाना पड़ता है, अपनी जगह से हिलाना पड़ता है कि उठो देखो कि क्या है अनुभव। उसके लिए गुरु लगता है। ज्ञानी लगता है। इसलिए गुरु का बड़ा महत्त्व है। बिना गुरु के, चित्त, कभी अज्ञान से बाहर नहीं आएगा। ये दिखाना पड़ता है चित्त को, कि उठो जागो। ये है तुम्हारा अनुभव, ये मिथ्या है, क्योंकि ज्ञान भी एक स्मृति है, वो बदलने लगती है। वो अज्ञान का विनाश करने लगती है, वो बीज की तरह है जो फलता है, बढ़ता है। धीरे धीरे अज्ञान नष्ट होने लगता है। ज्ञान आने लगता है। आप देखेंगे कि सब कुछ स्मृति ही है, चित्तवृत्ति है, तो आपकी वृत्ति भी बदल जायेगी। आपका सोचने का तरीका बदल जाएगा। आपकी मानसिकता बदल जायेगी क्योंकि आपको ज्ञान हो गया है सच और झूठ का। उस का पहला असर उस पर होता है जो जल्दी बदलता है। वो मन है। मानसिकता पहले बदलती है। उसके बाद आप देखेंगे कि आपका व्यवहार बदलता है। सारा कर्म चित्त के कारण है, चित्तवृत्ति के कारण है। संस्कार हैं, कर्म में बदलते रहते हैं, इच्छाओं की वजह से। आपकी इच्छाएं बदलने लगेंगी, वासनाएं बदलने लगेंगी। इनका नाश

होने लगेगा। उसकी जगह स्थिरता, शांति आपके मन में आने लगेगी जिसको आनंद भी कहते हैं। आनंद का अर्थ ख़ुशी, प्रसन्नता नहीं है। आनंद का अर्थ वो शांति है जो ज्ञान से आती है। जो वस्तुओं से आती है, वो प्रसन्नता है थोड़ी देर के लिए।

अनुभव से मुक्ति

आनंद का अर्थ वो शांति है जो ज्ञान से आती है। जो वस्तुओं से आती है वो प्रसन्नता है थोड़ी देर के लिए। भोग है थोड़ी देर के लिए आता है, वो भी चला जाता है। सुख दुःख आते जाते हैं। अंत में कोई सुख नहीं मिलता। कोई आनंद नहीं मिलता। उससे कोई शांति नहीं मिलती। ये आपका प्रत्यक्ष अनुभव है।

जब आप थक जाते हैं, वस्तुओं के पीछे भाग भाग कर, सम्बन्धियों, लोगों, या मन के पीछे भाग भाग कर। दुःख इतना बढ़ जाता है कि आपको प्रश्न करना ही पड़ता है कि ये मैं क्या कर रहा हूँ ? जीवन का अर्थ क्या है ? जो भी मिलता है चला जाता है। आदमी परेशान हो जाता है। ये दुःख और पीड़ा उसे अध्यात्म में लेकर आती है। वो प्रश्न करता है कि ये सब क्यों हो रहा है। ये सब सत्य है तो इसमें आनंद क्यों नहीं है।

माया में कोई आनंद नहीं होगा। जो आनंद होगा, वो भी मायावी होगा। वो भी चला जाएगा। जो स्थायी आनंद है, नित्य आनंद, वो ज्ञान से मिलेगा। ये देखने से मिलेगा कि जगत नश्वर है, शरीर नश्वर है। ये आता जाता है, परिवर्तनशील है। मिथ्या है। आपका जो अनुभव हो रहा है इस पल, वो इसी पल जा चुका है। बदल चुका हो। वहां था नहीं। उसको पकड़ने जाय इतनी देर में बदल जाता है। उसका भ्रम होता है। देर में बदलता है तो उसका आनंद उठा सकते हैं थोड़ी देर के लिए। कोई बुरी बात नहीं है। लेकिन उसकी आसक्ति, उसको पकड़ कर बैठ जाना ठीक नहीं है। वही सारे दुखों की जड़ है। आपकी वासनाएं हैं, आसक्ति है, हर चीज वैसी ही रहनी चाहिए, होनी चाहिए, जो मैं चाहता हूँ, यही अज्ञान दुखों का कारण है।

तो ज्ञान आपका मन शुद्ध करने लगेगा। मनन कीजिये। धीरे धीरे जो सच्चा आनंद है, नित्यानंद है, वो होने लगेगा। जिसका अर्थ है शान्ति। न दुःख होना, न सुख होना। पहला असर इसका मन पर पड़ता है। दूसरा ये मन की शांति व्यवहार में दिखने लगेगी। इधर उधर भागने की जगह, आप स्थिर दिखेंगे। कुछ बिगड़ गया तो आप विचलित नहीं होंगे उससे। कुछ मिल गया तो आप उछलने, नाचने कूदने नहीं लगेंगे। आपको मालूम है थोड़ी देर के लिए है, क्षणिक है। कोई खराबी नहीं है। लेकिन उसके जाने के बाद, पकड़ कर बैठना मूर्खता है, अज्ञान है। अज्ञानी का लक्षण है।

ज्ञानी का लक्षण नहीं है। ज्ञानी हमेशा आनंदित रहता है कोई आये, जाए। रहे या न रहे, हमेशा शांति में रहता है। क्यों कि उसे ज्ञान है। वो इंद्रजीत हो जाता है। उसको जितेंद्र भी कहते हैं। शिव का ही नाम है। उसने इन्द्रियों को जीत लिया है, चाहे शारीरिक इन्द्रियां हों या मानसिक इन्द्रियां हों। अगर आपने इनको जीत लिया है, आपका चित्त इनके ऊपर पहुँच

गया है तो आप किसी भी स्थिति से विचलित नहीं होंगे। चाहे अच्छी हो, चाहे बुरी हो या कैसी भी हो।

इसीलिए शिव जितेन्द्रि हैं, महायोगी हैं। इसके बाद जो असर पड़ेगा आपके शरीर पर पड़ेगा। शुद्ध होने लगता है। उसकी वासनाएं धीरे धीरे कम होने लगती हैं। एक समय आता है योगी, ज्ञानी का शरीर नष्ट होता है। उसको चिंता नहीं होती क्या नष्ट हो गया है। वो विचारता है की जो नष्ट हो गया वो था ही नहीं। उसके लिए मृत्यु भी आनी जानी घटना है। उसका जन्म भी नहीं होता क्योंकि मुक्त हो चुका है शरीर की वासनाओं से। शरीर के अनुभव बंद हो जाते हैं। वो जन्म मृत्यु के चक्र से छूट जाता है। चित्त मुक्त हो जाता है। बहुत आसान है। यदि आपने ज्ञान ले लिया है। आत्म विचार हो गया है। उसको याद रखना है। अब आपको अनुभव का ज्ञान भी हो गया है। इसको भी स्मरण रखना की ये हमेशा नश्वर है। ये मूल ज्ञान आपको हो गया है , और आप हमेशा याद रखते हैं। आपकी यहीं के यहीं मुक्ति हो जाती है। सारा जीवन आनंदमय हो जाता है। कोई वेग आवेग नहीं होते।

मन ने अच्छे बुरे का खेल बना रखा है। कुछ बुरा नहीं है, इसलिए किसी चीज से दूर भागने की आवश्यकता नहीं है। घृणा करने की आवश्यकता नहीं है। वो है ही नहीं तो क्या घृणा करेंगे? जब तक अज्ञान में हैं तब तक चलता रहेगा प्रेम,घृणा,आसक्ति। भागना, दौड़ना, सुख, दुःख, लगा रहेगा। इसी को संसार कहते हैं। आप सांसारिक रहेंगे। ज्ञान नहीं है। कैसे होगा? अनुभव क्या है, जगत क्या है, शरीर क्या है, मन क्या है इन प्रश्नों में गहराई में जाईये। जो आसान है। कॉलेज जाने की आवश्यकता नहीं है। अध्यात्म मार्ग पर जाने की आवश्यकता है। गुरु के पास जाने की आवश्यकता है। इसमें सीधा मार्ग ज्ञान मार्ग है। आधा घंटा भी नहीं लगता मुक्ति होने में, मोक्ष होने में। निर्वाण में। ये बात अलग है की कल तक आप भूल जायेंगे। ५०% चला जायेगा स्मृति से।, एक सप्ताह बाद ९०% स्मृति से उड़ जाएगा। फिर संसार वापिस, वही सुख दुःख वापिस।

क्यों? साधना का आभाव है। जो कहा गया वो याद नहीं रखा। श्रवण हो गया लेकिन मनन नहीं हुआ। मनन हो गया, सोच विचार छोड़ दिया, निदिध्यासन नहीं हुआ। उसका स्मरण नहीं हुआ। सिमरन नहीं हुआ। याद रखना आवश्यक है। सुना और अंध श्रद्धा से मान लेना परम मूर्खता है। आपका प्रत्यक्ष अनुभव होना चाहिए। आपका अनुभव ही आपका सत्य है। अनुभव भी असत्य है। केवल अनुभवकर्ता ही सत्य है। दृष्टा सत्य है। अज्ञान भी चित्तवृत्ति है।

ज्ञान का अंत

चित्त, स्मृति, इन्द्रिय, चित्तवृत्ति इत्यादि इन सब शब्दों का विस्तार जानेगे, आगे आने वाले अध्यायों में। ये सारे असत्य हैं। आगे असत्य या मिथ्या का ज्ञान होगा। इसके बाद जानने के लिए कुछ भी नहीं बचता। यही वेदांत है। यदि यहाँ फंस गए, अज्ञान आपके मन में रह गया,

अँधेरा मन में रह गया तो आगे कहने का कोई अर्थ नहीं रहेगा।

आगे अर्थ का अनर्थ हो जाएगा यदि आपने अनुभवकर्ता, अनुभव और अस्तित्व को नहीं समझा। आगे के ज्ञान में केवल शब्द हैं। अर्थ नहीं हैं। इसका मनन करें। इसका प्रभाव पड़ेगा आप पर। आप बदलने लगेंगे। तैयार रहें। कभी ये बदलाव बहुत जल्दी आता है। रातों रात मन बदल जाता है। इसका प्रभाव आपके जीवन पर पड़ता है। आपके सम्बन्धियों पर, आपके काम पर। कभी वर्षों लग जाते हैं। घबराने की कोई आवश्यकता नहीं है। समय स्वयं माया है। मिथ्या है। दस दिन लगे या दस वर्ष लगें कोई अंतर नहीं पड़ता। जैसे ज्ञान होगा वैसे ही अंतर आएगा। बस इस ज्ञान को कोरे शब्द न रहने दें। चित्त स्वयं को मुक्त नहीं कर सकता। चित्त को मुक्त होने के लिए ज्ञान का प्रकाश आवश्यक है। ज्ञान के लिए गुरु की आवश्यकता है। किसी गुरु के पास जायें। उनको पकड़ लें। सीधा संपर्क करके ज्ञान प्राप्त करें। ये मनुष्य जीवन का धर्म है। ऐसे व्यक्ति के पास जाना है जिसको ज्ञान है। वही गुरु है। गुरु के मार्गदर्शन और निर्देश में रहें। समर्पित रहें। मैंने भी यही किया है। प्रगति होगी।

अध्याय 7: "अनुभव: मूलभूत तत्व और प्रकार" समाप्त हुआ।

8

अनुभव: जगत, वस्तु, पदार्थ

अनुभव के मूल प्रकार

जगत का अनुभव इन्द्रियों से होता है। सारे अनुभव इंद्रिय जनित अनुभूति मात्र हैं। इंद्रियां चित्त का वो भाग है जो परिवर्तन को दर्शाता है, जिसके कारण परिवर्तन का अनुभव होता है। इंद्रियां परिवर्तन के साथ प्रतिक्रिया करती हैं और अनुभूति को जन्म देती हैं। सारे अनुभव अनुभूतियों से बने हैं। ये प्रक्रिया चित्त में चल रही है। जिसे अनुभूति या सम्वेदन की प्रक्रिया कहते हैं। जो बदल रहा है वो अस्तित्व ही है। उसी का अनुभव हो रहा है। अनुभवकर्ता भी अस्तित्व ही है। मैं अनुभवकर्ता हूँ। मैं ही हूँ जो बदल रहा हूँ, मुझे मेरे ही दर्शन हो रहे हैं परिवर्तन के रूप में, मुझे स्वयं का ही अनुभव हो रहा है। दूसरा कोई नहीं जो बदल रहा है।

तीन प्रकार के अनुभव हैं जगत का, शरीर का, मन का। जगत का अनुभव भी परिवर्तन शील है। अनुभव के लिए आवश्यक है कि परिवर्तन हो, इंद्रियां उससे प्रतिक्रिया करें, और अनुभूति हो। सारा अनुभव इन्द्रियजनित अनुभूति मात्र है। जगत का अनुभव शरीर के ऊपर बाहर जो इंद्रियां है, उनके द्वारा उत्पन्न अनुभूतियों द्वारा होता है। इंद्रियां चित्त का वो भाग है जो परिवर्तन से प्रतिक्रिया करके अनुभूति को जन्म देती हैं। जो बदलता है वो अस्तित्व है। कभी चित कई भाग कर देता है। उसको हजारों अनुभवों में बाँट देता है। यहाँ समझने के लिए, एक अवधारणा बनाते हैं कि जो बदल रहा है वो एक प्रकार का परिवर्तन है जिसे पराभौतिक परामानसिक रचनाएँ कहते हैं। ये रचनाएँ बदल रही हैं। परिवर्तन हो रहा है। चित्त इन्द्रियों के माध्यम से परिवर्तन की अनुभूति कर रहा है। यही अनुभव है।

पराभौतिक परामानसिक रचनाएँ

जो बदल रहा है, परिवर्तन हो रहा है, ये रचनाएं हैं। जिनको पराभौतिक और परामानसिक रचनाये कहते हैं। ये काल्पनिक हैं। इनको देखा नहीं जा सकता। इनका अनुभव हो रहा है। अनुभूति के रूप में। भौतिक जगत का अनुभव या अनुभूति हमें इन रचनाओं के कारण होती है। इसलिए वो भौतिक के परे हैं, इसी लिए इनको पराभौतिक कहा गया है। इसी प्रकार से मानसिक अनुभूतियाँ होती हैं, तो परामानसिक रचनाएँ कहा गया है। चित्त इन्द्रियों के माध्यम से परिवर्तन की अनुभूति कर रहा है। ये अनुभव है। अनुभूति हो रही है। हमें परिवर्तन शील रचनाओं का अनुभव हो रहा है अनुभूति के रूप में।

नादरचना

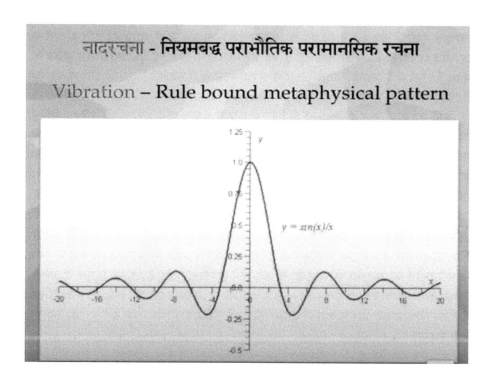

नियमबद्ध नाद रचना

अनुभवों को यदि ध्यान से देंखे तो पाएंगे उसमें एक नियमबद्धता है। नियमों से बंधे हुए हैं। व्यवस्था में है। बिखरे नहीं है। एक अनुभव के बाद जब दूसरा अनुभव होता है तो वो एक

तर्क में होता है। वो अव्यवस्थित नहीं होता उसका एक क्रम होता है। क्रम रहित नहीं होता।

यदि आपका अनुभव बिना किसी क्रम के बदले तो उसका कोई अर्थ नहीं निकलेगा। अनुभूति किसी अनुभव में नहीं बदलेगी। चित्त उसका कोई अर्थ नहीं निकाल पायेगा। चित्त का भाग बुद्धि में अंकित नहीं हो पायेगा। उदहारण स्वरुप यदि आपकी कुर्सी, मेज में बदल जाय, मेज अचानक फ्रिज में बदल जाय, फ्रिज कार में बदल जाय, कार पुस्तकों में, पुस्तकें चिड़िया बन के उड़ जाएँ। यदि ऐसा अनुभव जगत में होने लगे तो ये अर्थहीन हो जाएगा। इसका कोई उपयोग नहीं रह जायेगा। ये चित्त में भी अंकित नहीं होगा। स्मृति में भी नहीं जाएगा।

ऐसा नहीं होता, कम से कम जागृत में, हमारे अनुभव एक क्रम से बदल रहे हैं। नियमित तरीके से बदल रहे है। हमारी बुद्धि आज के अनुभव देख कर अनुमान लगा लेती है कि आगे भविष्य में क्या होगा। ये स्मृति में भी अंकित हो जाता है। इसको कारण भी कहते है। एक अनुभव दूसरे में बदलता है तो पहला अनुभव दूसरे का कारण हो जाता है। यदि बादलों का अनुभव हो रहा है, बिजली कड़क रही है, तो अनुमान लगा सकते हैं कि वर्षा होगी। बुद्धि का काम है दोनों में सम्बन्ध बनाना। जब ये परिवर्तन क्रम में बदलते हैं उसको नियम कह देते हैं। यहां अनुभव स्थायी होता है, अर्ध स्थायी होता है और नियमित भी होता है।

इसी तरीके से मन के अनुभव हैं, जिसमें नियम ढूँढना थोड़ा कठिन होता है। । लेकिन वो भी किसी न किसी नियम में बद्ध हैं। बस उनको ध्यान से देखने की आवश्यकता है कि क्या नियम है। जगत के अनुभव, उसके नियम ढूंढने बहुत आसान काम हैं। ज्ञान की एक शाखा, विज्ञान है, जो जगत के अनुभव, परिवर्तनों का अध्ययन करती है। ऐसा परिवर्तन जो नियम बद्ध है। माया है। लेकिन ये विशेष माया है जो क्रम से, नियम से बदलती है। जो बदलता है उसका ज्ञानमार्ग में एक नाम रखा गया है पराभौतिक, परामानसिक रचनाएँ। अस्तित्व का ही भाग है। इसके दर्शन स्वयं अस्तित्व को ही हो रहे हैं अनुभवकर्ता के रूप में। चित्त के द्वारा। ये सब उस परिपेक्ष्य में है जहां अस्तित्व स्वयं अनुभवकर्ता के रूप में स्वयं के परिवर्तनों का अनुभव कर रहा है। ये कई रूपों में दिखाई देता है, उसमें से एक है जगत। जगत के अनुभव का अध्ययन आसान है क्योंकि ये नियमबद्ध है। कोई भी पराभौतिक, परामानसिक रचना विशेष क्रम में बदल रही है तो उसे एक विशेष नाम देते हैं, उसे कहते हैं नाद रचना।

सबसे सरल नादरचना

कोई रचना विशेष रूप से नियम बद्ध बदल रही है उसे नाद रचना कहते हैं। ये नाद रचना क्यों है? जो सबसे सरल रचना है वो नाद है। ऐसा कौन सा परिवर्तन है जो मूलभूत है, सरल है। जो दो स्थितियों में बदलता है वो सबसे सरल अथवा मूलभूत है। सबसे सरल नाद रचना वो परिवर्तन है जो दो स्थितियों में है । बदल रही है। एक ही स्थित या अवस्था है यानी कोई

परिवर्तन नहीं। सरल रचना में दो स्थितियों में परिवर्तन होता है। अर्थात होना-न होना, ठंडा-गर्म, ऊपर-नीचे, अस्तित्व-अस्तित्व का अभाव, इत्यादि। इसका एक नियम बन जाता है कि जब एक स्थिति में है तो परिवर्तन के बाद दूसरी में बदलेगी, दूसरी में है तो पहली स्थिति में आयेगी। ये सबसे सरल रचना है। यदि ये रचना बार बार दोहराने लगे, यदि इसकी आवृत्ति होने लगे, तो ये नाद बन जाता है। इसीलिए हम इस रचना को नाद रचना कहते हैं। नाद रचना वो परिवर्तन है जो नियम से बँधा है और नियम के द्वारा बदलता है।

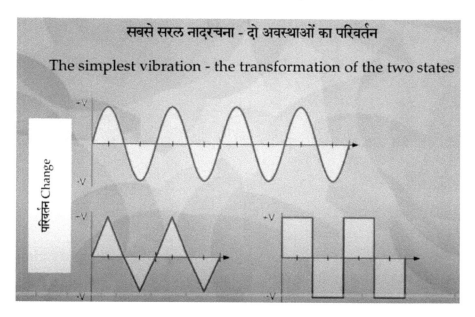

सबसे सरल नाद रचना

कुछ रचनाएँ हैं जो नियम से नहीं बदलेंगी। अस्तित्व में हर परिवर्तन की सम्भावना है। ऐसा परिवर्तन जो किसी क्रम से नहीं बदल रहा वो बुद्धि के परे हो जाता है। बुद्धि उसमें से कोई नियम ढूंढ नहीं सकती। इसीलिए वो स्मृति में भी अंकित नहीं होगा।

बचता है एक ऐसा परिवर्तन जो एक नियम से बदल रहा है। उसी परिवर्तन को हम नाद रचना कहते हैं। सबसे सरल, दो भागों में, ऊपर नीचे परिवर्तन होगा और लगातार आवृति में होगा उसे नाद रचना कहते हैं।

इस परिवर्तन को काल्पनिक या आभासिक परिवर्तन कहते हैं। ऐसा परिवर्तन जिसकी केवल सम्भावना मात्र है, होता नहीं है। जो पराभौतिक परामानसिक रचना बुद्धि के अंदर

है, बुद्धि के वश में है, वो हमेशा नियमबद्ध होगी। सबसे सरल नियम खुद को दोहराना है उसे हम नाद कहते हैं।

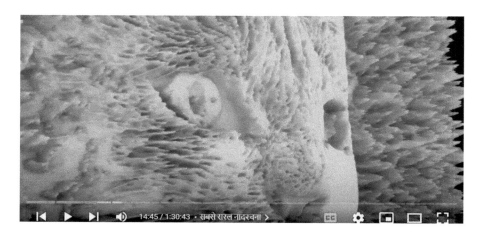

सरल नाद रचना

यदि हम सरल नाद रचना को उसी नाद रचना से जोड़ें हमें एक यौगिक नाद रचना मिलती है। जटिल नाद रचना मिलती है, जो थोड़ा और जटिल रूप से बदल रही है। यदि हम और रचनाएँ जोड़ दें, तो बहुत जटिल यौगिक नाद रचना बन जाती है। हमें जो वस्तुओं के अनुभव होते हैं जगत में, वो काफी जटिल नाद रचनाएँ हैं। उसके पीछे ये यौगिक नाद रचनाएँ हैं। इन्हीं को हम वस्तु के रूप में अनुभव करते हैं। ये अनुभव इन्द्रियों के द्वारा होते हैं। ये इन्द्रियां भी जटिल नाद रचनाएँ हैं। कोई नाद रचना इन्द्रियों से प्रतिक्रिया करती है तो वो अनुभव उत्पन्न होता है। उसकी अनुभूति बनती है। यदि वो इन्द्रिय वस्तु से प्रतिक्रिया न करे तो हमें वस्तु का अनुभव नहीं होगा, चाहे वो वस्तु वहां उपस्थित हो।

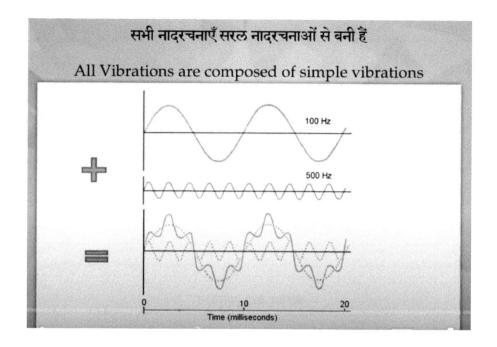

यौगिक नाद रचनाएँ

माया

इन्द्रियाँ भी जटिल नाद रचना है। जटिल नाद रचनाओं की जब इन्द्रियों से प्रतिक्रिया होती है तो फल स्वरुप अनुभव होता है । अनुभूति बनती है। यदि वो इन्द्रिय वस्तु से प्रतिक्रिया न करे तो हमें वस्तु का अनुभव नहीं होगा, चाहे वो वस्तु वहां उपस्थित हो। ये अनुभूति बुद्धि में पहुंचती है ज्ञान का रूप लेती है। तो वस्तुओं का, निर्माण होता है। हम समझते हैं कि जगत वस्तुएं, पदार्थ की बनी है। लेकिन वो एक अवधारणा मात्र है। जगत नाद रचनाओं का बना है। जटिल नाद रचनाएं है, नाद शुद्ध परिवर्तन है। अस्तित्व स्वयं परिवर्तित हो रहा है। अस्तित्व शून्यता है। शून्यता में परिवर्तन कैसे ? शून्यता में कोई परिवर्तन नहीं होता। ये आभासीय है। संभावना है। वास्तव में हो नही रहा। इसीलिए ये माया है। ये अनुभव चित्त गढ़ता है। ये चित्त में, स्मृति में होती हैं. ये भी नाद रचना है माया है, ये दोहरी माया है। ये परिवर्तन आभास मात्र है, माया है, इंद्रिय (भी माया है) जनित प्रतिक्रिया चित्त (माया) के

द्वारा अनुभूति मात्र है इसलिए ये अनुभूति तिहरी माया है।

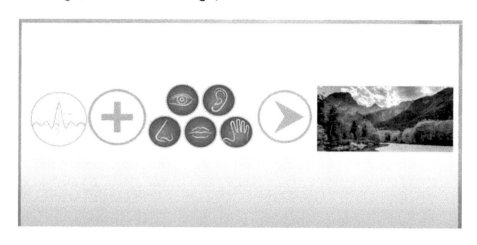

माया का अनुभव

माया अस्तित्व का ही रूप है, सारा जगत माया है। माया बहुत गहरे जाती है। पराभौतिक परामानसिक रचनाऐं हैं। कोई सीमा नहीं है। इसमें परिवर्तन नियमो में नहीं है। परे है। उसमें बहुत कम रचनाऐं नियम बद्ध हैं। वही हमें इन्द्रियों के माध्यम से दिखाई देता है।

व्यक्त अव्यक्त

अस्तित्व का वो भाग जो नियम बद्ध रचनाओं, परिवर्तनों, को जिनका अनुभव सम्भव है, सगुण, प्रकट, व्यक्त अस्तित्व कहते हैं। जो नियम बद्ध नहीं हैं, अनियमित रचनाऐं हैं, उनका अनुभव असम्भव है, उनको निर्गुण, अप्रकट, अव्यक्त अस्तित्व कहते हैं। इसका चित्त में कोई ज्ञान नहीं होता है। अस्तित्व में सारी सम्भावनायें हैं।

अप्रकट रचनाओं को, प्रकट रचनाओं में परिवर्तन को सृजन कहते हैं। प्रकृति यही कर रही है। प्रकट से अप्रकट रचनाओं में परिवर्तन को विनाश कहते हैं।

उदाहरण.. मान लीजिये आपके पास तीन रंग की गोटियाँ हैं। यदि इनको डिब्बे में भरकर हिला दें और फर्श पर गिरा दें, तो आपको इधर उधर बिखरी हुई गोटियाँ मिलेंगी। वहां कोई विशेष अनुभव नहीं मिलेगा। लेकिन यदि उनको आप इस तरह से रख दें कि ऊपर केसरिया, बीच में श्वेत और नीचे हरे रंग की गोटियाँ हों, क्रम में लगाने से भारत का ध्वज तिरंगा का सृजन हुआ। ये एक अनुभव होगा। जो अप्रकट था अब प्रकट हो गया है।

शून्य से प्रकृति का निर्माण, सृजन हुआ है। ऐसा नहीं है। रचनाएं जो क्रम में हैं, उतनी ही अवास्तविक हैं, माया हैं, जितनी क्रम बद्ध नहीं हैं। प्रकृति में किसी वस्तु की कृति या सृजन नहीं हुआ। ये आभास मात्र है। सारी की सारी प्रकृति आभास मात्र है, मिथ्या है।

भौतिक जगत

ये सारी प्रकृति माया है, मिथ्या है, सम्भावना है, आभास मात्र है। यदि रचनाओं की अवधारणा लेते हैं तो समझना आसान हो जाता है। रचनाओं का अनुभव नहीं होगा, केवल अनुभूतियों का अनुभव होगा। इसीलिए ये ज्ञान के परे है। अज्ञान भी नहीं कह सकते लेकिन अनुमान है। इसको सिद्ध करना बहुत आसान है। इसका प्रत्यक्ष प्रमाण ढूँढना बहुत आसान है। केवल अनुभव पर दृष्टि डालना है। सभी मान्यतायें और विश्वास निकाल के फ़ेंक देना है। शुद्ध अनुभव देखना है।

पराभौतिक परा मानसिक रचनाऐं नहीं मिलेंगी। ये केवल अवधारणा मात्र है। लेकिन उनके प्रभाव दिखाई देते हैं। उन्हीं प्रभावों से रचनाओं का अनुमान लगाया जा सकता है। केवल जगत का अनुभव होगा। आवश्यक है जगत के लिए रचनाओं का क्रमबद्ध होना। जगत का अनुभव होता है क्योंकि उसकी रचनाएँ नियमबद्ध हैं। अन्यथा अनुभव नहीं होगा, स्वप्न जैसा होगा। गोटियों को फर्श पर फेंकने जैसा है।

विज्ञान

जो रचनाऐं नियम बद्ध होतीं हैं उन्हीं का अनुभव होता है। चित्त उसी का ज्ञान प्राप्त कर सकता है। उन्ही अनुभवों का अध्ययन कर सकते हैं। वही रचनाएँ दिखाई देती हैं। आवश्यक है कि सारा जगत नियम में बंधा हो। जो नियम में नहीं बंधा है उसका जगत के रूप में अनुभव नहीं होता। एक कदम भी नियमों से दूर चले जाएँ, वो रचनाएँ अनियमित हो जाएँ तो उनका अनुभव स्वप्न जैसा हो जाता है। इसका कोई क्रम नहीं है। कगार पर है एकदम। उनका विनाश निकट है। उनका नष्ट होना निकट है। यदि उनका अनुभव बिलकुल बंद हो जाता है तो इसका अर्थ है की वहां कोई भी क्रम नहीं बचा। उन रचनाओं का ज्ञान होने की कोई सम्भावना नहीं बची।

माया अनंत है। सम्भावनाएं अनंत है। रचनाओं का कोई अन्त नहीं। ओर छोर नहीं है। न आरम्भ है न अन्त। रचनाएँ आपस में मिलती हैं और नयी रचनाओं का निर्माण होता जाता है। एक रचना में दूसरी रचना जोड़ते जाना है। वो इतनी जटिल हो जाती है की बुद्धि के परे हो जाती है। जब नियम सरल होता है तो समझ आ जाता है लेकिन जब नियम जटिल हो जाय तो बुद्धि की समझ से परे हो जाता है।

दो अथवा तीन लोगों के समूह का व्यवहार पता चलेगा, लेकिन 3 या 4 लोग और जोड़ दें तो व्यवहार का अध्ययन कठिन होगा। नियम जटिल हो जाता है तो अनुभव के बाहर हो

जाता है। बहुत अधिक रचनाओ के समूह का अध्ययन सांख्यिकी के द्वारा करते हैं, विज्ञान, ज्ञान मार्ग की एक शाखा है जो भौतिक जगत के अध्ययन तक सीमित है। भौतिकी में रचना का स्वयं का अध्ययन किया जाता है। ये रचनाऐं जब बड़ी मात्रा में मिलती है, करोडों में सख्या हो, तो सांख्यिकी के आधार, माध्यम से उनका अध्ययन करते हैं। भौतिक जगत का अध्ययन, रचना के समूह का अध्ययन या रचना का अध्ययन है।

वस्तु

वस्तुएं, व्यवस्थित नाद रचनाओं की परते है। वस्तु को ले जो ठोस है, उसको तोड़ेंगे तो कण दिखाई देंगे, रसायन दिखाई देंगे। और तोड़ेंगे तो नियमबद्ध रचनाएँ दिखाई देंगी, चौकोर या त्रिकोण ईट की तरह दिखाई देंगे। और तोड़ने पर अणु और फिर और परमाणु रहेगें। ये दिखाई नहीं देंगे, केवल भौतिक विज्ञान में प्रयोगों से जाना जा सकता है। और विभाजित करने पर केवल ऊर्जा रहेगी। जितना बड़ा परिवर्तन उतना ऊर्जा का निर्माण। ऊर्जा शुद्ध परिवर्तन। ऊर्जा शब्द बहुत रुचिपूर्ण है। उर का अर्थ है हृदय, हृदय अर्थात अंदर से, जा का अर्थ है उत्पन्न होना। ऊर्जा अर्थात जो अंदर से उत्पन्न हो। पदार्थ के अंदर से ऊर्जा का पता लगेगा. इसी ऊर्जा से ही वस्तुए बन रही है। ऊर्जा परिवर्तन है लेकिन किस का परिवर्तन है नहीं पता। ये परिवर्तन विज्ञान की बहुत महत्त्वपूर्ण खोज है, जिसको ज्ञानमार्ग में पराभौतिक, परामानसिक रचनाएँ कहा गया है। यही अंतर है कि मन भी इन्हीं संरचनाओं से बना है। मन का विषय भौतिक विज्ञान के बाहर है। विज्ञान यहाँ भौतिक जगत तक सीमित हो गया है। वो वहीं ऊर्जा पर जाकर रुक गया है। उसको मन का नहीं पता। उनके पास ये नाद रचनाओं की अवधारणा नहीं है जो अभी बताई गयी। वैज्ञानिकों को पता है की सारे पदार्थों के मूल में, हृदय में एक तरह का परिवर्तन है, नाद है। लेकिन वो वहां पर अटक गया है। उसको समझने के लिए आध्यात्मिक दृष्टि की आवश्यकता है। जो कि आध्यात्मिक शिष्य के पास होती है। इसलिए शिष्य किसी भी वैज्ञानिक से ऊँची स्थिति पर बैठा होता है। उसकी सीमा बड़ी है विज्ञान से। अध्यात्म का क्षेत्र विज्ञान से काफी विस्तृत है। जहां विज्ञान रुक जाता है, वहां अध्यात्म समाधान देता है। विज्ञान का विकास उसकी अपनी मान्यता में उलझ गया है।

ज्ञान अनंत है। अध्यात्म कहीं रुकता नहीं। उसी ज्ञान को कोई शक्ति कहेगा, कोई शिव कहेगा, कोई कुण्डलिनी कहेगा। कोई उसको प्राण कहेगा। कोई कुछ और कहेगा। सारे अनुभव के हृदय में यही नाद रचनाएँ हैं।

इन्द्रियां

नाद रचनाओं से ही सारी वस्तुएं बनीं हैं। कई परतों में बनी हैं। नाद रचना को केवल एक जगह डाल देने से वस्तुएं नहीं बनती। उसका एक व्यवस्थित ढांचा है, संरचना है। जो मौलिक सरल रचनाओं से बनी हैं। यही विज्ञान में दिखेगा। एक के ऊपर एक परतों में संरचनाये

दिखती जाएंगी। अंत में इन्द्रियों से जो दिखता है स्थूल जगत, वो ठोस, नियमबद्ध, परिवर्तनशील क्रमबद्ध रूप में दिखाई देता है। इसी को लोग सत्य, यथार्थ मान बैठते हैं। क्योंकि ये बुद्धि के अंदर है। लेकिन आध्यात्मिक दृष्टि से उसका कोई सत्य नहीं है, उसका कोई स्वतंत्र अस्तित्व नहीं है।

अनुभव की यही परिभाषा है कि वो जो अनुभवकर्ता को मिल रहा है, अनुभव है, माया हैं। आभास मात्र है। अनुभवकर्ता नहीं होगा तो अनुभव भी नहीं होगा। इसीलिए वहां वो माया मात्र है। पर यदि अनुभवकर्ता ही अस्तित्व रूप में है, तो कोई अनुभव नहीं है। जो आता है, जाता है वो सत्य नहीं होता। ये अद्वैत का सत्य का मानदंड है। भले ही नादरचनाएँ नियमबद्ध हों, ठोस हों, भले ही उनकी भविष्वाणी करना संभव हो की वि कैसे बदलेंगी,कैसे दिखेंगी। किसी भी तरीके की नादरचना हो, वो सब माया है। आभासमात्र है, प्रतीत मात्र है उसका।

बड़ी रोचक और विचित्र बात है कि ऐसा भी संभव है क्या? इसीलिए इस जगत को बहुत बड़ी कृति कहा गया है। बहुत बड़ी रचना कहा गया है। उस कलाकार को सबसे बड़ा कलाकार कहा गया है जिसने इस जगत का निर्माण किया है। नटराज कहते हैं। उसमें से सारी रचनाएँ उत्पन्न होती हैं। उससे ही सारा जगत पैदा होता है। सबसे बड़ा कारीगर है। शिव है, शून्य है। शून्यता से कैसे कुछ प्रकट हो सकता है ? असंभव है। इसलिए उस कलाकार ने जो भी बनाया है, जिस चीज की रचना की है, जो भी लोक बनाएं हैं, वो सारे स्वप्नमात्र है, सिर्फ विचार मात्र है, उसके मन में। ये सत्य है क्योंकि आभास मात्र है। रचना का। वो यथार्थ में नहीं है।

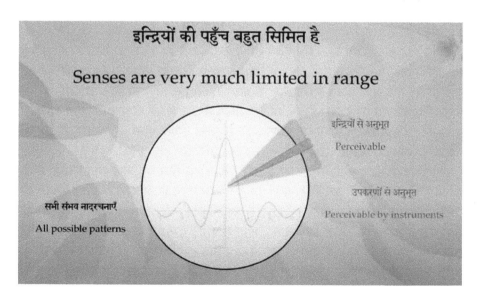

इन्द्रियों की पहुँच सीमित है

यथार्थ क्या है ? सिर्फ मैं ही सत्य हूँ। मैं अनुभवकर्ता हूँ। मेरे ही स्वप्न का अनुभव है। कुछ रचनाएँ नियमबद्ध हो गयी हैं उससे एक विचित्र, बहुत बड़ा मायावी अनुभव हमें होता है और इसी को हम जगत कहते हैं। पराभौतिक परामानसिक रचनायें अनंत हैं कोई अंत नहीं है। ऐसा इसलिए संभव है कि वो है ही नहीं। उनका अस्तित्व नहीं है। सम्भावना मात्र है। अनंत हो सकती है। यदि सत्य होती तो अनंत नहीं होती। वो संभव नहीं था। यदि वो पदार्थ है, ठोस है तो अनंत नहीं हो सकता। यदि वो नाद रचना मात्र है, परिवर्तन मात्र है, शुद्ध परिवर्तन है तो वो कुछ भी हो सकता है। वो कुछ भी बन सकता है। अनंत हो सकता है। अगर आपको आखिरी नाद रचना मिले तो आपको नई नाद रचना बनाने के लिए एक काम करना है कि उसमें एक सरल सी नाद रचना जोड़ देनी है। आपको एक नयी रचना मिल जायेगी। इसी प्रकार से और नयी रचनाएँ जोड़ते चले जाएँ तो अनंत रचनाएँ बन सकती हैं।

प्रश्न ये है की यदि नाद रचनाएँ अनंत हैं तो हमें केवल कुछ नाद रचनाओं का ही अनुभव क्यों होता है? हमारा अनुभव सीमित क्यों है ? इसका सरल सा उत्तर है इन्द्रियां सीमित हैं। इन्द्रियों को अनुभूति को जन्म देने के लिए नाद रचनाओं से प्रतिक्रिया करनी पड़ती है। यदि प्रतिक्रिया नहीं होगी तो परस्पर बदलाव, परस्पर परिवर्तन नहीं होंगे। इन्द्रियां नाद रचनाओं के संपर्क में आती हैं तो ये परिवर्तन होते हैं। इन्ही परिवर्तनों को हम अनुभूति कहते हैं। अनुभूति के रूप में अनुभव करते हैं। अनुभूति अनुभव ही हैं। यदि ये नहीं होगा तो उसका अनुभव भी नहीं होगा। इस मनुष्य रूप में अनुभव सीमित दिखाई देते हैं क्योंकि हम शरीर अर्थात इन्द्रियां के माध्यम से अनुभव ले रहें हैं। इन्द्रियां सीमित हैं, इन्द्रियों की पहुँच सीमित है। उनकी सीमा होती है।

यदि कोई नाद रचना बहुत धीरे बदल रही है, इतनी धीरे कि उसमें उतनी ऊर्जा भी नहीं है कि उसकी अनुभूति पैदा कर पाए, तो वो हमारे अनुभव के बाहर हो जाती है। उसका अनुभव नहीं होगा। यदि नाद रचना इतनी तेजी से बदल रही है कि, इन्द्रियों की प्रतिक्रिया होने से पहले ही वो बदल चुकी है, तेज उसकी गति है, तो वो भी अनुभव के बाहर चली जाती है। यानि की इतनी तेज भाग रही है वो नाद रचनाएँ कि इन्द्रियां उनका पीछा नहीं कर पाती, उसका परिवर्तन अनुभूति में नहीं बदल पाती। इतना तेज परिवर्तन हो रहा है।

तो इन्द्रियों की एक निचली सीमा है और एक ऊपरी सीमा है। कोई भी इन्द्रियां ले लें, आँखों की, कानों की या छूने की, सबकी एक निश्चित पहुँच है जो काम करती है। इसीलिए इन्द्रियों के माध्यम से हमें जो अनुभव होते हैं वो सीमित होते हैं। आपको इतने ही रंग दिखाई देंगे। इतनी तरह की, इतनी आवृति की आवाजें सुनाई देंगी। कुछ आवृत्ति के नीचे सुनाई नहीं देगा, इसी प्रकार एक आवृत्ति के ऊपर कुछ सुनाई नहीं देगा। जो रंग हैं वो एक प्रकार के परिवर्तनमात्र हैं। वो परिवर्तन एक आवृति के नीचे हो रहे हैं तो आँखों से नहीं दिखाई देंगे। इसी प्रकार एक आवृति से ऊपर हो रहे हैं तो भी दिखाई नहीं देंगे।

तो जैसे ताप की लहरे हैं, लाल रंग की लहरे हैं। उसके नीचे की अवरक्त लहरें आँखों की पहुँच के बाहर हैं। उसी प्रकार से पराबैंगनी लहरे भी दिखाई नहीं देती हैं। तो सभी इन्द्रियों की एक सीमा होती है। इसीलिए ये जगत हमें सीमित दिखाई देता है। हम कुछ कृतिम यंत्र बना सकते हैं जिन्हें वैज्ञानिक कहते हैं हम कृतिम इन्द्रियां बना सकते हैं विज्ञान में उपकरणों के रूप में। ऐसा उपकरण बनाया जा सकता है जिसकी पहुँच इतनी हो जो नाद रचनाओं के उस परिवर्तन को अंकित कर सके। इसलिए विज्ञान का जो दृश्य है वो इन्द्रियों के दृश्य से बड़ा है। एक विज्ञान वो देख सकता है जो इन्द्रियां नहीं देख सकतीं। इन्द्रियां बहुत सीमित हैं। यदि आप उपकरणों का प्रयोग न करें तो जगत का प्रकट भाग जो बहुत छोटा है, उसी का हमें अनुभव होगा। उपकरणों का, यंत्रों का उपयोग करें तो थोड़ा और जगत दिखाई पड़ सकता है। अनुभव के अंदर आ जाता है। जैसे दूरबीन से हमें काफी दूर तक का दिखाई दे जाता है। सूक्ष्मदर्शक यंत्र से बहुत छोटा भी दिखाई दे जाता है। जो की इन्द्रियों (आँखों) के वश में नहीं है देखना। उनकी योग्यता के बाहर हो जाता है। तो इन कृत्रिम इन्द्रियों के माध्यम से हमारा अनुभव थोड़ा और बढ़ जाता है।

लेकिन हमें क्या दिखाई देता है ? नाद रचनाएँ , छोटी,बड़ी, तेज बदलती हुई, या धीरे बदलती हुई। हमें सिर्फ नाद रचनाएँ ही दिखाई देती हैं जो कि नियमबद्ध परिवर्तन मात्र है। वैज्ञानिक नाम भी है जिसको सूचना कहते है, यानि वो परिवर्तन जिसका कुछ अर्थ निकले वो है सूचना। नाद रचनाएँ सूचनाबद्ध हैं उसका कुछ अर्थ निकलता है। वही नाद रचनाएं दिखाई देती हैं। इसको सूचना भी कहते हैं। सारा जगत एक सूचना मात्र है। कोई पदार्थ नहीं है। प्राचीनकाल में आपको पांच महाभूत बताये गए हैं, या विज्ञान में जो तत्व बताये गए हैं, उनका मूल, उनका आधार नाद है, जिसको ब्रम्हनाद भी कहा गया है, अर्थात अस्तित्व का नाद। जो परिवर्तन हो रहे हैं वो ब्रम्हनाद है। नाद से ही सारी सृष्टि का जन्म हुआ है। ऐसा क्यों कहा गया है अब समझ आ गया होगा, हमारे ऋषियों, मुनियों, ज्ञानियों ने इसे सीधा अनुभव किया। ये अनुभव आपके सामने है। आपको डिग्री की आवश्यकता नहीं है, पढ़ने की आवश्यकता नहीं है। आपको कोई बड़ा उपकरण नहीं चाहिए। अपने अनुभव देखें तो मूल सत्य मिल जाएगा।

आपकी बुद्धि ही, चित्त ही सबसे बड़ा उपकरण है। आपको सत्य जानने के लिए बुद्धि और चित्त पहले से ही मिले हुए हैं। कहीं जाने की आवश्यकता नहीं है। केवल ध्यान से देखने की आवश्यकता है, बिना किसी मान्यताओं के, बिना किसी पूर्वाग्रह के, आपको वो देखना है। और सत्य सामने खड़ा है। विज्ञान का सहारा लेने से, थोड़ा और आसान हो जाता है। आपके सामने प्रत्यक्ष प्रमाण, उपकरणों की सहायता से या गणित के माध्यम से मिल जाता है। गणित जगत की व्याख्या और अच्छे तरीके से कर सकता है। क्योंकि जगत नियमबद्ध है और गणित नियमों की ही भाषा है। गणित समीकरण एक प्रकार से नियम दर्शाते हैं। प्रश्न है की जगत में गणित के नियमों के उत्तर क्यों मिलते हैं ? वो इसीलिए मिलते हैं क्योंकि जगत गणित का बना है। जगत सूचनाओं का बना हैं। संख्याओं का बना है। पदार्थ का नहीं बना।

जब वो रचनाएँ आपस में मिलकर बड़ी रचना बनाती हैं तो वो नियमों के अनुसार बनती है। यदि नियमों के अनुसार न बने तो उनका अनुभव ही संभव नहीं है। वो अप्रकट रहती हैं। प्रकट रचनाएँ हमेशा नियमों के अनुसार बनेंगी। रचनाएँ और नियम एक ही हैं। संरचनाएं और नियम एक ही बात हैं।

इसलिए गणित के माध्यम से उसको जानना संभव है। यदि कोई रचना नियमबद्ध तरीके से नहीं बदलेगी, उसका कोई अनुभव नहीं होगा। वो जगत का भाग नहीं होगी। यदि वो नियमबद्ध है, नियमों के अनुसार बदलती है। बड़ी रचनाएँ जब छोटी रचनाओं से बनती हैं तो वो जगत का भाग होगी। क्योंकि नियम है तो गणित के समीकरण द्वारा लिखा जा सकता है वो नियम। क्योंकि इन्द्रियां सीमित है, हमें जगत का सीमित अनुभव होगा। यदि आप उपकरणों द्वारा देखने जायें तो जगत का बड़ा अनुभव होगा, लेकिन वो उपकरणों तक सीमित होगा। इसलिए जो प्रकट भाग है जगत का वो बहुत सीमित है। मान लीजिये ९९.९९९९ प्रतिशत अप्रकट है। अव्यक्त है। इस अस्तित्व का बहुत छोटा सा भाग, नियमबद्ध है, प्रकट है, इन्द्रियों के वश में है, वही दिखता है। जबकि संभावित भाग जो सृष्टि में बदल सकता है, प्रकट हो सकता है, वो लगभग अनंत है। ये पराभौतिक परामानसिक रचनाओं का बना है। ये अवधारणा बहुत काम आती है। ये रचनाएँ ही चित्त हैं। यदि आप जगत की सभी वस्तुओं को मिला दें, सभी लोकों, ग्रह नक्षत्रों को, ब्रम्हांड का भौतिक भाग मिला दें, तो इन सारी रचनाओं का एक सागर सा बन जाता है। चित्त है और इसमें जो बदलाव चलते हैं वो चित्तवृत्ति है। इसी को विश्वचित का नाम दिया गया है। सारे विश्व का जो चित्त है, सारी नाद रचनाओं को मिला दें एक साथ देखें तो बड़ा अनंत सागर दिखाई देगा। भले ही नाद रचनाएँ सीमित हैं लेकिन उनकी गिनती इतनी अधिक है कि हम गिन नहीं पाएंगे। हमारी बुद्धि के लिए लगभग अनंत है। वो भी व्यक्त भाग है, बहुत बड़ा है, मनुष्य के लिए अनंत ही दिखाई देता है।

यदि व्यक्त और अव्यक्त दोनों को मिला दें तो पूरी तरह से अनंत हो जाता है। ओर नहीं, छोर नहीं उसका कुछ। उसका माप नहीं ले पाएंगे आप, वो अनंत है। सनातन है, नित्य है। उसका कभी अंत नहीं होता। सम्भावना में भी अंत नहीं होता। ये नया शब्द विश्वचित्त है। यही ईश्वर है। विश्व चित्त में केवल वस्तुएं, जगत या लोक ही नहीं आते, रचनाएँ ही नहीं आती, मानसिक रचनाएँ भी उसमें मिला सकते हैं। हम देखते हैं की भौतिक और मानसिक रचनाओं में कोई अंतर नहीं है। केवल इतना है कि शरीर पर स्थित इन्द्रियों द्वारा जो अनुभूति होती है, उसे भौतिक कह देते हैं। जिनकी अनुभूति नहीं होती उन रचनाओं को मानसिक कह देते हैं। तो भौतिक और मानसिक रचनाओं में कोई मूलभूत अंतर नहीं है, क्योंकि भौतिक रचनाएँ वो हैं जिनकी अनुभूति शरीर पर स्थित इन्द्रियों के माध्यम से हो रही है। मानसिक रचनाएँ वो है जिनकी अनुभूति बिना किसी इन्द्रियों के या आंतरिक इन्द्रियों से हो रही है। शारीरिक इन्द्रियों से नहीं। मूलभूत रूप से सभी नाद रचनाएँ हैं। इससे कोई अंतर नहीं आता इनकी अनुभूति कहाँ से हो रही है।

कुछ अंतर नहीं पड़ता कि अनुभूति कहाँ से हो रही है, हम देखते हैं की इन्द्रियां एक प्रकार की छलनी का कार्य करती हैं। उनकी पहुँच के अंदर जो परिवर्तन है, उतनी ही अनुभूति दिलवाती है। बाकि हम तक नहीं पहुँचता। ये नाद रचनाएँ हमारे तक नहीं पहुंचती। और तेज परिवर्तन वाली नाद रचनाओं का हमें मानसिक अनुभव होता है। इसलिए इन्द्रियों का मुख्य कार्य प्रभाव को रोकने का है। अनुभव दिलाने का नहीं, परन्तु अनुभव रोकने का कार्य है। इन्द्रियों के माध्यम से सीमित, छना हुआ अनुभव होता है।

इन्द्रियों का काम अनुभव कराना नहीं है। इन्द्रियों का काम अनुभवों को नियन्त्रित कर चित्त तक जाने देना है। इन्द्रियों का काम रोकना है। इस प्रकार से शरीर जिस पर इन्द्रियां स्थित हैं, हमें सीमित है, छोटा कर देता है। संकीर्ण कर देता है। शरीर के कारण हमारा अनुभव संकीर्ण हो जाता है। शरीर यदि न रहे तो इन्द्रियों की छलनी नहीं रहेगी, हमें निर्बाध तरीके से सारे अनुभव होंगे। ये सारे अनुभव मानसिक होंगे। ये कैसे संभव है? ये तब पता चलेगा जब शरीर नष्ट हो जाएगा। केवल मन बचेगा और इस तरीके के अनुभव आएंगे। ये शुद्ध मानसिक अनुभव होंगे। लेकिन अभी आपका ये अनुभव नहीं है, केवल शरीर का ही अनुभव है। इसलिए आपको अभी पता नहीं चलेगा। कुछ यौगिक क्रियाओं द्वारा जाना जा सकता है। यदि आपका चित्त विकासक्रम पर काफी आगे बढ़ गया है, तो आपको शरीर और शारीरिक इन्द्रियों की अवश्यकता नहीं होगी। कुछ भी जानने के लिए, अनुभव करने के लिए। क्योंकि सारा अनुभव यहाँ है। इन्द्रियों द्वारा रोका जा रहा है और सीमित किया जा रहा है। सारी रचना, नाद रचना यहीं है। मेरा ही नाद है। मेरी पहुँच के अंदर है।

लेकिन अभी का अनुभव, शरीर का अनुभव है, शरीर का काम है बहुत सीमित दायरे में, संकीर्ण रूप से अनुभव कराना, छोटा अनुभव ही होगा, जिससे काम चलाना पड़ेगा। बहुत लोगों की अवधारणा है कि जितना अनुभव होता है सच है। इससे ऊपर कोई सच नहीं है। जो कि मानना एक बहुत बड़ी मूर्खता है। यदि आप इन्द्रियों का अध्ययन करें, गुणों को जानें, या यंत्रों से भी जाँच सकते हैं।

सत्य बहुत विस्तृत और अनंत है। जो आपको दिखाई देता है, केवल वो सत्य है कहना बहुत बड़ी मूर्खता है। योगी के लिए ये जानना बहुत आसान है। आपको कोई बड़ा प्रयोग नहीं करना पड़ता। अनुभव का अध्ययन करना पड़ता है बैठे बैठे। एक स्थान पर बैठे बैठे योगी जान जाता है कि शरीर अनुभव को सीमित कर रहा है। इसीलिए योगी का लक्ष्य शरीर से मुक्ति पाना है। अस्तित्व का जो भाग है अनुभव, उसका बहुत सीमित अनुभव हमें मिलता है। इसका कारण है शरीर और इन्द्रियों का सीमित होना। संकीर्ण होना। उस विकसित अवस्था में, रातो रात नहीं पा सकते। उसके लिए साधना लगती है। गुरु सहायता कर सकता है। शरीर से कैसे मुक्ति मिले, की आप स्वतंत्र हो जाएँ, मुक्त हो जाएँ, जो चाहे अनुभव कर सकें। जिस रचना का चाहें आप अनुभव कर सकें, चाहे जितनी भी छोटी हो कितनी भी बड़ी हो। कितनी भी धीमी हो, कितनी भी तेज हो। ये सारा अनुभव आपकी योग्यता में आ जाएगा, आपकी पहुँच में आ जाएगा। जब उस पर शरीर की छलनी नष्ट हो जायेगी। शरीर

और इन्द्रियां परदे का काम करती हैं। आपको उतना ही दिखाई देता है जितना शरीर और इन्द्रियों की सीमा है।

प्रक्रिया और इसके प्रकार

नाद रचनाओं के भी प्रकार हैं। यदि एक नाद रचना क्रमबद्ध तरीके, नियमित तरीके से बदले और उसकी आवृत्ति हो, बारबार वही परिवर्तन हमें दिखे, तो ऐसी नाद रचना को प्रक्रिया कहते हैं। वो क्रिया कर रही है। निश्चित रूप से बदल रही है। ऐसे नादरचना को हम कहते हैं "प्रक्रिया"। ये प्रक्रिया स्वयं को बार बार दोहराती है। एक तरीके से बदलती है। ये है प्रक्रिया।

आप अपने आसपास इस प्रकार से चलती हुई प्रक्रिया देख सकते हैं। बहुत सारी प्रक्रिया आपके आसपास चल रही हैं। खुद को दोहराती है। उनकी आवृत्ति होती है। वृत्त में चलती है। जैसे कि मौसम, दिन और रात्रि, जन्म, यौवन, वृद्धावस्था और मृत्यु, शरीर की अवस्थाऐं । ये सारी प्रक्रियाएं चल रही हैं। जैसे की अणुओं की, परमाणुओं की प्रक्रियाएं चल रही हैं। ये सारी क्रमबद्ध हैं। नियमबद्ध हैं। बहुत सी प्रक्रियाएं आस पास देखने को मिलेंगी। एक योगी, ज्ञानी की दृष्टि से देखें तो बहुत सारी दिखेंगी। लेकिन उनको कुछ विशेष भागों में बाँट सकते हैं। उनका वर्गीकरण कर सकते हैं। जगत के अनुभव में ये कई प्रकार की प्रक्रियाएं दिखाई देती हैं। वो इस प्रकार है।

1. चक्रीय प्रक्रिया: नाद की प्रक्रिया यानि की चक्रीय, नाद रचना बार बार अपने को दोहराती है।आवृत्ति होती है। ये चक्र में चलती है। रात और दिन, सूर्य निकलता है, प्रातः, दोपहर, सायं, रात्रि और पुनः दिन प्रातः। पृथ्वी की गति सूर्य के आसपास, चंद्र की गति पृथ्वी के आसपास, चारों ओर। अणुओं में गति है। यंत्रों में गति है जैसे पहिया।

2. संगठन कारी: वो प्रक्रिया जो किसी और रचना का निर्माण कर रही है। जैसे नदी, वो चलती है तो झरनों का, तालाबों का, घाटियों का निर्माण करती है। ये संगठनकारी प्रक्रिया है। गुरुत्वाकर्षण आकाश में फैले पिंडों को आपस में साथ में लाता है। और एक खेल की तरह की रचना का निर्माण करता है। इसे ग्रह, उपग्रह कहते हैं।

3. स्वयोजन कारी प्रक्रिया: ऐसी प्रक्रिया जो अपना ही नियोजन कर रही है। जैसे की बीज, यदि एक बीज मिट्टी में बो दें, तो वो बढ़ने लगता है। उसमें से पौधा निकलता है, जो अपने आसपास से नाद रचनाएँ, अपने में मिलाता जाता है, और बढ़ता जाता है। अपनी स्वयं की रचना वो कर रहा है। इनको जीवन की प्रक्रिया भी कहते हैं। शरीर भी ऐसी प्रक्रिया है। हम जो भी खातें हैं, और श्वांस लेते हैं वो शरीर बन जाता है।

4. प्रतिकृति: ये प्रक्रिया है जो एक रचना की प्रतिकृति बनाती है। उसी तरीके की कई रचनाएँ बनाती है। उदाहरण- जब पौधा बड़ा हो जाता है,वृक्ष बन जाता है, फल उत्पन्न होता है, फल में से ठीक उसी तरह के बीज निकलते हैं जिससे वो पौधा, वृक्ष पैदा हुआ था। एक बीज ने अपने जैसे कई बीज निर्मित कर दिए। ये प्रजनन की प्रक्रिया है। सभी जीवों में पायी

जाती है। हमारा ये शरीर प्रजनन का ही परिणाम है।

5. विनाशकारी प्रक्रिया: ये प्रक्रिया जटिल नाद रचनाओं को सरल नाद रचना में बदल देती है। अर्थात बड़ी रचनाओं का विनाश करती है। ये हर जगह देखने को मिलेगी। सभी वस्तुएं धीरे धीरे नष्ट हो रही हैं। जब एक जीव की मृत्यु होती है तो उसका शरीर सरल रचना में बदल जाता है। जटिल प्रक्रिया बंद हो जाती है और सरल प्रक्रिया शुरू हो जाती है।

6. आंशिक प्रक्रिया: एक बड़ी प्रक्रिया का एक छोटा भाग बड़ी प्रक्रिया के समान दिखाई देता है। एक नदी का छोटा भाग उसके बड़े भाग के समान दिखाई देगा। उस का रूप वैसा ही होगा। जो बड़े भाग की क्रिया है वो छोटे भाग की क्रिया भी है। ये आंशिक प्रक्रिया है।

7. बद्ध प्रक्रिया: जब एक से ज्यादा प्रक्रियाएं बंधन में बंध जाती हैं तो बड़ी प्रक्रिया बन जाती है जिसे बद्ध प्रक्रिया कहते हैं। जैसे घड़ी, जिसमें घंटे का कांटा मिनट के कांटे से बंधा है, मिनट का कांटा सेकंड के कांटे से बंधा है। ऐसे ही कई जीव जंतु हैं जो सूर्योदय के समय एक साथ निकलते हैं खाना,पीना,दाना, करते हैं और फिर सूर्यास्त के समय वापिस उसी स्थान पर आ जाते हैं। सूर्य और उन जीवों के कर्म आपस में बंध गए हैं। ये बद्ध प्रक्रिया है।

8. कलनीय प्रक्रिया: ये किसी सांख्यकीय अथवा गणितीय नियम के अनुसार चलती है। जैसे कि एक पत्थर ऊपर आकाश में फेंक दें तो वो गणित के नियम के आधार पर वापिस आ जायेगा। वो पत्थर मार्ग के हर बिंदु पर समीकरणीय नियम का पालन करेगा। ये कलनीय प्रक्रिया है। मशीन का बटन दबाने से, मशीन पहले से दिए गए कार्यक्रम के अनुसार चलती है। इसी तरह से कंप्यूटर एक कलना कर रहा है।

9. जटिल प्रक्रिया: ये कई प्रक्रियाओं का संगठन है। काफी जटिल हो जाता है। एक प्रक्रिया के रूप में कठिन हो जाता है। जैसे हमारा शरीर। जैसे कि मौसम का बदलना, जैसे कि युद्ध, हमारी अर्थ व्यवस्था। ये काफी जटिल प्रक्रियाएं है जो छोटी कई प्रक्रियाओं के समूह से बनी हैं । कभी कभी समझना कठिन हो जाता है। परन्तु ये नियमबद्ध है। नियम जटिल हो गए हैं कि बुद्धि के बाहर हो गए हैं।

10. यौगिक प्रक्रिया: यौगिक प्रक्रिया कई प्रक्रियाओं से मिल कर बनती है। ये जटिल नहीं होती लेकिन बहुत सारी मात्रा में होती हैं। जैसे एक जंगल है। उसमें हजारों वृक्षों के समूह का बना हैं। उसमें एक वृक्ष को जानने से सारे जंगल को जान सकते हैं।

मौलिक प्रक्रिया

यदि सभी प्रक्रियाओं को मिला दें, तो एक बहुत बड़ी प्रक्रिया बन जायेगी जिसको मौलिक प्रक्रिया कहा गया है। सारा का सारा अनुभव एक मौलिक प्रक्रिया है। एक बहुत बड़ा प्रक्रियाओं का समूह है। हमारा सारा अनुभव प्रक्रियाओं का अनुभव है। क्योंकि यहां कुछ भी सरल नहीं है, कुछ भी स्थायी नहीं है, सब परिवर्तनशील है। जगत में परिवर्तन नियमबद्ध है। बारबार वही परिवर्तन होते हैं तो उन्हें प्रक्रिया कहा जाता है। और सारा का सारा जगत

एक तरह की प्रक्रिया है। सारा का सारा जगत एक प्रक्रिया है जिसको मौलिक प्रक्रिया कहा है।

मौलिक प्रक्रिया के वर्गीकरण में केवल दो प्रकार की दिखेंगी। एक प्रक्रिया है जो सृजन कर रही है। जो सरल नाद रचनाओं से जटिल नाद रचनाओं का निर्माण कर रही है। दूसरी विनाशकारी प्रक्रिया जो इसका ठीक उल्टा कर रही है विनाश कर रही है। जटिल नाद रचनाओं को सरल नाद रचनाओं में बदल रही है।

प्राचीनकाल में ये तीन भाग में वर्गीकृत था। पहला सृजन। दूसरा पोषण अर्थात बनाये रखना। तीसरा विनाशकारी। ये त्रिदेव के नाम से जानी जाती हैं। ब्रम्हा, विष्णु और महेश नाम दिया गया है जो बहुत प्रचलित है। ये प्रक्रियाएं चल रही हैं। हमारे ऋषिओं ने तीन भागों में बांटा था। ज्ञानमार्ग में कई भागों में बाँट दिया गया है। जितना अधिक वर्गीकरण करेंगे, उतनी हमारी समझ गहरी होगी।

ये सारी मौलिक प्रक्रियाएं हैं। इनको दो या तीन वर्गीकरण में समझ सकते हैं। ये ऊपर कहे गए कई प्रकार में देखी जा सकती हैं। ये शक्ति के रूप में भी देखी गयीं हैं। देवी कहा गया है। विनाशकारी प्रक्रिया के पीछे काली की अवधारणा बनाई गयी। जो सबका संहार करती है।

योगी का लक्ष्य होता है इन शक्तियों को साधना। सारी प्रक्रियाओं पर नियंत्रण करना। ये सारी मिलकर मौलिक प्रक्रिया है, जिसको चित्त विभाजित करता है। रेखा खींचता है। बटवारा करता है। जो की बुद्धि के द्वारा समझने में बहुत आसान हो जाता है। लेकिन वहां एक ही प्रक्रिया दिखेगी मौलिक प्रक्रिया। एक आश्चर्यजनक बात देखने को मिलेगी की इस मौलिक प्रक्रिया में एक विकासक्रम चल रहा है।

विकासक्रम

इस मौलिक प्रक्रिया में एक विकासक्रम चल रहा है। मौलिक प्रक्रिया शून्य में नहीं बदलती। ऐसा कभी नहीं हुआ की सृजन का पूरा का पूरा विनाश हो जाए। जो सृजन होता है वो जटिल बनता जाता है। उसमें एक विकासक्रम चल रहा है। ये चित्त का विकासक्रम है। यही मौलिक प्रक्रिया है। जो जीवों का विकासक्रम दिखाई देता है वो चित्त के विकासक्रम का ही एक छोटा भाग है। जो कोशिका से सरल जीव बनें, बड़े जीव बनें, जटिल जीव बनें और उसके बाद मनुष्य का जीवन बना। ये सारा विकासक्रम प्राचीन कल में अवतार कहा गया। जीव तरह तरह के रूप लेता है। अंतिम रूप पहले से काफी विकसित और जटिल होता है। इस प्रकार से विकासक्रम हम जगत में देखते हैं। जो चित्त के विकासक्रम का एक छोटा भाग है।

क्या है जो इस विकासक्रम के पीछे है। पृष्टभूमि में क्या है जिसका विकास हो रहा है। सभी अनुभव नाद रचनाएँ मात्र हैं। नाद रचनाओं का विकासक्रम हो रहा है। नाद रचनाओं का अध्ययन करें तो हमें विकासक्रम के नियम पता चलेंगे। सबसे स्पष्ट नियम ये है की यदि कोई नाद रचना अपना संगठन नहीं करे, तो विनाशकारी प्रक्रिया से वो नाद रचना समाप्त हो

जाती है। वो प्रकट से अप्रकट हो जाती है। उसका अंत हो जाता है। यदि आप नाद रचनाओं का एक समूह ले लें तो उसमें एक समूह संगठनकारी है, कुछ संगठनकारी नहीं हैं, तो आप देखेंगे कि कुछ समय बाद केवल संगठनकारी समूह रह गया अन्य सब नष्ट हो गए। अन्य रचनाएँ अप्रकट हो गयीं है। अव्यक्त हो गयीं हैं। इसीलिए आवश्यकता है कि उनका विकासक्रम हो। जो हर समय दिखेगा।

इसी प्रकार से चित्त का विकासक्रम भी चल रहा है, शरीर का विकासक्रम है और जगत का विकासक्रम भी है। विकासक्रम नाद रचनाओं की प्रवृत्ति का परिणाम है। यदि वो विकासक्रम न करें तो विनाश हो जाता है उनका। वही रचनाएँ प्रकट रहती हैं जो नियमबद्ध विकास की ओर अग्रसर हैं। विकासक्रम क्यों हो है? क्यों सृष्टि हो रही है रचनाओं की ? क्यों सारा अनुभव इस प्रकार से दिखाई देता है हमें। सृष्टि दिखाई देती है, उनका संरक्षण होता हुआ सा दिखाई देता है। उनमें एक तरीके की इच्छा है,प्रवृत्ति है, वासना है। स्वयं का संरक्षण करने की। विनाश क्यों होता है। नाद रचना परिवर्तनमात्र है। परिवर्तन नहीं होगा तो कोई नाद नहीं होगा , कोई प्रक्रिया नहीं होगी। यदि परिवर्तन होता है तो धीरे धीरे बदल जाता है। बदलना ही विनाश है। यदि कोई एक वस्तु दूसरी में बदल रही है तो पहली का विनाश हो जाता है दूसरी का निर्माण हो जाता है। विनाशकारी प्रक्रिया यही है एक रचना का दूसरी में बदलाव। प्राकृतिक रूप से हो रहा है क्योंकि नाद रचना के हृदय में, केंद्र में नाद है। शुद्ध परिवर्तन। कभी कभी वो परिवर्तन नियमित होने की बजाय अनियमित हो जाता है वो अप्रकट हो जाती है। विनाश हो जाता है उसका।

नश्वरता और दुःख

सृष्टि में ऐसा नहीं है कि केवल सृजन ही सृजन है, उसके साथ साथ विनाशकारी प्रक्रिया भी चल रही है। जो एक बार बन गया वो हमेशा नहीं रहता। परिवर्तन क्यों है ? इसका एक ही कारण है कि सृष्टि के हृदय में परिवर्तन है। सृष्टि की पृष्ठभूमि ही परिवर्तन है। जगत या कोई भी अनुभव हो उसके हृदय में परिवर्तन ही होगा। परिवर्तन के अतिरिक्त कुछ नहीं दिखेगा। थोड़ी देर के लिये ऐसा लगता है की अनुभव स्थायी हो गया है, लेकिन वो एक आभास मात्र है। जैसे हमारा शरीर है उसमें इन रचनाओं का बहाव है। नदी में एक भंवर होता है। लगता है भंवर स्थिर है, लेकिन वो बहुत तेजी से बदलती हुई एक रचना है। भंवर का मूल तेजी से बहता हुआ पानी है। उसका विनाश हो जाता है। और नए भंवर बनते रहते हैं। फिर अप्रकट हो जाते हैं। यही अस्तित्व है। जो अनुभव होता हुआ प्रतीत हो रहा है वो प्रतीति मात्र है। वो भंवर की तरह है, पानी के बुलबुलों की तरह है। पानी से बनते हैं, पानी में ही विलीन हो जाते हैं। यदि परिवर्तन न हो तो अनुभव भी नहीं होगा। यदि परिवर्तन है तो स्थायी नहीं होगा।

इसीलिए जगत माया है, जगत मिथ्या है। इसीलिए जगत पर आसक्ति या उसे सत्य मानना मूर्खता है। अज्ञान है। अज्ञान ही दुखों का कारण है। क्योंकि यहाँ तो कुछ बचता नहीं है। सब परिवर्तनशील है। नाद रचनायं है, जो कि आभास मात्र है, सम्भावना मात्र है परिवर्तन की। इसके पीछे भागना बहुत बड़ा अज्ञान है। बहुत बड़ी मूर्खता है।

योगी का काम है कि आसक्ति से अनासक्ति की ओर जाय। यही साधना अथवा परम साधना है। ज्ञानमार्ग में हम सीधे देख सकते हैं कि आँखों के सामने ये हो रहा है। क्योंकि आपने विभिन्न मान्यताएं अपने मन में बना रखी थीं, तरह तरह की बेवकूफियां सोच रखी थीं, इसीलिए आपकी आँखों पर माया का पर्दा पड़ गया था। ये अभी का अनुभव है। ज्ञानी को प्रत्यक्ष अनुभव होता है। ज्ञानी, योगी मुक्त है, उसे पता है क्या सत्य क्या असत्य है। उसका ज्ञान स्वयं सिद्ध है। उसकी आँखों के सामने है। उसे कहीं जाना नहीं पड़ता। सारे उपकरण हमारे अंदर उपलब्ध हैं, वो यहीं देख लेता है। मानव की योग्यता है देखने की कि माया क्या है कैसे काम करती है। उसकी पृष्ठ भूमि क्या है ? नाद रचनाएँ हैं। बिना किसी कष्ट के, बिना प्रयोग के, बिना कर्म के बैठे बैठे देख लेना। सिर्फ अनुभव पर देखना है। जगत के अनुभव का अध्ययन करना है बैठे बैठे। बिना मान्यताओं के, बुद्धि का उपयोग करना है, चित्त का उपयोग करना है। जगत के अनुभव की वास्तविकता आपके समक्ष आ जाएगी। गुरु का मार्गदर्शन मिले तो बहुत आसान हो जाता है। ज्ञान के बाद पता चलता है कितना सरल है, कितना तार्किक है, कितना सत्य है, सुन्दर है। आकर्षक सृष्टि हो रही है माया की। माया में एक सौंदर्य है। या अनुभव है। अर्थ का अनर्थ अज्ञान के कारण हो गया है। अज्ञान के कारण सृष्टि के सौंदर्य को आपने सत्य मान लिया है। आप उसके सही करने के पीछे पड़े रहते हैं। एक विशेष अनुभव के पीछे पड़े रहते हैं। जबकि ये सब नाद रचनाएँ मात्र है जो बदल रहीं हैं निरंतर।

मनुष्य जीवन का लक्ष्य

शरीर के ऊपर आसक्ति है। ये ध्यान नहीं रहता की शरीर प्रक्रियाओं का समूह है। नाद रचनाएँ मात्र है जो बदल रहीं हैं निरंतर। उसके अनुभवों का आनंद उठाने की बजाय, आप चिपके हुए हैं कि मैं ही शरीर हूँ। ये बहुत बड़ी मूर्खता है। दुःख का कारण है। नाद रचना है। यदि उसकी सृष्टि हो चुकी है तो उसके हृदय में है, परिवर्तन है, नाद है। उसका मूल परिवर्तन शील है। बदलेगा ही। आनंद उठाया तो भी बदलेगा, नहीं उठाया तो भी बदलेगा। ये प्राकृतिक है। दुःख का मार्ग भी स्वाभाविक है। ये दुःख ही आपको अध्यात्म में लाता है। महत्वपूर्ण है. यदि सुख ही सुख मिले तो माया में फंसे रहेंगे। उसी में लिप्त रहेंगे।

क्योंकि विनाशकारी प्रक्रिया चल रही है माया में लिप्त अज्ञान में ही जन्म लेते हैं और उसी में मृत्यु को प्राप्त होते हैं। मनुष्य जन्म में मृत्यु है। मृत्युलोक में आप हैं। विनाशकारी प्रक्रियाएं सामने दिखाई देती हैं। मनुष्य जीवन में मन है, बुद्धि है। इसको भी ज्ञान होता

है। मनुष्य जीवन में ये सम्भावना है जानने की कि ये जगत क्या है, मैं क्या है, शरीर क्या है, अस्तित्व क्या है। क्योंकि दुःख है यहाँ, पीड़ा है, मृत्यु है, भय है, विनाश है, यहां। प्रश्न आ जाता है कि ये सब क्यों हो रहा है। अधिकतर मनुष्य इसको वैसे ही नष्ट कर देते हैं बिना किसी अर्थ के। उनके जन्म का, जीवन का कोई अर्थ नहीं निकलता। क्योंकि अज्ञान है।

ज्ञानमार्ग पर मनुष्य जीवन सफल हो जाता है। क्योंकि बुद्धि का होना, यहाँ तक विकासक्रम में पहुँचना, मनुष्य अवतार लेना। इसका एक ही उद्देश्य है ज्ञान प्राप्ति। ज्ञान के माध्यम से मुक्ति। मनुष्य जन्म का उद्देश्य मनुष्य जन्म से मुक्ति है। एक बार मुक्ति हो जाती है तो आप सुख और दुःख के परे हो जाते हैं। न सुख बांध पायेगा न आपको दुःख से पीड़ा होगी।

ये था जगत के अनुभव का सारांश। जैसे जगत चित्त का एक भाग है, उसी प्रकार से मनुष्य जीवन भी चित्त का ही भाग है जिसे आने वाले अध्याय में।

अध्याय ८ "अनुभव: जगत, वस्तु, पदार्थ" समाप्त हुआ।

9

अनुभव : शरीर, कोश और इन्द्रियां;

अजीवित और जीवित रचनाएँ

नाद रचनाओं की स्तरीय संरचना से जगत बना है, वस्तुएं हैं। जगत वस्तुओं का संग्रह है। सब वस्तुओं में सबसे अद्‌भुत और आश्चर्य जनक, रोचक और जटिल वस्तु है हमारा और सभी जीवों का शरीर। जब सरल नाद रचनाएं अपना स्वयं संगठन बनाती हैं, अपनी प्रतिकृति बनाती हैं, हम उन्हें जीवन या जीवन्त कहते हैं। शरीर और सभी जीवों का शरीर उसी प्रकार से जटिल नाद रचना है। सबसे सरल शरीर एक कोषीय जीव या शरीर है, इसके हृदय में एक जटिल सी नाद रचना है, जिसको हम डी एन ए के नाम से जानते हैं। हमारा अनुवांशिक संकेत है। ये विभिन्न प्रक्रियाओं में लिप्त है, प्रजनन की, बढ़ने की, मृत्यु की क्षमता, छोटे से जीव में मिलती हैं। जो दिखता भी नहीं है।

अंतर केवल इतना है कि ये रचनाएँ काफी जटिल हैं, सक्रिय हैं, इनकी गति बाकी वस्तुओं से काफी तेज है। कोशिकाएं जीवन बहुत सरल ढंग से बिताती हैं। उनमें एक तरह के अंग होते हैं जो अंदरूनी होते हैं उनके। बहुत सरल होते हैं। मूल प्रक्रिया जो देखने को मिलती है बढ़ने की, प्रजनन की, अर्थात एक का दो बनना, और अपना संगठन करने की। केवल इतनी ही प्रक्रिया इसमें मिलेगी जो अपने आप में काफी जटिल है। जब इनका संगठन होता है, इनका विकासक्रम होता है, तो विभिन्न तरीके की संरचनाएँ और शरीर बनते हैं। विकासक्रम की विशेषता है कि जैसा वातावरण होता है, उसके अनुसार शरीर बनता जाता है, उसके अनुसार शरीर बदलता है। शरीर की बनावट और क्रियाओं में परिवर्तन होता है। ये है अनुवंशिक कार्यक्रम। और उसके हृदय में वो नाद रचनाएँ हैं जो स्वयं संगठन और प्रतिकृति बनाती हैं। जो जीवित वस्तुएं उनका अजीवित वस्तुओं से कोई भिन्नता नहीं है केवल नाद रचनाओं की जटिलता ही भिन्न है। अन्यथा सारी वस्तुएं एक ही तरीके की संरचना है, दो तरह की नहीं

हैं।

विकासक्रम में तरह तरह के शरीर बने हैं, हमारी रुचि है मानव शरीर में। मानव शरीर भी एक वस्तु है। ये छोटी छोटी कोशिकाओं का समूह है। कोशिकाएं मिल कर अंग प्रत्यंग बनाती हैं। ये एक संरचना में बंधे हैं। ये शरीर नाद रचनाओं की बड़ी जटिल रचना है। जो कि विकास क्रम की वजह से इतना जटिल, उपयोगी और विचित्र हो गया है। प्रकृति की अद्वितीय कृति है। कोशिकाओं का, अंगों का, और विभिन्न प्रक्रियाओं का एक जटिल समूह हैं। जो बहुत तेज गति से बदलता है। काफी सक्रिय है इसीलिए हम इसे जीवित वस्तु कहते हैं। ये शरीर स्तरीय संरचना है जैसे अन्य संरचना होती हैं।

शरीर की परतें

जटिलता		सूक्ष्म शरीर	जीवित
		स्थूल शरीर	
		तंत्र / प्रणालियाँ	
		अंग-प्रत्यंग	
		कोशिकाएं	
		अनुवांशिकीय संरचनाएं	
		आणविक संरचनाएं	अजीवित
		परमाणविक संरचनाएं	
		नादरचनाएँ	
		पराभौतिक परामानसिक रचनाएं	

शरीर की परतें

मानव शरीर परतों में बना है, शरीर की परतें कुछ अधिक हैं, वस्तुओं के मुकाबले। सबसे नीचे नाद रचनाएं हैं, उसके ऊपर अणु, परमाणु है, उसके ऊपर अनुवांशिक संरचनाएं, उसके ऊपर कोशिकाएं हैं। उसके ऊपर अंग प्रत्यंग हैं, फिर तंत्र प्रणालियां। उसके ऊपर हमें स्थूल शरीर। ये बहुस्तरीय अद्‌भुत रचना है। स्तरीय एवं जटिल नाद रचनाएं हैं ।

स्थूल शरीर की इन्द्रियां

शरीर का सबसे महत्वपूर्ण अंग हैं इन्द्रियां। ये भी बहुस्तरीय परतों वाली संरचना है। इनके मूल में नाद रचनाएं हैं, ये नाद रचनाओं से प्रतिक्रिया करती हैं। अनुभूति का निर्माण करती हैं। अनुभूतियों से ही अनुभव होता है। शरीर इनका घर है। यदि शरीर नहीं होगा तो इन्द्रियां अपने आप में कोई कार्य नहीं कर सकती। इन्द्रियां न बनेंगी, न बढ़ेंगी, न स्थिर रह पाएंगी। शरीर के कारण इनका अस्तित्व रहता है। शरीर नहीं तो इन्द्रियां भी नहीं। बाहर जो भी वातावरण से प्रतिक्रिया करती हैं ऐसी शरीर के ऊपर पांच ज्ञानेन्द्रियों- दृष्टि, गंध, श्रवण, स्वाद, और स्पर्श, सतह पर है। एक जगह सिर में इन्द्र स्थान है वहां अनुभूति एकत्रित होती है। एक में जुड़ती है। वही अनुभूति अनुभव का निर्माण करती हैं।

कर्मेन्द्रियाँ - इसके अतिरिक्त पांच कर्मेन्द्रियाँ भी बताई गयी हैं। प्राचीन ग्रंथों में इनका उल्लेख मिलता है। यदि जीव विज्ञान के अनुसार देखें तो कर्मेन्द्रियाँ मांसपेशियों का संचलन है। सारी कर्मेन्द्रियाँ मांसपेशियों की गति हैं। ये ही एक कर्मेन्द्रिय है। शरीर मांसपेशियों का संचलन ही कर सकता है।

पंच ज्ञानेंद्रियाँ वैसी की वैसी ही हैं, जो शास्त्रों में बताई गयी हैं। हर इन्द्रिय का एक अपना अनुभव है। अपनी अनुभूति हर इन्द्रिय बनाती हैं। जो इंद्र है, मस्तिष्क है, वो इन अनुभूतियों को एक में जोड़ता है। काफी महत्त्वपूर्ण भाग है इन्द्रियों की प्रणाली का। वही मस्तिष्क और स्नायुतंत्र आपकी मांसपेशियों को चलाता है। ये तंत्र एक महत्त्वपूर्ण स्तर है शरीर का। सबसे निचले स्तर पर कोशिकाएं हैं और तरह तरह के अंग हैं। तरह तरह की प्रणालियाँ हैं शरीर में जो विभिन्न कार्य करती हैं। इन्द्रियों का अपना एक स्नायुतंत्र है जो कि बाहर की स्थिति से हमें अवगत कराता है ।

बाहर से जो स्थूल शरीर दिखाई देता है, नाद रचनाओं का बना है। जिसको ज्ञानेन्द्रियों से अनुभव करते हैं, इसको स्थूल शरीर कहते हैं । जो दर्पण में दिखता है, जो सूक्ष्मदर्शी से भी आप देख सकते हैं, कुछ दूर तक। उसको स्थूल शरीर कहा गया है। योग में इसको अन्नमाया कोष भी कहा गया है, ये अन्न से बना है। ये काफी आश्चर्य जनक कृति है प्रकृति की। परतों में बनी हुई रचना है। ये बहाव है पदार्थों का। जो अन्न हम खाते हैं, पीते हैं, स्वांस लेते हैं, वो पदार्थ शरीर को बनाने के काम आता है। जो बेकार होता है वो शरीर से वातावरण में निकलता जाता है। बहुत जल्दी जल्दी ये पदार्थ बदलता है।

शरीर का तत्व पदार्थ नहीं है। शरीर का मूल तत्व उसकी संरचना है। यानि की सूचना है। ये संरचना अनुवांशिक संकेतों में बंधी होती है। तो जब प्रतिकृति, प्रजनन की क्रिया चलती है, तो दूसरे शरीर को बनाने में काम आती है। वातावरण के अनुसार परिवर्तन होते हैं। यही शरीरों का विकास क्रम है। इसी तरीके से विभिन्न जीवों के शरीर बनते हैं।

मेरे शरीर का, मेरे को कुछ अधिक अनुभव होता है। परंतु अन्यों के शरीरों का अनुभव अन्य वस्तुओं की तरह होता है। इसका कारण है कि मेरे शरीर की आंतरिक इंद्रियां और स्नायुतंत्र द्वारा, मुझे मेरे शरीर की अधिक अनुभूति होती है। आंतरिक इंद्रियां बाहरी इन्द्रियों से काफी अधिक 12 हैं। बाहरी इन्द्रियों के संकेत अंदरूनी इन्द्रियों में जुड़ जाते हैं। सभी इन्द्रियों का एक आंतरिक रूप भी होता है। स्नायुतंत्र से जुड़ा भाग ही हमे अनुभूतियाँ देता है। जैसे नाक के अंदर का भीतरी भाग ही है जो तरह तरह के गंध की अनुभूति कराता है। कहीं न कहीं बाहरी इन्द्रियां अंदरूनी इन्द्रियों में बदल जाती है। उनका बिजली के संकेतों से अनुभूति बनती है। यदि शरीर के आंतरिक अनुभवों को देखें तो पता चलता है की वो बाहरी अनुभवों से कहीं ज्यादा है।

सूक्ष्म शरीर की इन्द्रियां

बाहरी इंद्रियां आंतरिक इन्द्रियों से मिलती है और विद्युत तरंगो द्वारा अनुभूति प्रेषित करती हैं। शरीर जो बाहर से दिखता है केवल वो ही नहीं है। शरीर का अनुभव एक तरीके का आंतरिक अनुभव भी है। बाहरी अनुभव जो चलता फिरता है, दूसरे लोगों को दिखता है, दर्पण में दिखाई देता है। एक अंदरूनी शरीर भी है। जिसकी अनुभूति आंतरिक इन्द्रियों से होती है।

बाहरी इन्द्रियां मिला कर कुल सत्रह इन्द्रियां हैं। आंतरिक 12 इंद्रियां हैं, जो निम्न प्रकार से हैं:

1. संचलन: हमारी माँसपेशियां गति करती हैं, उनका सञ्चलन होता है। यदि आपकी आंखें, कान बंद भी हों, तो भी आपको अनुभव होगा ये मेरा हाथ हिल रहा है, पैर हिल रहा है, मैं बात कर रहा हूँ, जीभ हिल रही है। ये आंतरिक सञ्चलन की इन्द्रिय है। हमें पता चलता है की शरीर हिल रहा है, गति कर रहा है। इससे हमें संचलन का पता चलता है भले ही हम देख न पाएं इसको।

2. भार: उसके बाद शरीर के भार का पता चलता है। ये भी एक प्रकार से आंतरिक संवेदना है। आंतरिक इन्द्रिय के माध्यम से आ रही है। रोज के जीवन में शायद ही आप ध्यान दें, लेकिन पानी के अन्दर भार कम अनुभव होता है तो अच्छा लगता है। भिन्न लगता है, भार हीनता का अनुभव होता है। जब बीमार हो जाएँ, वृद्ध हो जाएँ, तो हमें भार अधिक लगता है। ये अंदरूनी संज्ञा है, संवेदना है।

3. पीड़ा: शरीर में पीड़ा होती है। हमें अंगों की पीड़ा भी अनुभूत होती है। बाहरी और अंदरूनी दोनों पीड़ा होती है। ये संवेदना सारा का सारा शरीर उत्पन्न करता है। पीड़ा होती है

सिर में या पेट में, उसकी अनुभूति इस आंतरिक इन्द्रिय से पता चलता है

4. संतुलन: कान का काम केवल सुनना नहीं है, शरीर का संतुलन बनाना भी कानों का काम है। ये भीतरी अंग है शरीर का। आपकी ऑखें बंद हैं फिर भी आपको पता चलता है की आप खड़े हैं, बैठे हैं, उठे हैं या लेटे हुए हैं। ये संतुलन की अनुभूति भीतरी इन्द्रिय से होती है। ये कानों के अंदर होती है।

5. तापमान: शरीर के तापमान की जानकारी मिलेगी। बाहरी वस्तुओं के तापमान की जानकारी त्वचा से मिलेगी। स्पर्श की भी इंद्री है। लेकिन तापमान स्पर्श नहीं है। ये एक भिन्न तरह की संवेदना है, अनुभूति है। स्पर्शमात्र नहीं है। इसकी नाद रचनाएँ त्वचा के अंदर होती हैं, बाहर नहीं होती, इसलिए आंतरिक इन्द्रिय है। थोड़ी देर के लिए उस चीज को छूना पड़ता है तो उसके तापमान की जानकारी मिलती है, ठंडा या गर्म। शरीर के अंदर का तापमान भी मिलता है लेकिन इतना नहीं।

6. भूख: आपके शरीर में पोषक तत्वों की कमी हो रही है तो आपको भूख की अनुभूति होती है। आपका खाने का मन करता है। अगर आप खाएं नहीं तो वो भूख पीड़ा में बदल जाती है। आपको लगता है की पेट में पीड़ा हो रही है। परन्तु भूख गले से शुरू होती है। एक तरीके की मानसिक अनुभूति है। अगर नहीं खाये तो पेट में पीड़ा होती है। पेट की मांसपेशियां जकड़ने लगती है क्योंकि खाना नहीं है पेट में। ये सूक्ष्म अनुभूति है।

7. प्यास: इसी प्रकार प्यास लगती है, जब शरीर में जल की कमी हो जाती है तो हमें प्यास की अनुभूति होती है। हमें जल पीना पड़ता है।

8. निद्रा: हमें नींद आने लगे या थकावट लगे तो उसकी एक विशेष अनुभूति होती है। जब दिमाग काम करना बंद हो जाता है। ये अनुभूति हमें सन्देश देती है कि सोने का समय है। ये चक्रीय प्रक्रिया है। एक निश्चित समय पर ये अनुभूति मिलेगी सोने के लिए। शरीर सोना चाहता है। उसके बाद वो काम करना बंद कर देता है। बाहरी काम बंद हो जाते हैं शरीर के। नींद आने की अनुभूति शास्त्रों में कहीं नहीं मिलेगी।

9. मल: यदि हमारे शरीर में मलाशय भर जाय तो एक अलग प्रकार की अनुभूति उत्पन्न होती है और हमें भागना पड़ता है मल विसर्जन के लिए। ये हमें आंतरिक इन्द्रियां बताती हैं।

10. मूत्र: इसी प्रकार से यदि हमारे शरीर में मूत्राशय अगर भर जाए तो एक अनुभूति उत्पन्न होती है तुरंत जाना पड़ता है, मूत्र विसर्जन के लिए।

11. थकावट: यदि नींद नहीं आ रही, बहुत भारी काम कर लिया है, भारी वस्तु उठाना, या बहुत अधिक चलना हो गया, तो आपको एक विशेष प्रकार की अनुभूति होगी, जिसे हम थकावट कहते हैं। अर्थात शरीर की ऊर्जा कम हो गयी है। और शरीर आपको संवेदना देता है थकावट का। विश्राम चाहता है। काम रोक दो।

12. काम वासना: उसके बाद है काम वासना की संवेदना। ये सूक्ष्म तरीके से होती है। मानसिक होती है। इसके बाद कर्मेन्द्रियों के द्वारा अनुभूति होगी। ये एक विशेष तरीके की संवेदना है। इसकी अलग इंद्री बना डाली है। ये शरीर में दिखाई देती है, शरीर में अनुभूत

होगी। प्रतीति शरीर में होगी। ये मानसिक लगेगी। ये रेखा खींचने में कठिन लगेगा की शारीरिक कहाँ है और मानसिक कहाँ है।

इन्द्रियों का संश्लेषण

इन्द्रियां शरीर में दिखाई देती हैं। इसकी प्रतीति शरीर में होगी। भले ही मन से शुरू होती है। सारी इन्द्रियों की संवेदनायें आपको मानसिक ही लगेंगी। आपको रेखा खींचना कठिन हो जाएगा कि मानसिक कहाँ है और शारीरिक कहाँ है। इन दोनों में आंतरिक इन्द्रियों के कारण, वो सीमा मिट सी जाती है। इसीलिए मन में एक भ्रम पैदा होता है कि ये जो अनुभूतियाँ हो रही हैं, मुझे मेरी हो रही हैं। तुरंत मन और चित्त इसको मैं कह देता है। इसकी सीमा स्पष्ट नहीं है।

जो भौतिक इन्द्रियां हैं उनकी सीमा बहुत स्पष्ट है कि बाहर वस्तुएं हैं, इन्द्रियां शरीर पर स्थित हैं। लेकिन जैसे ही आप इन्द्रियों पर गहराई से दृष्टि डालेंगे, बाहरी इन्द्रियों की संरचना आंतरिक इन्द्रियों में बदलती है। वहां पर भी सीमा बनाना या रेखा खींचना कठिन है। बाहरी इन्द्रियां अंदरूनी इन्द्रियों में बदल जाती है। अंदरूनी इन्द्रियां ऐसी हैं कि बताना भी कठिन हैं कि वो हैं कहाँ। जैसे संतुलन की इन्द्रियां कानों में स्थित है। भूख प्यास, मल मूत्र बता सकते हैं कहाँ हैं। लेकिन संचलन,भार,थकावट का बहुत कठिन है बताना की ये इन्द्रिय कहाँ होंगी। क्योंकि ये लगभग मानसिक है।

जो भी अनुभूतियाँ या अनुभव इन आंतरिक इन्द्रियों के कारण होता है, या आंतरिक भौतिक इन्द्रियों के कारण होता है उसको कह सकते हैं प्राणमाया कोष। ये भौतिक नहीं दिखाई देगा। लेकिन पूरी तरीके से अनुभव होता है इसका। प्राणमाया कोष वास्तविक यथार्थ अनुभव है। ये कोई अवधारणा नहीं है। जैसे अन्नमाया कोष अवधारणा नहीं है दिखाई देता है, वास्तविक है, एक वस्तु है। लेकिन प्राणमाया कोष को वस्तु कहना बहुत कठिन हो जाता है। लगभग मन है। इसकी सीमायें मन के अंदर तक जाती हैं। प्राणमाया कोष मन और शरीर के बीच कहीं बैठा है। इसकी अनुभूति आपको सीधी होगी। ये आपके समक्ष प्रत्यक्ष है।

जो लोग योग में जाते हैं उन्हें विभिन्न क्रियाएं कराई जाती हैं, जिससे वो प्राणमाया कोष का अनुभव कर सकें, उसपर थोड़ा बहुत नियंत्रण कर सकें। वस्तुओं पर हमारा नियंत्रण नहीं है, शरीर पर आंशिक नियंत्रण होता है। हम खा सकते हैं, पी सकते हैं,चल फिर सकते हैं,बोल सकते है। इसके अतिरिक्त बाकी गतिविधियां शरीर स्वयं कर रहा है। आपका अधिक नियंत्रण नहीं है। केवल आंशिक है। लेकिन प्राणमाया कोष पर थोड़ा अधिक नियंत्रण है। प्राणायाम से प्राणमाया कोष पर नियंत्रण बढ़ सकता है। जैसे योगासनों से अन्नमाया कोष पर नियंत्रण बढ़ाया जा सकता है, उससे उसकी ऊर्जा बढ़ाई जा सकती है, उसकी गति बढ़ाई जा सकती है। योगी आराम से २०० -३०० वर्ष तक जीवित रह सकता है, ये कहानी प्रचलित है। इतनी आयु न भी हो, परन्तु वो स्वस्थ रहता है। स्वस्थ बहुत सुन्दर शब्द है। संस्कृत में

शब्दों का सौंदर्य बहुत है। स्वस्थ यानि स्व में स्थित। यदि मैं स्वयं में स्थित हूँ तो स्वस्थ हूँ। शरीर स्वस्थ होता है तो शरीर की अनुभूति भी नहीं होती। वातावरण से इतना मिल जाते हैं कि बताना भी कठिन है कि मैं कहाँ, शरीर कहाँ। जो अस्वस्थ होते हैं, उन्हें शरीर की पीड़ा होती रहती है, तरह तरह के दर्द होते रहते हैं। शरीर पूर्ण रूपेण काम नहीं करता।

ऐसे ही योगी जो प्राणायाम को साध चुका है उसका प्राणमाया कोष पर बहुत अच्छा नियंत्रण हो जाता है। आपकी मानसिक स्थिति की प्राणमाया कोष में झलक दिखाई देगी। यदि आप प्रसन्न है, कोई उपलब्धि हो गयी है आपको। आप अपने प्रियजनों से मिलते हैं तो आपका मन आनंदित होता है। ये प्राणमाया कोष में दिखेगा। शरीर की प्रत्येक कोशिका में, आनंद छलकता हुआ दिखाई देगा। इसी प्रकार से यदि आपको डर लगे तो शरीर की हर मांसपेशी में आपको डर दिखेगा। इसका कारण है कि इन्द्रियों और मन का सम्बन्ध दो तरफा है। ऊपर से नीचे भी है, नीचे से ऊपर भी है। ये गलती न करें, विचार करने की, कि केवल इन्द्रियां मन को संकेत भेज रही हैं। मन भी इन्द्रियों को संकेत भेज रहा है। उसकी स्थिति का बहुत गहरा प्रभाव अन्नमाया कोष और प्राणमाया कोष पर पड़ता है।

ये अत्यंत रुचिकर विषय है कि प्राणमाया कोष पर नियंत्रण कैसे करें। किसी अच्छे गुरु के पास जाइये, वे आपको विभिन्न क्रियाएं सिखाएंगे। पहले प्राणमाया कोष का ज्ञान बताएंगे। धीरे धीरे उसका नियंत्रण आ जाये। एक बात स्पष्ट है की यदि आपका मन बिखरा हुआ है अस्वस्थ है तो कोई लाभ नहीं होगा। कोई नियंत्रण नहीं आएगा। मन्त्र का प्रभाव सारे कोशों पर पड़ता है। आसपास वातावरण पर पड़ता है। वस्तुओं पर भी पड़ता है। शरीर और वस्तुओं में ज्यादा भिन्नता नहीं है। वो सभी नादरचनाएँ हैं। शरीर की थोड़ी जटिल हैं विकासक्रम के कारण। आपके अनुवांशिक संकेतों तक इनका प्रभाव पड़ेगा। स्वयं प्रयोग कीजिये यौगिक क्रियायों का, या दूसरों के अनुभव जानिये। उनको क्या लाभ मिला है?

बारह आंतरिक इन्द्रियों का अनुभव हमको हो रहा है, पहले ध्यान नहीं दिया। पांच और मिलाकर कुल सत्रह हैं। योगी का अनुभव और विस्तृत होता है। उसे बहत्तर हजार नाड़ियों का अनुभव हो रहा है। योगी शरीर के छुपे हुए रहस्य बताएगा जो आम आदमी के ज्ञान में नहीं है। आध्यात्मिक शिष्य को भी उसका कोई ज्ञान नहीं है। क्योंकि प्राणमाया कोष पर आँख बंद कर के संयम का प्रयोग करें, तो आपको प्राणमाया कोष का गहन ज्ञान होगा। नाड़ियों इत्यादि का ज्ञान भी होगा। प्राणमाया कोष की अंदर से अनुभूति होती है। ये ज्ञान डॉ के पास नहीं मिलेगा। एक्स रे में नहीं आएगा। ये उसी तरीके से है जैसे भूख प्यास निद्रा किसी एक्स रे में नहीं दिखेगा। न ही किसी ई सी जी में काम वासना दिखती है। ये सब प्राणमाया कोष का भाग है। हमारा प्रत्यक्ष प्रमाण, प्राणमाया कोष तक है। जबकि भौतिक विज्ञानी विद्युत् तरंगों का बताएँगे। ये उपकरण मात्र है। ये कृत्रिम इन्द्रिय की तरह है। वो शरीर का भाग नहीं है। फिर भी वो बता सकती है की यहाँ विद्युत् भी है, गति भी है। लेकिन आपका आंतरिक उपकरण जिसको अन्तःकरण भी कहा गया है, वो आपको दिखायेगा प्राणमाया कोष उसकी सीधी अनुभूति होगी।

शरीर और अनुभवकर्ता

एक जगह आँख बंद कर के बैठ जाइये, प्राणायाम का प्रयोग कीजिये। प्राणमाया कोष का अनुभव कीजिये। आपको इसका ज्ञान होगा। प्रत्यक्ष अनुभव होगा। आपको इन बारह आंतरिक इन्द्रियों का रोज अनुभव होता है। परन्तु आप उसको प्राणमाया कोष नहीं कहते। आप उसको मैं कह देते हैं। अज्ञानवश इसको मैं कह देते हैं, मैं भूखा हूँ, मैं चल रहा हूँ, मुझे पीड़ा हो रही है। मैं थका हूँ। मैं जोड़ देते हैं। इसकी वजह से अनुभव खो जाता है मैं के अंदर, या अज्ञान में बदल जाता है। ध्यान दीजिये वो मैं नहीं है। अन्न माया कोष है। अनुभव है। अनुभूति मात्र है। ये माया है। केवल अन्न कोष कह सकते थे। लेकिन नहीं, ये अन्नमाया कोष है। अनुभव है। प्रतीति है। बनावटी है। नाद रचनाएं हैं पराभौतिक, परामानसिक। इन्द्रियों के माध्यम से भौतिक दिखाई देती हैं। माया है। इसी तरीके से प्राणमाया कोष। सारे कोष माया ही है। कोई भी अनुभव ऐसा नहीं है जो माया न हो। माया है। क्यों माया है? बदलता है इसलिए। क्यों बदलता है? नाद रचना है। नाद का काम ही बदलना है। जो बदलता है उसका वास्तव में कोई अस्तित्व नहीं है। ये हमारे अद्वैत में सत्य का मानदंड है। जो बदलता है वो असत्य है। जो नित्य है, नहीं बदलता वो ही सत्य है।

ये हमारा प्रत्यक्ष अनुभव है कि, ये कोष मैं नहीं हूँ। लोगों को भ्रान्ति है कि जो दर्पण में दिखाई देती है वस्तु, वो शरीर मैं हूँ। लेकिन वो बदलती रहती है। एक दिन बचपन में शरीर छोटा था, किशोर, वयस्क, वृद्धावस्था फिर मृत्यु को प्राप्त होगा। नश्वर है। जिसका जन्म होता है उसकी मृत्यु भी होती है। जो अनुभव है बदलता है। इन अवस्थाओं से होते हुए बदल रहा है। बड़ा कठिन हो जाएगा आपके लिए बताना कि मैं कौन सा शरीर हूँ। बदलते हुए शरीर में मैं कौन सा हूँ? पदार्थ आते जाते हैं शरीर में, मैं कौन सा पदार्थ हूँ? यदि मैं ढूंढने जाएंगे शरीर में, तो भिन्न अनुभव मिलेंगे। मैं नहीं मिलेगा। ये मान्यता है।

फिर कहेंगे कि मेरा शरीर विशेष है क्योंकि मुझे अतिरिक्त अनुभूतियों का भी अनुभव होता है। वहां मैं नहीं है। वहां बारह अनुभूतियां हैं जिसकी वजह से ये होता है। हो सकता है एक योगी आपको बीस या चालीस भी बता दे। क्योंकि आपने उसे मैं कह दिया है इसलिए आपको आवश्यकता नहीं लगती उसका अध्ययन करने की। आपने उसको मानसिक अनुभव मान लिया है। वो मानसिक नहीं है। भिन्न तरह का अनुभव मात्र है। बड़ा कठिन हो जाता है कहाँ सीमा है शारीरिक और मानसिक। इसीलिए शरीर को भी चित्त का ही एक भाग माना है। शरीर और जगत भी चित्त का ही भाग है। नाद रचना है। अलग अनुभव हैं। इन्द्रियां हैं। इनकी अनुभूति अलग अलग है। इसके कारण भ्रम होता है कि जगत अलग है, शरीर अलग है, प्राणमाया कोष अलग है, मन अलग है ऐसा वैसा। नहीं, अनुभव अलग है। भिन्नता अनुभवों में है। उनके यथार्थ में नहीं। उनके मूल में नहीं। एक ही चीज है। वह अनुभवकर्ता ही है। वही ब्रम्ह ही है जो बदल रहा है। मुझे मेरी ही अनुभूति भिन्न-भिन्न तरीके से होती है। उनको

सत्य मानना बहुत बड़ी भूल होगी।

कुछ लोगों की भ्रान्ति है कि शरीर बदलता रहता है लेकिन रचना तो वही रहती है। मैं तो वैसा ही दिखता हूँ जैसा पैदा हुआ था। हो सकता है आप थोड़ा बहुत वैसे दिखते हों लेकिन बिलकुल वैसा नहीं दिखते। थोड़ा बहुत मन और चित्त में क्या चीजें मिलती हैं इसकी स्मृति रखता है। इसलिए दस साल पहले वाला शरीर भी मैं ही हूँ, ऐसा लगता है। थोड़ा बहुत चेहरा मिलता है। लेकिन यदि किसी दुर्घटना वश चेहरा बदल जाये, तो आप नहीं बदलते, वही रहते हैं। मेरे होने का अहम भाव नहीं बदलता। आपका मूल, शरीर की रचना नहीं है। शरीर कैसा भी हो जाये, आप, आप ही रहते हैं।

पारिस्थितिक तंत्र

कुछ लोगों की मान्यता है कि शरीर की अनुवांशिक रचनाएँ मैं हूँ। लेकिन जैव वैज्ञानिकों की नयी खोज आयी है कि शरीर में ८० % कोशिकाएं अमानवीय हैं। मानव कोशिकाओं के अनुवांशिक संकेत उनमे नहीं मिलते। वो दूसरे जीव हैं, कीटाणु है। मनुष्य शरीर कोशिकाओं और कीटाणुओं का पारिस्थितिक तंत्र है। मैं तो शरीर नहीं हूँ। शरीर भी शरीर नहीं है। शरीर एक वातावरण है, तंत्र है, जिसमे कि ये छोटे छोटे जीव रहते हैं। आपकी कोशिकाएं छोटे जीव हैं, अपने आप में शरीर हैं वो। उनकी भी स्मृति है, मन है। ये बड़ी जटिल संरचना है, जिसे आप बिना सोचे समझे मैं कह देते हैं। अज्ञानवश। इसलिए शरीर को जानना आवश्यक है। जानने से पता चलता है की ये थोड़ी सी जटिल रचना है, आंतरिक अनुभूतियाँ भी मिल रही हैं। लेकिन मैं नहीं हूँ ये। अज्ञान दूर होते ही शरीर से आसक्ति छूट जाती है। आसक्ति ही दुखों का कारण है। मैं शरीर हूँ, ये मानना ही संसार है। जब तक शरीर है, तब तक जगत है। जो जगत है वो शरीर की ही एक अवस्था है। जब आपको शरीर का अनुभव होता है, तभी जगत का अनुभव हो रहा होता है।

इन्द्रियों की सीमा

शरीर से आसक्ति है। जीव शरीर के रूप में आता जाएगा और शरीर से बंधता जाएगा। इन्द्रियों का अनुभव बड़ा संकीर्ण है। थोड़ा बहुत पता चलता है कि बाहर क्या है। थोड़ा पता चलता है की अंदर क्या है। आंतरिक इन्द्रियां प्राणमाया कोष की इन्द्रिय हैं। उनसे जो अनुभव मिलता है वो बहुत ही संकीर्ण है। आपको कोशिका का, हर अंग प्रत्यंग का अनुभव नहीं हो रहा है। इनसे उतना अनुभव होता है जितना शरीर जीवित रहने के लिए आवश्यक है। उससे ज्यादा नहीं होता। जैसे पंचेन्द्रिय हैं, संकीर्ण हैं। वैसे ही आंतरिक इन्द्रियां भी संकीर्ण अनुभव देती हैं, पूरा अनुभव नहीं देती। जब तक शरीर से आसक्ति है तब तक शरीर से सीमित हैं। इन्द्रियों तक सीमित है आपका अनुभव। बहुत से लोगों की शिकायत है कि यदि मैं आत्मन हूँ, सारा अस्तित्व हूँ, तो मैं इस शरीर में क्यों पड़ा हूँ ? मुझे मेरा जो मनोशरीर यंत्र

है, उसी के द्वारा अनुभव क्यों होता है, उसी के द्वारा सारे जगत का, विश्व का अनुभव क्यों हो रहा है।

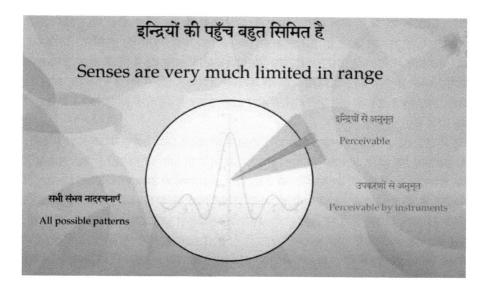

इन्द्रियों की सीमा

आसक्ति

क्यों आप शरीर के पीछे पड़े हैं? क्यों आसक्ति है शरीर से आपकी ? ये सही जवाब नहीं है। ये आसक्ति जीव की है। मेरी नहीं है। मुझे सिर्फ अज्ञान है। अनुभवकर्ता इसका साक्षी है। इसीलिए लगता है कि मेरा अनुभव सीमित है शरीर तक। जगत तक। अंदर की अनुभूतियों तक। क्योंकि आना जाना है, अहम् या मन डर जाता है कि अब तो मेरा जाने का समय आ गया है। क्योंकि शरीर परिवर्तित हो गया है। वो शरीर की तरह दिखता भी नहीं है। हाड़ मांस और त्वचा ही बची है। अब काम भी नहीं करता। बोलना भी कठिन हो गया है। दिखता भी नहीं है। इन्द्रियां भी क्षीण हो गयी हैं। बहुत डर जाता है। मृत्यु का डर। अज्ञानी का सबसे बड़ा डर मृत्यु का होता है। शरीर बचाने के लिए वो क्या नहीं करते ? शरीर को खिलाने पिलाने के लिए। वही जीवन है उनका। खाना, पीना, प्रजनन और शरीर को सुखी रखना। शरीर सुख, यही जीवन है। अज्ञानी का।

शरीर और मेरा स्थान

शरीर क्योंकि नश्वर है, कहाँ रहेगा? माया है। लोग बड़ा डर जाते हैं । थोड़ा भी सुख न मिले शरीर को, तो पगला जाते हैं, उनका मानसिक संतुलन खो जाता है। इसीलिए विभिन्न, विस्मयकारी मूर्खतापूर्ण कर्म उनके द्वारा होते हैं। क्योंकि मान बैठे हैं कि मैं शरीर हूँ। मानव जाति काफी नीचता की ओर चली गयी है। क्योंकि अज्ञान है कि मैं शरीर हूँ। शरीर वस्तु है। शरीर अनुभव है, इसकी अनुभूति होती है जैसे बाकी वस्तुओं की होती है। उसका अर्थ ये नहीं कि वो मैं हूँ।

मैं वो हूँ जो शरीर का अनुभव करता है। बहुत लोगों की ये भ्रान्ति है शरीर के अंदर हूँ कहीं। वो इसलिए कि इन्द्रियां शरीर के अंदर हैं। जो अनुभूतियाँ आपको हो रहीं हैं ऐसा लगता है कि शरीर के अंदर हो रही हैं। क्योंकि वो एक जगह मस्तिष्क में जमा होती है। वहां अनुभूति का केंद्र है, जिसको चक्र कहा गया है, इंद्र कहा गया है। इंद्र के कारण हमें जगत की अनुभूति होती है। उसको निकाल दें तो नहीं होगी। शारीरिक इन्द्रियां चाहे बाहरी हों या आंतरिक हों, उस केंद्र इंद्र से जुड़ी हैं, वहां अनुभूति हो रही है, इसलिए लगता है कि मैं भी वहीं हूँ। ऐसे वैज्ञानिक प्रयोग हुए है की उपकरणों के द्वारा अनुभूति का स्थान बदल दिया जाता है। शरीर में भी, यहाँ तक की दूसरे कक्ष में भी स्थान हो सकता है। आपका शरीर एक कक्ष में है , कैमरा और माइक्रोफोन दूसरे कक्ष में लगा दिया जाये, तो अनुभूति का स्थान बदल जाता है।

तो ये भ्रम मात्र है, अवधारणा मात्र है, अवधारणाओं में फंसे हुए हैं। अपने गुरु से कभी पूछा नहीं कि क्यों अनुभूति होती है शरीर के अंदर रहने की। शिक्षण संस्थाओं में तो इनकी चर्चा भी नहीं होती। उनको ये भी नहीं पता कि आंतरिक इन्द्रियां भी होती हैं। उनको वही शरीर पता है जो बाकी लोगों को दिखता है। ये कहीं नहीं सिखाया जाता।

योग मार्ग पर आपको शरीर का अधिक ज्ञान होगा। अलग-अलग तरीके के शरीर उन्होंने बना रखे हैं जिन्हें कोष कहते हैं। कोष का अर्थ है जहाँ चीजें रखी जाती हैं। वहीं से कोशिका शब्द निकला है, कोशिकाओं से ही ये शरीर बना है। मैं शरीर हूँ, इसके अंदर हूँ, ये अनुभूति इन्द्रियों के कारण होती है। ये मान्यता बनी हुई है की मैं शरीर के अंदर हूँ, मृत्यु के बाद बाहर निकल जाऊँगा। ये मानना मूर्खता है।

मेरा प्रत्यक्ष अनुभव है कि शरीर मेरे अंदर है। सारे के सारे शरीर अन्नमाया, प्राणमाया, इत्यादि सब मेरे अंदर हैं। जैसे की सारा जगत मेरे अंदर है। जगत का अनुभव अनुभवकर्ता के अंदर है। अनुभवकर्ता उसकी पृष्ठभूमि है। वैसे ही शरीर के अनुभव की भी है। क्योंकि आपकी दूरी नहीं है। वस्तुओं के अनुभव से लगता है ऐसा। वस्तुएं टूट जाएँ तो आपको दर्द नहीं लगता। लेकिन शरीर में कोई टूट फूट हो जाए तो लगता है, क्योकि उसकी आंतरिक इन्द्रियां बताती हैं की हानि पहुंची है, तो आपको लगता है कि ये मैं हूँ। शरीर मन के बहुत पास है।

जिनका मन के साथ जुड़ाव होगा उनका शरीर के साथ भी हो जाता है अपने आप। ये मूलभूत अज्ञान है कि मैं शरीर हूँ, शरीर के अंदर हूँ। हमारा प्रत्यक्ष अनुभव है कि शरीर अनुभव है, और अनुभवकर्ता के अंदर है। मान्यता ठीक इसके विपरीत है। माया है। माया सीधा को उल्टा कर देती है। सारा जगत शीर्षासन कर रहा है। माया के कारण विभिन्न मान्यताएं लोग बना लेते हैं।

ज्ञानी का कार्य है इसको, मान्यताओं को नष्ट करना। ज्ञानमार्ग पर जो हैं उनको सीधा अनुभव होता है। सीधा इसलिए की जगत, शरीर, आंतरिक अनुभूति सब अनुभव हैं। ये मेरी पृष्ठभूमि में हो रहा है। मैं नहीं तो ये सारे अनुभव नहीं। जो मूल है मेरा, वो वो है, जो अनुभवकर्ता है। जो साक्षी है अनुभवों का, वो मैं हूँ। मैं शरीर का साक्षी हूँ, अंदरूनी प्रक्रिया जो चल रही हैं, उनका भी साक्षी हूँ।ये वही प्रक्रियाएं हैं जो जगत में चल रही हैं। वही चक्रीय, संगठनकारी, स्वायोजनकारी, प्रतिकृति, विनाशकारी, आंशिक, बाध्य, कलनीय, जटिल और यौगिक, वैसी ही, वही के वही प्रक्रिया चल रही है। शरीर में भी मिलेगी, आंतरिक शरीर में भी मिलेगी। मन में, चित्त में भी मिलेगी। प्रक्रियाओं का मूलभूत ज्ञान यदि हो गया तो अनुभवकर्ता और अनुभव को अलग करना आसान होगा। योगी को ये सारी प्रक्रियाएं पता होती हैं। योगी इन प्रक्रियाओं को नियंत्रित करता है। शरीर को नियंत्रित करना असंभव है। प्राणमाया कोष को नियंत्रित करना असंभव है। प्रक्रियाओं का नियंत्रण संभव है। यदि आपको ये पता ही नहीं है कि ये किसकी प्रक्रिया है,और किस में हो रही है? तो नियंत्रण संभव नहीं है।

इसीलिए एक आम व्यक्ति शरीर का गुलाम है, उसका सेवक है। सारा जीवन शरीर की सेवा करता है। अन्नमाया कोष और प्राणमाया कोष को प्रसन्न रखने का प्रयास करता रहता है। शरीर से आसक्ति हो जाती है क्योकि सारे अनुभव शरीर से ही आ रहे हैं। योगी का काम है इस शरीर से छुट्टी करना। या फिर रूचि के अनुसार, वो शरीर को इतना जोड़, तोड़, मोड़ देते हैं कि ये उनके नियंत्रण में आ जाता है। एक बार शरीर आपके नियंत्रण में आ जाय तो शरीर आपका सेवक हो जाता है। आप शरीर के मालिक हो जाते हैं। अभी तक आप शरीर की गुलामी कर रहे थे। थोड़ी दर्द हुई ये गोली खा लो। शरीर को ही स्वयं मैं मान लिया। इससे बड़ी गुलामी क्या है कि जेल को ही अपना तत्व मान बैठा हूँ। इस बंधन का ये बड़ा कारण है। आप शरीर और जगत से मुक्त नहीं हैं। ये कारण है अज्ञान का। इसके पीछे हैं तरह तरह की मान्यताएं। जो परिवार, समाज, शिक्षक, मित्र आपको देते हैं। यहां तक कि वैज्ञानिक भी मान्यताएं थोपते हैं।

शरीर और मुक्ति

वैज्ञानिक, डॉ भी कहेंगे कि शरीर तुम हो। कल फिर से आ जाना हॉस्पिटल। तुम्हारा इलाज कर देंगे। आपको कोई डॉ नहीं मिलेगा जो कहेगा कि मैं तुम्हारे शरीर का इलाज कर दूंगा। बहुत कम है ऐसे। योगी कहता है ऐसे। उस की भाषा यही है। मुझे अपने शरीर पर नियंत्रण

चाहिए। अन्नमाया कोष पर नियंत्रण चाहिए। मैं इसकी गुलामी नहीं कर सकता। जब तक ये है, ये मेरे नियंत्रण में रहेगा। जब तक प्राणमाया कोष है ये प्राण मेरे नियंत्रण में रहेगा। इसीलिए ये योगी और योगमार्ग श्रेष्ठ है।

ज्ञानमार्ग थोड़ा उसी प्रकार से है। लेकिन उसमें थोड़ा और आसान हो जाता है। ज्ञानमार्ग कहता है की ये माया है, नश्वर है, जाना है, इसका क्या नियंत्रण करेंगे? नियंत्रण की आवश्यकता ही समाप्त। छूटना है एक दिन, तो आज ही छोड़ दो। लेकिन अज्ञान गहरा है, इतनी जल्दी छुट्टी नहीं होती। जबसे चित्त है, जीव है तबसे अज्ञान में ही है। एक रात में कैसे छूटेगा। आपको ज्ञान हो गया। लेकिन कल फिर शरीर बन के घूमेंगे। जगत को ही सत्य मानेंगे। क्योंकि उसके पीछे भार है, गति है अज्ञान की, जो कि शरीर पर आधारित है। ज्ञानी को नियंत्रण की चिंता नहीं होती। जा रहा है तो जाने दो। माया है। ज्ञानी का कार्य है अनासक्ति बनाना शरीर से। ठीक है बड़ा अच्छा अनुभव है, अद्भुत अनुभव है। जबतक है उसका आनंद उठाऊंगा, नहीं है तो जाने दो। जबतक पीड़ा नहीं होती चलने दो जैसा है। यदि उससे आनंद मिलता है, कोई बात नहीं, मिलता होगा। दुःख मिलता है तो कोई बात नहीं, मिलता होगा। अंदरूनी इन्द्रिय है बताती होगी यहाँ पीड़ा है, वहां पीड़ा है। ज्ञानी शरीर से परे हो जाता है। हर तरह के शरीर से परे हो जाता है। ये एक प्रकार की साधना है। रोज ये बात ध्यान में लानी है की ये शरीर भी अनुभव है। जबतक ठीक चल रहा है चलने दो। उसके बाद नमस्ते। उसके बाद शरीर लेने की सोचना भी मत। बस मुक्ति। छुट्टी हो जाएगी। मुक्ति तभी होगी जब अनासक्ति होगी। अनासक्ति तभी होगी जब ज्ञान होगा। ज्ञान तभी होगा जब आप प्रयोग करेंगे। जब आप प्रत्यक्ष दर्शन करेंगे, ये सब क्या है? ये सारे अनुभव क्या है ? प्रश्न चिन्ह लगाएंगे। ज्ञान होगा।

मूल बात ये है कि आपको भले ही न पता हो कि शरीर क्या है? कोशिका क्या है ? अनुवांशिकी क्या है ? ये नाड़ी क्या है? ये प्राण क्या है? प्राणवायु क्या है ? ये सब जानने की आवश्यकता नहीं है। लेकिन ये जान लें की हर तरीके का शरीर, अनुभव मात्र है। आता है जाता है। माया मात्र है। चित्त निर्मित है। इतना जान लें, अनासक्ति हो जायेगी। यदि ये ज्ञान हमेशा स्मरण रखते हैं, याद रखते हैं तो चित्त परिवर्तित होने लगता है। अनासक्ति के कारण चित्त मुक्त कर लेता है स्वयं को। आपको मुक्ति इस प्रकार से मिलेगी।

लेकिन यहां एक बात ध्यान रखना है कि आप तो हमेशा से ही मुक्त हैं। आप अनुभवकर्ता हैं, अस्तित्व हैं। अस्तित्व को कौन बांध सकता है। तो जो मुक्त होता है वो चित्त है, जीव है। चित्त की मुक्ति चित्त का विनाश है। अब जो है ही नहीं, उससे उसकी क्या मुक्ति?

मुक्ति अर्थात दुःख से मुक्ति। दुःख का कारण जगत या शरीर है, शरीर से आसक्ति, दूसरे शरीरों से आसक्ति। मन से आसक्ति, मन की स्थितियों से आसक्ति। जीव से मुक्ति, मन से मुक्ति, ये ज्ञानी के लिए बड़ी बाधा है।

प्रश्नोत्तर:

संसार की सबसे जटिल वस्तु है मानव शरीर। जो डरता है, वो मन है। आप मन के साक्षी हैं। डर भी एक अनुभव है। अनुभवकर्ता देखता है मन को डरते हुए। मैं डरता हूँ, कहना सही नहीं है। डर का अनुभव है कहना ज्यादा सही होगा। डरता है तो डरे। उससे मृत्यु टल नहीं सकती। आपके पास दो विकल्प हैं। या तो सारा जीवन डर-डर कर बिताइए, कि मैं मरने वाला हूँ। या मृत्यु को स्वीकार कीजिये कि मृत्यु जब आएगी तब आएगी। और जो होगा उसका मैं दर्शन करूँगा। यदि कुछ नहीं रहेगा तो कोई बात नहीं, मैं भी नहीं रहूँगा। यदि कुछ रहेगा अनुभव, तो प्रत्यक्ष प्रमाण मिलेगा कि शरीर आना जाना है। आपकी मानसिक स्थिति मृत्यु के समय बहुत शुद्ध होनी चाहिए। पूरी चेतना में शरीर छोड़ना अच्छा रहता है। क्योंकि वो अनुभव आपके मन पर छप जाएगा। आजकल लोग डर और दुःख के वातावरण में मरते हैं। दवाओं के प्रभाव में रहते हैं। बेहोशी की हालत में रहते हैं। यदि थोड़ी साधना करें चेतना बनाये रखने की, और डर निकाल कर फेंकने की। डर-डर कर देखने से आयु कम ज्यादा नहीं होगी। डर लगे तो यही विचार करना चाहिए की मन को ज्ञान नहीं है की मरने के बाद क्या होता है, इसलिए डर रहा है बेचारा। जिन्हे चेतना नहीं है उनका शीघ्र पुनर्जन्म हो जाता है। जो चेतना में शरीर छोड़ते हैं, जिनको आत्मज्ञान हो गया है, वो थोड़ा नियंत्रण रख पाते हैं।

उस समय स्मृति में ये लाना है कि मन को डर लगता है। या डर-डर कर जिऊँ या साधना करूं, अपनी चेतना बढ़ाऊं। अपनी समाधि को साधूँ । उसका अनुभव लूँ । ओशो ने कहा है कि मृत्यु का समय उत्सव का समय है। शरीर बड़ी चीज है, इतनी जल्दी छुट्टी नहीं मिलेगी।

शरीर माया है, इसको स्वयं ढूंढें। इसका विश्लेषण करें। तो जल्दी विरक्ति हो जाती है। शरीर आपको नियंत्रित नहीं करता। इसकी गुलामी समाप्त हो जाती है। ज्ञान से ही शरीर छूटेगा, उससे आसक्ति छूटेगी। ज्ञान से ही मन पर नियंत्रण होगा। भय से मुक्ति होगी। और आप अनुभवकर्ता पहले से ही शुद्ध, बुद्ध मुक्त हो। साक्षी हो। चाहे मृत्यु हो चाहे जन्म हो।

अध्याय 9 “अनुभव: शरीर, कोश और इन्द्रियां” समाप्त हुआ।

10

"अनुभव: मन, अहम्, बुद्धि, चेतना"

स्मृति

स्मृति, मन का आधार है। मन का अनुभव एक विशेष प्रकार का अनुभव है जो व्यक्तिनिष्ठ होता है, ये इतना सूक्ष्म है कि शारीरिक इन्द्रियों से दिखाई नहीं देता। मन भी स्तरों में निर्मित है। मन की रचना परतों में है, मन कोई एक वस्तु नहीं है जिसका अनुभव हम करते हैं। ये कई नाद रचनाओं का, कई परतों का, कई प्रक्रियाओं का अनुभव है जिसे हम एक नाम देतें है "मन"। मन वास्तव में बहुत सी मानसिक प्रक्रियाओं का एक मिला जुला अनुभव है। ये मानसिक रचना एवं संरचना है, जिसकी चर्चा आगे करते हैं।

जगत का अनुभव नाद रचनाएँ हैं। शरीर का अनुभव भी नाद रचनाएँ हैं। शारीरिक आंतरिक अनुभवों का मूल भी नाद रचनाएँ हैं। बदलती हुई नाद रचनाएँ। इसी प्रकार से मन का आधार भी नाद रचनाएँ ही हैं।

इन्हीं नाद रचनाओं में एक विशेष प्रकार की नाद रचनाएँ हैं जिन्हें हम स्मृति कहते हैं। स्मृति मन का आधार है। स्मृति एक विशेष प्रकार की नाद रचना है, नाद रचनाओं का एक वर्ग है जो अन्य नाद रचनाओं से प्रभावित होती है। अर्थात जब स्मृति की नाद रचना दूसरी नाद रचनाओं के संपर्क में आती है, तो दूसरी नाद रचनाएँ स्मृति की नाद रचनाओं पर एक छाप छोड़ती है, जिसे हम संस्कार भी कहते हैं। जैसे गीली मिट्टी पर चलें, तो पैरों का प्रभाव मिट्टी पर पड़ता है । पैर गीली मिट्टी के संपर्क में आते हैं, तो मिट्टी पर पैरों की छाप छूट जाती है। संस्कार छूट जाता है। स्मृति मिट्टी शब्द से ही बना है। ये संस्कृत के मृ शब्द से बना है जिसका अर्थ है मिट्टी। जिस तरह से मिट्टी की तख्ती पर लिख सकते हैं, एक कागज पर कुछ लिख सकते हैं, उसी तरह स्मृति पर भी हमारे अनुभव अपनी छाप छोड़ते हैं। एक लेख स्मृति पर छूटता है, स्मृति अनुभव का एक अभिलेख है। ये लेख वापिस पढ़ा जा

सकता है। स्मृति वो नाद रचना है, जिस पर अनुभव अपना संस्कार बनाते हैं। यही स्मृति, मन का आधार है।

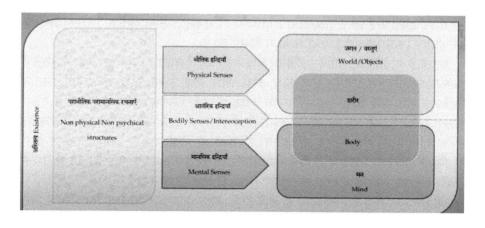

अनुभव के प्रकार

मन

मन नाद रचनाओं का एक सुव्यवस्थित संघटन है । शारीरिक इन्द्रियां हैं, अंदरुनी इंद्रियां हैं, मानसिक इंद्रियां हैं ये सभी स्मृति पर छाप छोड़ते हैं। इसे अनुभूति कहते हैं। स्मृति इन्द्रिय जनित अनुभूतियों का अभिलेख है। एक संग्रह है। स्मृति स्थिर नहीं है। स्मृति में कई प्रक्रियाएं चल रही हैं, ये वहीं प्रक्रियाएं हैं, चक्र में चल रही हैं, स्वयं संगठन, विनाशकारी इत्यादि। मन कई रचनाओं का संगठन है। मन कई रचनाओं, स्मृतियों से बना है, स्मृति की प्रक्रियाएं चलती हैं। मन स्मृतियों से बना है, उसमें मानसिक प्रक्रियाएं, स्मृति की प्रक्रियाएं चल रही हैं। मन मेरे अन्दर नहीं है। सिर में नहीं है, भ्रम होता है। जो आपको सिर में अनुभूति होती है, जब आप ऑखें बंद कर लें, या कुछ सोचना शुरू कर दें, या कल्पना में डूबे हुए हैं, तो आप किसी न किसी प्रक्रिया की अनुभूति कर रहे हैं। किसी न किसी मानसिक इन्द्रिय के माध्यम से, और ऐसी कई भावनाओं, प्रक्रियाओं, संवेदनाओं की आपको अनुभूति होती है। ऐसा भ्रम होता है की मन मेरे अंदर कहीं है। लेकिन उनका कोई स्थान नहीं होता। वो मानसिक अनुभव है। वस्तुओं का स्थान होता है, मन का कोई स्थान नहीं होता। मन स्थान के परे है, इसलिए यथार्थ के बहुत करीब है।

मानसिक इन्द्रियां

जो भी आपको मानसिक अनुभव होते हैं, वो मानसिक इन्द्रियों के कारण अनुभव होते हैं। ये मानसिक इन्द्रियां हैं जो स्मृति की गतिविधियों को अनुभूति में बदलती हैं, जिनका अनुभव हमें होता है। मानसिक इंद्रियां दो भागों में विभाजित है:

पहली है भावेन्द्रियाँ, जोकि विभिन्न भावनाओं को दिखाती हैं। भाव जो मन में उठते हैं उनकी अनुभूति हमें देती हैं। भय, काम, क्रोध, लोभ, मोह, ईर्ष्या, मान, शोक, हर्ष, इत्यादि विभिन्न भावनाओं की अनुभूति जिन के द्वारा होती है, जिनके माध्यम से होती है, जिस रचना से होती है, उसे हम भावेन्द्रियाँ कहते हैं। ये रचना आपको कहीं देखने को नहीं मिलेगी। इन्द्रियों का स्वयं का अनुभव नहीं होता। इन्द्रियां जो दिखा रहीं है, उनका अनुभव होता है। किसी रचना के माध्यम से ही इन गतिविधियों का हमें अनुभव होता है। जो शारीरिक संवेदनाओं को, मानसिक भावों को दर्शाती हैं उनको भावेन्द्रियाँ कहा है।

लेकिन मन में केवल भावनाएं ही नहीं होतीं, बहुत कुछ और भी चल रहा होता है जैसे की स्मरण, पिछली स्मृतियों का ज्ञान। कल्पना, स्वप्न, वैदेहिक अनुभव, यानि की शरीर के वो अनुभव जिसमें काफी सारे आध्यात्मिक अनुभव भी आते हैं। आपके विचार, वासनाएं, इच्छाएं इत्यादि। ये सारे अनुभव भी हम मन के वर्ग में ही डालते हैं। ये कह सकते हैं की ये किसी मानसिक, आंतरिक, सूक्ष्म इन्द्रियों के कारण हो रहे हैं। जिनको स्मृति जनित परिवर्तनों की संवेदना कहा है। ये इन्द्रियां स्मृतिजनित परिवर्तनों को दर्शाती हैं। भावनाओं के अतिरिक्त या शारीरिक संवेदनाओं के अतिरिक्त जो भी मन में हो रहा है, वो इसके अंदर आता है। दूसरे तरीके की इन्द्रियां हैं।

हम और भी इन्द्रियों की कल्पना कर सकते हैं। लेकिन अभी के लिए इन्हें दो भागों में बाँट दिया है। ये काफी बड़े भाग हैं, और छोटे विभागों में बाँट सकते हैं। जो भावनाओं की इन्द्रियां हैं, वो भावनाएं दिखाती हैं। जो शारीरिक और मानसिक गतिविधियों की सीमा पर हैं करीब करीब। अर्थात उनका शरीर में भी अनुभव होता है। जैसे भय दिख रहा है तो शरीर में भी दिखाई देगा उसका प्रभाव। यदि ईर्ष्या का भाव दिख रहा है तो उसका प्रभाव भी आधा शरीर और आधा मन पर दिखाई देता है। भाव का शरीर पर इतना प्रभाव पड़ता है कि भय आपके चेहरे पर, आपकी आँखों पर दिखाई देता है। आपके वचन पर भी दिखाई देता है। यदि आप प्रसन्नचित्त हैं तो आपकी भाषा, वचन कुछ और ही होंगे। आपकी वाणी कुछ और होगी। आपके शरीर के हावभाव बदल जाते हैं। और अगर आप दुखी हैं तो कुछ और ही प्रभाव आपके शरीर पर, बाहरी व्यक्ति को देखने को मिलेगा। उनकी अनुभूति भी आधी शारीरिक आधी मानसिक होती है।

ये भावनाएं विभिन्न तरह की मानसिक प्रक्रियाओं को जन्म देती हैं, कर्मों को, क्रियाओं को जन्म देती हैं। सभी को अच्छे से इसका ज्ञान है। ये आपका प्रत्यक्ष प्रमाण है कि ये अनुभूतियाँ आपको होती हैं। क्यों होती है क्योंकि कुछ मानसिक इन्द्रियां हैं जो इन अनुभवों

को दर्शाती हैं, जिस प्रकार से शारीरिक इन्द्रियां शारीरिक अनुभवों को दर्शाती हैं। और भौतिक इन्द्रियां जगत के अनुभवों को दिखाती हैं।

जब भावेन्द्रियाँ स्मृति में चलने वाली इन प्रक्रियाओं के संपर्क में आती हैं तो हमें भावनाओं का अनुभव होता है। ऐसे ही स्मृति जब वापिस पढ़ी जाती है उस पर इनका अनुभव होता है। स्मृति से नई कल्पनाएं रची जाती हैं, स्मृति के आधार पर कल्पना का अनुभव होता है जो कि शारीरिक इन्द्रियों से जो अनुभव होते है उनकी एक तरीके की छवि मात्र होती है। दृश्यों की कल्पना भी हम कर सकते हैं स्मरण कर सकते हैं। ध्वनि का भी स्मरण कर सकते हैं। ध्वनि की कल्पना कर सकते हैं आदि आदि। ये ही सारी संवेदनाएं दिखाई पड़ती हैं। थोड़ा सा भिन्न तरह का अनुभव होता है, लेकिन कह सकते है कि उन्हीं इन्द्रियों से अनुभव आ रहा है जहाँ से कल्पना और स्मरण का आ रहा है। हमारी भावनाएं हैं और शारीरक इन्द्रियों से जनित जो अनुभव हैं वही स्मृति में लिखे होते हैं, वही स्मृति में अंकित होते हैं, वही स्वप्न में दिखाई देते हैं जो कि स्मरण और कल्पना का एक मिश्रण सा होता है। और सारे कई अनुभव हैं जो इन वर्गों में नहीं आते लेकिन उनका भी इन्द्रियों के अन्तर्गत वर्गीकरण हम कर सकते हैं। जैसे कि विचार हैं, या किसी दृश्य के बारे में होते हैं, या आपने कुछ कहा, उसके बारे में होते हैं। या कुछ कहने की कल्पना कर रहे होते हैं। आपकी वाणी में कुछ फीकी सी छवि आपको दिखाई देगी। आपकी जो इच्छाएं, वासनाएं जो हैं स्मृति से उठती हैं, विचारों के रूप में, या कल्पनाओं के रूप में दिखाई देती हैं। इन्हीं से आपके कर्म होते हैं। कर्मेन्द्रियों तक इसे शरीर की विभिन्न प्रणालियों के द्वारा पहुँचाया जाता है।

तो करीब करीब इन्द्रियां एक ही तरीके की हैं केवल उनकी मात्रा कम या अधिक होती है। आपको जो दृश्य आँखों से दिखाई देता है आप केवल उसी का स्मरण कर सकते हैं थोड़ी देर। उसके बाद बहुत कम मात्रा में उसकी अनुभूति होगी। आप उसी की कल्पना कर सकते हैं जो थोड़ी और कम हो जाती है। वही आपको स्वप्न दिख सकता है जो उसका बिगड़ा हुआ रूप होगा, कल्पना से भरा हुआ होगा। जो वैदेहिक, अनुभव होंगे दृश्य दिखाई दे सकते हैं परन्तु थोड़ा तीव्र होगा, आपको अधिक मात्रा में वो अनुभूति होगी। यदि विचार आप करतें हैं घटनाओं के बारे में, सभी इन्द्रियों की संवेदनाओं का मिश्रण सा रहेगा। कम या अधिक मात्रा में हो सकता है। तो ये इन मानसिक इन्द्रियों का कार्य है। जो भी आपको मन के अनुभव हो रहे हैं, मानसिक इन्द्रियों के द्वारा हो रहे हैं। कई तरीके की इन्द्रियां हैं, मन की रचना परतों में है। जैसे जैसे मन का विकासक्रम होता गया। उसमें नई नई परतें विकसित होती गयीं। ये रचना बनती गयी। ये स्वयं संगठित प्रक्रिया है। ये है विकासक्रम। मनुष्य में ये अधिक विकसित है।

मन की परतें

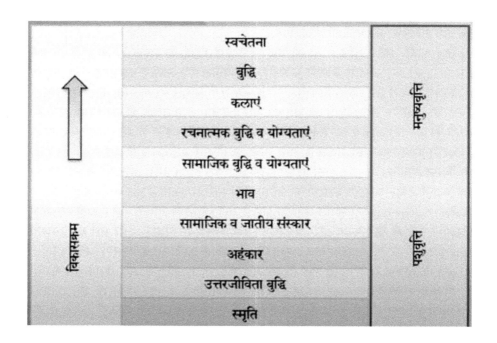

मन की परतें

मन का विकासक्रम, मनुष्य में काफी विकसित है। इसका आधार स्मृति है। स्मृति हर वस्तु में होती है। जड़ वस्तुओं में और जीवित वस्तुओं में भी होती है। पौधों, छोटे जानवरों, बड़े जानवरों से लेकर के मनुष्य तक, सब में स्मृति होती है। स्मृति कोई एक वस्तु नहीं है। मन की हर परत की एक स्मृति होती है। स्मृति काफी जटिल रचना है। स्मृति और स्मृति की वृत्ति, स्मृति की प्रक्रिया एक ही रचना है। स्मृति गतिशील होती है इसीलिए उसी को प्रक्रिया कह देते हैं। इन प्रक्रियाओं को हम वर्गों में बाँट सकते हैं। परतों में इसको दिखा सकते हैं। जैसे जैसे नयी परतें बनती गयीं, मन की नई योग्यता विकसित हुई, वो एक के ऊपर एक परतों में बनती गयी। इसी प्रकार से हम इसे समझ सकते हैं।

सबसे निचली परत स्मृति की स्वयं की है। स्मृति मूलभूत आधार है मन का। स्मृति के बिना मन नहीं हो सकता। स्मृति अपने आप में नाद रचनाएँ मात्र हैं। जो कि भौतिक इन्द्रियों की सीमा के बाहर है। इसीलिए हम उसे मानसिक कह देते हैं। मानसिक इन्द्रियों के पूरी तरह अंदर है। वो स्मृति मन का आधार है।

जब एक प्राणी जीवन जीता है तो उसे कई प्रकार के अनुभव होते हैं। क्या उसके जीवन के लिए उपयोगी है, क्या अनुपयोगी है ? उसके लिए क्या संकट का कारण है ? खाना कहाँ मिलेगा ? दूसरे जानवरों से कैसे बचना है ? क्या व्यवहार करना है, ये सारे संस्कार स्मृति में छप जाते हैं, अपने आप। जैसे जैसे प्राणियों का विकास होता है, उनकी शारीरिक स्मृति में, उनकी भौतिक स्मृति में ये संस्कार छप जाते हैं। तो जब उनका प्रजनन होता है तो प्राणी उन संस्कारों के साथ जन्म लेता है। उसको कहीं सीखना नहीं पड़ता, क्या खाना है? कैसे खाना है? क्या नहीं खाना है? कैसे उड़ना है? इत्यादि। उसमें उस तरह की बुद्धि होती है, जिसको उत्तरजीविता की बुद्धि कहा गया है। अर्थात वो बुद्धि जो स्मृति में पहले से ही अंकित है और प्राणी को जीवित रखती है। मनुष्य में भी होती है। सबसे निचली परत वही है। नवजात शिशु इस बुद्धि के साथ पैदा होता है, उसको सीखना नहीं पड़ता कैसे रोना है, कैसे साँस लेना है? कैसे दूध पीना है? ये सारे कार्यक्रम उसकी स्मृति में पहले से होते हैं। पैदा होते ही उसकी क्रिया शुरू हो जाती है। ये उत्तरजीविता की बुद्धि की परत है।

जैसे जैसे हम बड़े होते हैं हमारे अंदर मैं होने की भावना का जन्म होता है। शरीर के साथ एक पहचान हो जाती है। एक व्यक्ति का जन्म होता है, अर्थात शरीर और मन को मैं कहने लगता हूँ। जो भी शरीर और मन नहीं है, वो मैं नहीं हूँ। ऐसे दो भाग बना दिए जाते हैं। ये काम है मन की एक परत का जिसको हम अहम् कहते हैं। वो परत जो अहम को जन्म देती है उसे अहंकार की परत कहते हैं। अहंकार की परत का एक बहुत ही उपयोगी काम है कि जो प्राणी के लिए आवश्यक है जो जीवन के लिए आवश्यक है, जो उसका सार है, जो महत्त्वपूर्ण है, उसको एक वर्ग में बाँटना और जो ये सब नहीं है उसे दूसरे वर्ग में रखना। या मैं, या तो जो मैं नहीं। मन में चलने वाली एक प्रक्रिया है जिसको अहंकार की प्रक्रिया कहते हैं। इस प्रक्रिया के कारण मनुष्य का, प्राणी का जीवित रहना संभव हो जाता है।

उसमें ये बुद्धि आ जाती है कि मेरा शरीर कौन सा है दूसरों का कौन सा है ? मैं क्या हूँ? वस्तुएं क्या हैं ? भूख का अनुभव हो रहा है तो खाना किस शरीर को मिलना चाहिए। यदि दर्द का अनुभव हो रहा है तो किस शरीर को बचाना है? दवा देनी है। रक्षा करनी है। ये सारी बुद्धि, क्रियाएं सीख जाता है और इसी को हम अहम भाव कहते हैं, अहंकार की भावना कहते हैं। मेरे होने की भावना, यानि जो जीवन के उपयोगी होने की भाव को एक वर्ग में डाल देता है और मैं का नाम दे देता है। ये है अहंकार की क्रिया।

इसके ऊपर आते हैं सामाजिक और जातीय संस्कार। जब एक प्राणी दूसरे प्राणियों के साथ मेलजोल करता है, क्रिया प्रतिक्रिया करता है। दूसरों के साथ क्या व्यवहार करना है? कैसा व्यवहार करना है ? दूसरे उसके साथ व्यवहार करते हैं तो क्या प्रतिक्रिया करनी है ? अपने को एक जाति का भाग मानना, एक जाति का जो अपने जैसा दिखते हैं, जो अपने जैसा बोलते हैं। स्वयं की जो भाषा है स्वयं की जो मान्यताएं हैं आदि, उसी तरीके के होंगे तो ये प्रक्रिया अपनी जाति मान लेती है। कैसा व्यवहार करना है उस जाति में ये मनुष्य या पशु सीख जाता है उस समूह में रह कर। उस समाज में रहकर, उस जाति में रहकर। इस तरह

के जो संस्कार पड़ते हैं स्मृति में उसको सामाजिक और जातीय संस्कार की मन की परत में रखा गया है।

मानव अगर अकेला रहे तो ये संस्कार नहीं आएंगे। न चलना, फिरना, न खाना, न पीना, न कपड़े पहनना, समाज में दूसरों के साथ क्या व्यवहार करना है नहीं आएगा। तो एक तरह की सामाजिक बुद्धि होती है स्मृति में, जो समाज में रहकर, समूह में रहकर बन जाती है। काफी कुछ इसमें शरीर में पहले से ही अंकित रहता है। तो सारे जातीय संस्कार शरीर में बने बनाये आते हैं। मन में पहले से लिखे होते हैं। पैदा होते ही वो अपना काम शुरु कर देते हैं।

इसके ऊपर एक परत है जो भावनाओं की है। यानि की वो मानसिक क्रियाएं जो भय, क्रोध, राग, द्वेष, सुख,दुःख आदि के नाम से जानते हैं। जो की मानसिक स्थितियां मात्र हैं। लेकिन इसकी अलग परत होती है जो कम विकसित प्राणियों में नहीं पायी जाती। अधिक विकसित प्राणियों में मिलती है। उनमें मनुष्य भी एक है। इन भावनाओं का काम है विभिन्न तरह की क्रियाओं को जन्म देना, विभिन्न कर्मों को जन्म देना। ये शरीर को चलाती हैं। मन शरीर का मालिक है। वो भावनाओं के माध्यम से शरीर में क्रिया करता है। भावनाएं एक तरह की प्राचीन प्रक्रियाएं हैं मन में। जो कि जानवरों और पशुओं में भी पायी जाती हैं। मनुष्य में भी हैं। ये नौं रसों में पायी जाती हैं। जब ये शरीर के माध्यम से व्यक्त की जाती है तो नौं रसों में दिखाई देती है। ये प्रक्रियाएं, भावनाएं, उस प्राणी का कैसा स्वभाव, और उसकी सामाजिक स्थिति , व्यवहार के कारण जन्म लेती हैं। यदि मैं अपने शत्रु को देखता हूँ तो क्रोध या भय उत्पन्न होता है। यदि परिवार जनों को देखता हूँ तो प्रेम उत्पन्न होता है। यदि भूखा हूँ, खाना देखता हूँ तो लोभ उत्पन्न होता है। ये सारे भाव इस शरीर को चलाते हैं। इस शरीर को गति देते हैं। प्राणी हों या मनुष्य, भावनाओं के द्वारा नियंत्रित होता है। शरीर में कुछ प्रक्रियाएं अपने आप चलती हैं, साँस लेना या हृदयगति या अन्य प्रक्रियाएं। जो मानसिक भावनाओं की वजह से चलती हैं। ९०% ऐसा होता है की यदि कोई व्यक्ति कार्य करता है तो उसका कारण मानसिक भावनाएं होती हैं।

भावनाओं के ऊपर की परत है सामाजिक बुद्धि की योग्यताएं। हमेशा हम अपनी भावनाओं के नियंत्रण में, स्वामित्व में, कार्य नहीं कर सकते। भावनाओं के प्रभाव में कुछ कर्म कर देते हैं, तो विपरीत परिणाम आ जाते हैं। यदि मैं क्रोधित होकर किसी को मार दूँ तो उसके मेरे लिए अनअपेक्षित परिणाम हो सकते हैं।

मनुष्य समाज में रहकर सीख जाता है कि ये नहीं करना है, ये विवेक बुद्धि की योग्यता प्राप्त कर लेता। यदि किसी मनुष्य की सामाजिक बुद्धि और योग्यता विकसित है, तो वो समाज में आसानी से रह लेते हैं। समाज में काफी सफल होते हैं। सामाजिक सीढ़ी पर ऊपर चढ़ते हैं। आपके नेतागण, आपके प्रतिष्ठित लोग, धनवान लोग। जो की न केवल स्वयं की भावनाओं और कर्मों को नियंत्रण करना जानते हैं, बल्कि दूसरों की भावनाओं और कर्मों को भी नियंत्रित करते हैं। इसीलिए उनको प्रभावशाली नेता, शक्तिशाली कहा जाता है। केवल शरीर का बल ही नहीं, सामाजिक बुद्धि भी आवश्यक है। समाज में प्रतिष्ठा चाहते हैं, ऊपर

उठना चाहते हैं तो ये परत, सामाजिक बुद्धि और सामाजिक योग्यता की, विकसित होनी चाहिए। ये अनुभव से आती है। यदि आपकी बुद्धि तेज है तो बहुत जल्दी सीख जायेंगे। क्या अनुभव करना है, लोगों को कैसे नियंत्रित करना है। इसमें काफी प्रक्रियाएं मन में चलती हैं, कुछ अच्छे कर्म होते हैं, कुछ बुरे भी होते हैं। कुछ लोग योग्यताओं के बल पर लोगों को नियंत्रित करते हैं और उनसे ऊपर उठते हैं।

कुछ लोग छल कपट और झूठ बोल कर भी ये करते हैं। ये भी एक प्रकार की योग्यता है। लेकिन इतनी अच्छी योग्यता नहीं है। मनुष्य में ये सामाजिक बुद्धि की मात्रा काफी विकसित है। इसलिए मानव समाज काफी विकसित हैं। मनुष्य, जानवरों के मुकाबले जीवित रहने में, काफी सफल है, क्योंकि अधिक विकसित समाज में रहता है, बुद्धि विकसित है। कुछ लोगों में ये अधिक विकसित है, बहुत सफल हैं। अपना जीवन अन्य लोगों की अपेक्षा बहुत अच्छे से बिताते हैं।

इसके ऊपर रचनात्मक बुद्धि और रचनात्मक योग्यता की परत है। अर्थात ऐसी बुद्धि जो नया रचे। जैसे की नयी भाषा सीखने की योग्यता। एक तरीके की सामाजिक योग्यता है दूसरे जो कहते हैं उसे सुनना और सुनाना। भाषा की कला है उसकी योग्यता है। लेकिन नयी भाषा सीखना या कई भाषाएँ सीखना एक तरीके की रचनात्मक योग्यता है। कोई नया अविष्कार करना, कोई नया यंत्र बनाना। कोई नयी कला सीखना, या उसी कला में नयी रचनाएँ करना, ये अपने आप में एक विशेष बुद्धि है जो कि केवल मनुष्यों में पायी जाती है, पशुओं की बुद्धि केवल सामाजिक बुद्धि तक सीमित होती है। अधिकतर मनुष्य एक दूसरे की नक़ल कर के सीखता है। लेकिन कुछ बुद्धिमान मनुष्य कुछ नया रचनात्मक कार्य करते हैं। जितना भी सामाजिक विकास हुआ है मनुष्यों की रचनात्मक बुद्धि से ही हुआ है। जो भी समाज में आप विज्ञान या व्यावहारिक, सामाजिक या आर्थिक उन्नति देखते हैं, वो रचनात्मक बुद्धि के कारण है। कुछ लोगों की तीव्र बुद्धि होती है, वो नए नए तरीके निकालते हैं जीवित रहने के। बाकि लोग उनकी नक़ल करते हैं। सारा समाज उन लोगों के कारण आगे बढ़ता है। ये मन की काफी विकसित परत है कलात्मक बुद्धि की, जो मनुष्यों में ही पाई जाती है।

इसके ऊपर की, मन की परत है उसे कलाओं का नाम दिया गया है। अर्थात ऐसी कलाएं जिनका उत्तरजीविता से कोई सम्बन्ध नहीं है। लेकिन बहुत उत्तम तरीके की बुद्धि उसमें लगती है। जैसे संगीत, चित्रकारी, शिल्पकला, वास्तुकला, नाट्यकला इत्यादि। ये ऐसी कलाएं हैं जिनके बिना मनुष्य जीवित रह सकता है। लेकिन मनुष्य की एक पहचान है कि वो न केवल जीवित रहता है, वो जीवन को एक कला भी बना देता है। हम यदि केवल काम चलाने के लिए, जीवित रहने के लिए बोलते हैं तो वो भाषा है। जब उसे कला की तरह उपयोग करते हैं तो वो कविता है। यदि जो मेरे साथ हुआ वो बताते हैं तो वो सूचना है। यदि उसी को कला बना देते हैं तो वो कथा है, कहानी है, सिनेमा है। ये योग्यता काफी विकसित है और केवल मनुष्यों में पायी जाती है। ये मन की परत है कला की।

कला के भी ऊपर, मन की एक परत है जिसे बुद्धि कहते हैं। आम लोग जिसे बुद्धि कहते हैं, या बुद्धिमानी, ये कला के ऊपर की परत है। जिसमें ज्ञान विज्ञान, पढ़ाई लिखाई, कुछ नया सोचना, नया करना, बहुत तेज प्रज्ञा, बहुत तीव्र समझ, जिन लोगों में होती है, हम कहते हैं कि ये बहुत बुद्धिमान हैं। गणित, विज्ञान, अभियांत्रिकी का ज्ञान, और कई तरह के उन्नत विषयों का ज्ञान जिनमें होता है, उनमें ये बुद्धि की परत काफी विकसित होती है। ज्ञान से बुद्धि बढ़ती है, बुद्धि से ज्ञान बढ़ता है। प्रश्नों के उत्तर देना, घटनाओं के कारण खोजना, नए नियमों को ढूंढना, प्राकृतिक नियमों को ढूंढना, प्रकृति को अपने वश में करना, जटिल से जटिल स्थितियों में भी जीवित रहना, ये सारी योग्यताएं, उन्नत बुद्धि की वजह से आती हैं। कलाएं आवश्यक नहीं हैं जीने के लिए, लेकिन ये विकसित है इसलिए मनुष्य उसका उपयोग करता है। काफी सारे ज्ञान का जो बुद्धि से निकला है उसका हम जीवन में भी उपयोग करते हैं। जो जीवन में विकास हुआ है अभियांत्रिकी का, या तंत्र का विकास हुआ है, वो बुद्धि की परत के कारण है। जिसमें अध्यात्म भी आ जाता है, योग, दर्शन, परलौकिक ज्ञान भी सम्मिलित है, जो बुद्धि की सीमा के अंदर है। विकसित मनुष्यों में बुद्धि की परत काफी विकसित होती है।

लेकिन मन का एक छोटा सा भाग है जो बुद्धि की परत के भी ऊपर है जिसको स्वचेतना कहा गया है। स्वचेतना अर्थात अपने होने का ज्ञान, इसका मन, जगत या शरीर से अधिक सम्बन्ध नहीं है। ये वो ज्ञान है जो बताता है कि मैं अनुभवकर्ता हूँ, आत्मन हूँ। मेरे होने की चेतना स्वचेतना है। या जो मेरे कर्म हैं, अनुभव हैं, उनको एक मानसिक परत कह सकते हैं, ये ज्ञान कि मैं वस्तुओं का, शरीर का, मन का साक्षी हूँ, ये एक तरह की चेतना है, स्वज्ञान है, जो की बहुत ही विकसित मनुष्यों में मिलता है।

जैसे जैसे विकासक्रम होता गया, नई परतें बनती गयीं। जो निचली परतें हैं, उनसे जो व्यवहार निकलता है, उनसे जो कर्म होते हैं, हम उन्हें पशुवृत्ति भी कहते हैं। ऊपरी परतें जो हैं, उनसे जो कार्य निकलते हैं, उनसे जो कर्म होते हैं, वचन निकलते हैं उन्हें हम मनुष्य वृत्ति कहते हैं।

केवल जीवित रहना, खाना, पीना, सोना, प्रजनन, या फिर अहंकार, समाज में किसी तरह से गुजारा करना, अपने शत्रुओं को मारना, मित्रों को बचाना, अपनी जाति के लोगों को बचाना ये सारा पशुवृत्ति में आता है। क्योंकि पशुओं में भी इतनी ही वृत्ति विकसित होती है।

इसके ऊपर जो है भावनाएं, सामाजिक बुद्धि ये पशुवृत्ति और मनुष्य वृत्ति के बीच में है। कलाएं, बुद्धि और चेतना ये मनुष्य की वृत्ति में आती है। यदि ये नहीं है तो वो मनुष्य करीब करीब पशु है। बस बोलता है, कपड़े पहनता है, थोड़ा बहुत दिखावटी व्यवहार कर देता है समाज में, मनुष्य होने का। इसलिए मनुष्य दिखाई देता है। लेकिन मन ९०% पशु की तरह है। ऐसे मनुष्य जो पशुवृत्ति में लीन हैं, वो अधिक मात्रा में हमारे समाज में हैं।

इस पृथ्वी पर, जो सही मायने में मनुष्य हैं, वो बहुत कम मात्रा में हैं। इसीलिए मनुष्य का विकासक्रम अभी भी चल रहा है ऐसा हम कहते हैं, मनुष्य अभी पूरी तरह से विकसित

नहीं हुआ है। क्योंकि मनुष्य वृत्ति के लिए मन की प्रभावकारी परतें है वो अभी भी विकसित हो रही हैं। सबमें दिखाई नहीं देती।

मन का आधार स्मृति और प्रक्रियाएं

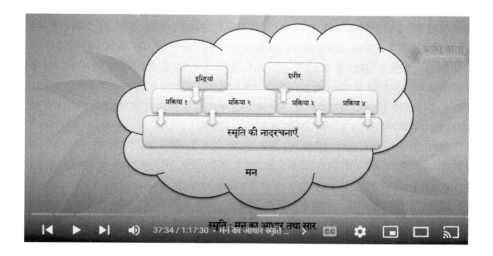

स्मृति मन का आधार तथा सार

मन की प्रक्रियाओं पर दृष्टि डालें कि मन कैसे काम करता है? मन की विभिन्न परतें अपना अपना काम कर रहीं हैं। विभिन्न परतों की अपनी-अपनी स्मृति होती है। स्मृति स्वयं कोई एक परत नहीं है। सारा मन स्मृति आधारित है। स्मृति मन की नींव है। विभिन्न स्मृतियों से विभिन्न प्रक्रियाएं उत्पन्न होती हैं। विभिन्न प्रक्रियाओं से विभिन्न प्रकार के आचार, विचार, व्यवहार, वाणी, उत्पन्न होते हैं। एक मनुष्य कभी-कभी क्रोधित, भयभीत और क्रूर दिखाई देता है। वही मनुष्य अगले दिन दयावान प्रेम पूर्वक व्यवहार कर रहा होता है। ये गुत्थी आप परतों के कार्य प्रणाली का अध्ययन कर के सुलझा सकते हैं। आपको परतों का ज्ञान हो गया है। मनुष्य जब नीचे की परतों का उपयोग करता है, तो क्रोधित होता है, मारता, पीटता है। या फिर काम वासना में लिप्त होता है।

जब आवश्यक होता है तब वो अपनी रचनात्मक बुद्धि का उपयोग भी कर रहा होता है। मनुष्य का व्यवहार बहुत जटिल है क्योंकि उसका मन बहुत जटिल है। उसके मन में इतनी सारी प्रक्रियाएं चल रही हैं, कि उसके व्यवहार का पूर्वानुमान लगाना बहुत कठिन है।

इसीलिए मनोविज्ञान अपनी तरह का एक अलग ही विज्ञान है।

प्राचीन काल में मनोविज्ञान में बहुत कार्य हुआ था। इस काल में इतना नहीं दिखाई देता क्योंकि विज्ञान में सारा का सारा केंद्र भौतिक विज्ञान पर ही है। विज्ञान भौतिकता तक ही सीमित हो गया है। इसलिए मनोविज्ञान का कोई विकास नहीं हुआ। इसके लिए मन का अध्ययन आवश्यक है।

मन की जटिल संरचना है और इसमें कई प्रकार की प्रक्रियायें चल रही हैं। जितनी प्रक्रियायें शरीर में नहीं चलती, जगत में नहीं चलती, उससे अधिक तरह की प्रक्रियायें मन के अंदर चलती हैं। इनके आपस में भी सम्बन्ध होते हैं। एक दूसरे पर प्रभाव डालती हैं।

सबसे पहली प्रक्रिया है संवेदन संसाधन, अर्थात शरीर से जो भी संवेदन आ रहे हैं, शारीरिक इन्द्रियों से जो संवेदन आ रहे हैं, जो सूचनाएं आ रही हैं, उनका संसाधन करना। यानि कि अगला क्या निर्णय लेना है, अगला क्या कर्म है, अगली कौन सी क्रिया करनी है, ये सारा कार्य मन करता है। इसकी विभिन्न परतें करती हैं।

दूसरा अनुभूतियाँ, अनुभूतियों को मन जन्म देता है विभिन्न तरीके की इन्द्रियों से। शारीरिक इन्द्रियों को एक जगह एकत्र करता है, मानसिक और अंदरूनी इन्द्रियों को एक जगह एकत्र करता है, और उनको एक अनुभूति में बदलता है।

तीसरा है स्मरण यानि जो भी स्मृति में अंकित है, आपकी स्मृति में लिखा गया है, आपके अनुभवों के प्रभाव से, उसको वो दुबारा पढ़ सकता है। जिसको हम स्मरण की प्रक्रिया कहते हैं।

कल्पना, स्मृति में कुछ बदलाव करके पढ़ा जाय तो वो कल्पना हो जाती है. भविष्य का अनुमान लगाना हो तो कल्पना करते हैं। रचना करनी हो तो कल्पना करनी पड़ती है, जो पुराने अनुभव पर आधारित है, उसमे जोड़ तोड़ करके नया अनुभव गढ़ सकता है। मन की विलक्षण योग्यता है।

शिक्षण प्रशिक्षण, इसी तरीके से मन सीख सकता है दूसरों की नक़ल करके या अपने ही प्रयोगों द्वारा, अपने ही व्यवहार से क्या करने से क्या फल मिलता है। या मुझे कुछ फल चाहिए या कुछ प्रभाव चाहिए तो क्या करना पड़ेगा। ये सारा प्रशिक्षण वो ले सकता है, शिक्षण वो ले सकता है जो कि स्मृति पर नए संस्कार डालने के बराबर है।

अहंकार, बहुत महत्त्वपूर्ण प्रक्रिया है मन की। मेरे मैं होने का भाव, भावनाएं।

उत्तरजीविता के लिए संस्कार पहले से मौजूद हैं स्मृति में, इसी के कारण ये शरीर चलता है। यदि आप समाज में न रहें, पूरी तरह से असामाजिक हो जाएँ, तो भी आप जीवित रहेंगे। उसका कारण है उत्तरजीविता के संस्कार।

किसी बात का निर्णय लेना, कर्म करने का निर्णय लेना, चुनाव करना, आपकी पसंद, नापसंद ये सारी प्रक्रियाएं स्मृति के कारण हैं। कोई चुनाव करके आपको अच्छा अनुभव हुआ, सुख का अनुभव हुआ तो आपकी पसंद बन जाता है, यदि अच्छा अनुभव नहीं था पीड़ा या दुःख होता है तो आपकी नापसंद बन जाता है। उस अनुभव के कारण स्मृति में

पसंद नापसंद का संस्कार छप जाता है। ये भी एक प्रकार की प्रक्रिया है आप क्या पसंद क्या नापसंद करते है क्या निर्णय लेते हैं, ये सारा स्मृति में पहले से जो संस्कार बने हैं, उसके आधार पर होता है ये प्रक्रिया है।

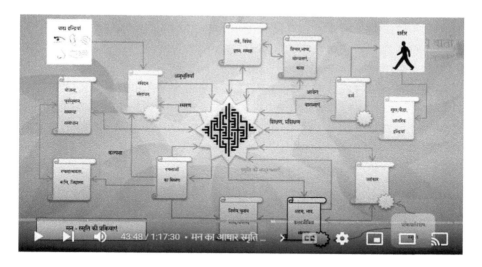

मन का आधार स्मृति और प्रक्रियाएं

इसके बाद रचनात्मकता, रूचि, जिज्ञासा, कुछ जानने की जिज्ञासा, या कुछ कार्य करने की रूचि, या फिर कुछ नया करने की इच्छा, ये रचनात्मकता है। तो कुछ बातें रुचि पूर्ण लगती हैं सुखदायी होती हैं। जो बातें सुखदायी नहीं होती वो अरुचिकर लगती है। इसके बारे में आप नहीं जानना चाहते, अपना समय नहीं देना चाहते। ये आपकी स्मृति में क्या है उसपर निर्भर करता है।

योजनायें बनाना, पूर्वानुमान लगाना, जटिल समस्याओं का समाधान करना, एक प्रकार की बुद्धि है, योग्यता है। ये भी स्मृति आधारित प्रक्रिया है।

तर्क, विवेक, ज्ञान, समझ जिसको बुद्धिमत्ता भी कहा जाता है, वो मानसिक प्रक्रियाएं हैं जो आपकी स्मृति में क्या है, आपका शिक्षण प्रशिक्षण क्या है, आपका अनुभव क्या है जीवन का, उसके द्वारा मिलती है। तार्किक तरीके से कैसे विचार करना है, क्या सही है, क्या गलत है, ये विवेक का ज्ञान, और ज्ञान कैसे प्राप्त करना है, अधिक अनुभव से अधिक ज्ञान मिलेगा, प्रमाण क्या है? ये सारा विज्ञान और गणित जब इस तरह की योग्यताएं आ जाती हैं, जिसको हम समझ भी कहते है। सामाजिक योग्यताएं और दूसरी योग्यताओं की समझ, एक तरह की मानसिक प्रक्रियाएं हैं। जो कि अधिक बुद्धिमान मनुष्यों में मिलती हैं।

इसके बाद विचार करना, भाषा का प्रयोग करना, वाणी का प्रयोग करना और कला कौशल, जैसे अच्छा खाना बनाना, वास्तुकला का ज्ञान, घर बनाना, कृषि का ज्ञान, पेड़ पौधों को उगाना, ये सारी योग्यताएं, संगीत की कलाएं, नाचने गाने की योग्यताएं, नाट्यकला, चित्रकारी या उन्नत कलाएं, ये सारी योग्यताएं विशेष काम करने की, डॉ या इंजीनियर का काम करने की, वकील का काम इत्यादि, ये सारी योग्यताएं मानसिक प्रक्रियाएं मात्र हैं।

आपने जो अनुभव लिया है, सीखा है उन्हीं का उपयोग आप करते हैं। आपकी जो स्मृति में है आप उसी का उपयोग करते हैं।

इसके आलावा और भी उदहारण हो सकते हैं प्रक्रियाओं के जैसे आवेग। बिना सोचे समझे कोई काम करना या कुछ कह देना। ये एक तरह की मानसिक प्रक्रियाएं हैं, वासनाएं यानि कि आपकी इच्छाएं, कुछ देख लिया, या मन में कोई इच्छा आती है वो करने की, या कुछ पाने की। ये सब स्मृति से निकलती है।

मानसिक प्रक्रियाएं

स्मृति में प्रक्रियाएं चल रही हैं जो तरह तरह की वासनाओं को जन्म देती हैं। इस कारण से व्यक्ति एक जगह बैठता नहीं है, कुछ न कुछ करता रहता है। क्योंकि ये प्रक्रियाएं बिना रुके, सतत कर्म में लीन रहता है। उसको वासनाएं एक जगह बैठने नहीं देती।

ये सारी मानसिक प्रक्रियाएं मन में चल रही हैं। मन इन्हीं प्रक्रियाओं का एक समूह है। एक शब्द में हम इन प्रक्रियाओं को कह देते हैं की ये मन है। ये मन का अनुभव है। मानसिक अनुभव है। क्योंकि प्रक्रियाएं बदलती रहती हैं। एक के बाद दूसरी, दूसरी के बाद तीसरी, हजारों प्रक्रियाएं दिन भर चलती हैं। मन बहुत तेजी से बदलता है। क्योंकि ये सारी प्रक्रियाएं काफी तीव्र हैं, बदलती हैं। एक पल भी नहीं रहती। थोड़ी देर में बदल जाता है। जैसे शरीर बदलता है लेकिन महीनों महीनो में बदलता है, जगत बदलता है, सालों सालों में बदलता है, वैसे ही मन भी बदल रहा है लेकिन हर मिनट हर सेकंड। बहुत तेज हैं। क्योंकि बहुत जटिल है। स्मृति बहुत तीव्र गति से प्रक्रिया करती है। ये नाद रचनाएँ इतनी तेज हैं कि शारीरिक इन्द्रियों की सीमा के बाहर हैं दिखाई भी नहीं देतीं। इनका अनुभव इतना ठोस नहीं है।

इसीलिए हम इन अनुभवों को मानसिक कहते हैं। क्योंकि शारीरिक इन्द्रियों के बस के बाहर है, इसलिए हमें दूसरे शरीरों के मन में क्या चल रहा है, क्या प्रक्रियाएं चल रही हैं, पता नहीं चलता। ज्ञान नहीं होता। जब तक वो शरीर के माध्यम से व्यक्त न हो की उस मन में क्या है, उसका ज्ञान नहीं होता। इसीलिए मन की प्रक्रियाओं को हम मानसिक अनुभव कहते हैं। ये अनुभव व्यक्तिनिष्ठ होते हैं। जहाँ से व्यक्त हो रहें हैं वहीं उनका अनुभव होता है, वहीं उनकी अनुभूति होती है। इसलिए "व्यक्ति" बड़ा सुंदर शब्द है। व्यक्ति वो है जो मन को व्यक्त कर रहा है। मन यदि व्यक्त है तो उसका हमें इन्द्रियों के माध्यम से अनुभव होगा।

मानसिक प्रक्रियाएं

- संवेदन संसाधन
- अनुभूतियाँ
- स्मरण
- कल्पना
- शिक्षण, प्रशिक्षण
- अहंकार
- भाव, उत्तरजीविता संस्कार
- निर्णय, चुनाव, पसंद, नापसंद
- रचनात्मकता, रूचि, जिज्ञासा
- योजना, पूर्वानुमान, समस्या समाधान
- तर्क, विवेक, ज्ञान, समझ
- विचार, भाषा, योग्यताएं, कला
- आवेग, वासनाएं, कर्म

मानसिक प्रक्रियाएं

उसको हम व्यक्ति कहते हैं। एक विशेष तरह का व्यक्ति है जिसे मैं, मैं कहता हूँ। वो अनुभव जो व्यक्त हो रहा है और वो अभिव्यक्ति, उसे मैं, मैं कहता हूँ। ये भी एक प्रक्रिया है मन की, अहम् की। बड़ा विचित्र है। काफी जटिल है। जनमानस के मन में मन को लेकर

बड़ा अज्ञान है। अधिकतर मन अहंकार के वश में है अहंकार उनके मन का स्वामी है। केवल जीवित रहना उनके मन का काम है। बुद्धि इतनी विकसित नहीं हुई है, इसलिए अहंकार के दास हैं।

मन एक बहुत जटिल यंत्र की तरह है। ये मैं नहीं हूँ। जो सुख दुःख के अनुभव हैं, जो भी आवेग, इच्छाएं हैं, वो मानसिक प्रक्रियाएं हैं जो इस जटिल यंत्र में चल रही हैं। मैं वो नहीं हूँ। मैं वो हूँ जिसको इन सबका अनुभव होता है। मैं अनुभवकर्ता हूँ। मन एक अनुभव है। अत्यंत जटिल अनुभव है। लोगों की समझ के बाहर है इसलिए मन को ही मैं मान बैठते हैं।

अहम्

काफी समझदार लोग हैं, बुद्धिमान लोग हैं जिनको ये ज्ञान हो गया है कि मैं शरीर नहीं हूँ। शरीर वस्तु है अत्यंत जटिल यंत्र भौतिक यंत्र है। लेकिन मन जब उनके सामने आता है, तो उनको दिखाई नहीं देता कि ये भी एक अनुभव है। ये भी मैं नहीं हूँ। ये अहम है वहां पर। लेकिन आत्मन नहीं है। जो अहम है वहां पर, वो एक प्रक्रिया मात्र है। वो अनुभव को दो में विभाजित कर रहा है। जो इस मनोशरीर के लिए उपयोगी है, वो मैं और मेरा। जो उपयोगी नहीं है, जो इस मनोशरीर के नियंत्रण के बाहर है, वो मैं नहीं हूँ।

ये एक भ्रम और अज्ञान स्मृति में भर गया है। जिससे कि मैं होने का भ्रम होता है। मैं शरीर या मन हूँ, ऐसा भ्रम पैदा होता है। इसी को हम अहम कहते हैं। अहम् भाव कहते हैं। जब मन और शरीर से कोई कर्म होता है, तो अहम की मानसिक प्रक्रिया के कारण, ये प्रक्रिया उसका स्वामित्व ले लेती है। प्रक्रिया कहती है कि मैंने किया है। मेरे द्वारा हुआ है, मेरी वजह से हुआ है। ये नियंत्रण में हुआ है, मेरी इच्छा से हुआ है। आप देखेंगे कि इच्छाएं है, क्रियाएं हैं, कर्म हैं, वाणी है, विचार है। ये सब हो रहा है लेकिन मैं नहीं है। मैं एक और विचार मात्र है, क्रिया मात्र है। अहंकार की क्रिया। जब बुद्धि में ये बैठ जाता है कि यही मैं हूँ, या क्रिया ही मैं हूँ, तो आपको मन और शरीर होने का आभास होता है। शरीर और मन से आसक्ति हो जाती है। आपकी पहचान शरीर और मन ही हो जाते हैं। शरीर न भी हुआ तो मन आपकी पहचान हो जाता है। आपकी भावनाएं मैं बन जाती है। मैं क्रोधित हूँ, मैं दुखी हूँ, इस प्रकार की भाषा अज्ञानी बोलता है। वहां केवल मानसिक प्रक्रिया मात्र है, मैं नहीं है। मैं एक उपयोगी क्रिया है जो इस मनु शरीर यंत्र के जीवित रहने के लिए उपयोगी है। इससे अधिक इसका कोई उपयोग नहीं है। इससे अधिक इसका कोई यथार्थ नहीं है। एक अनुभव मात्र है। मैं होने का अनुभव एक भ्रम है।

बुद्धि

जब ये, मैं होने का अज्ञान दूर होता है, तो मनुष्य में एक प्रज्ञा का जन्म होता है। बुद्धि का जन्म होता है। सही गलत का, सत्य असत्य का ज्ञान होता है, इसे हम बुद्धि कहते हैं।

ये भ्रम है कि बुद्धि वो है जिससे व्यक्ति समाज में सफल होता है, वो योग्यता है मेरी या मन की, जिसकी वज़ह से ज्यादा खाना, ज्यादा धन, अधिक साथी, अधिक मित्र, अधिक पुत्र, पुत्रियाँ, अधिक मान सम्मान, ये सब मिलेगा। ये एक प्रकार की संकीर्ण बुद्धि है। केवल उत्तरजीविता तक ही सीमित है। पशु वृत्ति है।

बुद्धि वो है जो आपकी सभी मानसिक क्षमताओं का माप है, जिसमें ज्ञान भी आ जाता है। जिसमें रचनात्मक बुद्धि, कलाएं भी आती हैं, विज्ञान भी आता है। जिसमें अध्यात्म भी आता है। जिसमें सही गलत की पहचान भी आती है। जो विभिन्न स्तर बताएं हैं, हर स्तर की एक बुद्धि है, हर स्तर की एक क्षमता है, हर स्तर की एक योग्यता है। यदि आप ये सब आपस में जोड़ दें, तो कुल मिला कर जो योग्यता बनती है, वो आपकी बुद्धि का माप है।

केवल एक तरह की बुद्धि, बुद्धि नहीं होती वो मूर्खता होती है। यदि आपके मन का एक स्तर विकसित है, बाकि सब अविकसित है, जानवरों से भी गिरा हुआ है। तो उसको बुद्धि कहना मूर्खता है। यदि सही गलत की पहचान नहीं है, कोई रचनात्मकता नहीं है, कोई कला नहीं है, कोई योग्यता नहीं है। आप दूसरों को मार कर उनका धन लूट लेते हैं, उनकी जमीन लूटते हैं, उनके बाल बच्चों को अपना दास बनाते हैं, अपना गुलाम बनाते हैं, तो ये एक तरीके की बुद्धि है। लेकिन ये बहुत संकीर्ण बुद्धि है, पशुओं में भी ये योग्यता होती है।

यदि आप केवल भावनाओं के वश में हैं, तो पूरी तरह से पशुवृत्ति में है। क्योंकि ये पशुओं में भी होता है। किन भावनाओं को प्रकट करना है, यदि इसमें कला नहीं है, संवेदनशीलता नहीं है आपकी, तो भावनाओं के दृष्टिकोण से आपको मूर्ख कहा जाएगा। आपने देखा होगा कि जो लोग भावना पूर्ण होते हैं, उनमें बुद्धि नहीं होती। कब क्या करना है? कहाँ रोना धोना है ? कहाँ हंसना है, उनको इसका ज्ञान नहीं होता। कोई योग्यता नहीं होती। बहुत भावुक होते है। भावनाएं उनके हमेशा सामने होती है। तुरंत प्रकट करते हैं। ये मूर्खता का माप है, बुद्धि का नहीं। बुद्धि का माप वो है जिसमें सभी मन की परतें पूर्ण तरीके से विकसित हैं या काफी अधिक तरीके से विकसित हैं। तो उसको बुद्धि कहते हैं।

कुछ लोगों की बुद्धि कला तक सीमित है। योग्यता तक ही सीमित है। यदि कोई डॉक्टर है तो बहुत अच्छा डॉक्टर होगा। लेकिन न सामाजिक गुण है उसमें, न आध्यात्मिक ज्ञान है। न सही गलत पहचान है। वो अपनी योग्यता के बल पर पैसे जमा करने में, और शारीरिक सुख में लिप्त है। ये मूर्खता का निशान है, बुद्धि का नहीं। क्योंकि बुद्धि की एक ही परत काम कर रही है। क्योंकि बहुत संकीर्ण रूप से विकास हुआ है उस मन का। एक योग्यता बहुत दूर तक विकसित हो गयी है, लेकिन बाकी सारी परतें पशुवृत्ति में लगी हैं। छोटा आदमी है, तुच्छ व्यक्ति है, उसका सम्पूर्ण विकास नहीं हुआ है। बुद्धि का अर्थ ये नहीं कि आपकी केवल निचली परतें ही व्यक्त हों, श्रेष्ठ परतें जो मनुष्य वृत्ति के अंतर्गत आती हैं वो विकसित न हों। क्या यही अर्थ नहीं है मूर्खता का।

कभी कभी ऊपरी परतें बहुत अच्छे से विकसित हो जाती हैं लेकिन नीचे की परतें अविकसित रहती हैं, मन का संतुलित विकास नहीं होता। आपने देखा होगा की कोई कोई

गणित में बहुत होशियार होता है, गणित के मामले में उसकी बुद्धि बहुत तेज होती है। प्रश्न कुछ मिनटों में हल कर देता है। उसे सब चीजों का पता है। हर तरह के विज्ञान में कई पुस्तकें पढ़ी हैं। किस पुस्तक में, किस पेज पर क्या लिखा है उसे याद रहता है। स्मरण शक्ति बहुत अच्छी है। लेकिन और कुछ नहीं आता। उसको न बोलना आता है, न चाल चलन सही है। न उसमें कोई और कला है। यहां तक की वो पैसे भी नहीं कमा पाता। समाज में भी उपयोगी सिद्ध नहीं होता। और कोई आध्यात्मिक ज्ञान नहीं है। कोई सही गलत का ज्ञान नहीं है। अहंकार में डूबा होता है। पशु वृत्ति में लीन होता है।

इसका अर्थ है कि मन की एक परत विकसित हो गयी है। उसके अच्छे संस्कार पड़ गए हैं। क्योंकि शायद उसके जीवन में ऐसा अनुभव रहा हो। माता पिता प्रतिभाशाली रहे हों, या फिर वो ऐसे स्कूल में गया हो, उसकी स्मरण शक्ति और बुद्धि अच्छी है, इसलिए एक परत का विकास हो गया। बाकी दर्जनों मन की परतें हैं, उनका कोई विकास नहीं हो पाया। ऐसा व्यक्ति बुद्धिमान नहीं कहलाता। उसमें योग्यता है, क्षमता है लेकिन बुद्धि का पूरी तरह से संतुलित विकास नहीं हो पाया। उसका जीवन व्यर्थ जाता है। उसको कोई भी मूर्ख बना कर चला जाता है। धन सम्पत्ति एकत्रित नहीं कर पाता। जो सामाजिक योग्यता रखते हैं, कुटिल, चालाक या मक्कार लोग, अपने लाभ के लिए,ऐसे व्यक्ति का उपयोग कर लेते हैं। कई प्रतिभाशाली लोग हैं कुछ नहीं कर पाते समाज में। उनकी सामाजिक बुद्धि विकसित नहीं है।

इसी प्रकार से जिनकी निचली परतें विकसित हैं, बहुत अच्छे से काम कर लेते हैं, कई योग्यताएं हैं, लेकिन भावुक हैं। उनका भी, जो चालाक, शातिर, धूर्त लोग हैं, अपना काम निकालने के लिए उपयोग करते हैं। अपने नियंत्रण में रखते हैं।

आपने देखा होगा कि एक प्रतिशत लोग ९९% लोगों को नियंत्रित कर रहे हैं। वो अपनी इच्छा से नहीं, धूर्तता के साथ कर रहे हैं। उसका कारण है कि अधिकतर लोगों में, संतुलित मानसिक विकास नहीं हुआ। सारा का सारा समाज बुद्धिहीन है। बुद्धि क्या है, बुद्धि का विकास क्या है, ये तक ज्ञान नहीं है उनको। ये भी अंदाजा नहीं है कि किसको बुद्धि कहना चाहिए, किसको बुद्धिमान कहना चाहिए। बुद्धि क्या है, ये ज्ञान नहीं है। इसको विकसित करना दूर की बात है। कुछ लोगों की, भाग्य के भरोसे, जैसे तैसे बुद्धि विकसित हो जाती है, सफल होते हैं। जीवन बिताते हैं। और मृत्यु को प्राप्त होते हैं। ये मनुष्य की, अभी की, सामाजिक स्थिति है। कुछ लोगों की बुद्धि अच्छा विकास कर लेती है और वो समाज में प्रभाव डालते हैं, बाकि लोग केवल नक़ल करना जानते हैं। अकल नहीं होती। क्योंकि बुद्धि बहुत कम लोगों में होती है। बुद्धि से ऊपर की परत और भी बहुत कम लोगों में होती है।

चेतना

चेतना, स्वचेतना, ज्ञान, आध्यात्मिक ज्ञान, आध्यात्मिक अनुभव गिने चुने लोगों में विकसित होते हैं। क्योंकि इसके लिए बुद्धि चाहिए। बुद्धि के ऊपर जाने के लिए बुद्धि चाहिए। इसीलिए अध्यात्म का अभाव है, मनुष्य जीवन नारकीय जीवन है। दुःख ही दुःख है। अहंकार के गुलाम हैं इसीलिए। शरीर के साथ आसक्ति है, शरीर को ही मैं मान बैठे हैं। या मेरी पसंद नापसंद, या योग्यताओं को ही मैं मान बैठे हैं। जब शरीर जाने लगता है तो पीड़ा भोगते हैं। क्योंकि मन बदलता है। बहुत तेज बदलता है। शरीर बदलता है। किसी वस्तु पर, जीवन के किसी पक्ष पर उनका नियंत्रण नहीं रहता। तीर तुक्के की तरह थोड़ी बहुत सफलता मिल जाती है और जीवन चलता है। सामाजिक स्थिति ऐसे ही हैं, लोग ऐसे हैं, तो जो नयी पीढ़ी आती है वो भी वैसी ही होती है। उनको तो कोई सिखाने वाला नहीं होता। ज्यादातर मनुष्य अविकसित स्थिति में है। कभी-कभी शरीर अच्छा विकसित हो जाता है, उसी को अपना जीवन समझ लेते हैं। कभी धन मिल जाता है, संबंध अच्छे मिल जाते हैं, प्रेमपूर्वक रहते हैं तो जीवन उनके लिए स्वर्ग हो जाता है। लेकिन उन्होंने मन की निचली परतों को ही छुआ है। पूर्ण विकास नहीं हुआ है।

मनुष्य मनुष्यता की ओर धीरे धीरे बढ़ रहा है या ऊपर नीचे हो रहा है। ये कालचक्र है। चक्र जब ऊपर चलता है, समाज विकसित होता है। आध्यात्मिक हो जाता है। कभी कभी सब नष्ट हो जाता है। युग बदलते रहते हैं। हमारा युग करीब करीब पूरी तरह नष्ट होने के बाद, धीरे धीरे ऊपर उठ रहा है। आपको बुद्धि में, मानसिक परतों में, थोड़ा थोड़ा विकास दिखाई देगा। ध्यान से देखें तो अधिक लोग विकसित हो रहे हैं, लेकिन अभी भी स्थिति अच्छी नहीं है, क्योंकि मन का संतुलित विकास नहीं हुआ है। वो इसलिए की मनोविज्ञान का विकास नहीं हुआ है। पश्चिम का मनोविज्ञान बच्चों का विज्ञान है। मूर्खता है। ज्ञान कम, अज्ञान अधिक है। लोग मन को इतना निकट होने के बाद भी देख नहीं पाते। मन को मैं कह देते हैं इसलिए उसका अध्ययन आवश्यक नहीं रह जाता। जब अहंकार आपका स्वामी है तो मन को कैसे जानेंगे?

पशुवृत्ति में लगे हैं, तो मनुष्य होना क्या है, किसी को क्या पड़ी है जानने की।

केवल अध्यात्म का शिष्य ही ये कठिन कार्य अपने ऊपर लेता है। वो जानने का प्रयास करता है कि मन का अनुभव क्या है? कैसे नियंत्रण में करें? मन की जीत ही सबसे बड़ी जीत है? दूसरों को जीतना पशुवृत्ति है। वो हर कोई कर सकता है। बहुत आसान है। स्वयं को जीतना, अपने मन को जीतना, कठिन है। जिसने मन को जीत लिया, उसने हर चीज जीत ली। वो विश्वजीत है, वो इंद्रजीत है, वो मनजीत है।

मन का ज्ञान तभी होगा जब आप मन का अध्ययन करेंगे। अनुभव करेंगे। तो वो ज्ञान में बदलेगा। आपकी मन के बारे में तरह तरह की भ्रांतियां हैं, अवधारणाएं हैं, मान्यताएं हैं। अज्ञान है तो मन को नहीं जान पाएंगे। मन को जीत नहीं पाएंगे। मन के वश में रहेंगे। भावनाओं के वश में रहेंगे। आवेगों में रहेंगे। किसी न किसी तरह की मूर्खता के वश में आप रहेंगे।

मन को जीतना तभी संभव है, जब चेतना का उद्भव होता है। जब आप मैं और मन में दूरी बना देते हैं। मैं, वो हूँ जो मन का अनुभव कर रहा हूँ। यदि ये ज्ञान आपको हो गया तो चेतना विकसित हो गयी। या विकसित होना शुरू हो गयी। मन में और आत्मन में दूरी होना विकसित हो गयी। विवेक बुद्धि, विवेक प्रज्ञा का उद्भव हो गया। तो मन साफ़ दिखने लगता है। उसकी प्रक्रियाएं दिखने लगती हैं। अनुभव होने लगता है। मन किस तरह का जटिल यंत्र है, कैसे काम करता है, क्या चल रहा है, ये सब चेतना में रहता है। २४ घंटे सात दिन यदि चेतना बनी रहे तो मन आपके वश में हो जाता है। क्योंकि चेतना सबसे ऊपरी परत है।

जैसे बुद्धि भावनाओं को वश में करती है। भावनाएं शरीर को वश में करती हैं। उसी प्रकार से चेतना बुद्धि को भी वश में करती है। आपने देखा होगा की जो हथियार चलाना जानते हैं, बड़े बड़े बम बनाना जानते हैं, दूसरे देशों को जीतना जानते हैं। उनकी बुद्धि बहुत तेज होती है, लेकिन विवेक शून्य होता है। सही गलत का ज्ञान नहीं है उनमें। काफी क्रूर, कपटी, चालाक तरीके के लोग होते हैं। दूसरों को गरीब रखना, स्वयं को धनवान बनाये रखना, बहुत बुद्धि चाहिए। लेकिन चेतना का अभाव होता है उसमें। मैं क्या कर रहा हूँ, इसकी कोई समझ नहीं होती।

बुद्धि वश में नहीं है। काफी विकसित हो गयी है। लेकिन वो, वो कर रही है जो भावनाएं बताती हैं। या जो उत्तरजीविता की परत है वो बताती है कि खाना जमा करना है, आगे वर्षा का मौसम है। खाना नहीं मिलेगा। आगे सूखा पड़ने वाला है। जमा कर लो। ये प्रकृति की दी हुई बुद्धि है। इतना जानवर भी करते हैं। लेकिन ये परत आपकी रचनात्मक बुद्धि को वश में कर ले, तो आप ऐसी रचनाएँ करेंगे जो यही कार्य करेगी। धन इकठ्ठा करना, भोजन इकठ्ठा करना, साथी इकठ्ठा करना, पत्नी-बालबच्चे, बिना सोचे समझे उनकी जनसँख्या बढ़ाते जाना, यही सब आप देखते हैं, क्योंकि असंतुलित विकास हो रहा है मन का।

मन का संतुलन बनाना चेतना का कार्य है। चेतना नहीं है, स्व चेतना, स्व ज्ञान नहीं है तो मन पर कभी भी आपको स्वामित्व नहीं मिलेगा। मन का नियंत्रण नहीं होगा क्योंकि मन की एक परत, मन का नियंत्रण नहीं कर सकती। उसमें जो प्रक्रियायें चल रही हैं वो उसी परत उसी स्तर तक सीमित है। उन प्रक्रियाओं को नियंत्रित करने के लिए उनके ऊपर की प्रक्रिया लानी पड़ेगी। मनुष्य में सबसे ऊपर की जो परत है वो है चेतना की परत। स्व चेतना की परत। मेरा मन क्या कर रहा है ? मेरा शरीर क्या कर रहा है, दूसरे लोग क्या कर रहे हैं ? इसकी चेतना होनी चाहिए। चेतना बढ़ जाती है, तो बुद्धि अपने आप आ जाती है। सही गलत का ध्यान अपने आप हो जाता है। सही कर्म होने लगते हैं। चेतना को जाग्रत करना मनुष्य का सबसे बड़ा धर्म है।

इसीलिए योगी बैठा रहता है, ध्यान करता रहता है। चेतना को बढ़ाता जाता है। इतना विकास कर लेता है चेतना का, की बाकि सारी परतें अपने आप विकसित होने लगती हैं। इसलिए जहाँ चेतना का केंद्र है उसे आज्ञा चक्र कहा गया है योग में। जो मन की निचली परतें

है उनको मनोमाया कोष कहा गया है। जो ऊपरी परतें हैं, उन्हें विज्ञानमाया कोष कहा गया है। योग में भी परतों की संरचना दिखती है। और योगी नें सबसे ऊपरी परत पर अपना ध्यान लगाया है। क्योंकि यदि ऊपर से काम शुरू करेंगे तो नीचे बहुत आसान हो जाता है।

आपमें चेतना है तो अपने आप बुद्धि बढ़ेगी, रुचि और जिज्ञासा बढ़ेगी, अपने आप योग्यताएं आएँगी। स्वयं में सीखेंगे, स्वयं सामाजिक बुद्धि और योग्यताएं आएँगी। भावनाओं पर अपने आप नियंत्रण आएगा क्योंकि आपमें चेतना है, कि भावनाएं क्या कर रहीं है। आप यंत्र मानव की तरह नहीं चलेंगे। चेतना है। इसलिए रुक कर ध्यान देंगे। इस तरीके से आपका नियंत्रण आएगा। बुद्धि निचली परतों को नियंत्रित करेगी। निचली परतें बुद्धि को नियंत्रित नहीं करेंगी। जो कि आजकल समाज में हो रहा है। लोग इतने मूर्ख हैं कि उनको लगता है कि ये आदमी बड़ा बुद्धिमान है। काफी कुछ एकत्र कर लिया है। काफी लोगों को मार दिया है। शक्ति शाली है। लेकिन धूर्त और कपटी है, दूसरों को नियंत्रित करके उनकी कमाई खा रहा है। ये कहाँ की बुद्धिमानी है। कहाँ की मनुष्यता है। क्योंकि सभी भ्रष्ट हैं, उनको यही मनुष्य बुद्धिमान दिखाई देगा। बहुत कम लोग हैं जो बुद्धि का अर्थ जानते हैं। चेतना का अभाव है। अँधेरे में रहते हैं।

परमानव

चेतना यानि कि प्रकाश। जैसे बुद्धि मानवता का प्रारम्भ है, जिन प्राणियों में बुद्धि होती है उन्हें हम मानव कहते हैं। उसी प्रकार से चेतना परमानवता का प्रारम्भ है। जो परमानव है, मानव के ऊपर विकसित हो गया है। उसमें चेतना होती है। योगी का कार्य है चेतना बढ़ाना, मनुष्य जन्म के ऊपर जाना, मनुष्य जन्म को पार करना। छोटा मोटा कार्य नहीं है। काफी समय लग जाता है। लेकिन आसान है। आपको २४ घंटे चेतना बनाये रखना है। इसके लिए कोई भी उपाय प्रयोग कर सकते हैं। किसी भी गुरु से दीक्षा ले सकते हैं। चेतना बनाये रखने की शिक्षा ले सकते हैं। चाहे योग हो, चाहे ज्ञान मार्ग हो सभी का एक लक्ष्य है चेतना को बढ़ाना।

मेरे होने का ज्ञान। अनुभवकर्ता क्या है ? उसमें स्थित होना, जो मेरा सार है उसमें स्थित होना। जो कि अस्तित्व का ही सार है। हमने देखा की व्यक्ति कम होता जाता है और अस्तित्व बढ़ता जाता है। चेतना बढ़ती है। व्यक्ति का नाश ही व्यक्ति से मुक्ति है। व्यक्ति से मुक्ति ही विकास क्रम में आगे बढ़ना है। मनुष्य जीवन से मुक्ति, व्यक्ति से मुक्ति है। व्यक्ति से मुक्ति, अर्थात मन का नियंत्रण हाथ में लेना है। जो शरीर और मन को चला रहा है, उसका नियन्त्रण चेतना को देना, योग है, योग मार्ग का लक्ष्य है। यही योगी कर रहा है, यही तांत्रिक कर रहा है, यही ज्ञानी भी कर रहा है।

ज्ञानमार्ग में हम सीधे चेतना पर जाते हैं। बाकि चीजों में समय नष्ट नहीं करते। कम समय देते हैं। संतुलित विकास आवश्यक है। लेकिन चेतना का विकास, हमने देख लिया है,

ज्ञानी को मालूम है कि चेतना का विकास कुंजी है मानव विकास की, और परमानवीयता की ओर बढ़ने की। बहुत तेज तरीका है। तेज गति से आप बढ़ सकते हैं, मनुष्य जीवन के ऊपर। ज्ञानी ने जान लिया है। इसलिए सारा का सारा ध्यान ज्ञानी का चेतना बढ़ाने में है। जो कि ज्ञान के माध्यम से बढ़ती है। जैसे कि आपको मन का ज्ञान हुआ है तो आपको ज्ञान हो जाता है कि मैं मन नहीं हूँ, मन में चलने वाली प्रक्रिया नहीं हूँ। जब मन से दूरी बन जाती है तो आप चेतना में स्थिर हो जाते हैं।

बुद्धि के ऊपर आप पहुँच जाएंगे तो बुद्ध हो जाएंगे। उसके बाद मन का नियंत्रण अपने आप आ जाता है। मन चेतना के प्रकाश में चलता है। क्योंकि मन ही कर्म का जनक है। सारे कर्म मन से ही जन्म लेते हैं। मन सही तो सारे कर्म भी सही हो जाते है। बुद्धि आकाश छूने लगती है। बुद्धि का विकास हो जाता है। ये हमारे पूर्वजों ने ढूंढ निकाला है। अध्ययन अंतिम विषय है माया के अध्ययन का। क्योंकि मन, जगत और शरीर पराभौतिक परामानसिक रचनाएँ हैं, माया मात्र है जो कि मिथ्या है। उनका ये अध्ययन था। पिछले तीन अध्यायों में पूर्ण हुआ। अब इसको व्यवहार में लाना है। प्रयोग करना है।

अध्याय १०: "अनुभव: मन, अहम्, बुद्धि, चेतना" समाप्त हुआ।

11
चित्त की परतें;

चित्त की परतें - 4 मॉडल (प्रतिरूप)

चित्त एक बहु स्तरीय रचना है, सभी अनुभव चित्त के अनुभव हैं। अनुभव का अध्ययन, अनुभव माया है। तीन भागों में जगत, शरीर और मन। ये सब तीनों एक में मिलाकर देखना। ये सारे अनुभव एक में मिला दें तो उसको चित्त कहते हैं। सारे अनुभव परिवर्तन मात्र हैं। जो भी परिवर्तन, नाद रचनाओं के रूप में हमें मिलते हैं, तरह-तरह की संरचनाएं बनती है इन परिवर्तनों से, ये सारे अनुभव अपने आप उत्पन्न होते हैं नाद रचनाओं से।

ये दिखाता है कि किस तरह से अस्तित्व से अनुभव निकलता है और उसी में लोप हो जाता है। ये सारी माया है क्यों कि ये सतत परिवर्तन है। यथार्थ में कुछ बनता नहीं है। सिर्फ दिखाई देता है। इसका अध्ययन किया जा सकता है जो बुद्धि के अंदर है। बुद्धि स्वयं माया है, वो माया को ही जान सकती है। जो सत्य है, जो बुद्धि से परे है, उसका अनुभव नहीं होगा, उसका अध्ययन नहीं कर सकते। चित्त की परतों का अध्ययन करें तो 36 परतों में बांटा गया है। अष्टांग योग में 8 भाग हैं उसी के, कोषों के अनुसार 5 भाग हैं, और ये 36 परतों को ज्ञान मार्ग में 10 भागों में बांटा गया है : सम्भाव्य चित्त, खनिजिक, वानस्पतिक, सरिसृप, स्तनपायी, मानव, बुद्धिमान, जाग्रत, मुक्त और विलीन चित्त। इस प्रकार 10 विभागों में बांटा गया है। ये सब वर्गीकरण हमारे प्राचीन ऋषियों नें पहले ही अलग अलग तरीके से किया हुआ है। सबसे नीचे परब्रह्म है, अज्ञेय है, अनुभव से नहीं जाना जा सकता। आश्चर्य है कि सारे अनुभव उसी अज्ञेय परब्रह्म की भूमि पर उठते हैं, और उसी में विलीन हो जाते हैं। जब इसमें परिवर्तन होता है, वो परिवर्तन केवल सम्भावित परिवर्तन होता है।

चित की परतें

	परब्रह्म		
	ब्रह्म		
विलीन चित	सगुण ब्रह्म		
	विश्व चित		
मुक्त चित	महाचित		सहस्त्रार चक्र
	समूह चित		
	अव्यक्तिगत चेतना	आनंदमय कोश	
जाग्रत चित	कारण शरीर (व्यक्तिगत चेतना)		
	स्थिर स्व चेतना		आज्ञा
	अस्थिर स्व चेतना		
बुद्धिमान चित	ध्यान व धारणा	विज्ञानमयकोश	
	अमूर्त विचार तर्क और विवेक		विशुद्ध
	गणितीय बुद्धि		
	वैज्ञानिक बुद्धि		
	अभियांत्रिकी बुद्धि		
मानव चित	कलायें		अनाहत
	रचनात्मक बुद्धि और योग्यताएं		
	भावेंद्रिया		
	सामाजिकबुद्धीऔर योग्यताएं		
स्तनपायी चित	उत्तरजीविता बुद्धी	मनोमयकोश	मणिपुर
	अहंकार		
	सामाजिक और जातिय संस्कार		
	भावप्रेरण संस्कार		
	संवेदी चालन प्रणाली	प्राणमयकोश	स्वाधिष्ठान
सरीसृप चित	नियंत्रण प्रणालियाँ		
	केंद्रीय स्नायुतंत्र		
	परिधिया स्नायुतंत्र		
वानस्पतिक चित	आंगिक प्रणालियाँ	अन्नमयकोश	मूलाधार
	आंगिक रचनाये		
	कोशकिया रचनाये		
खानिजिक चित	जैविक पदार्थ		
	सक्रिय प्रदार्थ		
	निष्क्रिय प्रदार्थ		
संभाव्य चित	अव्यक्त:ऊर्जा		कुंडलिनी
	पराभौतिक परमानसिक रचनाये		
	संभाव्य ऊर्जा		
	परब्रह्म		
10	36	5	7

चित की परतें - 4 मॉडल

संभाव्य चित्त:

जब उस अज्ञेय परब्रम्ह में परिवर्तन होता है वो परिवर्तन केवल सम्भावित परिवर्तन होता है। वहां कुछ ऐसा है ही नहीं जो परिवर्तित हो सके। संभावना है केवल। ये परत, सम्भाव्य ऊर्जा है उससे अधिक कुछ नहीं। जैसे ही ये सम्भावनायें व्यवस्थित होती है, तो उससे नाद उत्पन्न होता है। ये पराभौतिक-परामानसिक, रचनाएं कहा गया है। इसके ऊपर अव्यक्त ऊर्जा है जो किसी मानव या जीव की इन्द्रियों से नहीं जाना जाता। इन तीनों को मिलाकर सम्भाव्य चित्त के वर्ग में रखा गया है। यहां अनंत सम्भावनायें है रचना की, जब तक प्रकट नहीं बनती। ये कुंडलिनी की संग्रहीत हुई ऊर्जा है। ये अस्तित्व की ऊर्जा है। चित्त की ही ऊर्जा है। चित्त की ही परत है। इसका अनुभव नहीं होगा। शरीर के, इन्द्रियों के क्षेत्र में नहीं है, नहीं जाना जा सकता। केवल अनुमान लगाना सम्भव है।

खनिजिक चित्त

जब अव्यक्त ऊर्जा से ऊपर, ऊर्जा व्यक्त होने लगती है नाद उत्पन्न होता है। परमाणु, अणु जो लहरे मात्र है। ये लहरे परब्रम्ह में हैं। जो कि न होने के बराबर है। इन नाद रचनाओं से निष्क्रिय - पदार्थ बनते हैं। गैस, द्रव्य और ठोस पदार्थ। जब ये पदार्थ गति करते हैं, परिवर्तन करते हैं तो ये सक्रिय पदार्थ बनते हैं। अग्नि, जल, वायु... सक्रिय रूप है सूर्य, तारे, ग्रह.., अपने आप नियमों के अनुसार बदल रहे हैं। जब नियम और रचनाएं, और जटिल हो जाती हैं तो उनको जैविक पदार्थ कहते हैं। उनमें जन्म लेने, बढ़ने और मरने की प्रक्रिया दिखाई देने लगती है। ये तीनों मिलाकर एक बड़ी परत है जिसको खनिज चित्त कहते हैं। केवल जड़ पदार्थ मात्र है।

वानस्पतिक चित्त

जड़ पदार्थ के ऊपर जब रचनाएं बनती हैं तो छोटे जीव, एक कोशिका जीव बनते हैं। ये सूक्ष्म दर्शी से दिखेंगे। पेड़ पौधे और सरल प्राणी दिखाई देंगे इसके ऊपर। कोशिकीय, आंगिक, आंगिक प्रणालियां बनती हैं जब जैविक पदार्थ जटिल रचनाएं बनाते हैं। तो इसको मिलाकर वानस्पतिक चित्त कहा है। इन रचनाओं में स्मृति है, स्मृति की वज़ह से संगठित होती है, दिखाई देती है अगर स्मृति न हो तो वापिस ऊर्जा में विलीन हो जाती है। वानस्पतिक वापिस खनिजिक हो जाता है और खनिजिक संभाव्य हो जाता है। ये सारी प्रक्रियाऐं यहीं और इसी समय चल रही हैं। अनन्त काल से चल रही हैं, चलती रहेंगी।

सरीसृप

वानस्पतिक चित्त के ऊपर सरीसृप चित्त है। इन रचनाओं में परिधीय स्नायु तन्त्र होते हैं। केंद्रीय स्नायुतंत्र यानी मस्तिष्क भी होता है, नियन्त्रण प्रणाली होती हैं। जो शरीर को स्वयं नियंत्रित कर सकते हैं। ये चल सकते हैं, तैर सकते हैं। सांप और कीड़े, मकौड़े, सरीसृप चित्त की श्रेणी में रखे गए हैं।

स्तनपायी चित्त

आगे चलते हैं तो स्तनपायी चित्त है जिसमें संवेदी चालन प्रणाली, भाव प्रेरण संस्कार, सामाजिक और जातीय संस्कार, अहंकार और उत्तरजीविता बुद्‌धि, विभाग हैं। छोटे शरीरों की प्रणाली बड़े शरीरों की प्रणाली में बदल जाती हैं। भावनाएं दिखनी शुरू हो जाती हैं। जो कि शरीर को चलाती हैं, केवल यंत्रवत नहीं चलते वो। एक तरह का भाव दिखाई देता है। एक तरह की बुद्‌धि दिखाई देती है। और वो एक दूसरे से क्रिया प्रतिक्रिया करने लगते हैं। उनमें अहम् भाव जागृत हो जाता है। मैं होने का भाव, व्यक्ति होने का भाव जागृत हो जाता है। उनके आशय, प्रयोजन और उद्‌देश्य दिखाई देने शुरू हो जाते है उनकी क्रियाओं में। उनकी, केवल यंत्रवत, या पेड़पौधों की तरह की बढ़ने की प्रवृत्ति नहीं होती। उनमें कुछ बुद्‌धि दिखाई देती है कि ये जानवर खाना ढूंढ रहा है। या किसी और जानवर से बच कर भाग रहा है। अर्थात उत्तरजीविता की बुद्‌धि दिखाई देने लगती है। वो जीवित रहने के लिए प्रयास करते हुए दिखाई देने लगते हैं। ये स्तनपायी चित्त है जिसमें मन का उद्‌भव होने लगता है।

मानव चित्त

मानव चित्त में सामाजिक बुद्‌धि दिखाई देती है। इस परत में, भाषा का उद्‌भव होता है, और विभिन्न सामाजिक योग्यताओं का जन्म होता है। समाज में कैसे रहना है, कैसे व्यवहार करना है, कर्म बुद्‌धिमत्ता पूर्ण दिखाई देते हैं। मानव चित्त में भावनाओं की चेतना जागृत हो जाती है। अर्थात भावनाओं की इन्द्रियां यहाँ दिखाई देती हैं। उनको जानने की क्षमता मानव चित्त में होती है। कम विकसित चित्त में भावनाएं ही शरीर को चला देती हैं। मानव चित्त में भावनाओं को देखने की, उनको थोड़ा बहुत नियंत्रण करने की योग्यता होती है। इसके ऊपर रचनात्मक बुद्‌धि और तरह तरह की योग्यतायें होती हैं। कृषि की योग्यता। हम अपना खाना स्वयं उगा सकते हैं। मानव को जानवरों की तरह रहने की आवश्यकता नहीं है कि किसी को मारकर खाओ। बुद्‌धि है और तरह तरह की योग्यता है। इसके ऊपर हैं कलाएं जैसे संगीत, चित्रकारी, वास्तुकला, जैसी हजारों कलाएं हैं जो मानव चित्त का स्वभाव है। जीवन को एक कला बना देता है, केवल जीवित नहीं रहता। जीवन को सुंदर बना देता है, उलटी तरफ लगा तो विनाशकारी भी बना सकता है।

बुद्धिमान चित्त

इसके ऊपर और विकास होने पर प्रकृत्ति पर और नियंत्रण आता है। अभियांत्रिकी, तरह-तरह के यन्त्र, वैज्ञानिक, गणितीय, अमूर्त विचार, तर्क, विवेक ज्ञान दिखता है। ध्यान व धारणा, ये सब मिलकर बुद्धिमान चित्त की बड़ी परत में रखा गया है। इसमें सत्य असत्य का ज्ञान दिखने लगता है। सही गलत, सुन्दर असुन्दर, क्या करना क्या नहीं करना, ये ज्ञान दिखता है बुद्धि मान चित्त में। ये रचना इतनी जटिल हो गयी है कि तर्क का ज्ञान हो गया है। अनुमान लगा कर सत्य तक कैसे पहुँचे, तर्क बुद्धि है। प्रमाण क्या है अनुभव कैसे करना है। अमूर्त विचार। ध्यान लगा सकता है। धारणा करना ये बुद्धिमान चित्त की ऊंची परत है। कम बुद्धि वाले लोगों में ये नहीं होता।

जागृत चित्त

इसके ऊपर जागृत चित्त का जन्म होता है। जितना ध्यान और धारणा का उपयोग करते हैं उतना नियंत्रण बढ़ता जाता है और स्वचेतना का जन्म होता है। मुझे अनुभवकर्ता का ज्ञान होने लगता है। वो क्या है जो अनुभव कर रहा है? जिसका ध्यान एक अनुभव से दूसरे अनुभव पर जा रहा है ? ये चेतना है, इस चेतना में जब ध्यान लगता है, अस्थिर स्वचेतना का जागरण होता है। ये बिना ध्यान के, ये जागरण नहीं हो सकता। धीरे-धीरे अस्थिर स्वचेतना का भाव योग प्राणायाम के द्वारा, प्रयोगों के द्वारा, स्थिर चेतना में बदलता है। जो चेतना में कार्य होते हैं, प्रक्रियाएं होती हैं, उस पर मनुष्य का पूरा नियंत्रण होता है। अचेतना में जो कार्य होते हैं, वो यंत्रवत होते हैं, नियंत्रण नहीं होता है, स्मृति के अनुसार होते हैं ।

चेतना में निरन्तर रहने से, चित्त की परत और विकसित होती है। प्रश्न उत्पन होते हैं मै कौन हूँ? जगत क्या है? ये मनुष्य जीवन में ही हो सकता है। इसलिए मनुष्य जीवन का बहुत महत्व है। जब निद्रा में भी चेतना रहे, मृत्यु में भी चेतना रहे। कारण शरीर का अनुभव होता है, ज्ञान होता है । ये सब जागृत चित्त की परत में आते हैं।

मुक्त चित्त

उसके उपर मुक्त चित्त की परत है जिसमें चेतना का स्तर व्यक्ति से अव्यक्तिगत चेतना और सामूहिक चेतना के स्तर तक पहुंचता है। यहां व्यक्ति लीन हो गया है, सभी चित्त एक जगह मिल जाते हैं सामूहिक चित्त में। काफी बड़ा चित्त बन जाता है, जिसकी कोई सीमा नहीं होती। लेकिन यहां भी ये पहचान कर सकते हैं, कि ये मानव चित्तों का समूह है या ये इस प्राणी के चित्तों का समूह है या किसी जंगल के पेड़ों के चित्तों का समूह है। या इस देश के चित्तों का समूह है। महाचित्त में सभी समूहों के चित्तों का विलय हो जाता है। ये सबसे बड़ी परत है

चित्त की जो मनुष्य के बुद्धी के अन्दर है। महाचित्त में ब्रह्मांड, विश्व की सारी रचनाऐं आ जाती हैं। हमारे सारे अनुभव महाचित्त के अनुभव हैं।

विलीन चित्त

मुक्त चित्त के ऊपर की परत है विलीन चित्त, जहाँ सारे ब्रम्हण्डों के समूहों के चित्त, विश्व चित्त में मिल जाते हैं। ये मनुष्य की बुद्धि से परे है, उससे नहीं जाना जा सकता। विश्व चित्त विशाल है और करीब करीब अनन्त है। इसको सगुण ब्रम्ह कहते हैं। यानि वो ब्रम्ह जिसमें गुण होते हैं इसी से वो चित्त कहलाता है। जिसमें प्रक्रियाएं होती हैं, रचनाऐं होती हैं। सभी विश्व को मिलाकर, जो प्रकट है उसे सगुण ब्रम्ह कहा है। अलग मान्यताएं हो सकती हैं सगुण ब्रम्ह को बुद्धि द्वारा नहीं जाना जा सकता। इसके ऊपर की परत है जिसको ब्रम्ह कहते हैं। ये केवल निर्गुण नहीं है, निर्गुण और सगुण दोनों है। उसके ऊपर परब्रम्ह है, ये वही परत है जो सबसे नीचे भी है। ये सारी परतें परब्रम्ह से निकलती हैं, और परब्रम्ह में ही विलीन होती हैं। परब्रम्ह जब नाद करता है ये रचनाऐं बनती हैं और विकसित होती हैं। इतनी जटिल हो जाती है कि अनुभव का जन्म होता है। चैतन्य अनुभव का जन्म होता है। और वापिस वो विलीन होती है विश्व चित्त में। ये सारी अवधारणा है। ये खेल है, लीला है जो चल रही है। ये सारा अभी इसी वक्त मौजूद है। ये सारी चित्त की परतें एक समान रूप से मौजूद हैं। जो विकास क्रम हो रहा है वो भी आभास मात्र है। मिथ्या है। माया है।

माया: आरोहण, अवरोहण

चित्त का ब्रम्ह में विलय आरोहण है। चित्त का प्राकृतिक रचनाओं में रूपांतरण अवतरण है। ये सारी चित्त की परतें एक समान रूप से मौजूद हैं। अभी है। जो विकास क्रम हो रहा है, वो भी आभास मात्र है। मिथ्या है। माया है। सिर्फ अनुभव बदल रहे हैं। समूह चित्त है, जब ये कारण शरीर है। ये मैं हूँ। उसमें गति होगी। संस्कार गति शील होंगे। जो वासनाओं के रूप में दिखाई देंगे। जब इच्छाऐं प्रकट होती हैं, तो नीचे की परतों का अनुभव शुरू हो जाता है। जागृत चित्त, बुद्धि मान चित्त, मानव चित्त, नीचे की ओर गति प्रारम्भ हो जाती है। जब यही रचनाऐं, ध्यान ऊपर की ओर ले जाती हैं तो ये विलीन होने लगती हैं। और मुक्त, जागृत और विलीन चित्त की ओर ले जाती हैं। सब कुछ यहीं है, दिशा का अन्तर है कि किस दिशा में अपना अनुभव ले जाना है। मानव चित्त के स्तर पर हैं, तो उपर नीचे दोनों तरफ जा सकते हैं।

योग में कई प्रयोग हैं। क्रिया योग में, कुण्डलिनी योग में कुण्डलिनी ऊपर जा सकती है, नीचे जा सकती है। जब नीचे जाती है तो मन का, बुद्धि का, शरीर का अनुभव होता है। जैसे जैसे नीचे जाती है रचना जड़ हो जाती है। अंत में कुण्डलिनी वापिस सांभव्य ऊर्जा में आ जाती है। यही ऊर्जा अगर ऊपर की ओर जाए, तो विभिन्न परतों के अनुभवों के बाद मुक्त हो

जाती है। तरह-तरह के रूप लेने के बाद, खेल खेलने के बाद, विश्व चित्त में विलीन हो जाती है। चित्त की परतें हैं गतिशील हैं। यही मैं हूँ। ये मेरा ही रूप है लीला है। वैज्ञानिक उपकरण के द्वारा भी बहुत कुछ देख सकते हैं।

परन्तु हमारे ऋषि मुनियों ने हजारों वर्ष पूर्व ही ये सब अनुभव कर लिया था। ऊर्जा केंद्रित होती है, जितना ज्यादा केंद्रित होगी उतना ठोस अनुभव होगा। परब्रम्ह की परत देखने जाएंग तो वहां पर अनुभव और अनुभवकर्ता एक में मिल जाते हैं। अनुभव नहीं है वहाँ। जैसे जैसे ऊर्जा केंद्रित होती है, अनुभव होने लगते हैं। मनुष्य के चित्त में काफी केंद्रित हो चुकी है इसलिए काफ़ी ठोस अनुभव होते हैं। नियम बद्ध अनुभव ही दिखाई देते हैं। इससे ज्ञान मिलता है, लेकिन अज्ञान भी मिलता है। दोनों प्रभाव हैं। ज्ञान मार्ग से बुद्धि के उपर जा सकते हैं।

चक्र

चक्रों की अवधारणा है कि जब विकासशील ऊर्जा तरह तरह की रचनाऐं बनाती है, तो विभिन्न परतों का निर्माण होता है जिनको चक्र कहा गया है। सारे चक्र हर तरह की रचना में मिलेंगे। केवल मनुष्यों में नहीं, अपितु सारे जीवों में, पृथ्वी में। ये चक्र केवल चित्त की परतें है। रचनाऐं हैं। जटिल संरचनाऐं हैं। सभी शरीरों प्राणियों में, देवी देवताओं में, वैदेहिक प्राणियों में, नदियों तालाबों में, पर्वतों में, पेड़ पौधों में भी मिलेंगे।

मनुष्य जन्म श्रेष्ठ है। इसमें सभी सम्भावनायें हैं। वैदेहिक प्राणियों को भी देह धारण करना पड़ता है। ये ज्ञान लेने के लिए साधना करनी पड़ती है। विकास के लिए। मणिपुर में जातीय संस्कार और अहंकार दिखाई देंगे। अनाहत में बुद्धि और कलांऐं होंगी। विशुद्धि में ज्ञान-विज्ञान, तर्क, भाषा, आज्ञा में चेतना, ध्यान, आध्यात्मिक ज्ञान। सहस्त्रार में कारण शरीर विलय हो जाता है, महाचित्त में। ये अवधारणा बना दी है जो मिलती जुलती है चित्त की परतों से। इसी प्रकार कोष हैं। आनंदमय कोष। इत्यादि। जिन परतों या लोकों का इन्द्रियों से अनुभव नहीं होता, उनके लिए चेतना का स्तर ऊंची अवस्था में लाना पड़ता है। पराभौतिक अनुभव होने लगते हैं। जो किसी योगी, ज्ञानी या तांत्रिक को होते हैं।

समान्तर विकासक्रम

अगर आप वहाँ नहीं पहुंचे हैं तो ध्यान धारणा से, गुरु या योगी की मदद से प्रयास करें। स्तरीय रचना सभी लोकों, सभी प्राणियों में जीवों में, सभी देव देवताओं में मिलेगी। एक ही तरीके का विकास क्रम मिलेगा। हर तरीके की सम्भावना है तो कुछ भी अनुभव हो सकता है। कोई सीमा नहीं है। हमारी आसक्ति मानव शरीर से कम हो जाती है तो चित्त मुक्त हो जाता है। नये अनुभव की तरफ जा सकता है। समूह और महाचित्त में नये अनुभव गढ़ सकता है। क्योंकि यह मेरा ही बनाया हुआ है। मेरा खेल है। मैं जो चाहे कर सकता हूं। जब यहां से आगे

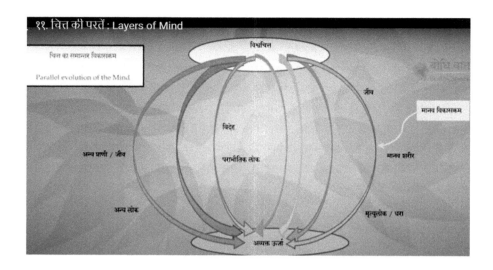

जाता है तो चित्त सगुण ब्रम्ह, ब्रम्ह में, परब्रह्म में विलीन हो जाता है। यहां कोई अनुभव नहीं बचता है। और फिर नया युग शुरू, नयी रचना, नये प्राणी बनते हैं। काल चक्र चलता है। वही रचनाओं। वही चित्त की परतें। वही अनुभव।

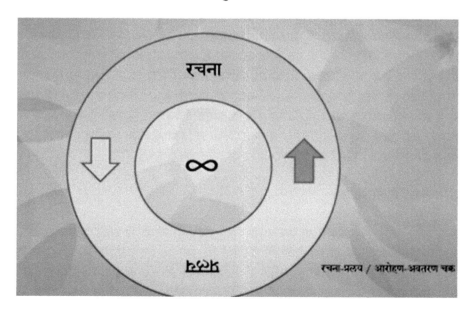

रचना-प्रलय / आरोहण-अवतरण चक्र

माया है। बहुत विस्तृत है। जटिल है। बहुत गहन है। माया का अध्ययन है। रूचि है तो स्वयं अनुभव कर सकते हैं। मनुष्य के चित्त की शक्ति के अंदर है। ये सारे अनुभव वो कर सकता है। अपने अनुभव किसी ओर मोड़ सकता है। हमें ये स्वतंत्रता है। योगी, ज्ञानी ही अपने चित्त का विकास करता है। चेतना ऊपर पहुँचाने का प्रयास करता है।

अध्याय ११: : "चित्त की परतें" समाप्त हुआ।

12

चित्तवृत्ति;

उद्देश्य

चित्तवृत्ति; चित्त नाद रचनाओं की बहुपरतीय रचना है। चित्त की विभिन्न अवस्थाओं में गति, चित्तवृत्ति कहलाती है। परब्रम्ह से प्रारंभ होकर भौतिक पदार्थ, जैविक पदार्थ, शरीर, मन, अहंकार ये सारी रचनाओं से बनी हुई, महा रचना है चित्त। ये विभिन्न अवस्थाओं में पाया जाता है। मानवीय अनुभव के आधार पर अध्ययन कर सकते हैं चित्त का। चित्त का अध्ययन करने का मुख्य लक्ष्य है चित्त से आसक्ति नष्ट करना। चित्त को जो मैं समझ बैठा हूँ, उस भ्रम को दूर करना है। यदि आत्मज्ञान और ब्रम्हज्ञान हो गया है तो ये सारा किसी काम का नहीं है।

चित्त का अध्ययन, चित्त को नियंत्रित करना है। चित्त पर पूरा नियंत्रण जो अभी अज्ञान की वज़ह से नहीं है, दुख और एक जगह बंधे रहना जैसा अनुभव होता है। योगी और ज्ञानी, चित्त का अध्ययन और साधना, चित्त को नियंत्रित करने के लिए, करता है। चित्त वृत्ति को जानना और उसकी साधना से चित्त और अनुभव करता के बीच एक दूरी बन जाती है, उस दूरी का पता चलता है। चित्त में चलने वाली प्रक्रियायें, चित्त वृत्ति है। चित्त वृत्ति, मानसिक वृत्ति ही है। सभी परतों की वृत्ति चित्त वृत्ति है। हम चित्त वृत्तियों को विभिन्न भागों में विभाजित कर सकते हैं।

चेतना

चित्त के ज्ञान की कुंजी अखण्ड चेतना है। योगी साधना से और ज्ञानी ज्ञान से चित्त पर नियंत्रण करता है। ज्ञान होने के बाद साधना आसानी से होती है। एक बार ज्ञान होने पर कि क्या वृत्ति चल रही है, चित्त में क्या प्रक्रिया चल रही है, चित्त में चेतना जागृत हो जाती है। उस पर नियंत्रण आ जाता है। एक दूरी हो जाती है, अनुभवकर्ता की और चित्त की। चित्त से

मुक्ति होती है। इससे दुख से मुक्ति हो जाती है।

वृत्ति का अर्थ है बार बार दोहराना, या एक गोले में चलना। सैकड़ों वृत्तियाँ होती हैं, लेकिन अध्ययन के अनुसार बारह भागों में बांटा है। ये बारह भी, और विभागों में बांटी जा सकती हैं। हम चित्त से, मानसिक स्तरों से प्रारम्भ करेंगे। मानवीय दृष्टिकोण से मनुष्य के लिए वृत्ति का अध्ययन करेंगे।

जाग्रत

सबसे पहली वृत्ति है **जाग्रत**। जाग्रत अवस्था केवल एक अवस्था नहीं है, इसमें कई अवस्थाएं पायी जाती हैं। सबसे बड़ा अनुभव हमारा जाग्रत अवस्था का ही अनुभव है। जाग्रति एक तरीके की वृत्ति है। एक अवस्था है। जिसमें मन या चित्त कई अवस्थाओं में जाता है, जब जाग्रत अवस्था में होता है।

विक्षिप्त चित्तः विक्षिप्त चित्त पहली जाग्रत अवस्था है। ये दोष यदि चित्त में आ गया है, तो वो विक्षिप्त हो जाता है। सही तरीके से काम नहीं करता है। कई कारण हो सकते हैं, जिसमें सात प्रमुख है, (१)अनुवांशिक कारण, (२) विष या कुपोषण, (३) गंभीर शारीरिक आघात या मानसिक आघात इत्यादि लगने से बुरी तरह से विक्षिप्त हो जाता है चित्त। (४) कीटाणुओं का या परजीवियों का संक्रमण हो जाता है। (५) आयु के कारण मस्तिष्क क्षय, शारीरिक रोग, स्नायु रोग इत्यादि से, (६) मानसिक रोग, भय, या मनोविकार (७) आधिदैविक इस लोक के परे या भयंकर प्रयोग किया हो, इस कारण विक्षिप्त चित्त की अवस्था आ जाती है। विक्षिप्तता का कोई उपचार नहीं होता। थोड़ा बहुत उपाय हो सकता है। बहुत बड़े गुरु या तांत्रिक ही कुछ ठीक कर सकते हैं। अधिकतर ऐसा होता है कि वो प्राणी सम्पूर्ण जीवन इसी विक्षिप्तता में बिता देता है।

अशांत चित्तः अशांत चित्त का अनुभव सबने किया है। भावनाएं शरीर में दौड़ रहीं हैं जिसके कारण अशांति होती है। सबसे बड़ा कारण है। सवालों का जवाब नहीं मालूम, कुछ करना नहीं आता, तो इतना अशांत नहीं होता। लेकिन भावनाएं बढ़ जाती हैं उनका प्रभाव बहुत बुरा पड़ता है, चित्त अशांत हो जाता है। या फिर चिंता या तनाव है, जिससे अशांत हो जाता है। मानसिक रोग है, तो हमेशा अशांत रहेगा। क्रोधित या हिंसक रहेगा। यदि नींद नहीं आती, बहुत काम है उसके कारण अशांत है। कई लोग बहुत साम्प्रदायिक होते है, उनके दिमाग में उल्टा सीधा कुछ भरा होता है, बहुत ज्यादा पक्षपाती होते हैं, अशांत होते है। किसी न किसी लड़ाई में लगे रहते हैं। या आदतें होती हैं खाने पीने की, या सनक होती है। जनता का अधिकतर समय अशांत अवस्था में ही निकलता है। विशेषकर बड़े शहरों में रहते हैं जो लोग, सुबह से शाम तक अशांत ही रहते हैं। टीवी से भी मन में अशांति आती है।

आपराधिक चित्तः ये वो चित्त जिसमें अशान्ति के साथ साथ विक्षिप्तता आ गई है लेकिन चालाकी के कारण अपराध में लगा देते हैं। छोटे अपराध से शुरू हो कर, फिर संगठित

अपराध, या सरकारी विभागों में व्याप्त भ्रष्टाचार, राजा या तानाशाही प्रवृति से पूरे देश को काबू किया है। जब चित्त आपराधिक होता है तो बहुत बड़ी समस्या और दुःख का कारण होता है। अपने लिए भी और दूसरे लोगों के लिए भी। जब आप झूठ बोलते हैं, कुछ छुपाते हैं, अपने टैक्स अदा नहीं किये हैं, या सामान लिया तो वापिस नहीं किया, ये सब आपराधिक प्रवृत्ति है।

मूर्ख चित्त; मूर्ख होते हैं, अनुवांशिक कारण जैसे जन्म ऐसे परिवार में लिया जहां बुद्धि विकसित नहीं है, या सामाजिक कारण जैसे, ऐसे समाज में रहते हैं जो मूर्ख है, या आलसी - स्वभाव, या किसी कारण से मंद - बुद्धि। सब मूर्ख चित्त है। सबसे सरल उपाय बुद्धि बढ़ाने का है, बुद्धिमान लोगो की संगति में रहना, २४ घंटे व्यक्ति बुद्धिमानी के कार्य करे। इसका अनुभव सबने किया है।

अहंकारी चित्तः अहंकारी चित्त वो है जिसमें अहंकार की परत बहुत शक्तिशाली होती है। अहंकार की वृत्ति जाग्रत अवस्था में सबसे ज्यादा पायी जाने वाली वृत्ति है। ९९% लोगों की वृत्ति अहंकारी चित्त की ही होती है। सरल / निर्दोष कुछ लोग अहंकारी होते हैं, लेकिन सरल होते हैं। निर्दोष होते हैं। जैसे छोटे बच्चे, वो अपना पूरा समय उत्तरजीविता में बिता देते हैं। बच्चों का खाना, पीना सोना। भोगी, कुछ लोग भोगी प्रवृत्ति के होते हैं। भोग के लिए धन कमाना, विलासिता में जीवन जीना। उसके लिए कुछ भी करना। अज्ञान के कारण अहंकार, अज्ञानी चित्त वो है, जो ज्ञान के अभाव में अज्ञान में फंसे रहते हैं। ये स्थिति बहुत लोगों की है। कुछ लोग भोगी भी नहीं है वो भी अज्ञान के कारण दुखी रहते हैं। भ्रमित भ्रमित वो चित्त है जिसको ज्ञान होता है, परन्तु गलत ज्ञान होता है। उल्टा ज्ञान होता है। जिसे वो सही ज्ञान मान लेते हैं। जिनको गलत ज्ञान हो गया । कुछ अच्छे समाज सेवक, देशभक्त क्षत्रिय और राजनेता होते हैं जो अहंकारी चित्त की श्रेणी में आते हैं। ये जीवन के लिए उपयोगी होता है। इसी से मानव जीवन चलता है। इस युग में सम्पूर्ण मानव जाति इसी अहंकार की वृत्ति में ही मिलेगी।

अस्थिर चित्तः इसके बाद अस्थिर चित्त का अनुभव किया होगा, जो की निचली परतों में आ जाता है। कभी ऊपर की प्रवृतियों में रहता है। कभी बुद्धिमान होता है, कभी अहंकारी होता है, कभी विक्षिप्त होता है। बहुत लोगों का चित्त अस्थिर होता है। उनका जो लोग, योग मार्ग पर नहीं हैं। कहीं कोई ऐसी स्थिति आ गयी, जो ठीक नहीं है तो चित्त अपने आप अशांत हो जाता है। या फिर कुछ लोगों की आदत होती है की वो अस्थिर ही रहते हैं। उनका नियंत्रण अपने चित्त पर, न के बराबर होता है। न भावनाओं पर,न बुद्धि पर, न अहंकार पर नियंत्रण रहता है। न वाणी पर, न कर्म पर नियंत्रण रहता है। यंत्रवत चित्त चल रहा है। इससे बाहर आना बहुत कठिन है। कठोर अनुशासन चाहिए।

बहिर्मुखी चित्त; बहिर्मुखी चित्त, जिसको सामाजिक गतिविधियों में बहुत रूचि है। खिलाड़ी, व्यापारी, खोजी, यात्री, जो कि घर के बाहर पाए जाते हैं हमेशा। ये लोगों के साथ पाए जाते हैं। पार्टियों में शामिल होते हैं। सभाओं में पाए जाते हैं। कलाकार, गायक,

अभिनेता, कुशल कारीगर, और शिक्षक, ये सब बहिर्मुखी चित्त के अंतर्गत आते हैं। कुछ लोग जिन्होंने कला सीखी है वो दूसरों को भी सिखाते हैं। इनका जीवन सफल, सुखपूर्वक बीतता है। लेकिन अशांत भी होते हैं ।

अंतर्मुखी चित्त; अंतर्मुखी चित हमेशा अपने में मग्न होते हैं। कवि, लेखक, कवि हुए, लेखक हुए ये अपने मन में बसे होते हैं।कलाकार, मूर्तिकार. चित्रकार, सामाजिक बुध्दिजीवी अख़बारों में लिखते हैं, राय देना, सुझाव देना, पुस्तकें लिखते हैं, यू-ट्यूब में वीडियो अपलोड करना।

तर्कसंगत चित्त; तर्कसंगत चित्त बहुत तार्किक होते हैं। बुद्धिमान, सरल तर्क-शक्ति, १६ घंटे हमेशा बुद्धि का उपयोग करने वाले लोग होते हैं। इनकी तर्कशक्ति बहुत विकसित होती है। तर्क शक्तिशाली होता है। बुद्धि बहुत विकसित होती है। सब कुछ आसानी से समझ लेते हैं। ज्ञान उनके लिए बहुत आसान होता है। विवेक बहुत विकसित हो चुका है। सही गलत तुरंत समझते हैं। ऐसे लोग व्यवसायी-चित्त वाले होते हैं। ऊपर की स्थिति में पाए जाते हैं। बहुत महत्त्वपूर्ण कर रहे होते हैं। सृजनात्मक - चित्त, काफी सृजनात्मक होते हैं। समाज में कुछ भी नया होता है, वो इनके कारण होता है। अभियांत्रिक, वैज्ञानिक, दार्शनिक, प्रोफेसर, आध्यात्मिक, प्राध्यापक और साधक इत्यादि इस श्रेणी में पाए जाते हैं। पुस्तकें पढ़ना, उनका ज्ञान दूसरों में बाँटना। ऐसे लोगों की बुद्धि बहुत विकसित होती है।

एकाग्र चित्त; एकाग्र चित जो एकाग्रता में लीन हैं। जो तर्कसंगत और बुद्धिमान लोग हैं वो भी अस्थिर और अशांत होते हैं। किसी न किसी काम में २४ घंटे लगे रहते हैं। एकाग्र चित्त शांत चित्त होता है। एक जगह बैठते हैं, और जो महत्त्वपूर्ण है उतना ही करते हैं। उतना ही बोलते हैं, उतने ही लोगों से संपर्क रखते हैं। ये शांत चित्त लोग हैं, योगी, ज्ञानी, भक्त या समर्पित होते हैं अध्यात्म मार्ग में। इनका चित्त एकाग्र होता है। ये किसी भी स्थिति में ऊपर नीचे नहीं होता। एकाग्र चित्त होता है। ये लाखों में एक होता है।

स्थितप्रज्ञ, सविकल्प समाधिस्थ, निर्विकल्प समाधिस्थ, विलीन चित्त, स्थितप्रज्ञ अर्थात हर स्थिति में एक जैसा। न भावनाओं से विचलित होते हैं, न सामाजिक स्थितियों से विचलित होते हैं। न जन्म से,न मृत्यु से विचलित होते हैं। न सुख से न दुःख से। एकाग्रता इतनी बढ़ गयी है, चेतना इतनी बढ़ गयी है कि स्थितप्रज्ञ होते हैं। इनकी आसक्ति अनासक्ति में बदल जाती है। जब स्थितप्रज्ञता आती है तो समाधि अपने आप आती है। अनुभवक्रिया में। सविकल्प अर्थात जाग्रत अवस्था में। लगभग जाग्रत के बाहर चली गयी है। ज्यादा समय निर्विकल्प हो जाय तो विलीन चित्त की स्थिति हो जाती है।

धीरे धीरे ये विलीनता की ओर जा रही है। आध्यात्मिक दृष्टि से योगी को इस विलीनता की इच्छा होती है। जिसकी वो साधना करता है।

चित्तवृत्ति हर क्षण बदलती है। केवल समाधिस्थ की वृत्ति लगभग शून्य हो जाती है। समाधी भी एक सूक्ष्म तरह की वृत्ति है। लेकिन विक्षिप्त से लेकर स्थितप्रज्ञ तक सब बदलता रहता है। इसीलिए चित्त को चंचल कहा गया है। ये चित्त का गुण है। योगी और ज्ञानी भक्त

के लिए आवश्यक है साधना में रहना। इसीलिए बड़े बड़े गुरु भी समाधि की साधना करते हैं। ध्यान करते हैं। छोड़ दिया तो चित्त की प्रवृत्ति है इधर उधर भागता है, अस्थिर रहता है। तो साधक का चित्त जाग्रत अवस्था में नियंत्रण में रहता है।

जाग्रत के अतिरिक्त, चित्त की अन्य अवस्थाएं हैं दिवास्वप्न, स्वप्न और जाग्रत स्वप्न।

स्वप्न

दिवास्वप्न.. इस अवस्था में शरीर क्रिया नहीं करता, ये एक जगह बैठा या लेटा रहता है, मानसिक क्रियाएं चलती रहती है। अस्थिर, चिंताग्रस्त या अशांत चित्त वाले लोग भी हो सकते है इस स्थिति में। जब कल्पनाओं में लीन रहता है व्यक्ति तो दिवास्वप्न में रहता है। स्वप्न का अनुभव, निद्रा के बीच-बीच में, चित्त अपने ही लोक में चले जाता है, विचरण करता है, जिसे स्वप्न कहते हैं। शरीर क्रियाशील नहीं है। मन भी जाग्रत मन है। मन की प्रवृत्ति अपने आप चलती है। इसे स्वप्न कहते हैं। जाग्रत स्वप्न, इसमें स्वप्न में होने का ज्ञान रहता है। एक योगी के लिए जिसकी चेतना इतनी बढ़ गई है कि उनको स्वप्न में भी चेतना का ज्ञान रहता है, ये जाग्रत स्वप्न की स्थिति है। स्वप्न पर नियंत्रण होता है उसका। ये साधना के द्वारा कर सकते हैं।

सूक्ष्म

५. सूक्ष्म शरीर के अनुभव	५.१ स्वाभाविक	५.९ प्रेतसंचार
	५.२ प्रेरित	५.१० प्रेतबाधा
	५.३ मृत्यु के निकट	५.११ चरम प्रेतबाधा
	५.४ दूरदृष्टि	५.१२ दूरशिक्षा
	५.५ आकाशिक स्मृति	५.१३ स्थायी सूक्ष्म निवासी
	५.६ पूर्वजन्म	५.१४ सुर, देव, देवी
	५.७ भविष्य ज्ञान	५.१५ असुर
	५.८ भूमि में जल, खनिज का ज्ञान	५.१६ अनुरक्षक और ऋषि

सूक्ष्म शरीर के अनुभव

तांत्रिक या योगी जो प्रयोग करते हैं उन्हें सूक्ष्म शरीर के अनुभव होंगे। ये आम व्यक्ति को नहीं होते कभी। सूक्ष्म शरीर के अनुभव, विभिन्न प्रकार के अनुभव हैं। जो जाग्रत अवस्था

के अनुभव होते हैं, उससे 10 गुना अधिक प्रकार के अनुभव, सूक्ष्म शरीर के अनुभव होते हैं। केवल योगी, तांत्रिक, भक्त, ज्ञानी या जो आध्यात्मिक लोग होते हैं उन्हें ये अनुभव होता है। ये चित्त की अवस्था है। लेकिन ये चित्तवृत्ति मात्र है, उतना ही मायावी है।

1. स्वाभाविक: अपने घर से दूर होने का, दूसरे लोक में होने का अनुभव होता है।

2. प्रेरित: साधना के द्वारा सूक्ष्मशरीर में प्रवेश कर के यात्रा कर सकते हैं, अनुभव ले सकते हैं।

3. मृत्यु के निकट: कोई है या पुनर्जीवित हो जाता है मरने के बाद, तो उसे सूक्ष्म शरीर के अनुभव होते हैं। परलोक की यात्रा के अनुभव लोग बताते हैं। ये भी चित्तवृत्ति है।

4. दूरदृष्टि: बैठे बैठे जगत में क्या चल रहा है, और किसी के मन में क्या चल रहा है ये जानना दूरदृष्टि का अनुभव है।

5. आकाशिक स्मृति: भूतकाल या भविष्य जानना, ये आकाशिक स्मृति के अनुभव हैं।

6. पूर्वजन्म; का ज्ञान या अगले जन्म का ज्ञान, ये भी आकाशिक स्मृति है।

7. भूमि में जल, खनिज; कहाँ है ये पता चलता है भिन्न तरीके की स्थिति में जो जाग्रत से अलग होती है सूक्ष्म शरीर का अनुभव।

8. प्रेत संचार; इस वृत्ति में प्रेत आत्माओं से संचार संपर्क कर सकते हैं। सूक्ष्म शरीर के अनुभव के अंदर ही आएगा।

9. प्रेत बाधा; किसी किसी चित्त में प्रेत बाधा हो जाती है, वो विक्षिप्तता की ओर चला जाता है। आधिदैविक वृति है।आप भय, नशीले, भोगी जीवन बिता रहे हैं तो छोटी मोटी बाधा आती है।

10. चरम प्रेत बाधा; आती है, इसका इलाज असंभव है।

11. दूर शिक्षा; इस वृत्ति में दूर बैठे शिष्य गुरु से संपर्क कर लेता है, शिक्षा प्राप्त कर्ता है। गुरु शरीर त्याग चुका है तो भी मार्ग दर्शन कर्ता रहता है। इसमें बहुत से योगी ज्ञानी पाए जाते हैं।

12. स्थायी सूक्ष्म निवासी; कुछ लोगों ने कभी जन्म नहीं लिया लेकिन सूक्ष्म लोकों के निवासी हैं, इसमे सुर, देव देवी भी हैं। असुर भी हैं।

13. अनुरक्षक और ऋषि; इस चित्तवृत्ति में ऋषि होते हैं जो इन लोकों की रक्षा करते हैं, सारे लोक, पृथ्वी मिला कर उनकी रक्षा करते हैं।

परिवर्तित

परिवर्तित अवस्था में चित्त परिवर्तित हो जाता है। औषधि, मादक पदार्थों के प्रभाव से, ध्वनियों का प्रयोग, मन्त्रों का प्रयोग, उपकरणों का प्रयोग, चित्त यदि अशांत है अस्थिर है, एकाग्र नहीं हो रहा है तो इन प्रयोगों से क्रत्रिम तरीके से परिवर्तित कर सकते हैं। कृत्रिम निद्रा अवस्था, सम्मोहन से चित्त वृत्ति को बदला जा सकता है। दुर्घटना, आघात या चोट से भी चित्त

की अवस्था परिवर्तित हो जाती है।

निद्रा

हल्की नींद, ऐसे व्यक्ति हल्की निद्रा में रहते हैं। गहरी नींद में योगी ज्ञानी लोग रहते हैं। एनसथीसिया / संज्ञा हरण जागृत , स्वप्न, नींद, एनसथीसिया में दवा से होता है, विष का प्रभाव कम होने के बाद ही ठीक होता है। कोमा, निश्चित अवस्था, इसमें संज्ञा नहीं होती क्रिया नहीं होती. परंतु शरीर मृत्त नहीं होता। मन की मृत्य है कोमा। विशेष अनुभव है. मृत्यु, शरीर की अवस्था है, वापिस मूल तत्व में बदल जाता है. सबको अलग-अलग अनुभव होता है, जितना चित्त विकसित होता है, मृत्यु उसी अनुसार होती है। मृत्यु चेतना में हुई है तो जन्म भी उसी प्रकार होगा।

वैदेहिक

१२. विदेहिक	१२.१ आवरण
	१२.२ सूक्ष्म जीवन
	१२.३ अनवतरित
	१२.४ मृत, संक्रमण में, पारगामी
	१२.५ लुप्त
	१२.६ मुक्त
	१२.७ मार्गदर्शक, बोधिसत्व और गुरु (मानव वंश)

वैदेहिक

वैदेहिक, ऐसे प्राणी जो देह मुक्त होते हैं, विदेह हो चुके हैं। आवरण, आवरण मात्र होते हैं। तांत्रिक या योगिक प्रयोग द्वारा निर्मित किए जाते हैं। अगर नष्ट न किया जाए तो दूसरे लोकों में घूमते रहते हैं। दिव्य दृष्टि से देखें तो शरीर की तरह दिखते हैं कभी जानवरों की तरह दिखते हैं। या गोलों की तरह हवा में तैरते हुए। ये आवरण है जिसमें जीवन नहीं होता। सूक्ष्म जीवन, छोटे छोटे कीड़े मकौड़ों की तरह होते हैं लेकिन जीवन नहीं होता।

अनवतरित, वो वैदेहिक प्राणी जो बुद्धिमान होते हैं चैतन्य होते हैं। उन्होंने कभी जन्म नहीं लिया। सुर असुर इन्हीं में आते हैं। इनकी मृत्यु नहीं होती क्योंकि इनका जन्म ही नहीं हुआ। कुछ चित्त संक्रमण में होते हैं, ये अभी मृत हुए हैं और पूरी तरह से स्थापित नहीं हुए हैं। लुप्त चित्त, ये एक तरीके से मानसिक कोमा में हैं। मुक्त चित्त, ये सम्पूर्ण चेतना में होते हैं। मुक्त चित्त है। ये योगी और ज्ञानी का लक्ष्य है। सामूहिक चित्त, मार्ग दर्शक का कार्य करते हैं। गुरू हैं। जो मानव वंश से आरोहित होते हैं। पृथ्वी पर कभी-कभी मार्गदर्शन के लिए वापिस आते हैं। चित्त एक परत से दूसरी परत तक घूमता रहता है। सामान्यतः एक व्यक्ति में बहुत सी परतें सक्रिय होती हैं। ये जीवन के लिए आवश्यक है।

चित्त के स्तरों की गतिविधि

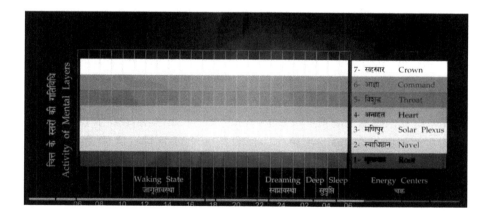

चित्त के स्तर

सामान्य व्यक्ति के लिए चित्त की मिश्रित अवस्था होती है सभी परतों की क्रियाऔं का मिश्रण होता है एक माडल का प्रयोग किया है। योगिक माडल है चक्रों का, सात तरह की परतों का उपयोग किया गया है। वृत्ती वही होती है। एक दिन में विभिन्न परतें किस प्रकार से क्रिया करती हैं। दिखाया गया है। जितनी सक्रिय परत होगी उतना उसका विस्तार होगा। उतनी ही प्रभावकारी और शक्तिशाली होगी।

पशु वृत्ति, कम विकसित चित्त जब दिन प्रारंभ कर्ता है तो पशुवृत्ति से शुरू होता है। दिन भर वृत्ति जीविका से संबंधित होती है खाना, पीना, सोना इतना ही होता है। रात में भोग विलास की थोड़ी प्रवृत्ति होती है। **स्वाधिष्ठान**, नारंगी रंग, कुछ सक्रिय है। सारा दिन मेहनत करने

में जीविका कमाने में चला जाता है। बाकी की परतें निष्क्रिय सी होती हैं। **भोग वृत्ति**, जिनकी भोग वृत्ति प्रबल होती है, उनका दिन खाने कमाने में व्यतीत होता है, शाम को भोग विलास, स्वाधिष्ठान सक्रिय होती हैं, सामाजिक बुद्धि दिन के समय सक्रिय, बाकी की गतिविधियां न्यून होती हैं। **मणिपुर सामाजिक या जाति वृत्ति**, ऐसा व्यक्ति, सुबह उठकर खा पीकर, घर के बाहर दिखाई देता है, दिन भर सामाजिक क्रिया कलापों में, व्यवसाय में लीन रहता है। शाम को भोग विलास की वृत्ति सक्रिय रहती है, और उसके बाद सभी परतें निष्क्रिय हो जाती हैं। दिन में बुद्धि सक्रिय होती हैं और रात के समय सारी परतें न्यूनतम रहती हैं।

अनाहत चक्र, भाव वृत्ति, जिनकी प्रबल होती है, उनका सारा समय भावनात्मक दशा में व्यतीत होता है, भोग विलास रात में।

विशुद्ध चक्रः या बौध्दिक वृत्ति वाले लोगों का समय जितना आवश्यक है उतना ही खाना, पीना, सामाजिक गतिविधियों में दिन व्यतित होता है, भावनायें अधिकतर निष्क्रिय होती हैं, सुबह से शाम तक बौध्दिक कार्यों में लीन होते हैं, सबसे ज्यादा सक्रिय शाम को, रात को होते हैं। आज्ञा चक्र, ऊपर की परत थोड़ी बहुत सक्रिय हैं। समाधि की झलकें थोड़ी दिखाई देती हैं। नीचे की परतें निष्क्रिय होने लगी हैं।

आज्ञा, आध्यात्मिक वृत्ति, बौध्दिक वृत्ति वाले लोगों में से जिनकी प्रवृत्ति आध्यात्मिक होती है उनकी निचली परतें पूरी तरह से निष्क्रिय हो जाती हैं, भावनायें नियंत्रण में होती हैं, बुद्धि दिन में बहुत सक्रिय होती है। लेकिन उतना ही प्रयोग करते हैं जितनी आवश्यकता है। और 24 घंटे एकाग्र चित्त होते हैं। ध्यान में होते हैं। आध्यात्मिक कार्यों में लीन होते हैं। उनकी स्वप्नावस्था में भी चेतना दिखने लगती है। थोड़ी बहुत निद्रा में भी चेतना दिखने लगती है। बाकी परतें ज्यादा क्रिया शील नहीं होती, आवश्यकता के अनुसार होती हैं। खाने पीने में कम समय, अधिक समय चिंतन मनन में बीतता है।

सहस्रार, जीवन मुक्त;

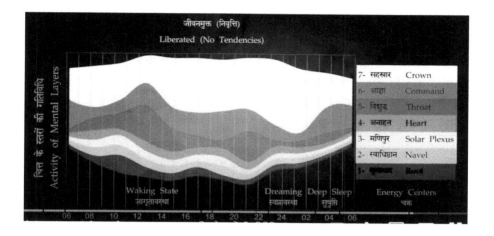

जीवन मुक्त

जो मुक्त चित्त हैं, जीवित भी हैं, निचली परतें क्रिया हीन हो जाती हैं, बुद्धि थोड़ी बहुत सक्रिय होती है, आवश्यकता अनुसार। अधिकतर समय समाधि में व्यतीत होता है। ऐसा व्यक्ति जाग्रत, निद्रा, स्वप्न अवस्थाओं में सदा चैतन्य भाव में रहता है। हमेशा चेतना में रहता है। इस तरह से ये चक्र दिन भर चलता है, इसी प्रकार से महीनों वर्षों तक चलता है। चक्र के अंदर चक्र हैं। बड़े चक्र कई जन्मों में पूरे होते हैं। ये थी चित्त की अवस्थाऐं. चित इतनी बड़ी वस्तु है कि एक व्यक्ति को उसका संपूर्ण ज्ञान होना सम्भव नहीं है।

चित्तावस्था और अहम्

ये थी चित्त की अवस्थाऐं. चित्त इतनी बड़ी वस्तु है कि एक व्यक्ति को उसका संपूर्ण ज्ञान होना सम्भव नहीं है। इसके ऊपर महाचित्त है, विश्व चित्त। भावनात्मक रूप से अशांत होते हैं, वो कहता है मैं अशान्त हूँ। चित्त की अवस्थाओं को मैं, मानना अज्ञान है। इन सारी अवस्थाओं का मैं अनुभव कर रहा हूं, मैं ये अवस्थाएं नही हूँ। मैं इनका अनुभव कर्ता हूँ। आत्मन मैं हूँ। ये सारी अवस्थाएं माया है। बदलती रहती हैं, परिवर्तन शील हैं। कुछ हजारों साल तक चल सकती हैं लेकिन उन में भी बदलाव आता है। यदि चित्त गति में नहीं है तो वह चित्त नहीं है शून्यता है। गति हीन चित्त निर्विकल्प समाधि है। ब्रम्ह में जब सम्भावित गति होती है तो चित्त का निर्माण होता है। जिस तरीके की गति होगी उसी तरीके की अवस्था होगी। ये अनुभव हमें मायावी अनुभव की तरह होते हैं।

ब्रम्ह का चित्त यदि धीरे गति कर रहा है तो भौतिक जगत के रूप में दिखता है। थोड़ी गति बढने पर जैविक रूप में, शरीर के रूप में दिखाई देता है। और बढ़ती है तो मन के रूप में दिखाई देता है। अहंकार के रूप में दिखाई देता है। और बढ़ने पर समाधि, योगी, ज्ञानी के रूप में दिखाई देता है। आश्चर्य ये है कि ये बदलता रहता है वृत्ति में रहता है। जिसकी गति वृत्त में हो वो वृत्ति है। ये वृत्त में नीचे भी पहुंच सकता है। लेकिन जो गुरु की स्थिति में है, मुक्त चित्त है, उस में भी सम्भावना होती है कि वो नीचे की परतों में आ जाए। सही मुक्ति वो है जब आपने पहचान लिया कि चित्तवृत्ति क्या है। मैं क्या हूँ। अनुभवकर्ता क्या है। अनुभव क्या है।

चक्र

सारे अनुभव चित्तवृत्ति मात्र हैं। चित्त की गति अनुभव के रूप में मिलती है। अनुभवकर्ता के रूप में दिखाई देती है। २४ घंटे में चक्र मिलेगा, चक्र के अन्दर चक्र मिलेंगे। जागृत अवस्था में तरह तरह की वृत्तियाँ आती हैं जाती हैं। योगियों ने खोजा है ये वृत्तियां शरीर से प्रतिक्रिया करती हैं। सांस लेने की क्रिया चित्त से जुड़ी है योगी का काम है प्राणयाम के द्वारा चित्त को नियंत्रित करना। ये दोहरा सम्पर्क है। स्वांस प्राण से संबंधित है प्राण चित्त से सम्बन्धित हैं एक दूसरे से एक दूसरे को नियंत्रित कर सकते हैं। योग के द्वारा चित्त को उपर की अवस्था में लाया जा सकता है, इसी प्रकार ज्ञानी अपनी चेतना से चित्त की उपरी अवस्थाओं में आ सकता है। चेतना के प्रयोग में हमेशा चेतना को बनाए रखना है। चित्त वृत्ति बदल सकते हैं, योगी योग द्वारा, ज्ञानी ज्ञान द्वारा चित्त को ऊंची अवस्थाओं में ले जाते हैं। समाधि में रहते हैं, चेतना में रहते हैं।

योगमार्ग शुद्ध मार्ग है, पवित्र मार्ग है। ज्ञानमार्ग और भी पवित्र मार्ग है। साधना नहीं करनी पड़ती। चित्त स्वाभाविक रूप से चाहता है कि चेतना में रहे क्योकि वहां आनंद है। नीचे की अवस्थाओं में दुःख है, पीड़ा है। स्वाभाविक रूप से चित्त चाहता है, मानसिक प्रवृत्ति होती है ऊपर की अवस्थाओं में रहने की। जो योगमार्ग अथवा ज्ञानमार्ग में संभव है। चित्त की अवस्था, या चित्त की वृत्ति अपनी इच्छा से बदल सकते हैं। जब चित्त की वृत्ति नहीं होती तो समाधि की अवस्था होती है। जो कि योगी और ज्ञानी के लिए सबसे बड़ा लक्ष्य है।

अध्याय १२: "चित्तवृत्ति" समाप्त हुआ।

13

मानव चित्त;

जाग्रत अवस्था में मानव चित्त – शरीर

मानव चित्त के विषय में अध्ययन करते हैं। पिछले अध्याय में चित्तवृत्ति को देखा, जिसमें बहुत महत्त्वपूर्ण भाग है जाग्रत अवस्था। अब हम जाग्रत अवस्था में मानव चित्त में होने वाली वृत्तियों का अध्ययन करेंगे। इसमें पहली वृत्ति है शरीर की। क्योंकि शरीर चित्त की ही एक परत है। शरीर में दो तरह की वृत्तियाँ चल रही हैं।

एक है जो पूरी तरह से जीवित / जैविक वृत्तियाँ है, जो इस पिंड की वृत्तियाँ हैं। रक्षण, भक्षण, वृद्धि, विश्राम, मलत्याग, प्रजनन इत्यादि। ये शरीर कर रहा है। इस पर अधिक नियंत्रण संभव नहीं है।

दूसरी तरीके की वृत्ति जो शरीर कर रहा है वो है शरीर यंत्रण - शरीर का सञ्चालन। चलना, बोलना, दूसरे कार्य करना, श्रम करना। इन जैविक क्रियायों के साथ-साथ शरीर का सञ्चालन भी चल रहा है। ये जाग्रत अवस्था में शरीर की स्थिति है, शरीर सक्रिय होता है।

जाग्रत अवस्था में मानव चित्त - अनुभूति

शरीर के बाद और ऊपर चलें तो जाग्रत अवस्था की चित्त वृत्ति है अनुभूति / संवेदन की क्रिया है। अनुभूति / संवेदन, में वस्तुओं की अनुभूति होती है, रूप, रंग, ध्वनि, गंध, स्पर्श, स्वाद। ये पांच इन्द्रियां मुझे बताती हैं। वस्तुओं का निर्माण अनुभूतियों से होता है, सारा जगत वस्तुएं हैं, सारे जगत का निर्माण, जगत की अनुभूतियों से होता है। ये एक बड़ी वृति चल रही है, जब तक आप जाग्रत होते हैं, जगत के संपर्क में रहते हैं। आकाश, काल, अनुभूति की वृति है, आकाश, जैसे देश, दूरी, स्थान, और काल जैसे कालांतर, अवधि। वस्तुओं के साथ एक सूक्ष्म वृत्ति होती है, जो आकाश, स्थान का निर्धारण करती है, क्योंकि अनुभव बदल रहे हैं, स्मृति पर

बुद्धि	चैतन्य	पांडित्य, मनीषा, बुद्धिमत्ता, विवेक, ध्यान, धारणा, समाधी, आध्यात्म
	तर्क	विचार, चयन, मंशा, प्रज्ञा, तर्क, कल्पना, सृजन, अंतः प्रज्ञा, योजना, निर्णय, समाधान
	सामाजिक	सम्बन्ध , सामाजिक व्यव्हार , आजीविका, सामाजिक स्तर , बल, क्षमता, योग्यता, कला, कुशलता
	नैसर्गिक	नैतिकता, सौंदर्य (सार्वभौमिक, व्यक्तिपरक)
ज्ञान संग्रह/ स्मृति	प्रमाण	अनुभवों में परस्पर सम्बन्ध, समझ, शिक्षण, प्रशिक्षण
	विक्षेप	नाम-रूप, अवधारणाएं, मान्यताएं, अंधश्रद्धा
वासना / इच्छा	क्षणिक से दीर्घकालिक	नियंत्रण प्रणाली, प्रतिक्रिया, आवेग, वासना, अभिलाषा
भावनाएं	उच्च भावनाएं	सुख, शांति, जिज्ञासा, करुणा, क्षमा, निस्वार्थ प्रेम, मुक्तभाव
	सूक्ष्म भावनाएं	प्रतियोगिता , आसक्ति, अधिकारात्मकता, प्रेम, घृणा , अपराधभाव , आत्मकरुणा, दुःख, प्रसन्नता
	स्थूल भावनाएं	भय, क्रोध, काम, लोभ, आलस्य, ईर्ष्या, गर्व, छल, कपट, पाखंड, हिंसा
	शारीरिक भावनाएं	भोग, पीड़ा
अहंकार	कर्ताभाव	कर्मो एवं वृत्तिओं का स्वामित्व
	अहंभाव	मैं, मेरा, तुम, तुम्हारा, वह, उसका
अनुभूति/संवेदन	आकाश , काल	देश, दूरी, स्थान , कालांतर, अवधि
	वस्तु	रूप, रंग, ध्वनि, गंध, स्पर्श, स्वाद
शरीर	शारीरिक चेतना	चलना, बोलना, श्रम
	जैविक	रक्षण, भक्षण, वृद्धि, विश्राम, मलत्याग, प्रजनन

जागृतावस्था में मानव चित्त (कर्म)

जाग्रत अवस्था में मानव चित्त

अंकित होते हैं अनुभव। स्मृति की वज़ह से काल की अनुभूति हो रही है। वो इतना स्पष्ट नहीं है कि जगह की वज़ह से या जगत की वज़ह से काल का अनुभव हो रहा है। स्वप्न अवस्था में, निद्रा अवस्था में काल का अनुभव बदल जाता है। इसका अर्थ है कि काल का अनुभव चित्त की अवस्था पर निर्भर है। अनुभूतियों से संवेदन बनाए जा रहे हैं। न आकाश है, न समय है, ये केवल चित्त निर्मित करता है। अपने अनुभवों के आधार पर। हमें आकाश का अनुभव कभी नहीं होगा, ये एक अवधारणा है। हमें वस्तुओं का अनुभव होगा। उनके बीच की दूरी और स्थान निर्धारित होते हैं। चित्त वृत्ति है एक, दूरी और स्थान की वज़ह से आकाश, खाली जगह का अनुमान चित्त लगाता है. इसी तरीके से काल है जिसका अनुभव स्मृति में चला गया है, वस्तु का अनुभव वर्तमान दिखाई देता है, स्मृति का अनुभव भूतकाल में है। चित्त में जो कल्पनायें चल रही हैं वो भविष्य काल की हैं। तो भूत और भविष्य अवधारणा मात्र है, चित्त निर्मित है।

प्रयोग.. स्मृति न हो तो भूत काल नहीं होगा। नहीं जान पाएंगे पिछला क्या हुआ था, क्योंकि स्मृति नहीं है। इसी प्रकार कल्पना की वृत्ति ना चल रही हो तो भविष्य का अनुमान नहीं लगा पाएंगे।

जाग्रत अवस्था में मानव चित्त – अहंकार

जाग्रत अवस्था में एक बड़ी वृत्ति चल रही है चित्त में, वो है अहंकार की वृत्ति। इसमें पहला है अहम भाव, चित्त अहम भाव का निर्माण करता है जिसका वर्गीकरण होता है, मैं क्या है, बाकी वस्तुएं क्या है। मैं एक अवधारणा है, ये चित्त निर्मित करता है। ये मानव जीवन के लिए बहुत उपयोगी है, शरीर की प्रक्रिया शरीर के लिए आवश्यक है। अनुभूतियाँ जीवन के लिए बहुत उपयोगी हैं। संज्ञा, इन्द्रियों के बिना जीवन नहीं चल सकता। अहंकार जीवन के लिए उपयोगी है जिसके बिना मनुष्य जिवित नहीं रह सकता। क्या मेरा है क्या मै हूँ ये अवधारणा न बने तो जीवन सम्भव नहीं है।

इसी प्रकार जब अहंकार दूसरों के संपर्क में आता है तो तुम तुम्हारा वह उसका की अवधारणा बनाता है। दूसरे व्यक्ति के रूप में कुछ करते हुए दिखाई देते हैं। वैसे ही मैं भी हूँ व्यक्ति के रूप में कुछ करता हुआ दिखाई देता हूं। कर्मों का स्त्रोत मैं हूँ, ऐसा दिखता है। दूसरी वृति अहंकार की है, वो है कर्ता भाव, यानी कर्मों और वृत्तियों का स्वामित्व वो ले लेता है। ये विचार, मान्यता है चित्त में कि जो ये कर्म हो रहे हैं वो मेरे हैं, इस व्यक्ति के हैं, जिसका नाम मैं हूँ। कर्ता भाव की वज़ह से समाज में व्यवस्था चलती है, ये न हो तो समाज सम्भव नहीं है। मनुष्य सामाजिक प्राणी है, दूसरे व्यक्तियों से संबंधित है, दूसरे व्यक्तियों के ऊपर वो कर्ता भाव आरोपित करता है उसी तरह से अपने ऊपर भी करता है। इस चित्त में शरीर और मन की जो वृत्तियां चल रही हैं, उसको भी वो कर्ता मानता है। उससे समाज चलता है। कर्ता भाव मान्यता है, माया है, लेकिन उपयोगी है। उसकी वज़ह से समाज में मानव का जीवन

सम्भव है। कर्ता भाव निकाल दें तो सामाजिक व्यवस्था पूरी तरह से गिर जाती है। कर्ता भाव न हो तो व्यक्ति और समाज जीवन सम्भव नहीं है।

जागृतावस्था में मानव चित्त - भावनाएं

इसके बाद जाग्रत अवस्था की एक और बड़ी वृत्ति चल रही है भावनायें, चार तरीके की भावनाओ की वृत्ति चलती है

शारिरीक भावनाएँ.. शरीर से आनंद दायी संवेदना जो शरीर भेजता है वो भोग की भावनायें हैं। शरीर में कुछ हानि हो जाए तो पीड़ा की भावना। इनकी वज़ह से शरीर जीवित रह पाता है।

स्थूल भावनायें, ये हैं भय, क्रोध, काम, लोभ, ईर्ष्या, गर्व, छल, कपट, पाखण्ड, हिंसा, आलस्य, विश्राम .. ये पशु वृत्ति कहलाती है। जाग्रत अवस्था में मानव में भी पायी जाती है। तुच्छ भावनायें है। लेकिन ये भावनायें जीवन के लिए उपयोगी हैं, जीवन का आधार है। भय न करे तो व्यक्ति जल्दी मर सकता है, क्रोध न करे तो शत्रु उसे मार सकता है। काम वासना न हो तो प्रजनन सम्भव नहीं है। लोभ न हो तो आने वाले समय के लिए व्यक्ति कुछ जमा नहीं करता। ईर्ष्या भी जीवित रहने की प्रक्रिया है। वासनाओं में असफलता मिलने पर ईर्ष्या पैदा होती है। और सफलता मिलने पर गर्व की अनुभूति होती है। छल, कपट, पाखंड ये दिखाना कि मैं सफल हूँ, जीवन की प्रक्रिया में ये पाखंड है, हिंसा नहीं तो शत्रु पर विजय प्राप्त कैसे हो, ये स्थूल भावनाएँ हैं, तुच्छ हैं, लेकिन जीवन के लिए उपयोगी हैं। जीवन की रक्षा के लिए क्रोध, हिंसा और भय जरूरी है। लेकिन शरीर की रक्षा की आवश्यकता न हो और फिर भी ये किया जाय तो ये गम्भीर मनोरोग उत्पन्न करता है। आलस्य और विश्राम में अन्तर है, श्रम से होने वाली थकावट को दूर करने के लिए व्यक्ति बैठ जाता है तो विश्राम है आवश्यक है। लेकिन आलस्य, श्रम से शरीर की पीड़ा से बचने के लिए आलस्य है। जीवन की प्रक्रियाओं में असफल होने पर व्यक्ति छल कपट का सहारा लेता है। झूठ बोलना, धोखा देना, छल कपट है। यदि सफल नहीं होता, तो भय में जाता है। फिर पाखंड का सहारा लेता है। चित्त ये दिखाने का प्रयास करता है कि मैं भी इस जीवन की प्रक्रिया में, जीवन के खेल में, सफल हूँ। मुझे भी सम्मान दो। मैं भी बड़ा हूँ, ये पाखंड है। यदि ये भावनाओं बहुत बढ़ जाती है तो मनोरोग हो जाता है। आपका अनुभव होगा की ९०% लोगों में अहंकार की भावनाएं और स्थूल भावनाएं ही बलवान होती हैं। उनकी जाग्रत अवस्था इनके नियंत्रण में होती है।

सूक्ष्म भावनाएं; इसके अतिरिक्त सूक्ष्म भावनाएं चित्त में चल रही हैं। जैसे कि प्रतियोगिता, आसक्ति, अधिकारात्मकता, प्रेम, घृणा, अपराध भाव, आत्म करुणा, दुख, प्रसन्नता । ये सूक्ष्म भावनायें हैं जो कि पशुओं में बहुत कम होती है। प्रतियोगिता दूसरे के साथ तुलना करना, यदि व्यक्ति अपने को दूसरों की तुलना में हीन पाता है तो प्रतियोगिता की भावना आती है। हमे भी आगे बढ़ना है। ईर्ष्या की भावना का सूक्ष्म रूप प्रतियोगिता

है। आसक्ति लोभ का सूक्ष्म रूप है। आसक्ति यानी किसी वस्तु या व्यक्ति पर निर्भरता। आसक्ति बहुत बढ़ जाती है तो उसे प्रेम कहते हैं। जब प्रेम असफल होता है तो घृणा में बदल जाता है। जो एक तरीके की हिंसा या हिंसा का सूक्ष्म रूप है। इसी प्रकार अधिकारात्मकता है जो लोभ का सूक्ष्म रूप है। वस्तुओं पर अधिकार जताना, कभी-कभी व्यक्तियों पर अधिकार जमाते हैं। ये सारी भावनाऐं व्यक्ति को जीवित रखने में सहायक है। इसीलिए ये वृति चलती है, ऐसी कोई वृत्ति नहीं जो जीवन में सहायक न हो। इसलिए वो मानव जीवन में चलती हैं। अपराध भाव में व्यक्ति जब गलत करता है तो उसका स्मरण बार बार आता है। हीनता की भावना पैदा करता है। ये अपराध भाव है। ये ज्यादा हो जाए तो मनोरोगी हो जाता है व्यक्ति। आत्म करुणा में ये भाव आ जाता है कि मैं हीन हूँ। दया का पात्र हूँ। मेरे से कुछ होता नही है, मेरे को कुछ आता नहीं। ये आत्म करुणा है कि मुझे कोई प्रेम नहीं करता है। मान सम्मान नहीं देता। ये स्वयं के साथ छल है। बहुत बढ़ने से ये भावना मनोरोग हो जाती है। इसी प्रकार से दुःख की वृत्ति भी चित्त में चलती है। उत्तर जीविता में मानव असफल होता है तो दुःख की भावना का अनुभव होता है। जब सफल होता है तो प्रसन्न होता है।

उच्च भावनाऐं; ये हैं, सुख, शांति, जिज्ञासा, करुणा, क्षमा, निःस्वार्थ प्रेम, मुक्त भाव, ये सब उच्च भावनाऐं चित्त में पायी जाती हैं। पशुओं में पूरी तरह से अभाव होता है इनका। ये भावनाएं जीवन के लिए बहुत उपयोगी हैं जैसे प्राणी की रक्षा करना, उनको मारना नहीं, सुख वो है जब नकारात्मक वृत्तियों का अभाव होता है तो सुख की अनुभूति होती है। सुख हमारी मूलभूत प्रवृत्ति है। जब सुख बहुत बढ़ जाए तो शांति की वृत्ति में होता है। जिज्ञासा कुछ जानने की इच्छा, कुछ करने की इच्छा। करूणा, जो शत्रु ने हानि पहुंचायी है, वो होने पर भी, हिंसक न होना क्रोध न होना । करुणा का भाव है। करुणा करना, माता पिता बच्चों का पालन पोषण करते हैं उसके पीछे करुणा का भाव है। ये न रहे तो समाज में प्राणी का जीवित रहना असंभव हो जाता। क्षमा कर देना ये क्षमा भाव है। दूसरों की गलतियों का बदला न लेना, क्षमा कर देना.. क्षमाभाव है। निस्वार्थ प्रेम वो है जो हमें मिलता है वस्तु से, व्यक्ति से ये आसक्ति है, निस्वार्थ प्रेम वो है जो दूसरों को हमेशा मान दे, सम्मान दे, सहायता करें, प्रेम करें बिना किसी अपेक्षा के। बिना मांगे। ऐसा भाव, निःस्वार्थ प्रेम है। मुक्त भाव, जब दुःख नहीं होते, नकारात्मक भाव नहीं होते। मुक्त भाव रहता है।

जागृतावस्था में मानव चित्त - वासनाएं

इसके ऊपर जागृत अवस्था में बहुत बड़ी वृत्ति चल रही है वासनाएं / इच्छायें। क्षणिक से दीर्घकालिक : कुछ इच्छायें क्षणिक यांनी अल्प समय और कुछ लंबे समय तक चलती हैं। इस के अन्तर्गत कई वृत्तियां आती हैं

नियंत्रण प्रणाली, जब शरीर को कुछ कर्म की आवश्यकता होती है किसी कारण से, तो एक आवेग उसमें आता है, तुरंत क्रिया होती है, जैसे आप गिरने वाले हैं सम्भालने के लिए शरीर तुरंत प्रतिक्रिया करता है। ये नियंत्रण प्रणाली के कारण है। धमाके की आवाज अचानक आ जाए, तो शरीर और मन तुरंत प्रतिक्रिया करते हैं।

प्रतिक्रिया वो है जो कर्म अहंकार से आती है। तुरंत प्रतिक्रिया होती है। तीव्र गति से आती है। यदि कोई अपमान कर दे तो उसकी प्रतिक्रिया भय और क्रोध के रूप में आती है। किसी को हानि पहुंचाने की प्रतिक्रिया थोड़ी देर के लिए आती है फिर समाप्त हो जाती है। किसी प्रियजन के आने के कारण प्रसन्नता की प्रतिक्रिया थोड़ी देर के लिए होती है फिर समाप्त हो जाती है।

आवेग, यानि क्रोध में आकर कुछ कर देना। बहुत अधिक प्रसन्नता में आकर कुछ कर देना वो है आवेग। भूख लगने पर खाने के लिए दौड़ना एक तरीके का आवेग है।

वासनाएं.. इसके बाद हैं जो ज्यादा देर तक चलती हैं। कहीं जाना है, उसकी इच्छा, वासना रहेगी। इनकी वजह से कर्म होते हैं। भावनाओं के कारण कर्म होते हैं परन्तु अधिकतर कर्म वासनाओं के कारण होते हैं। कोई इच्छा लम्बे समय तक चले, जीवन भर चले, जैसे कोई गायक है, उसे अभिलाषा कहते हैं। जीवन के लिए उपयोगी है क्योंकि इच्छा नहीं होगी तो कर्म नहीं होगा। तो जीवित नहीं रहेगा। इच्छा भी वृत है कोई अल्प समय, कोई थोड़ा अधिक समय कोई दीर्घ कालिक। मानव शरीर के जीवन की इच्छा कई जन्मों तक चलती है।

जागृतावस्था में मानव चित्त - ज्ञान संग्रह

इसके बाद एक और वृत्ति है जो चल रही है वो है ज्ञान संगृह की या स्मृति की। दो तरीके से ज्ञान संग्रह होता है, विक्षेप और प्रमाण। विक्षेप यदि मेरे सामने कोई वस्तु रखी है, मैं केवल नाम से जानता हूँ, और कुछ नहीं जानता, तो वो एक प्रकार से विक्षेप है, अवधारणा है। मेरे सामने चाय का कप है, मुझे केवल नाम पता है चाय का कप, इसके आगे कुछ नहीं पता, तो ये केवल विक्षेप है। प्रमाण नहीं है। इसी प्रकार अवधारणाएं, अर्थात तरह तरह की धारणाएं हैं मन में, जिसका अनुभव से कोई सम्बन्ध नहीं होता। इनको मान्यताएं भी कहते हैं, किसी ने कुछ कह दिया और उसको मान लिया, बिना अनुभव के। उसे मान्यताएं कहते हैं। यदि इन मान्यताओं का हमें कोई अनुभव न हों, प्रमाण न मिले, उसके बाद भी उसके अनुसार हमारे कर्म हों, उससे नियंत्रण हों तो उसे अंध श्रद्धा कहते हैं। केवल स्मृति में एक रचना है, उसका सत्य से कोई सम्बन्ध नहीं है, ऐसी स्मृति को, या ऐसे ज्ञान को हम अंध श्रद्धा कहते हैं। मान्यताओं, अंधश्रद्धा, अवधारणाओं के कारण दुःख की वृत्ति पैदा होती है। ज्ञान या प्रमाण सुख का कारण है। इससे कैसे सुख मिलता है ? जो कर्म हम मान्यताओं के आधार पर करते हैं वो हमेशा गलत ही होते हैं। उनसे पीड़ा ही मिलती है। उनसे नकारात्मक भावनाएं ही पैदा होती हैं। इसीलिए वो विक्षेप है। यदि हम अपने कर्म ज्ञान के आधार पर करते हैं तो जो केवल महत्त्वपूर्ण और आवश्यक है जीवन के लिए, केवल उतना ही करते हैं। न उससे अधिक न उससे कम। तो ये सुख और शांति की ओर ले जाता है। ज्ञान मानव जीवन की गुणवत्ता का आधार है।

इसके उपर मनुष्य चित्त में बुद्धि की वृत्ति चल रही है। जिसका विवरण आगे देखते हैं।

जागृतावस्था में मानव चित्त - बुद्धि

मनुष्य चित्त में बुद्धि की वृत्ति चल रही है। ये बहुत कम मनुष्यों में पायी जाती है। चार तरीके की वृत्तियां चल रही हैं।

१. नैसर्गिक (नैतिकता, सौन्दर्य) : पहली है नैसर्गिक जिसमें नैतिकता का ज्ञान और सौंदर्य का ज्ञान। नैतिकता यानि क्या सही है। क्या करना चाहिए। क्या गलत है बुरा है, ये नहीं करना चाहिए। जन्म के साथ थोड़ी बुद्धि रहती है। अनुवांशिक या पिछले जन्म के संस्कारों से थोड़ी बुद्धि होती है। नैतिकता दो प्रकार की है सार्वभौमिक और व्यक्तिपरक। सार्वभौमिक नैतिकता, वो है जो सभी देशों में, सभी संस्कृतियों में एक जैसी होती है। जीव हत्या बुरा कर्म है १००% लोग कहेंगे। जीव हत्या, मानव हत्या, नुकसान करना किसी का, सभी लोग बुरा मानेंगे। ये सार्वभौमिक नैतिकता है। व्यक्तिपरक नैतिकता विवाह के बाद भी पर पुरुष पर स्त्री से सम्बन्ध बनाना, रखना, कुछ लोग कहेंगे ये ठीक है, कुछ लोग कहेंगे कि ये अनैतिक है। अपराधियों को फांसी पर लटकाना, कुछ लोग कहेंगे ये ठीक है, लेकिन कुछ लोग कहेंगे ये अनैतिक है हत्यारे में और न्याय में क्या अन्तर रहेगा। उसे क्षमा करना चाहिए।

सौन्दर्य की बुद्धि, क्या सुन्दर है क्या सुन्दर नहीं है, ये बुद्धि भी बचपन से आती है। सार्वभौमिक सौंदर्य सभी लोग मानते हैं कि ये सुन्दर है। जैसे वस्तुओं का, फूलों का प्राणियों का सौंदर्य, पशु पक्षियों का सौन्दर्य, नैसर्गिक सुंदरता, झरनों का सौन्दर्य.. ये सब सार्वभौमिक सौंदर्य है, जिसको सभी स्वीकार करते हैं। किसी भी देश वासी, अलग संस्कृति के मानने वाले, कुछ सौंदर्य व्यक्तिपरक हैं जैसे स्त्री पुरुष, गोरा रंग या काला रंग सुन्दर है, कुछ लोगों के लिए कुछ सुन्दर होता है दूसरों के लिए कुछ और, किसी को लाल रंग सुन्दर है, किसी को काला रंग कुरूप है, वही किसी को सुन्दर लगता है। ये व्यक्तिपरक सौंदर्य है ।

२. सामाजिक बुद्धि की वृत्ति चलती है, सामाजिक स्तर कैसे उठाना है, सामाजिक बल कैसे बढ़ाना है, मान सम्मान कैसे दिलाना है, अपनी योग्यताएं बढ़ाना, कार्य कुशलता बढ़ाना ये सामाजिक बुद्धी है। इनकी वज़ह से व्यक्तियों का जीवन पशुओं से बेहतर होता है। ये वृत्ति मनुष्यों में होती है, इसी कारण उनका जीवन बेहतर होता है। ऐसे लोग जीवन में, संबंधों में, परिवार में, उत्तरजीविता में सफल होते हैं।

३. तर्क बुद्धि, उसके ऊपर है, प्रज्ञा, विचार, चयन, मंशा, तर्क, कल्पना, सृजन, अंत प्रज्ञा, योजना, निर्णय। ये तर्क बुद्धि की वृत्ति जागृत अवस्था में चल रही है।

विचार, अर्थात कुछ सोचना, चिंतन करना। भावनाएं, इच्छाएं, विचार नहीं हैं। विचारों पर नियंत्रण होता है। क्या सोचना है? मानसिक स्थिति कैसे रखनी है? किस बारे में सोचना है ? इस पर कुछ नियंत्रण होता है, क्योंकि बुद्धि के अंदर है। बहुत कम लोगों में होती है तर्क बुद्धि। बहुत लोगों में भावनाओं का खेल है चल रहा है। इच्छा का दास है व्यक्ति। अच्छे विचार बहुत कम हैं, बुरे विचार कभी कभी आते हैं।

इसके आगे चुनाव है, इसकी बुद्धि होती है। यदि एक से अधिक विकल्प हैं तो उसमें से जो सबसे सही है वो चुन सकता है। ये चुनाव की योग्यता है, प्रक्रिया है जो विचार करके आती है। जिनमें चुनाव की योग्यता विकसित नहीं होती, उनकी जो इच्छा होती है, उनके जो आवेग कहते हैं, वैसे कर्म होते हैं। वे चुनाव के लिए रुकते नहीं है। जैसी भावनाएं होती हैं, कर्म तुरंत वैसे हो जाते हैं। जिनकी तर्क बुद्धि जाग्रत है वो थोड़ी देर सोचते हैं, चुनाव करते हैं। क्या सही है? क्या गलत है? क्या फल मिलेगा ? ये विचार करने के बाद वो कर्म करते हैं। ये चुनाव की प्रक्रिया है। यदि आपका चुनाव अच्छा है तो, कर्म अच्छे होंगे, जीवन सुखमय होगा। अन्यथा दुखों से भरा होगा।

मंशा विचार विमर्श के बाद मंशा प्रकट कर्ता है, उसके बाद विचार करके कार्य कर्ता है, मंशा और दूसरी इच्छाओं में अंतर होता है। मंशा विचार विमर्श कर के, चयन कर के, निर्णय करने के बाद व्यक्ति मंशा प्रकट करता है। एक बार मंशा हो गयी, तो उस पर योजना बनाता है नियोजित करता है, फिर उस पर कर्म करता है। बुद्धि की प्रक्रिया है। ये बहुत कम लोगों में पायी जाती है। अधिकतर लोगों के कर्म अपने आप हो जाते हैं। मंशा बाद में आती है।

प्रज्ञा कुछ भी सीखने की कला, भाषा, तर्क , क्या सही क्या गलत, गणित, विज्ञान, ज्ञान, अभियांत्रिकी इत्यादि, ये सब प्रज्ञा की वृत्ति के कारण है। जिसमें प्रज्ञा नहीं होती वो दो पैरों पर चलता है, खाता है, पीता है, लेकिन मानसिक रूप से पशु कहलाता है। प्रज्ञा के कारण मनुष्य मनुष्य कहलाता है। मनुष्य अर्थात जिसका मन हो, जिसकी बुद्धि हो।

कल्पना; मनुष्य वही कल्पना कर सकता है जो स्मृति में पहले से हो। स्मृति में वही होगा जो अनुभव किया हुआ है। स्मृतियों का मिश्रण कल्पना है। स्मृतियों से कल्पना.. लाल सेब देखा है तो स्मृति से लाल टेबल की कल्पना कर सकता है, यदि किसी ने न लाल रंग देखा है न सफ़ेद रंग देखा है, उसकी स्मृति में नहीं है, तो लाल टेबल की कल्पना नहीं हो सकती। जो स्मृति में है वही कल्पना मनुष्य कर सकता है। कितनी भी तीव्र बुद्धि हो, स्मृति नहीं है तो कल्पना नहीं हो सकती।

केवल प्रकृति सृजन करती है। व्यक्ति नक़ल करता है। मनुष्य केवल नक़ल करना जानता है सृजन नहीं। लेकिन कुछ लोगों की कल्पना शक्ति बहुत तेज होती है, वो कलाकार, प्रज्ञावान होते हैं । ये है सृजन की क्रिया।

अन्तःप्रज्ञा बलवान होती है, उसकी बुद्धि बलवान होती है, ज्यादा सोचना नहीं पड़ता, वो जो भी काम करते हैं, सफलता मिलती है। जो कहते हैं सही होता है। बिना विचारों के समस्या हल कर दें, या कोई सृजन कर दें या समाधान कर दें या प्रश्न हल कर दें तो अन्तः प्रज्ञा कहलाती है । वो वृत्ति जब आप किसी समस्या में हैं, समाधान नहीं मिल रहा। बुद्धि काम नहीं कर रही। आप सो जाते हैं। अगले दिन सुबह मन में, उस समस्या का समाधान स्पष्ट दिखाई देता है। ये अन्तःप्रज्ञा के कारण हुआ है। चित्तवृत्ति है, अपने आप चलती है। दिखाई नहीं देती। जिनकी अंतःप्रज्ञा बलवान होती है तो ज्यादा सोचना नहीं पड़ता। जो करते हैं, या कहते हैं वो सही होता है सदा।

विचार करके सही तरीके से चयन करना, मंशा करना, प्रयोग करना, कर्मों के रूप में योजना है। जो सही होते हैं सुख का कारण बनते हैं। जो कार्य योजनाबद्ध नहीं होते, उलटे सीधे होते हैं, अधिकतर व्यर्थ जाते हैं। जिनकी बुद्धि तेज है वो योजनाबद्ध तरीके से काम करते हैं। योजना करके निर्णय लेते हैं,

निर्णय लेना भी एक कला है। जितना ज्ञान होता है, उतनी बुद्धि होती है और निर्णय उसी अनुसार होता है।

समाधान, समाधान बहुत बड़ी योग्यता है बुद्धि की, जिसमें ज्ञान, विचार, चयन, मंशा, प्रज्ञा, तर्क, कल्पना निर्णय, अंतःप्रज्ञा इत्यादि सभी तर्कबुद्धियों का उपयोग होता है। कोई भी समस्या का समाधान करने में। हर समस्या के समाधान की योग्यता रखने वाला व्यक्ति, लाखो में एक होता है। बाकी लोग समस्याएं पैदा करते हैं। समाधान बुद्धि की योग्यता जीवन की समस्याओं का उचित समाधान निकालती है।

४. चैतन्य बुद्धि : इसके बाद जब बुद्धि और विकसित होती है तो चैतन्य बुद्धि होती है। पांडित्य, मनीषा. बुद्धिमत्ता, विवेक, ध्यान, धारणा, समाधि, इन तरीके की वृत्ति जब मनुष्य में चलती है तो उसे चैतन्य बुद्धि का नाम देते हैं।

जब ज्ञान बहुत चरम तक पहुंचे, प्रज्ञा अति विकसित हो जाये, ऐसे लोगों को पंडित कहते हैं। पांडित्य उनके हाव भाव में, उनके कर्मों में दिखाई देता है। कितनी गहरायी है उनकी बातों में, पता चलता है।

मनीषा, मन को जीत लेना, मन को काबू में करना, मन का ईश। यदि सभी वृतियां आपके नियंत्रण में हो जाएं तो आप मनीषी होते हैं। बुद्धिमत्ता सही गलत का ज्ञान। विवेक बैठे बैठे जान लेना क्या सत्य है क्या असत्य। अधिकतर लोग मान्यताओं के आधार पर गलत सही कहते हैं, परंतु यदि ज्ञान से, बुद्धी से, चेतना से निर्णय लेते हैं तो उसे विवेक बुद्धि कहते हैं, बुद्धिमत्ता कहते हैं। ऐसा व्यक्ति कोई गलत निर्णय नहीं लेता। उसकी वाणी से झूठ या असत्य कभी नहीं निकलता, क्योंकि उसका विवेक इतना तेज है। उसकी बुद्धि शुद्ध होती है, पवित्र होती है, उसे सही गलत का ज्ञान होता है।

ध्यान और धारणा, ध्यान एक चित्तवृत्ति है चित्त की, किसी एक विकल्प या वृत्ति पर अधिक समय तक ठहरना, बाकी विकल्पों को छोड़ देना, ध्यान है। कोई भी अनुभूति हो, भावना हो, विचार हो, वृत्ति पर, शरीर पर, अधिक समय तक, बुद्धि उस पर स्थित हो जाए, उस को ध्यान कहते हैं। अधिकतर लोगों का ध्यान विभाजित होता है। जिनका ध्यान केंद्रित, एकाग्र चित्त होता है, वो जीवन में सफल होते हैं चाहे बौध्दिक हों या सामाजिक। ध्यान व्यक्ति की सबसे बड़ी योग्यता है। अध्यात्म के शिष्य के लिए ध्यान सबसे उपयोगी है। ध्यान नहीं दे सकते तो कोई ज्ञान नहीं होगा। ध्यान एक वृत्ति है इसको विकसित किया जा सकता है साधना से।

धारणा; जब ध्यान लंबा हो जाए दीर्घकालिक हो जाय तो वो धारणा हो जाता है। धारना का अर्थ है, एक विषय को चित्त में, स्थायी रूप से बनाए रखना। जीवन के लिए ज्यादा

उपयोगी हो या न हो, अध्यात्म के लिए ये बहुत उपयोगी है। आत्म ज्ञान नहीं हो सकता यदि धारणा की वृत्ति विकसित नहीं है। अध्यात्म में विकास तभी संभव है। जब ध्यान और धारणा पर नियंत्रण हो गया हो।

समाधि; जब ध्यान और धारणा अधिक बढ़ जाय। अपनी चरम सीमा पर पहुंचती है तो समाधि की स्थिति होती है। चित्त की स्थिति एक जैसी हो, बराबर हो, न इधर, न उधर हो, न उठ रही हो, न गिर रही हो। न आ रही, हो न जा रही हो। ये चित्त की अवस्था समाधि कहलाती है। समाधि यानी सम बुद्धि, बाकी वृत्तियों का अंत है यहां चैतन्य होता है। वृत्तियों का अभाव चैतन्य भाव है। चित्त में वृत्तियां चलती रहें, तो चेतना पीछे रह जाती है वृत्तियों के। ज्ञान, अज्ञान के पीछे छिप जाता है, ढक जाता है अज्ञान के पर्दे से। ये सारी वृत्तियां अज्ञान हैं, अगर ये शान्त नहीं हैं तो सत्य का अनुभव नहीं होता, सत्य चित आनंद का भाव नहीं होता। ब्रम्ह ज्ञान नहीं होता, योग नहीं होता। जाग्रत चित्त में वृत्तियां चल रही हैं। वृत्तियों पर नियंत्रण आने के बाद समाधि होती है, समाधि के बाद वृत्तियों का अंत होता है। समाधि में न मैं होता है, न तुम होते हो, न कोई और होता है, न जगत होता है, न वस्तुए होती हैं, तब सत्य का ज्ञान होता है, उसे ब्रम्ह ज्ञान कहते हैं।

ये थीं जाग्रत अवस्था में मानव चित्त में होने वाली वृत्तियाँ। इनको हम कर्म कहते हैं। हर वृत्ति स्मृति में अपने चिन्ह छोड़ती है। समाधि भी स्मृति में अंकित होती है अपनी छाप छोड़ती है। ज्ञान हो, चाहे बुद्धि हो, संस्कार हों ये सब अपनी छाप स्मृति में छोड़ती हैं। ये हमेशा के लिए रहते हैं। इनको कर्म कहते हैं। शरीर से होने वाले कर्म कर्म नहीं हैं। बुद्धी से होने वाले विचार कर्म नहीं हैं। जाग्रत अवस्था में होने वाली चित्तवृत्ति कर्म है। चित्त वृत्ति स्मृति पर संस्कार बनाती है जैसी वृत्ति होगी वैसे कर्म होंगे। जैसी वृत्ति होगी, वैसा आचरण होगा, वैसी वाणी होगी, वैसा ज्ञान होगा, वैसी बुद्धि होगी। उसके आधार पर ही जीवन चलता है। कर्म वो है जो चित्त में होता है। चित्त वृत्ति होती है। इच्छाएँ चित्त वृत्ति हैं। इच्छायें भी कर्म है। भावनायें भी संस्कार बनाती हैं। भावनायें नकारात्मक होगीं, नकारात्मक कर्म होंगे। उनका फल भी नकारात्मक होगा। जाग्रत अवस्था में जो चित्तवृत्ति है उसे कर्म कहा गया है। संस्कार कहा है।

नियंत्रण

ये थीं जाग्रत अवस्था में मानव चित्त में होने वाली वृत्तियाँ। चित्त के ज्ञान से वृत्तियों पर नियंत्रण सम्भव है। ज्ञान मार्ग सीधा मार्ग है। जितना ज्ञान होगा, उतनी बुद्धी होगी, उतने अच्छे कर्म होंगे। उतनी बड़ी प्रज्ञा होगी। उतनी कल्पना शक्ति होगी। उतने सृजनात्मक आप होंगे। उतने कुशल होंगे। जब कुशलता आ गई कर्मों में, तो धन का अभाव नहीं होता। मान सम्मान का अभाव नहीं होगा। संबंधो का अभाव नहीं होगा। बुद्धि से सब सम्भव है। बुद्धि से ज्ञान होता है। ज्ञान से ध्यान होता है। ध्यान से समाधि अवस्था तक पहुचा जा सकता है। इसके बाद मनुष्य जीवन से मुक्ति हो सकती है।

ज्ञान क्या है, ज्ञान है चित्त का ज्ञान। ज्ञान मार्ग अध्यात्म मार्ग है। जो ज्ञान मार्ग से नहीं आ सकते वो योग मार्ग, सभी योगों का लक्ष्य ध्यान और समाधि तक जाना है। पतंजली योग में शरीर से शुरूआत होती है, लोग एक जगह बैठ भी नहीं सकते। क्रोध और काम से पीड़ित होते हैं। भावनाओं पर नियंत्रण नहीं होता। शरीर पर नियंत्रण से शुरू होता है। रक्षण भक्षण, मनोवृत्तियों पर नियंत्रण , योग गुरु बतायेंगे किस क्रिया के करने से, किस चक्र पर परिवर्तन होगा, उससे किस वृत्ति पर नियंत्रण होगा। मूलाधार चक्र से आगे बढ़ते हुए आज्ञा और सहस्रार चक्र तक अलग अलग वृत्तियों पर नियंत्रण होता है। लेकिन उसमें बहुत लंबी साधना करनी पड़ती है।

ज्ञान के लिए बुद्धि अवश्यक है। मनुष्य जन्म से बुद्धि लेकर पैदा नहीं होता। बुद्धि विकसित करनी पड़ती है। बुद्धि निर्भर करती है सामाजिक स्थितियों पर। जहां बुद्धिमान परिवार में जन्म लिया है, माता पिता की बुद्धि विकसित है। प्रज्ञा काफी विकसित है, तो छोटा बच्चा अपने आप बुद्धिमान हो जाता है। बुद्धि नकल की जा सकती है इसलिये बुद्धिमान लोगों की संगति में व्यक्ति बुद्धिमान हो जाता है। मूर्खों की संगत में मूर्ख होंगे। सबसे आसान तरीका है बुद्धि तेज करने का, बुद्धिमान के संगत में रहना, पुस्तकें पढ़ना, सत्संग में रहना, गुणी व्यक्तियों के साथ रहना, उनको अनुसरण करना, उनकी छत्रछाया में रहना। किसी कारणवश ये न हो सके, तो कम से कम मूर्खों और मूर्खता पूर्ण व्यावहार से दूर रहे। इन सबसे बुद्धि बहुत तेज होती है। ध्यान के प्रयोग से बुद्धि बढ़ती है। ध्यान नहीं तो बुद्धि भी नहीं।

बुद्धि बढ़ती है तो ज्ञान बढ़ता है। ज्ञान की वज़ह से बुद्धि और बढ़ती है। जितनी बुद्धि उतना ज्ञान। ज्ञान की वज़ह से स्मृति बढ़ती है। ज्ञान की वज़ह से इच्छा और वासना पर नियंत्रण आ जाता है। योग मार्ग में आज्ञाचक्र पर नियंत्रण आने से, सभी चक्रों पर नियंत्रण आ जाता है। आज्ञाचक्र का यही कार्य है आज्ञा देना। सभी वृत्तियां आज्ञा की आज्ञा से चलती हैं। इससे इच्छायें नियंत्रित होती हैं। वासनाएं नियंत्रित होती हैं। यदि पहले 100 कर्म करते हों, इच्छाओं पर नियंत्रण होने के बाद 100 की जगह 10 रह जाते हैं। जो बहुत महत्वपूर्ण है, तार्किक है बस उतने ही कर्म करते हैं। जो आवश्यक है उतना ही बोलते हैं, उतना ही कार्य करते हैं। बाकी समय जो बचता है अध्यात्म में उपयोग करते हैं या बुद्धि के और विकास पर ध्यान देते हैं। समय ज्ञान अर्जन के लिए उपयोग होता है, इच्छायें नियंत्रण में आने से

विकास तेज हो गया।

चैतन्य भाव विकसित हो गया। इच्छाओं पर नियंत्रण। सब ठीक हो रहा है, वही स्मृति में जा रहा है। जो जीवन में अनुभव हुआ है वहीं स्मृति में जाता है। इच्छायें बंधन दिखाती हैं स्वतंत्रता नहीं। इच्छाओं का अभाव स्वतंत्रता है, मुक्ति है। ज्ञानी और योगी को ही ये पता है। इच्छाओं पर नियंत्रण या उनको नकारना.. मुक्त भाव में आ जाते हैं। स्थितप्रज्ञ, भावनाओं से प्रभावित नहीं होता। भावना मैं नहीं हूँ, ये चित्तवृत्ति है, ये ज्ञान नियंत्रण करता है। मैं कर्ता हूँ, ये अहंकार है पशुवृत्ति है। मुक्त भाव, मैं कर्ता नहीं हूँ, मेरा जन्म, मेरा मरण ये वृत्ति नष्ट, कर्मों पर आधारित शरीर का स्वास्थ्य, मन पर नियंत्रण, इच्छाओं पर नियंत्रण, शरीर पर नियंत्रण। शरीर कचरे की पेटी नहीं करनी, चित्त माया है, शरीर भी माया है, इनका उपयोग है माया से ऊपर जाना। अध्यात्म प्रायोगिक है, चेतना बनाये रखना इसकी साधना है। ज्ञान मार्ग से लक्ष्य तक पहुंचे। ज्ञानमार्ग नहीं, तो योग मार्ग अपना सकते हैं।

सुख

सुख का अर्थ है मानसिक शांति, अखंड शांति, इसलिए इसे आनन्द कहते हैं। सुख का अर्थ भोग विलास नहीं है। सभी नकारात्मक वृत्तियों का अभाव सुख है। प्रयोग के लिए साधना करनी पड़ेगी। बिना गुरु के बिना साधना नहीं होगी।

प्रश्नोत्तर

कर्ता भाव, अहम भाव, वृत्ति है। चेतना बना कर रखना कि मैं अनुभव कर्ता हूँ। कर्ता भाव को आते जाते देखना, दिव्य दृष्टि रखे, आज्ञा में रखे, यही चेतना है। चेतना के प्रकाश में रखे, वृत्तियों को चेतना के अंदर रखना। चेतना के भाव में, मैं अनुभवकर्ता हूँ, आकाश की तरह। अनुभव मेरे में है, कर्ता भाव चित्त वृत्ति है। इस तरीके से चेतना के प्रयोग से अहम वृत्ति को नियंत्रित करना। परिवर्तन शील, सत्य नहीं है। स्मृति एक अनुभव है, अनुभव आता जाता है, इसलिए ये माया है, मैं अनुभवकर्ता हूँ, चैतन्य हूं, अहम नहीं हूँ। कर्ता भाव आता जाता है। इसे साक्षी भाव से देखना। मनुष्य का लक्ष्य है मुक्ति। साधना करें। चेतना का, ध्यान का प्रयोग, 5 मिनट के लिए देखना की क्या चल रहा है चित्त में। नोट करना। २४ घंटे में ५ मिनट। एक सप्ताह। आत्मन किसी बंधन में नहीं है, चित्त बंधन में है, चेतना में रहने से, ज्ञान से स्थिर चित्त का विकास करना है। चेतना से ही चित्त नियंत्रित होता है। ज्ञानी का लक्ष्य ही मुक्त होना है।

अध्याय १३: "मानव चित्त "समाप्त हुआ।

14
चित्त के नियम;

सूची नियम और चित्तावस्था

चित्त का ज्ञान होने से चित्त पर चित्त द्वारा नियंत्रण किया जा सकता है। यदि ये अनुभव एक जैसे हों, तो उनको नियम कह सकते हैं। प्रयोगों के द्वारा चित्त के अनुभवों को नियमों में बांट सकते हैं। नियम वो अनुभव है जिसका एक ही तरीके से अनुभव होता है, जिस अनुभव को बदला नहीं जा सकता वो नियम है। कुल 11 नियम जो अनुसंधान के बाद एकत्र किए गए हैं। ये नियम सार्वभौमिक हैं, देश, काल में नहीं बदलते। नियम अवस्थाओं पर निर्धारित नहीं है। इन नियमों का उल्लंघन नहीं किया जा सकता। लेकिन ये नियम अपने अनुभव की कसौटी पर देखें। चित्त इन नियमों में बंधा है, विश्व चित्त का नियम प्राकृतिक है। भौतिक संसार में सारे नियम भी चित्त के नियमों के अंतर्गत आते हैं। सभी लोकों में ये नियम लागू होंगे।

दृष्टिसृष्टि

दृष्टि सृष्टि, जो आप देखना चाहते हैं, वो इच्छा मात्र से, उसकी तुरंत सृष्टि / रचना होती है। स्वप्न अवस्था में, सूक्ष्म अवस्था में, कुछ लोकों में ये सम्भव है। जो इन्द्रियों द्वारा ज्ञात है, इन्द्रियां संकेत भेजती हैं। चित्त इन संकेतों से वस्तुओं की रचना तुरंत कर देता है। शरीर का, जगत का या लोगों का अनुभव होगा। अर्थात दृष्टि के अनुसार सृष्टि होती है। यहां पर कोई जगत नहीं है, वस्तुएँ नहीं हैं, केवल नाद रचनाएं हैं। इन नाद रचनाओं के ही संकेत इन्द्रियों को मिलते हैं, इंद्रियां स्वयम नाद रचना है। इन दोनों नाद रचनाओं के मिलने से जो संकेत बनते हैं, वो चित्त में पहुंचते हैं। चित्त इन संकेतों से भ्रम का निर्माण करता है, जिसको

१. दृष्टिसृष्टि

२. नश्वरता / गति

३. द्वैत / ध्रुवीय

४. संतुलन

५. सापेक्षता

६. संकर्षण

७. स्वसमानता

८. सुंदरता / पूर्णता

९. अंतर्सम्पर्कता

१०. कर्म / कारण-प्रभाव

११. विकासक्रम

चित्त के नियम

हम माया कहते हैं। तो सारे अनुभव, माया के अनुभव हैं। ऐसा कोई अनुभव नहीं है, जो सत्य हो।

अनुभव जहां से आ रहे हैं, जिस पृष्ठ भूमि से आ रहे हैं वो सत्य है, कभी नहीं बदलता। जो किसी दृष्टि, इंद्रिय या इच्छा पर निर्भर नहीं है। वो पृष्ठ भूमि शून्यता है, शिव है, या आत्मन है, ब्रम्हन है, अनुभवकर्ता है। साक्षी है, चैतन्य है, शून्यता है। उसका कभी अनुभव नहीं हो सकता। अनुभव हमेशा मायावी अनुभव होगा। ये चित्त का नियम है।

१. दृष्टिसृष्टि

२. नश्वरता/गति

इसलिये इस नियम को हम तोड़ नहीं सकते लेकिन इस के पार जा सकते हैं। जैसे जैसे ऊपर के लोकों में जाएंगे, अनुभव इतना ठोस नहीं होता। चित्त से अनुभव और अनुभवकर्ता का भेद कम होने लगता है। जाग्रत अवस्था में अगर ध्यान लगाएं तो भौतिक इन्द्रियों द्वारा ठोस अनुभव हो रहा है। शरीर के अनुभव कम ठोस हैं, मन के अनुभव, भावनाएं, बुद्धि के अनुभव, कल्पनाएं, इतने ठोस नहीं हैं, क्योंकि ऊपर की परत हो गई है। ऊपर की परतों पर चलते जाये तो इच्छाओं का अनुभव बिल्कुल ठोस नहीं लगता। इच्छाओं की अनुभूतियाँ नहीं के बराबर होती है। एक इच्छा उठती है, चित्त में उसकी अनुभूति पाना भी कठिन है। वो बहुत सूक्ष्म होती है। लेकिन जब वो प्रकट होती है तो किसी विचार के रूप में। आम आदमी जान सकता है। थोड़ा ध्यान अच्छा हो जाये, तो इच्छा विचार से पहले ही पकड़ में आ सकती है। ऐसे ही चित्त की ऊपर की परतों में चलते जायें तो दृष्टि सृष्टि का भेद कम होता चला जाता

है। अनुभव और अनुभवकर्ता का भेद कम होता चला जाता है। जब तक चित्त है, भेद मिटेगा नहीं, लेकिन भेद कम हो जाता है न के बराबर। विश्व चित्त की पूरी की पूरी परत, लगभग अनुभवकर्ता के बराबर है। जैसे जैसे नीचे की परतों पर आते हैं, चेतना का अवतरण होता है। अनुभव ठोस होता जाता है। इसी को यथार्थ पूर्ण अनुभव कहते हैं। इसलिए जगत वास्तविक लगता है। क्योंकि ये न इच्छाओं पर निर्भर करता है, न इसे बदल सकते हैं। ये अज्ञान की वजह से है। सभी कुछ चित्त निर्मित है। और दृष्टि सृष्टि के नियम से सारा जगत, शरीर, मन और हर तरह के अनुभव हो रहे हैं। इस नियम को तोड़ा नहीं जा सकता। लेकिन हम इस नियम के ऊपर उठ सकते हैं। यदि ऊपरी परतों पर स्थित रहें तो दृष्टि सृष्टि के नियम के ऊपर जरा सा नियन्त्रण कर सकते हैं, लेकिन उल्लंघन नहीं कर सकते।

नश्वरता / गति

नश्वरता / गति; हर अनुभव नश्वर है। गति कर रहा है। चित्त की किसी अवस्था में, परत में चले जाएं, कितनी भी ऊपर कितना भी नीचे, हर अनुभव नश्वर होगा। ये एक नियम है, तोड़ा नहीं जा सकता। नाद रचनाओं से निर्मित है, और नाद रचनाएं नाद हैं, परिवर्तन हैं। जो परिवर्तन पर आधारित है, वो स्थिर कैसे होगा। ये आवश्यक है, वो नश्वर होगा। ये आवश्यक है उसमें गति होगी। गति न हो तो अनुभव भी नहीं होगा। ये चित्त का नियम है, इसे तोड़ा नहीं जा सकता। किसी चीज़ को हमेशा नहीं रख सकते, चाहे जगत हो, शरीर हो, मन हो। बदलता रहता है हमारा जीवन। जिनको आसक्ति हो गयी है कि ऐसा ही चाहिए, परेशान होते हैं क्योंकि नहीं होता, जो वो चाह रहे हैं। सब आकर चला जाता है। खुशी थोड़ी देर आती है फिर चले जाती है। दुख थोड़ी देर के लिए आता है, चले जाता है। शान्ति थोड़ी देर के लिए आती है फिर चली जाती है। कुछ नहीं टिकता यहां पर।

कुछ चीजें लम्बे समय तक टिकती हैं। बदलाव हर अनुभव में होता है। इससे कैसे उपर जायें। इस नियम को तोड़ नहीं सकते। लेकिन जो नहीं बदलता वो मेरा तत्व है, वो मूल है। वो पृष्ठभूमि है शून्यता की, चेतना की, वो कभी नहीं बदलती। ये अनुभव है। चित्त बदलता रहता है क्योंकि ऐसी ही उसकी रचना हुई है। चित्त की दो शक्तियाँ है, एक शक्ति बदलाव कर रही है। दूसरी बदलाव को रोक रही है। स्थिरता लाने का प्रयास कर रही है। त्रिगुण कहे गए हैं वैदिक साहित्य में, तमोगुण बदलाव करता है, रजोगुण ठहराव लाता है।

योगी ज्ञानी, सतोगुण में रहता है, बदलती हुई परिस्थितियों में भी, एक समान रहता है। वो चित्त पर निर्भर और आसक्त नहीं रहता। चित्त को मैं नहीं मान बैठा। जो चित्त की पृष्ठभूमि है, जिसमें सारे अनुभव होते हैं, चित्तवृत्ति होती है, उस पर स्थित होता है वो ज्ञानी।

चित्त वृत्ति जो भी चलती रहे, योग में होता है, एकता में होता है, इस तरीके से योगी ज्ञानी इस नियम के ऊपर रहता है। नियम तोड़ नहीं सकता। आप का सारा संघर्ष विफल है, मूर्खता है। कितने भी बांध बनाए तोड़ कर निकल जाती है नदी। जिसने ये नियम जान लिया उसका

जीवन सुखी हो जाता है। स्थितियों पर निर्भर नहीं होता, चाहे बदले, चाहे रहे, चाहे जाय, सुखी होता है। ये असली सुख है। जो वस्तुओं से मिलता है वो आना जाना है, वो भोग मात्र है। इन्द्रियों के माध्यम से जो आता है चला जाता है। कुछ लोग उसी को सुख मान लेते हैं। सारा जीवन इसी नरक में बिताते हैं। आते जाते अनुभवों से आसक्त हो जाते हैं। माया के फेर में पड़ जाते हैं।

इसलिए मुक्त वो है जिसने नश्वरता का नियम जान लिया है। उसके ऊपर उठ गया है वो मुक्त है। मुक्त चित्त है। जीवन मुक्त है।

द्वैत / ध्रुवीय

द्वैत / ध्रुवीय द्वैत का अर्थ है दो, एक अनुभव मिलेगा, उसका ठीक विपरीत अनुभव भी मिलेगा। सच/ झूठ, सुन्दर /कुरूप, सही /गलत, अच्छा /बुरा, ठंडा /गरम, ठोस / द्रव, सारा जगत, सारे अनुभव ध्रुवीय हैं। द्वैत से बने हैं। दो परस्पर विरोधी अनुभवों से बने हैं। हर अनुभव के दो रूप हैं, पहला नकारात्मक दूसरा सकारात्मक। एक ही चीज़ को, चित्त दो भागों में विभाजित करता है। मनुष्य चित्त हमेशा जीवन को बने रहना, इसलिए जो जीवन के लिए लाभदायक है वो सकारात्मक है, जो हानिकारक है वो नकारात्मक है। वास्तव में एक ही वस्तु दो दृष्टिकोणों से देखी जा रही है। प्रेम और घृणा दोनों एक ही है, दोनों आसक्ति के नाम हैं। आसक्ति जब लाभदायक है तो प्रेम, हानिकारक हो तो घृणा। ठंडा गरम तापमान है, जब शरीर को अच्छा लगे तो ठीक उससे ज्यादा तो गरम, कम हो तो ठंडा।

ये नियम है कि अनुभव द्वैत में ही मिलेगा। ध्रुवीय रूप में मिलेगा। ये चित्त के नियम हैं। इस नियम को तोड़ नहीं सकते। इसके पार जा सकते हैं। ये जो दो दिखाई देते हैं वास्तव में एक ही है। इसी प्रकार अनुभव और अनुभव कर्ता एक ही है। चित्त की प्रक्रिया से दो दिखाई देते हैं। चित्त ध्यान के द्वारा दो में विभाजित करता है। ध्यान जब अनुभव पर होता है तो कहता है, अनुभव मेरे से भिन्न है। जब ध्यान अनुभव कर्ता पर होता है तो कहता है ये मैं हूँ। अगर इस चित्त वृत्ति को अनुभव का भाग बना लें तो रह जाती है अनुभव क्रिया।

अगर आप समाधि में है, तो इस नियम के पार जा सकते हैं। फिर आपको कोई ध्रुव / द्वैत नहीं दिखाई देगा। न कोई अच्छा ना कोई बुरा। आप समभाव में हैं। बीच में स्थित हैं तो द्वैत के नियम के पार हैं। लेकिन चित्त नियम का पालन करता रहेगा। इस स्तर पर द्वैत रहेगा। लेकिन आप का चित्त विचलित नहीं होगा। जितने ऊपर के तल पर रहते हैं, ऊपर की परत पर रहते हैं, वहाँ अनुभव और अनुभव कर्ता के बीच भेद कम होता जाता है। योगी और ज्ञानी ऊपर की परतों में रहता है, समभाव में रहता है। इस नियम के पार रहता है। इस नियम को तोड़ नहीं सकते। इसके पार जा सकते हैं।

संतुलन

३. द्वैत/ध्रुवीय

४. संतुलन

५. सापेक्षता

संतुलन; जो द्वैत है वो नश्वर भी है। द्वैत द्वैत नहीं रहता है, उसे ध्रुवीय बनाये रखता है। जगत में बदलाव भी है। वस्तुएं सकारात्मक से नकारात्मक बदलती हैं । उतार चढ़ाव अंधेरा उजाला। अच्छा बुरा, दुष्ट सन्त। प्रकृति संतुलन बनाती है। प्रकृति यानि चित्त। चित्त संतुलन बनाए रखेगा। सकारात्मक है तो वही नकारात्मक होगा। व्यक्ति जितना सुख देगा वो उतना ही दुख देगा। ये जगत, शरीर, मन सब पर लागू होता है ये नियम। इसको तोड़ा नहीं जा सकता। योगी संतुलन में रहता है। समाधि में रह कर संतुलन बनाए रखता है।

सापेक्षता

सापेक्षता कोई भी अनुभव परम नहीं होता, उसमें सापेक्षता रहती है। कोई भी वस्तु लें, अगर उसके सामने उससे छोटी वस्तु रख दें, तो वो बड़ी हो जाएगी। अगर बड़ी वस्तु रख दें तो छोटी हो जाएगी। यही सापेक्षता का नियम है। कोई भी गति तेज और धीरे तभी कहते हैं जब दूसरी चीज़ उससे धीरे अथवा तेज गति कर रही हो। हर तरीके का अनुभव ऐसा ही होता है। कोई दुष्ट व्यक्ति दिखाई देता है, वो तभी तक बुरा है जब तक उससे बुरा न मिल जाय। चित्त का नियम है इसलिए ये वस्तुओं पर, जगत पर, शरीर, मन सभी पर लागू होगा. हर अनुभव सापेक्ष अनुभव है, किसी दूसरे अनुभव के सापेक्ष ही ये होता है।

चित्त अनंत है। यहां कोई वस्तु छोटी नहीं है कोई बड़ी नहीं है। दोनों दिशाओं में अनंत है। कोई भी लोक छोटा नहीं कोई भी बड़ा नहीं, आप कहां स्थित हैं उस पर निर्भर करता है। ये नियम तोड़ा नहीं जा सकता लेकिन योगी, ज्ञानी इसके पार जा सकता है। कोई चीज़ खाना चाहे बहुत महीनों बाद खाई है, तो बहुत आनंद आता है। बार बार रोज वही खाने के लिए आए, तो आनंद पीड़ा में बदल जाता है। सुख दुख में बदल जाता है। वस्तुओं का आनंद एक समान नहीं होता, बदल जाता है। सापेक्षता के कारण होता है। योगी समाधिस्थ रहता है, ज्ञानी को इस नियम का ज्ञान है, इसलिए वो इसके पार रहते हैं।

संकर्षण

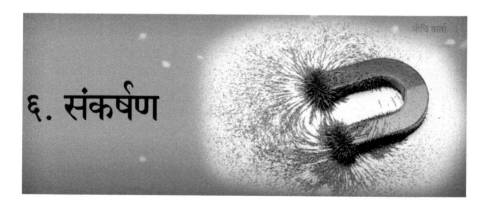

संकर्षण, आकर्षण होता है, विकर्षण होता है, ये संकर्षण के उपनियम हैं। लोग आकर्षण विकर्षण में लगे हैं, लोगों से या वस्तुओं से। मन भी आकर्षण विकर्षण में लगा है। ये संकर्षण का नियम है। चित्त एक निश्चित दिशा में गति करता है। यदि कोई वस्तु निश्चित दिशा में

गति करती है, तो हम उसे आकर्षण कहते हैं। पत्थर हवा में फेंक दे तो वापिस आ जाता है। नदी नीचे समुद्र की ओर जाती है। ऐसे ही चन्द्र पृथ्वी की परिक्रमा कर रहा है, आकर्षण के कारण। ये संकर्षण के उप नियम हैं। ऐसा चित्त के साथ भी दिखाई देगा। वो उन वस्तुओं की ओर आकर्षित होता है, जो शरीर को जीवित बनाए रखती हैं। जो जीवन के लिए हानि कारक है वो बुरी लगती हैं। ऐसे ही शरीर है। मन है। इनको भी अच्छा बुरा लगता है। ये संकर्षण है।

कोई चित्त ऐसा नहीं जिसमें पसंद नापसंद न हो। चाहे कितनी भी सूक्ष्म हो। उसकी गति भी होती है, चित्त गति कर्ता है, रजोगुण से तमोगुण की ओर जाता है, कम ऊर्जा की स्थिति में जाता है। जगत भी यही कर रहा है, शरीर भी यही कर रहा है। ये भौतिकी के नियम हैं। कम से कम कार्य करना चाहता है। बुद्धी भी यही कर रही है। भावनायें भी यही कर रही हैं। ये संकर्षण के नियम है। जीव भी इसी नियम के अनुसार जन्म लेता है। और जीवन भर किसी एक निर्धारित दिशा में जाता है। जीव कम लोगों को दिखाई देगा, लेकिन चित्त के नियम जानने के बाद वो दिखाई देगा। शराबी, लोभी, व्यक्ति जितने भी अच्छे संस्कार दे दें, वो फिर वहीं वापिस आ जाता है। उनकी वापिस वहीं, प्रवृत्ति शुरू हो जाती है। ये संकर्षण का नियम है। चित्त बार बार उसी स्थिति में वापिस जाना चाहता है। जन्म भी उसका उसी देश में होगा, उसी जाति में होगा, उसी परिवार में होगा। पुनर्जन्म होगा, एक विशेष नियम से होगा। संकर्षण के नियम से बंधा है जीव, चित्त की गति बार बार उसी दिशा में होना, उसी ढर्रे पर चलना, उसी पगडंडी पर चलना होता है जहाँ बार बार चला आया हो। जगत में भी ऐसे ही है। पानी पहले सब दिशा में जाएगा बाद में ढलान की तरफ जाएगा और एक नाली बन जाती है। पानी हमेशा उसी नाली में बहता है। कितना भी प्रयास कर लें दूसरी दिशा में पानी नहीं बढ़ेगा, उसी दिशा में बहेगा।

इसे संकर्षण का नियम कहते हैं। शरीर मन पर भी लागू है। इसे तोड़ा नहीं जा सकता। इसके पार जाया जा सकता है। ज्ञानी, योगी ये जान जाता है कि ये चित्त की प्रवृत्ति है ऐसे ही करेगा। जान बूझ कर वो विपरीत जाने का चुनाव करता है। चित्त को एक कार्य में आनंद मिलता है तो वो विपरीत करता है, संतुलन बनाए रखने के लिए। ताकि वो इस नियम से न बंधे। कोई व्यक्ति बहुत बात करता है फोन पर, आनंद आता है, लगा रहता है। योगी इस प्रवृत्ति को समझ कर संतुलन करने के लिए मौन धारण करता है। यदि किन्हीं वस्तुओं से प्रेम, आसक्ति है, तो योगी उसका त्याग करता है। गुरु भी कभी मौन धारण के लिए, कभी कहीं जाने के लिए कहते हैं। वो संकर्षण के नियम से मुक्त कराना चाहते हैं। पसंद नापसंद संकर्षण के कारण होती है, योगी बीच में रहता है समाधि में, आकर्षण विकर्षण के बीच में संतुलित रहता है। संकर्षण से मुक्ति असंभव है. लेकिन बीच में रहा जाय तो उसका प्रभाव नहीं पड़ता, अति नहीं होगी। प्रयोग, विधि है, सुख है आनंद है।

स्वसमानता

७. स्वसमानता

स्वसमानता : उसे कहते हैं जब किसी वस्तु का छोटा भाग उसके बड़े भाग से समानता दर्शाता है। पेड़ की डाली, छोटे पेड़ की तरह लगती है अगर जमीन में गाड़ दें। बड़ा पेड़ बड़ी रचना है, डाली छोटी रचना है, लेकिन उसी के समान है। इसी प्रकार जड़ का एक भाग पूरी जड़ के समान वैसा दिखाई देता है। प्याज का बाहरी भाग अंदर के छोटे प्याज से वैसा ही दिखाई पड़ता है, स्वसमान है। हर पल हर परत पर ये नियम दिखाई देगा। स्वप्न का जगत विचित्र है, जाग्रत से, स्वप्न उसी स्मृति का छोटा भाग है स्वसमान है। इसी प्रकार भौतिक जगत बड़ी स्मृति का भाग है, स्वसमान है। शरीर वही कर रहा है जो एक कोशिका करती है, कोशिका शरीर के स्वसमान है। एक ही रचना बार बार दोहराती है अपने को हर रूप में हर परत पर। विश्व चित्त का ज्ञान नहीं होगा लेकिन इस नियम द्वारा अनुमान लगा सकते हैं विश्व चित्त का। उसका पूर्ण रूप से शायद ही अनुभव होगा, जब तक आप उस परत तक न पहुंचे। लेकिन अनुमान लगाया जा सकता है। चित्त का नियम है, सभी जगह लोकों में ये लागू है। चित्त नाद रचनाओं से बना है, स्वयं संघटन होता है, छोटी नाद रचनाओं से बड़ी नाद रचनाये बनती हैं। जो अपने जैसी दिखती हैं, इसीलिए ये स्वसमानता का नियम हमे मिलता है। चित्त की रचनाओं से उभरते हैं ये नियम। किसी के बनाए हुए नहीं हैं। चित्त की रचना ही, चित्त का नियम है।

सुंदरता / पूर्णता

सुन्दरता / पूर्णता : चित्त का अगला नियम है सुंदरता/ पूर्णतः सुन्दर कहने पर कुछ अच्छी कल्पना होती है, सुन्दर चेहरा, सुन्दर घटना, सुन्दर अनुभव ध्यान में आता है। सुंदरता का अर्थ है, ऐसा अनुभव जिसमें न कुछ निकाल सकते हैं, न जोड़ सकते हैं। अर्थात पूर्णतः सुन्दरता का अर्थ है। कोई वृत्त लें, ये अपने आप में सुन्दर रचना है। इसमें थोड़ा फ़ेर बदल करना चाहें तो वो वृत्त नहीं रहता। संगीत में कुछ जोड़ दे तो वैसा नहीं रहेगा, कुछ हटा दे तो

सुन्दर नहीं रहेगा। जो सुन्दर नहीं है, कुरूप है वो चित्त का बनाया हुआ है। प्रत्येक अनुभव अपने आप में सुन्दर है पूर्ण है। कचरे का ढेर भी पूर्ण है सुन्दर है जैसे फ़ूलों का, लेकिन उसकी कुरूपता चित्त के द्वारा बनाई गई है। ये नियम हर जगह मिलेगा, हर परत में मिलेगा। नश्वरता भी सुन्दर है। जब शरीर पैदा होता है, तो सुन्दर है, मरता है तो भी सुन्दर है। सारा जीवन पहले से पूर्ण है, उसमें घटाया बढ़ाया नहीं जा सकता। घटा बढ़ा दिया तो सही नहीं है, अपूर्ण हो जाएगा। हर वस्तु या घटना पूर्ण है, हर चीज़ पूर्ण है।

योगी, ज्ञानी इन को जानता है, इसलिए वो सुन्दर कुरूप में नहीं रहता। वो पूर्णता में रहता है। जो सामने है, वो उसको उसी रूप में स्वीकार करता है। वो जानता है जिसे मै सुन्दर समझता हूं वो बदलने वाला है, कुरूप को उसी रूप में स्वीकार करता है। चित्त कितनी बड़ी माया हो, असत्य हो, कितना बड़ा धोखा हो, उससे सुन्दर कुछ नहीं है, ये सृष्टि है, पूर्ण है, सुन्दर है। योगी ये सब जानता है।

अंतर्सम्पर्कता

अन्तर्सम्पर्कता; हर वस्तु अन्य वस्तुओं से जुड़ी है, हर घटना अन्य घटनाओं से जुड़ी है, हर व्यक्ति अन्य व्यक्तियों से जुड़ा हुआ है। चित्त में चित्त का हर भाग हर दूसरे भाग से जुड़ा है। स्मृति भी दूसरी स्मृति से जुड़ी हुई है। सबकी पृष्ठभूमि एक ही है, अलगाव नहीं है। भेद नहीं है, अभिन्नता है। निरंतरता है, वही चित्त है, वही चित्त में दिखाई देता है, चित्त में जो भी घटनायें होती हैं परस्पर जुड़ी होती हैं। आम आदमी इस भाव में जीता है, कि दूसरों का प्रभाव मेरे ऊपर नहीं पड़ेगा, एक देश दूसरे पर आक्रमण कर देता है, ये धोखा है अज्ञान है मूर्खता है। आप स्वांस ले रहे हैं, उसका भी प्रभाव पड़ता है वस्तुओं पर, अन्य जीवों पर, लोगों पर। हम जो भी करते हैं उसकी लहरे फैलती है, सारे विश्व चित्त में। सारे जगत में, सृष्टि में, ब्रम्हन में, उसका प्रभाव जाता है। प्रभाव कभी छोटा कभी बड़ा होता है। मनुष्य छोटी सी चीज़ है, उसके द्वारा किए कर्मों का प्रभाव छोटा होता है लेकिन होता है, सापेक्षता है। उसके जीवन में बड़ा प्रभाव दिखाई पड़ेगा, विश्व चित्त के हिसाब से कुछ भी परिवर्तन नहीं है। धूल के कण से भी छोटा है। हर कर्म का प्रभाव पड़ता है।

अन्तर्सम्पर्कता का नियम कर्म पर आधारित है। और सुंदरता, पूर्णता और संतुलन पर भी आधारित है। ये सारे नियम एक साथ हैं। एक साथ लागू होते हैं। कभी लगता है कि ये अनुभव इस नियम से है, लेकिन सारे के सारे नियम उस अनुभव के पीछे हैं। हमेशा सभी नियम रहेंगे वहां पर, चित्त के पीछे। इस नियम का उल्लंघन नहीं कर सकते, लेकिन इसके पार जा सकते हैं। हर घटना, अनुभव दूसरे से जुड़ा है। ठहरे पानी में कंकर डालते हैं, तो पानी में लहरे उठती है। चारों ओर जाती हैं। पलट कर वापिस भी आती हैं। ऐसा ही चित्त है, नाद से बना है, कोई भी कर्म यहां परिवर्तन लाता है, परिवर्तन रुकता नहीं, चलता रहता है। कोई सीमा नहीं होती चित्त में, पानी पर कहाँ सीमा खींचेगे। लहरें कहाँ रोकेंगे है। इसी प्रकार चित्त है। कोई परिवर्तन होता है, हर जगह एक साथ होता है। परिवर्तन उसी समय दिखाई पड़ता है।

कभी लगता है कि बहुत समय बाद परिवर्तन दिखा जन्मों के बाद, क्योंकि माया बड़ी विचित्र है। जब तक सारे परिवर्तन कर के आती है, तब तक बहुत कुछ घट चुका होता है यहा पर। लगता है कि बड़ा समय निकल गया। सूक्ष्म शरीर के अनुभव में स्पष्ट होता है कि कर्म का फल तुरंत आता है। ये नियम है। हम दूसरों से भिन्न नहीं हैं। योगी जानता है, ज्ञानी पहचानता है, इसलिये कभी ऐसा नहीं करता जिससे दूसरे को हानि पहुचें। न अच्छा करता है ना बुरा करता है। योगी का चित्त शांत होता है। नियम से बच नहीं सकते। इसके ऊपर जा सकते हैं। यदि जान लिया है सब कुछ एक है। चित्त के स्तर पर भी एक है। चेतना के स्तर पर एक ही है, ब्रम्हन के स्तर पर भी एक ही है।

वही छाया चित्त पर भी है। स्वसमानता है, एकता है, कुछ करने से पहले देखते हैं क्या प्रभाव पड़ेगा। कहां तक तरंगें जाएंगी, योगी को ज्ञानी को ज्ञान हो जाता है। वो चुन चुन कर कर्म करते हैं, धीरे धीरे उनकी मुक्ति हो जाती है। कोई प्रभावित होने वाला नहीं बचता, जीव नहीं बचता, लोप हो जाता है, विलय हो जाता है विश्व चित्त में। लेकिन ये नियम नष्ट नहीं

होता। नियम है माया में, इसलिये शरीर, जगत सत्य लगता है। लगता है मैं शरीर में हूँ। मरने से डर लगता है। नियमबद्ध है। प्रयोग कर सकते हैं।

कर्म / कारण - प्रभाव

कर्म / कारण – प्रभाव; कर्म का अर्थ है कारण और प्रभाव। कर्म का अर्थ है कि हर घटना का कारण होता है। हर घटना का प्रभाव होता है। सब एक दूसरे से जुड़ा है, बंधा है। सारी सृष्टि एक दूसरे में पिरोई गई है। कुछ प्रभाव अच्छे लगते हैं, कुछ बुरे लगते हैं। द्वैत है, ध्रुवीयता है, सकारात्मकता है, नकारात्मकता है। मनुष्य के संकीर्ण दृष्टि के कारण अच्छे बुरे का अनुभव होगा। जो भी जीवन के लिए उपयोगी है उसे अच्छा कहते हैं। दूसरों को सुख पहुंचाना चाहिए। किसी को मारना नहीं चाहिए, खाना खिलाना चाहिए, सहायता करनी चाहिए, दान दक्षिणा करनी चाहिए। झूठ नहीं बोलना चाहिए। समाज के लिए उपयोगी है। ये हमारी संकीर्ण दृष्टि से ही अच्छे हैं। जीव हत्या, हिंसा, चोरी हत्या, लोभ, दम्भ, ईर्ष्या, ये सब नहीं करना चाहिए। बुरे कर्म हैं। ये न अच्छा है न बुरा। ये सब हमारी संकीर्ण दृष्टि से अच्छा या बुरा है। लेकिन कर्म कर्म होता है, उसका कारण होता है, प्रभाव होता है।

उसका प्रभाव हमारे नियंत्रण में नहीं होता। ये इसलिए नहीं होता कि जो जीव इसको नियंत्रण करना चाहता है, वो स्वयं इस नियम के अंतर्गत है। जगत में क्या होता है, शरीर में, मन में क्या होता है, ये मेरे नियंत्रण में नहीं है। ये कर्म का नियम है। जैसे संस्कार होंगे वैसे कर्म होंगे, वैसे प्रभाव पड़ेगा, वो तरंगे किनारों को छूकर वापिस आयेंगी। वैसे संस्कार नए बनेंगे। जीव, आम आदमी, कर्म के फ़ेर में पड़ा हैं। कारण प्रभाव के चक्कर में पड़ा है, इसका कोई अंत नहीं है। कर्म का कोई अंत नहीं कर सकता। जीव इस चक्कर पड़ा हुआ है। क्योंकि जीव चित्त का एक छोटा भाग है। स्वसमान है। वो भी उन्हीं नियमों से बंधा है, जिनसे महा चित्त और विश्व चित्त बंधा है।

मैं वो चेतना हूँ जो इन अनुभवों का अनुभवकर्ता है। मैं कर्म मुक्त भी हूँ, कर्म बंधन में भी हूँ। इस बात को योगी ज्ञानी जानता है, वो न कर्मों से बंधना चाहता है, न मुक्त होना चाहता है। वो कर्मों से ऊपर उठ गया है। आपने स्वयं को जीव समझ रखा है जो स्मृतियों का एक बंडल मात्र है। सारी स्मृतियाँ मिटा दें, छाप या संस्कार मिटा दें, तो कोई कर्म नहीं होगा। फिर जीव भी नहीं होगा विलीन हो जाएगा। तब तक विलीन रहेगा जब तक नए कर्म, नए संस्कार जन्म नहीं लेते। नाद रचनाये एक जैसी नहीं रहती, उसमे बदलाव है गति है। धीरे धीरे नयी रचना बन जाती है, नया जीव उत्पन्न हो जाता है। इसलिए कर्मों का कोई न आदि ना अंत। कर्मों का अंत नहीं हो सकता। कर्म मुक्ति हो सकती है। कर्म का फ़ेर माया है। इससे बचने की आवश्यकता नहीं है केवल जानना है। इसको तोड़ने मोड़ने की आवश्यकता नहीं है, जो भी है पूर्ण है, सुन्दर है। चित्त उसमे भेद करता है, ध्रुवीयता लाता है।

योगी जानता है इसलिए कर्म फल से मुक्त है। कर्म भी करता है तो उसे उसका फल नहीं मिलता। फल मिलता है तो कर्म से नहीं मिलता, वो विश्व चित्त से मिलता है, उसका भाग है। जो कर्म का नियम है, कारण प्रभाव का नियम है। वो चित्त का नियम है। डाकू को अच्छा करने गए, उससे नुकसान कर लिया। ये विश्व चित्त का फल है। पूर्ण है सुन्दर है। ऐसे ही होना था। अच्छे कर्म का फल अच्छा नहीं होता, बुरे कर्म का फल बुरा नहीं होता। जो भी होता है, कर्म के नियम के अनुसार होता है। कितना भी अच्छा कर लें, जब तक सारी सृष्टि अच्छी न हो जाय, फल अच्छा नहीं होगा। ध्रुवीयता है, अगर अच्छा फल आ गया, तो कुछ समय बाद वो खराब में बदल जाएगा। कोई फल जब पकता है तो उसमें सुगंध आती है, वही और देर रखने के बाद सड़ता है और दुर्गंध देना प्रारंभ कर देता है। नश्वरता, ध्रुवीयता, संतुलन, कर्म-कारण और प्रभाव, ये चित्त के नियम है। जाग्रत अवस्था के प्रयोग में इन्हीं नियमों से पाला पड़ेगा। ये नियम दिखाई देंगे। दूसरी अवस्थाओं में भी है। परन्तु जाग्रत में चेतना पूर्ण रहती है। नियमों की स्पष्टता अधिक रहेगी। ध्यान और करें, चेतना और बढायें। समाधि में आना है। प्रयास करें। साधना करें। और इन नियमों का अनुभव करें।

विकासक्रम

११. विकासक्रम

विकासक्रम : अगला नियम है विकासक्रम। ये नियम नहीं प्रक्रिया है। लेकिन नियम में डाला है क्योंकि चित्त की हर परत पर, हर तल पर, ये प्रक्रिया मिलेगी। नाद रचना, उनका संघटन चल रहा है, उनका नियोजन आयोजन चल रहा है। नयी रचनाएं बनती जाती हैं, बिगड़ती भी जाती हैं। नश्वरता की वजह से। फिर से बनती हैं। वो रचनाएं टिकती हैं जो नश्वरता को सम्भाल सके। ऐसी रचना ही बचती हैं जो विकास शील हैं। निरन्तर प्रगति कर रही हैं। ऐसी ही रचना है मनुष्य, शरीर, प्राणी, जगत। ये सब विकासशील हैं। क्योंकि सन्तुलन है नश्वरता का और स्थिरता का। ये सन्तुलन भी स्थायी नहीं है गतिमान है।

सन्तुलन में गति होना ही विकासक्रम है। यानी पस्थितियों के अनुसार परिवर्तित होना ताकि वो रचना बनी रहे। जीवित रह सके। साइकिल चलाते समय जब तक चलता रहता है, संतुलन में रहता है। उसी प्रकार चित्त जब चल रहा है उसमें परिवर्तन हो रहे हैं किसी एक दिशा में। संकर्षण के कारण किसी एक रूप में दिखाई देता है। अनुभव जन्म लेता है। अगर बहुत अधिक ५०० बार बदल रहा है दिखाई नहीं देगा। तो बदलाव है लेकिन ठहराव भी है। बदलता हुआ ठहराव है हर अवस्था में मिलेगा। ये नियम है जिसका प्रत्यक्ष ज्ञान होगा। नदी का रचना रुकी नहीं है, एक जगह से होती हुई बहती है। १०० साल बाद कहीं और बहती है। थोड़ी गति बदल गयी है ।

विकास क्रम के कारण ही वही, वृत्ति बार बार आती है। इसलिए काल को हम चक्र कहते हैं। वही परिवर्तन बार बार दोहराते हैं स्वयं को। हर स्तर पर दोहराते हैं। स्वसमान है तो छोटी रचना वही कर रही है जो बड़ी कर रही है। चक्र के अन्दर चक्र हैं। अनुभव द्‌वारा देख सकते हैं। बुरी स्थिति आती है फिर अच्छी आती है। चित्त का काम काफी जटिल है। विकासक्रम है। इससे बचा नहीं जा सकता। लेकिन योगी स्वयं का विकास जिस धारा में चलता है उसी में करता है। उसके दुष्परिणामों से बच जाता है। जो विकसित नहीं होता वह नष्ट हो जाता है। धारा में विलीन हो जाता है। जो बदलता भी है और स्थिर भी है। संतुलित भी है। वही दिखाई देता है। योगी अपने आप को उस अवस्था में लाता है। संतुलित विकास कर्ता है। चित्त का विकास हो रहा है। शरीर का विकास हो रहा है। मन का विकास हो रहा है।

योगी इस विकास में भाग लेता है। अपने को गतिशील रखता है स्थिरता बनाए हुए। ये हैं चित्त के नियम। ये अनुभव किया होगा। सत्य की जांच कर सकते हैं। ये नियम तोड़ा नहीं जा सकता। चित्त की रचना है। चित्त के नियम हैं। इन्हें तोड़ेंगे तो चित्त भी टूटेगा। राकेट की तरह थोड़ा नियम टेढ़ा कर सकते हैं। लेकिन नियम तोड़ नहीं सकते। लेकिन स्वतंत्रता है कि उसके ऊपर जा सकते हैं।

अध्याय १४: : "चित्त के नियम" समाप्त हुआ।

15

सुख और मुक्ति;

जीवन और मनुष्य का जीवन

जीवन	मनुष्य जीवन
• एक अनुभव है	• व्यक्तिनिष्ठ अनुभव है
• निरंतर चलता है	• सीमित है
• जीव नश्वर हैं, जीवन अमर है	• सुख और मुक्ति लक्ष्य है
• कोई लक्ष्य नहीं	• विश्वचित्त की अभिव्यक्ति है
• विकासक्रम प्रतीत होता है	• द्वैत है
• विश्वचित्त की वृत्ति है	

जीवन और मनुष्य का जीवन

इस जीवन का क्या अर्थ है। मानव देह में क्या किया जाए। ज्ञान के पश्चात एक तरफ अनन्त शून्यता दूसरी ओर छोटा मानव शरीर। जीवनमुक्त को जीवन खेल की तरह लगता है लीला की तरह लगता है। मुक्ति का अर्थ यही है कि असीमित विकल्प हैं करने के लिए। यदि मेरा मूल तत्व क्या है, ये समझ गहरी बैठी नहीं है बुद्धि में, ये प्रश्न आते हैं। जो मर्जी करुं। इसका अर्थ है कि, ये ज्ञान गहरा बैठा नहीं है। अभी चिन्तन, मनन, निदिध्यासन बाकी है। जीवन का अर्थ क्या है। सुख और मुक्ति क्या है। जीवन और मनुष्य के जीवन में भेद है अन्तर है। जीवन एक अनुभव है। जो निरन्तर चलता है। जिसका कोई ओर छोर नहीं है। उसकी न शुरुआत है न अन्त है।

अनुभव और अनुभवकर्ता एक है। उनकी कोई सीमा नहीं होती। अनुभव निरन्तर चलता है। जीवन अमर है, जीव आते जाते हैं। जीव नश्वर है। तरह तरह के प्राणी हैं, किसी भी परत को लें, आते जाते है, लेकिन जीवन कहीं नहीं जाता। हमेशा चलता रहता है, इस लोक में नहीं तो उस लोक में। उस लोक में नहीं तो किसी और लोक में। अनगिनत लोक हैं। मनुष्य शरीर आता जाता है लेकिन जीवन बना रहता है। जीवन का कोई लक्ष्य नहीं है जीवन का कोई लक्ष्य नहीं है। ये धारा है जो बहती रहती है। कहीं से नहीं निकली कहीं नहीं जाती। जीवन का लक्ष्य जीवन ही है, जीवन का अनुभव प्रदान करना। अनन्त तरह की चित्तवृत्ति है। लक्ष्य प्राणियों का होता है, छोटा मोटा, ये करना है, वो करना है, और मरना है। ऐसा लगता है विकासक्रम है, उत्पत्ति हो रही है तो विलय भी हो रहा है उसका। दोनों चक्र की तरह चलते हैं। आधे चित्र को देखें तो ऐसा लगता है चित्त का विकास क्रम हो रहा है। यही सारे जीवन का, विश्व के जीवन का यही लक्ष्य है।

पूरा चित्र देखें तो विलय प्रलय उसी में है। एक जीव मरता है तो वहीं से दूसरा उत्पन्न होता है। इसी को जीवन कहते हैं। जन्म मृत्यु एक ही सिक्के के दो पहलू हैं। एक ही चक्र के दो भाग हैं। जो जन्मता है वो मरता है। इससे जीवन पूर्ण होता है इसलिए जीवन का कोई लक्ष्य नहीं है। जीवन का कोई उपयोग नहीं है। अगर उपयोग होता तो ये सीमित हो जाता। एक ही तरह का जीवन आता। लेकिन ऐसा नहीं है। अनन्त तरीके के रूपों में जीवन आता है। कभी नहीं कहता कि मेरा ये उपयोग है। उपयोग धारणा है। लक्ष्य धारणा है। मनुष्य ने बना ली है। इसलिए जब उपयोग करने जाएंगे तो अर्थहीन लगता है। जीवन छोटा नहीं है, जो किसी के दिए लक्ष्य के अनुसार चले। असीमित है। मुक्त है। वो, वो करेगा जो उसका स्वभाव है। जीवन हमारी बुद्धि के बाहर है। जीवन विश्व चित्त की एक वृत्ति है। जीवन ही विश्व चित्त है।

तरह-तरह की परतों में विश्व चित्त की जो अभिव्यक्ति हो रही है उसे जीवन कहते हैं। यहां ऐसा कुछ नहीं जो मृत हो, सभी कुछ जीवित है। जीवन्त है, सामने है। चेतना का ही एक रूप है। इससे अधिक जीवन्त क्या होगा। जिसे धूल मिट्टी पत्थर पानी कहते हैं विश्व चित्त है। विश्व चित्त का भाग है। चेतना की अभिव्यक्ति है। ये भी ब्रम्ह स्वरूप है। जिसे हम मरना कहते हैं वो हमारा अज्ञान है। जीवन ही जीवन है। मृत्यु धारणा मात्र है। जीवन को छोटे दृष्टि कोण से देख रहे हैं तो अज्ञान बचा हुआ है। मनुष्य जीवन सीमित जीवन है। बड़े महल के छोटे से कमरे में एक छोटे छिद्र से जो दिखता है, अनुभव है वो मनुष्य जीवन है। बड़ा महल सम्पूर्ण जीवन है। विश्व चित्त है।

मनुष्य विश्व चित्त की छोटी सी अभिव्यक्ति है जो थोड़ी देर के लिए होती है और चली जाती है। ये व्यक्ति निष्ठ अनुभव है। व्यक्ति के रूप में जीवन का अनुभव किया जाय, तो उसे मनुष्य जीवन कहेंगे। मनुष्य जीवन का लक्ष्य है सुख और मुक्ति। ये लक्ष्य मनुष्य जीवन पर आरोपित है। अगर वो चाहे भी तो और लक्ष्य नहीं बना सकता। मनुष्य जीवन द्वैत है। अनुभव दो प्रकार से दिखेगा। एक सकारात्मक एक नकारात्मक रूप में। अनुभव अद्वैत है लेकिन चित्त वृत्ति की वजह से दो भागों में विभाजित हो जाता है एक भाग

सकारात्मक दूसरा नकारात्मक दिखाई देता है। सुख दुख, मुक्ति बन्धन, जन्म मृत्यु, भोग पीड़ा, खोना पाना, मिलना बिछुड़ना, बुद्धिमानी मूर्खता, तनाव शांति, अमीरी गरीबी, अच्छे अनुभव बुरे अनुभव, यौवन वृद्धावस्था, इन रूपों में मनुष्य जीवन दिखता है। हर अनुभव का एक उल्टा अनुभव है और चित्त का नियम है आपस में घड़ी के पैण्डुलम की तरह बदलते रहते हैं। गतिशील अनुभव हैं एक जैसे नहीं रहते। दो ध्रुवों में बदलते रहते हैं। सकारात्मक नकारात्मक इस तरीके से मनुष्य जीवन का चक्र चलता है। ये था भेद जीवन और मनुष्य जीवन में। द्वैत है, मनुष्य जीवन में, ये दोहरे रूप में ही दिखेगा।

सुख और मुक्ति का लक्ष्य

मनुष्य जीवन का लक्ष्य है सुख और मुक्ति। जब तक जीवन की अभिव्यक्ति कर्मों में नहीं होती, उसे जीवन नहीं कहते। हमारे सारे कर्म जीवन के लक्ष्य पर ही आधारित हैं। जीवन का लक्ष्य एक ही है सुख और मुक्ति। ये लक्ष्य आरोपित है, इसलिए और कोई लक्ष्य नहीं बना सकते। ये लक्ष्य, नियमों के अंतर्गत हैं। किसी ने निर्धारित नहीं किए। जो भी मैं करने जाता हूँ वो सुख के लिए या मुक्ति के लिए ही होता है। इस संसार में, विश्व में, हर प्राणी, एक कीड़े से लेकर देवता तक का लक्ष्य सुख और मुक्ति है। सभी प्राणी, सभी सीमित चित्त, सभी व्यक्ति, सुख और मुक्ति में लगे हुए हैं। और कोई लक्ष्य नहीं है। ये अपरोक्ष अनुभव है। अगर कोई कहे कि उसका लक्ष्य सेवा करना है, इसका अर्थ है कि उसको सेवा में ही सुख मिलता है। यदि दुःख मिलता, पीड़ा मिलती तो क्यों करते। यही आपके मुक्त होने की अभिव्यक्ति है। मैं चाहूं तो किसी की सेवा कर सकूँ, यही मेरी मुक्ति है। स्वतंत्रता है। चित्त की हर तरह की सतह का अलग लक्ष्य प्रतीत होता है।

जो व्यक्ति पशुवृत्ति में है, उसे खाना पीना सोना और प्रजनन, इतना ही लक्ष्य प्रतीत होता है। उसका सुख उसी में ही है। अगर कोई उसे ये न करने दे तो उसे दुख और पीड़ा होगी। और ये कहा जायगा कि उसकी स्वतंत्रता, मुक्ति छीन ली गई है। उसका सुख, दुख में बदल जाएगा। वो जो भी कर रहा है उसका मूल सुख और मुक्ति ही है। उसे जेल में बंद कर दिया तो वो वहां से मुक्त होना चाहता है।

भोगवृत्ति वाला व्यक्ति शारीरिक सुख चाहता है। उसका वही लक्ष्य है। उसी में सुख और मुक्ति मिलती है।

जाति वृत्ति वाले को दूसरों को आदेश देने, बल प्रदर्शन करना, धन अर्जित करना, लोगों को अपने नियंत्रण में रखना, ऊंचे पदों पर रहना, में ही सुख मिलता है। अगर उसे रोक दिया जाय तो उसकी स्वतंत्रता छिन गयी ऐसा उसे लगेगा और दुख होगा। इसलिए उसी में उसका सुख और मुक्ति है।

भाववृत्ति वाला व्यक्ति है उसका सुख और मुक्ति भावनाओं में है। भावनाएं व्यक्त न हो तो जीवन उन्हें बन्धन लगता है।

बौद्धिक वृत्ति के लोग हैं उनका सुख बौद्धिक उपलब्धि में है। चाहे कला हो विज्ञान हो उनका सुख उसी से आता है। किसी चित्रकार को खिलायें पिलायें चित्रकारी न करने दें तो उसे बन्धन लगेगा और दुख होगा।

अध्यात्मिक वृत्ति के साधक को अध्यात्म में ही सुख मिलता है। जीवन मुक्ति ही उसकी मुक्ति है। अज्ञान से मुक्ति और सुख की प्राप्ति। किसी भी व्यक्ति के लिए कोई भी लक्ष्य रख दिया जाय, लेकिन थोड़ी छानबीन के साथ गहराई से विचार करते हैं निष्कर्ष यही है कि मूल.. सुख और मुक्ति ही लक्ष्य हो सकता है। इसी प्रकार सभी प्राणी सुख और मुक्ति के पीछे ही हैं। सभी प्राणियों का यहीं लक्ष्य है। कोई इच्छा है उसका मूल लक्ष्य सुख और मुक्ति है। जीवन प्रवाह उसी ओर जा रहा है। लक्ष्य की ओर कर्म होते हैं।

सुख

सुख क्या है.. दुःख का अभाव ही सुख है। सुख में ख का अर्थ है शून्यता, सु यानी होना। शून्यता होना। दुख का अभाव है जो सुख देने वाला है, परमानन्द देने वाला है। सुख का अर्थ भोग नहीं है। भोग अर्थात् वो प्रवृत्ति जो शारीरिक आवश्यकताओं के बाद उभरती है। शारीरिक और मानसिक आवश्यकताओं की पूर्ति होती है। जब भूख लगती है खाना खाते हैं तो आनन्द की अनुभूति होती है। नहीं खाते तो दुख होता है। सुख भोग नहीं है, ये एक प्रक्रिया है जो चित्त में चलती है। जो ये मनोशरीर यन्त्र को प्रेरित करती है बार बार ताकि जीवन चलता रहे। कर्म करने को प्रेरित करती है। चेतना पटल पर भोग या आनन्द के रूप में उभरती है। प्रजनन की क्रिया भोग है। शत्रु नाश भोग है। अच्छी भावनाएं भोग है। इसकी विशेषता है ये आकर चला जाता है। नश्वर है। भोग के बाद दुःख है। सुख अभाव है। भोग मिलना है। जो मिलेगा वो जायेगा भी। भोग क्षणिक सुख है।

समझदार व्यक्ति शारीरिक उपभोग से दूर रहता है। जीवन के लिए जितना आवश्यक है उतना करता है। चित्त वृत्ति है चलती रहती है। चित्त में नियन्त्रण प्रणाली है जो बार बार प्रेरित करती है जीवन चलाने के लिए। जैविक कार्यों में सहायता करती है। जीवन के लिए उपयोगी है ये प्रक्रियाएं। कुछ वस्तुएं हैं वो जीवन में होती हैं तो सुख होता है। नहीं होती है तो दुख होता है। व्यक्ति उसी को सुख का आधार मान लेता है। लेकिन ऐसा नहीं है। एक वस्तु को मिलने के बाद उसको भूल जाता है, दूसरी वस्तु के पीछे भागता है। इसी प्रकार वस्तुओं की बजाय कुछ लोग सम्बन्धों के पीछे भागते हैं सुख के लिए। फिर सम्बन्धी ने जितना सुख दिया उतना दुख देते हैं। वो भी एक क्षणिक क्रिया है। इसी प्रकार भावनाएँ हैं, आती जाती हैं, बदलती हैं। सामाजिक स्थिति ऊंची कर लेना, प्रतिष्ठित पद पा लेना, बड़ राजा बन जाना, बल का उपयोग करना, ये सब भी आता जाता रहता है। ठहरता नहीं है। इसी प्रकार से बौद्धिक उपलब्धियां। एक उपलब्धि के बाद क्षणिक सुख, फिर खालीपन, पीड़ा फिर दूसरी उपलब्धि को पाना, कोई उपलब्धि सांसारिक, बौद्धिक हो, भावनात्मक हो, टिकती नहीं है,

उससे जो सुख मिलता है थोड़ी देर में चला जाता है। अगर बार बार वही मिले तो कुछ समय बाद वही सुख दुख में बदल जाता है। भोग सुख नहीं है। उदाहरण.. खाना पीना सुख का कारण, किसी व्यक्ति को उसकी पसंद का खाना बार बार खिलाया जाय तो एक सप्ताह में ही उसको इतना दुख होगा कि आत्महत्या तक सोचेगा। सुख वस्तु में नहीं है।

भोग के बाद ऐसी उल्टी प्रक्रिया होती है जो भोग को रोकती है और चेतना पटल पर अनुभव पीड़ा के रूप में होता है। बार बार करने से वही भोग पीड़ा बन जाता है। ये अनुभव है। इसका अर्थ है कि वस्तु में सुख नहीं है। या उस कर्म में सुख नहीं है। इसी प्रकार संबंध, राग, बल, बुद्धिमत्ता, उपलब्धि.. में सुख नहीं है, क्षणिक सुख के बाद दुख। अज्ञान में चित्त को मैं और चित्त में उपजी इच्छा को मेरी इच्छा मानता हूँ। इच्छाओं की पूर्ति में सुख का आवेग आता है और चला जाता है। तुरन्त दूसरी इच्छा पहली इच्छा का स्थान ले लेती है। इच्छाओ का अन्त नहीं है। चित्त में इच्छाएँ आती हैं। जीवन के लिए उपयोगी हैं। शरीर में ऊर्जा की कमी हो, भूख लगती है, खाना खाने के बाद इच्छा पूर्ण और दूसरी इच्छा जागती है। ये वृत्ति चलती रहती है। इसे सुख का कारण मानना गलत है। ये केवल जीव को जीवित रखने के लिए होती है। साधक को इच्छाओं पर नियंत्रण से परम शांति प्राप्त होती है। सुख खोने से मिलता है। ये हमेशा रहता है। ये मेरा स्वभाव है। इसको सच्चिदानन्द कहते हैं। मैं ही आनंद हूँ। हमने मान लिया है कि संसार में सुख है। इसलिए नहीं मिलता। लेकिन अपने स्वरुप में स्थित होते ही आप आनन्द स्वरूप स्वयं हो।

मुक्ति

मुक्ति... की परिभाषा है बन्धन का अभाव। दूसरी परिभाषा है असीमित विकल्पों का होना। असीमित विकल्प होंगे, कुछ भी चुनाव करने की क्षमता होगी, एक तरह से किसी बन्धन का न होना ही है। कोई न कोई बन्धन मनुष्य को घेरे रहता है इसलिए वो मुक्ति की ओर भागता है। मैं जो करना चाहूं और वो कर पाऊँ तो ये मुक्ति है। ये मूर्खता है, क्योंकि आप उन्ही इच्छाओं के दास बन जाएंगे । व्यक्ति वही कर्म करते हैं जो इच्छा उससे करवा रही है। ये इच्छाएँ मेरी नहीं हैं, ये चित्त वृत्ति है। ये कहां की स्वतंत्रता, मुक्ति हो गई। अगर कोई व्यक्ति वही करता है जो उसे पसंद है, इसका अर्थ है वो उसी संस्कार से बना है, जो मशीन की तरह उसमें भर दिया गया है। उसी को मुक्ति मानता है। पसंद बदल जाती है। यहां जाना वहां जाना करते हुए कही घूमने जाता है। पहले दिन बहुत सुख मिलता है, दूसरे दिन थोड़ा कम। तीसरे दिन घर की याद। चौथे दिन वहां रहना कठिन हो जाता है।

आप तो मुक्त थे, कौन सा बन्धन आ गया? सम्बन्ध में भी ऐसे ही बन्धन हैं। मुझे ये पसन्द है वो पसंद है। ऐसी पत्नी चाहिए, वैसा पति चाहिए, जब चुनाव हो जाता है, सम्बन्ध बन जाता है। सम्बन्ध ही बन्धन हो जाता है। कुछ समय बाद वो दुख का कारण बन जाता है। सुख और मुक्ति का गहरा रिश्ता है। एक दूसरे से सम्बंधित हैं। मुक्ति सुख का कारण

है। सुख मुक्ति का कारण है। मुक्ति कुछ भी करने से नहीं मिलती। मुक्ति पसन्द नापसंद को प्रकट करने से नहीं मिलती। इच्छाओं का अभाव मुक्ति नहीं। इच्छा बन्धन का अभाव मुक्ति है। साधक को इस प्रकार विचार करना है। ज्ञान का प्रभाव जीवन पर पड़ता है। सुख बढ़ता है, बन्धन से मुक्त हो जाता है।

अज्ञान का नाश

अज्ञान के नाश से सुख और मुक्ति मिलेगी। मेरी स्वाभाविक स्थिति सुख है। मुक्ति है। जिन चीजों को आपने सुख का कारण मान लिया था उसको त्याग दें। जिन चीजों को मुक्ति का कारण मान लिया था उनको त्याग दें। फिर बचेगा सुख और मुक्ति। सुख और मुक्ति आपको नहीं मिल सकती। जब दुखों के कारणों का नाश करते हैं, तो सुख पहले से उपस्थित मिलता है। बंधनों का नाश करते हैं, तो मुक्ति पहले से ही वहाँ मिलती है। दुख और बन्धन का कारण मैं हूँ, क्योंकि अज्ञान है। सुख का कारण भी मैं हूँ। बाहर नहीं है सुख। यहां है सुख। मुक्ति का कारण भी मैं हूँ। यदि मैंने स्वयं को पा लिया है तो सुख, शांति, मुक्ति अपने आप आ जाती है। और कोई रास्ता नहीं है इनको पाने का। और कोई तरीका नहीं है जीवन के लक्ष्य को पूरा करने का।

अध्याय १५: "सुख और मुक्ति" समाप्त हुआ।

16

सुंदरता और नैतिकता;

अस्तित्व

सुन्दरता वो अनुभव है जो आकर्षित करता है। नैतिकता वो कर्म है जो उचित लगता है। मनुष्य सुन्दरता की ओर जाना चाहता है, अपने आस पास का वातावरण, शरीर और मन सुन्दर रखना चाहता है। बहुत से कर्म इसी दिशा में इसीलिए किये जाते हैं। मनुष्य चाहता है कि उसके कर्म सही हों, नैतिक हों। गलत और बुरे कर्मों से बचना चाहता है। सुन्दरता, कुरूपता, नैतिकता, अनैतिकता इन ध्रुवों से उसका जीवन प्रभावित होता है। इनकी समझ, ज्ञान न होने के कारण जीवन अस्त व्यस्त होता है। बहुत से दुखों, पीड़ाओं की जड़ सुन्दरता कुरूपता का अज्ञान, नैतिकता अनैतिकता का सही गलत का अज्ञान है। इस जगत में इन दो अवधारणाओं की समझ होना आवश्यक है।

अस्तित्व

Bodhi Speak

सुंदरता	नैतिकता
• सुन्दर है और कुरूप है	• नैतिक है और अनैतिक है
• न सुन्दर है और न कुरूप है	• न नैतिक है और न अनैतिक है
• निर्गुण है	• निर्गुण है
• अद्वैत है	• अद्वैत है
• सम्पूर्णता है	• पवित्रता है

अस्तित्व

अस्तित्व एक अनुभवों की श्रंखला है। इसके अपरोक्ष अनुभव मे सुन्दरता भी दिखेगी, कुरूपता भी दिखाई देगी, नैतिकता भी अनैतिकता भी दिखाई देगी। यदि सम्पूर्ण रूप से अद्वैत की दृष्टि से देखें तो अस्तित्व न सुन्दर है न कुरूप है न नैतिक है न अनैतिक है। ये गुण मनुष्य द्वारा आरोपित है। अस्तित्व जो है वो है। क्योंकि चित्त की वृत्ति है बांटना, उसने तरह तरह के भेद कर रखे हैं। तरह-तरह के अनुभव में बांट रखा है अस्तित्व को। इसलिये जो सम्पूर्ण है, पवित्र है, वो गुणों से भरा हुआ दिखाई देता है। चित्त वृत्ति के अभाव में अस्तित्व सम्पूर्ण दिखाई देता है। पवित्रता के रूप में दिखाई देता है। निर्दोषिता दिखाई देती है। सुन्दरता नैतिकता चित्त निर्मित धारणाएं हैं। चित्त की दृष्टि से वो सत्य है इसलिए चित्त के कर्म उनसे प्रभावित होते हैं। सुन्दरता, नैतिकता असत्य है, माया का रूप है। प्रतीत होता है लेकिन ऐसा कुछ है नहीं। न कोई अनुभव सुन्दर है न कुरूप है न नैतिक है न अनैतिक है। न आकर्षण है न अनाकर्षक है।

चित्तनिर्मित

अनुभवों का वर्गीकरण सुन्दर कुरूप अच्छे बुरे नैतिक अनैतिक चित्त की वृत्ति के द्वारा होता है। और चित्त ये जो अवधारणा करता है उसका प्रक्षेपण करता है। प्रतिबिम्ब बाहरी अनुभवों पर फेंकता है। उसकी वजह से वस्तुएं, व्यक्ति और तरह-तरह के सांसारिक अनुभव सुन्दर या कुरूप दिखाई देते हैं। नैतिक या अनैतिक दिखाई देते हैं। जिस तरह से सारा संसार चित्त निर्मित है, माया है, गुणों का आरोपण माया की एक नयी परत है। जो पहले से मिथ्या है उस पर चित्त माया की एक और परत चढ़ा देता है इन अवधारणाओं की। अस्तित्व में नैतिकता अनैतिकता नहीं है, न सुन्दरता कुरूपता है। कुछ अनुभव चित्त के लिए हितकारी है कुछ नहीं। जो हितकारी है जो उसके प्रगति के लिए, उसके विकासक्रम के लिए अच्छा है, उसको सकारात्मक रूप से, वो रहने देता है। जो हानिकारक है, विकासक्रम को रोक देता है, उनको हम अनैतिक, कुरूप, बुरा, अनुचित कहते हैं। वो चित्त निर्मित माया है। चित्त की जीव रूप में अवस्था के लिए, जीवन के लिए बहुत उपयोगी है। हमारा सम्पूर्ण जीवन इन्हीं मान्यताओं पर इन्हीं अवधारणाओं पर चलता है। ये हटा दी जाएं, तो जीवन अव्यवस्थित अनियंत्रित हो जाएगा। ये अवधारणाएं मान्यताएं चित्त की क्रिया के लिए आवश्यक हैं। चित्त वृत्ति ही चित्त की क्रिया है। इस चित्तवृत्ति का परिणाम ही ये अवधारणाएं हैं। मायावी जगत में मायावी अवधारणाएं काम आती हैं। जब तक माया के बन्धन में हैं। इसका ज्ञान आवश्यक है। ज्ञानी की दृष्टि से देखा जाए तो नैतिकता अनैतिकता, सुन्दरता कुरूपता केवल भाव है, प्रतीत होता है।

सुन्दरता;

सुन्दरता वो अनुभव है जो आकर्षित करता है। ये सुन्दरता दो प्रकार की दिखाई देती है एक है सार्वभौमिक सुन्दरता, दूसरी है व्यक्तिनिष्ठ सुन्दरता। सार्वभौमिक सुन्दरता सर्वमान्य है। सभी उस अनुभव को, उस वस्तु को सुन्दर मानते हैं। उसमें कोई मतभेद नहीं होता। ये समरूपता और नियमितता पर आधारित होता है। समरूपता का अर्थ ये है कि वस्तु हर दिशा से समरूप दिखाई देगी। जैसे एक फूल है, उसकी सभी पंखुड़ियां सभी दिशाओं से समरूप दिखायी देंगी। तारे की संरचना ६ दिशाओं से समरूप दिखता है। मनुष्य का शरीर दो दिशाओ (बायें /दायें) में समरूप है। कोई बड़ा भवन सही तरीके से बनाया हुआ हो, तो चारों तरफ से सुन्दर दिखता है। ये सार्वभौमिक सुन्दरता है।

सार्वभौमिक	व्यक्तिनिष्ठ
• सर्वमान्य है • कोई मतभेद नहीं • समरूपता और नियमितता पर आधारित • प्रकृति, वन्य जीव , गणित, भौतिक नियम, सादगी, जटिलता, ज्यामिति • कुछ वास्तु-कला, रंग, ध्वनियाँ, गंध आदि	• व्यक्तिगत है • मतभेद हैं • संस्कार, उत्तरजीविता, विकासक्रम, समाज, वृत्ति, बुद्धि, मान्यताओं आदि पर आधारित • कला, शरीर, वाणी, भोजन, वृद्धावस्था, रोग आदि • अज्ञान का परिणाम

सुन्दरता

वन्य जीवों की सुन्दरता, गणित की सुन्दरता, भौतिक नियमों की सुन्दरता, सादगी, ज्यामिति की आकृतियां, कुछ तरह की जटिल रचनाएं, कुछ वास्तुकला के प्रकार, रंग, ध्वनियां, गन्ध जैसे फूलों की गन्ध, पक्षियों की ध्वनियां, या सुबह और शाम को मिलने वाले आकाश के रंग ये सब सार्वभौमिक सुन्दरता के उदाहरण हैं। ऐसा कोई नहीं मिलेगा जगत में जो कहेगा ये कुरूप हैं। जहाँ पर समरूपता नहीं होगी, अनियमितता होगी, कुछ अव्यवस्थित होगा, वो सार्वभौमिक रूप से कुरूप कहलाएगा। कोई भी ऐसा नहीं मिलेगा जो उसे सुन्दर कहेगा। ये सुन्दरता चित्त के नियमों पर आधारित है। हमारा चित्त उन नियमों को देख सकता है। और वो सुन्दरता के रूप में प्रतीत होते हैं। जहाँ कहीं भी रचना है, समरूपता है, नियमितता है, चित्त जान जाता है कि उनका गहरा अर्थ है। उसकी ओर आकर्षित होता है। यदि इसका उल्टा हो तो कुरूपता दिखाई देती है।

व्यक्तिनिष्ठ सुन्दरता व्यक्ति पर आधारित होती है। इसमें हमेशा मतभेद रहता है। एक परिवार में एक व्यक्ति एक वस्तु पर आकर्षित होता है, दूसरा उसी वस्तु से घृणा करता है। व्यक्तिनिष्ठ सुन्दरता व्यक्ति के संस्कारों पर आधारित है। क्योंकि चित्त पर उत्तरजीविता का भार है। चित्त का विकासक्रम जिस प्रकार से हुआ है, जिन अवस्थाओं में हुआ है, उसके

अनुसार चित्त धारणाएं बना लेता है। कुछ अवधारणाएं समाज से मिली होती हैं। आरोपित की होती है। माता-पिता ने पट्टी पढ़ाई होती है। ये वस्तु सुन्दर है, ये कुरूप है। व्यक्ति आजीवन उसको उसी रूप में देखता है। इसी तरह से व्यक्तिनिष्ठ सुन्दरता चित्तवृत्ति पर भी आधारित है। जो पशुवृत्ति में हैं उनके लिये सुन्दरता का कोई और ही अर्थ होगा। जो किसी और वृत्ति में उन्हें कोई और तरीके के अनुभव सुन्दर लगेंगे। जो निचली वृत्ति के लोगों की पहुँच के बाहर होंगे। बुद्धि पर भी आधारित है। गणित कुछ लोगों को कुरूप दिखाई देती है। अवधारणाओं पर आधारित है, जैसे संस्कार होंगे, चित्त उसी आधार पर सुन्दर कुरूप कहेगा। ये व्यक्तिनिष्ठ सुन्दरता है।

एक जीव के लिए एक सुन्दर है, दूसरे के लिए वो असुन्दर हो सकता है। एक समाज में जिसको सुन्दर माना जाता हो, दूसरे समाज संस्कृति में वो कुरूप हो सकता है। जिनकी बुद्धि विकसित है उनके लिए कुछ अनुभव कुरूप दिखाई देते हैं। कुछ अनुभव सुन्दर होते हैं। मूर्ख की सुंदरता बुद्धिमान की सुन्दरता से भिन्न होती है। ये सारे व्यक्तिनिष्ठ सुन्दरता के गुण है। इसके आधार पर सार्वभौमिक और व्यक्तिनिष्ठ सुन्दरता में भेद कर सकते हैं। व्यक्तिनिष्ठ सुन्दरता के उदाहरण है, जैसे कला की सुन्दरता, किसी तरह का संगीत किसी को पसंद आता है आकर्षित करता है, वही संगीत किसी दूसरे के लिए शोर के रूप में दिखाई देता है। एक तरह का शरीर एक व्यक्ति को आकर्षित करता है, दूसरे के लिए वही शरीर कुरूप होता है। एक रंग का शरीर सुन्दर दिखता है, दूसरे का शरीर कुरूप दिखता है। स्त्रियों की वाणी आकर्षक लगती है पुरूष को, पुरुष की वाणी आकर्षित करती है स्त्रियों को, बच्चों की वाणी सबको आकर्षित करती है।

एक प्रकार का भोजन एक व्यक्ति को अच्छा लगेगा, दूसरे देश में उसी भोजन से घृणा होगी। वृद्धावस्था सबको कुरूप लगती है। यौवन सुन्दर लगता है। रोगी कुरूप, स्वस्थ व्यक्ति सुन्दर लगता है। व्यक्तिनिष्ठ सुन्दरता का कारण उत्तरजीविता, संस्कार, विकासक्रम, समाज, वृत्ति, बुद्धि और मान्यताएं। एक विशेष प्रकार का संगीत नृत्य किसी को बचपन से संस्कार होने के कारण, आकर्षित करता है। भाववृत्ति वाले व्यक्ति को भावपूर्ण संगीत अच्छा लगता है। बुद्धिमान वृत्ति वाले व्यक्ति को जटिलता से भरी या नियमितता से भरी कृति आकर्षित करती है। कविता आकर्षित करती है। चित्त का काम है जीव को जीवित रखना। जो भी जगत क्रियाओं में सहयोग करता है चित्त उसको सुन्दरता के रंग में रंग देता है। स्त्री, पुरुष की सुन्दरता प्रजनन क्रिया में काम आती है। चित्त की निचली परतें उनको सुन्दरता का आवरण पहना कर प्रस्तुत करती हैं। जो भोजन शरीर के लिए उपयोगी है, वो सुन्दर दिखाई देता है। गंध से आकर्षित होता है जीव। वृद्ध आकर्षित नहीं करता। मृत्यु से भय लगता है। जीव स्वस्थ व्यक्ति से आकर्षित होता है रोगी से अनाकर्षित होता है। एक खाना एक व्यक्ति की लार टपका सकता है, वही खाना दूसरे को घृणा से उल्टी हो सकती है। क्योंकि भिन्न तरह के संस्कार मिले हैं।

विभिन्न संस्कृतियों में बड़ा हुआ है, तरह-तरह की मान्यताएं हैं। इसलिए एक ही वस्तु दो लोगों को सुन्दर और कुरूप दिखाई दे सकती है। व्यक्तिनिष्ठ सुन्दरता अज्ञान का परिणाम है। अज्ञान की परतें चढ़ जाती हैं चित्त पर। इसलिए चित्त जो वास्तविक है उसे दो भागों में बांटता है। हमारे बहुत से कर्म क्या सुन्दर है, क्या आकर्षक है क्या कुरूप है क्या घृणास्पद है, उसी पर आधारित है। ऐसा चित्त मुक्तचित्त नहीं है, शुद्धचित्त नहीं है। जब तक मनुष्य जीवन है तबतक पक्षपात होगा ही। ये मनोरोग बन जाता है, यदि बहुत बल दिया जाय इस पर। एक भोजन मुझे पसन्द है लेकिन मित्र को पसन्द नहीं है, तो मित्रता शत्रुता में बदल जाती है। फिर द्वेष, नफरत, हिंसा पैदा होती है। विनाश होता है।

व्यक्ति का जीवन सुन्दरता की व्यक्तिनिष्ठ मान्यताओं से भरा हुआ है। कई लोग सुन्दरता को देख कर ही विवाह करते हैं। और उनकी स्वयं की मान्यता होती है। रूप, रंग देखते हैं, न गुण, न चरित्र देखते हैं लोग। इसी प्रकार भोजन जो सुन्दर दिखता है, स्वाद से भरा है, खाते हैं। ये नहीं देखते स्वास्थ्य के लिए क्या अच्छा है क्या बुरा। इसी तरीके से वृद्धों की उपेक्षा करते हैं, कुरूप दिखते हैं। स्वस्थ और युवा व्यक्ति के फेर में रहते हैं। इसका समाज पर भी प्रभाव पड़ता है। सुन्दर व्यक्ति झूठ बोल दे, कितना भी कुटिल हो, तो भी लोग सच मान लेते हैं। एक कुरूप व्यक्ति सही बात भी कहे, तो भी लोग नहीं मानते।

व्यक्तिनिष्ठ सुन्दरता अज्ञान है। बड़े उल्टे सीधे काम करवाती है। उस व्यक्ति का जीवन नर्क हो जाता है। उसको अपनी ही मान्यताओं का ज्ञान नहीं है। चित्त की कौन सी वृत्ति उसको दौड़ा रही है। उससे सही गलत काम करवा रही है। उसका ज्ञान नहीं होता। इसलिए जीवन दुख से भरा होता है। दूसरे का जीवन भी दुखी कर देता है। अस्तित्व सम्पूर्ण है। उसमें न सुन्दरता है न कुरूपता है। इनकी पूरी उपेक्षा करना भी मूर्खता है। कोई वस्तु सुन्दर या कुरूप दिखाई दे तो उसके पीछे भी कोई कारण होगा।

ज्ञान का अर्थ है कि इस आवरण के बावज़ूद, कर्म ऐसे होने चाहिए जो सुख और मुक्ति की ओर ले जाय। जब ये ज्ञान हो जायगा तो सुन्दरता कुरूपता से मुक्ति मिल जाएगी। ये गायब नहीं होंगे क्योंकि चित्तवृत्ति है, नष्ट करने की आवश्यकता नहीं है, लेकिन कर्म सही होगें। अधिक से अधिक सत्य, सुख, शांति, मुक्ति और स्वतन्त्रता की ओर, वो साधक बढ़ने लगेगा। आम आदमी व्यक्तिनिष्ठ सुन्दरता की बेड़ियों में जकड़ा हुआ है। इसलिए उसका जीवन नरक रहेगा। घटिया वस्तु बढ़िया सुन्दर पैकेज में बहुत खरीदने वाले मिल जाते हैं। इसी तरह कुरूप वस्तु कितनी भी उपयोगी हो कोई नहीं खरीदता। पानी की बोतल सुन्दर बनाकर, ऊंचे दाम में बिक जाती है। ज्ञान के प्रकाश में कर्म होने चाहिए। चित्तवृत्ति को अनदेखा कर के, सुन्दरता और कुरूपता का आवरण हटा कर देखना चाहिए। सुन्दरता का भी एक कुरूप चेहरा है। ज्ञानी उसको ध्यान में रखते हुए उस के अनुसार कर्म करता है जो दुखदाई नहीं होगा। सुखदायी होगा।

नैतिकता;

नैतिकता वो कर्म है जो अच्छा लगता है। ये भी दो प्रकार की है। १. सार्वभौमिक और २. व्यक्तिनिष्ठ नैतिकता। सार्वभौमिक नैतिकता वो अच्छाई है, जो सभी मानते हैं। उसमें कोई मतभेद नहीं है क्या अच्छा है क्या बुरा है। इस तरीके की नैतिकता चित के नियमों पर और ज्ञान पर आधारित होती है। जो चित के नियमानुसार है वो नैतिक लगता है। उसको चित नैतिकता का दर्जा दे देता जो चित के अनुसार नहीं है वो अनैतिक लगता है। उदाहरण, जीवन रक्षा, सब मानते हैं नैतिक है। जीव हत्या, सभी कहेंगे अनैतिक है। नए जीवन की उत्पत्ति, जीवन के लाभ के लिए जो कर्म किए जाते हैं, सभी लोग नैतिक मानते हैं। हिंसा, किसी के प्राण लेना, या आत्महत्या, इस तरीके के कर्मों को सभी अनैतिक मानते हैं। सुख की तरफ जो कर्म ले जाते हैं उसे नैतिक माना जाता है दुःख देना अनैतिक माना जाता है। इसी प्रकार मुक्त /स्वतंत्र होना नैतिकता है, बंधन या दासता अनैतिक मानी जाती है। जो कर्म विकास की ओर ले जाते हैं उन्हें नैतिक माना जाता है। प्रेम नैतिक है। घृणा अनैतिक है।

सार्वभौमिक	व्यक्तिनिष्ठ
• सर्वमान्य है	• व्यक्तिगत है
• कोई मतभेद नहीं	• मतभेद हैं
• चित के नियमों पर और ज्ञान पर आधारित	• संस्कार, उत्तरजीविता, विकासक्रम, समाज, वृत्ति, बुद्धि, संस्कृति, धार्मिकता, अंधश्रद्धा, रीति आदि पर आधारित
• जीवन रक्षा, सुख, मुक्ति, विकास , प्रेम, समृद्धि	• सामाजिक व्यवहार, मांसाहार, युद्ध, कानून, सम्बन्ध आदि
	• अज्ञान का परिणाम

नैतिकता

व्यक्तिनिष्ठ नैतिकता व्यक्तिगत होती है। एक व्यक्ति के लिए जो नैतिक है वो दूसरों के लिए अनैतिक हो सकता है। इसमें मतभेद है। व्यक्तिनिष्ठ नैतिकता संस्कार, उत्तरजीविता, विकासक्रम, समाज, व्यक्ति की वृत्ति, बुद्धि, उसकी संस्कृति, धार्मिकता, अन्धश्रद्धा, रीति-रिवाज, कायदे कानून, देश, समय पर आधारित होता है। जब हम पैदा होते हैं तो हमें समाज से संस्कार मिलते हैं। सही गलत, नैतिक अनैतिक सिखा दिया जाता है। ये संस्कार बन जाते हैं। इस प्रकार जो अनुभव होते हैं उनके आधार पर हम नैतिक अनैतिक का निर्णय लेते हैं। वही संस्कार बन जाते हैं। क्योंकि चित उत्तरजीविता पर आधारित है इसलिये जो भी कर्म हमें जीवित रखते हैं, जो सुख और आनन्द देते हैं, भोग का अनुभव करवाते हैं उन्हें हम नैतिक मान लेते हैं। जो पीड़ा, दुख, नुकसान देते हैं उन्हें अनैतिक

मानते हैं। इस तरह संस्कार हमें नैतिक अनैतिक का बोध कराते हैं। प्राचीन काल से संस्कार मिले हैं। जीव का आक्रमणकारी को मारना जीवन में सहायक है, यही हमारे विकासक्रम में भी हमें सिखाया है। शत्रु का नाश नैतिक है, समाज ने सिखाया है।

जो व्यक्ति पशुवृत्ति में है, उसके लिए नैतिकता कुछ और होगी। जो भाववृत्ति, जातिवृत्ति में है उनकी नैतिकता और होगी। जो चित्त विकसित नहीं है, उनके नैतिकता अनैतिकता में भेद होता है। विकसित चित्त वाले व्यक्ति में नैतिकता अनैतिकता में भेद कम होता है। उस क्षण की स्थिति के अनुसार उसके कर्म होते हैं। इसी प्रकार मूर्ख व्यक्ति के लिए नैतिकता अनैतिकता में भेद करना कठिन होता है। विकसित बुद्धि वाले को पता चल जाता है कि क्या नैतिक है क्या अनैतिक। एक संस्कृति में एक कर्म को नैतिक कहा जाएगा, दूसरी संस्कृति में उसी कर्म को अनैतिक। शिकार करना, जानवरों को मारना। आनन्द के लिए, मजे के लिए। किसी संस्कृति में अच्छा समझा जाता है, दूसरी में उसी को घृणास्पद। एक धर्म में जो व्यवहार बताया जाता है, दूसरे में वही अनैतिक लगता है। इसीलिए समाज में सारा झगड़ा है। एक संस्कृति के लोगों को दूसरी संस्कृति से नफरत करते हैं । एक धर्म को दूसरे धर्म से घृणा है। क्योंकि नैतिकता में भेद है।

व्यक्तिनिष्ठ नैतिकता का आवरण चित्त ने चढ़ा दिया है। इसी तरह से अंधश्रद्धा होती है, उस के अनुसार नैतिक अनैतिक का निर्धारण करते हैं। एक देश में गाय मारना अनैतिक है, दूसरे देश में उनका भोजन है। इसी प्रकार एक देश में एक प्रकार के वस्त्र पहनना रीति रिवाज है दूसरी जगह वही अनैतिक हो जाता है। एक समाज में स्त्रियों से हाथ मिलाना अनैतिक माना जाता है, दूसरे समाज में नैतिक। मांसाहार एक के लिए अनैतिक है वही दूसरे व्यक्ति के लिए नैतिक है। अस्तित्व में ऐसा कोई नियम नहीं है लेकिन व्यक्तियों ने अलग-अलग नियम बना लिये है। इसी तरह से युद्ध है, जो जीत गया उसके लिए नैतिक है, उसने बुराई पर विजय प्राप्त की है। जो हार जाता है उसके लिए अनैतिक है, हार गया है। हमेशा मतभेद रहेगा इस पर। जो जीत गया उसको धन सम्पत्ति, भूमि मिल रही है, उसको नैतिकता का आवरण पहना दिया जाता है। जो हार गया उसे आतंकवादी जैसा ठप्पा लगा दिया जाता है। घृणा उत्पन्न की जाती है। जन सामान्य में उसे यातना देना, आसान हो जाता है। इस देश में क्या कानून होना चाहिये, इस पर मतभेद होता है। एक व्यक्ति के लिए नैतिक और दूसरे के लिए अनैतिक होता है। सही गलत निर्णय नहीं हो पाता।

इसी प्रकार किस तरह के सम्बंध किस को किस के साथ रखने चाहिए, समाज ने निर्धारित कर दिया है और कानून ने, रीति-रिवाजों ने निर्धारित कर रखा है। व्यक्तिनिष्ठ नैतिकता है। इससे झगड़े होते हैं। ये भी अज्ञान का परिणाम है। ज्ञान नहीं है क्या कर्म होना चाहिए क्या नहीं। संस्कार, उत्तरजीविता, समाज, वृत्ति, बुद्धि, संस्कृति, अंधश्रद्धा आदि कारणों की वजह से, मनगढ़ंत तरीके से लोगों ने अपनी अपनी नैतिकता बना रखी है। क्योंकि व्यक्तिनिष्ठ है तो दूसरा नहीं मानता तो लड़ाई हो जाती है। प्रेम की जगह घृणा आ जाती है। जब तक मेरे लिए जो नैतिक है वो कर रहे हैं तब तक प्रेम रहेगा। अन्यथा शत्रुता, सर्वनाश

की स्थिति आ जाती है। समाज में लोगों को बुद्धि नहीं है इसलिये उनको प्रभावित करना बहुत आसान है। नेता बोल देता है ये नैतिक है, सब मान लेते हैं। क्योंकि इतनी बुद्धि नहीं होती नैतिक अनैतिक विचार करने की।

व्यक्तिनिष्ठ नैतिकता देश समय स्थान के अनुसार बदलती है। एक समय था जब यज्ञ में घोड़ों को, भैंसों को मारना, बलि देना अच्छी बात थी, धार्मिक कर्म था। अब इसको अनैतिक माना जाता है। एक समय सती प्रथा नैतिक थी, आज अनैतिक मानते हैं। बदलने के कारण व्यक्तिनिष्ठ नैतिकता असत्य है। जिनको ये ज्ञान नहीं होता वे नैतिकता से मुक्त नहीं हो सकते। थोपी गयी नैतिकता के बन्धन में पूरा जीवन बिता देते हैं। ऐसा जीवन नारकीय है। ये ज्ञान महत्वपूर्ण है। ज्ञानी को समझ में आ जाता है। अज्ञान का परिणाम है नैतिकता। चित्त की वृत्ति है। ज्ञान ही मुक्ति दिलाएगा। महापुरुष अवतार कितने भी आ जायं। देश समाज सुधरा नहीं है। कितनी भी समृद्धि हो, कितना भी विकास हो, कितना भी सुन्दर स्वच्छ हो, यदि नैतिक अनैतिक में अन्तर नहीं पता, तो जीवन नारकीय ही होगा। इसलिए जो धनी समृद्ध देश और समाज हैं, वो भी नारकीय है। क्या अच्छा क्या बुरा इसका ज्ञान नहीं है। बाहर से सतह पर लगता है सब ठीक है, परन्तु अन्दर कदम डालते ही उस समाज में अनैतिकता, गंदगी दिखाई देगी। जातिवाद घृणा, श्रेष्ठता की भावना, ईर्ष्या, प्रतियोगिता, सोने के आवरण में गटर की गन्दगी की भांति छुपी होती है।

जब ये ज्ञान हो जाता है कि व्यक्तिनिष्ठ नैतिकता मिथ्या है, तो आपको सार्वभौमिक नैतिकता दिखाई देती है। जो चित्त के नियमों पर आधारित है। तब उस दिशा में आपके कर्म होंगे। कर्मों का बहाव नैसर्गिक होगा। जो ज्ञान से कर्म होता है वो नैतिक होता है। जब सभी व्यक्ति मैं ही हूँ। सभी मेरा ही रूप है। मेरा वातावरण और पृथ्वी पर सब मेरा ही रूप है। तो क्या मैं उसे नुकसान पहुँचाऊँगा? उससे घृणा होगी? क्या मैं उसको यातना दूंगा, चाहे व्यक्ति हो, पशु पक्षी हो, चाहे वातावरण, नदियां, तालाब, समुद्र हो यदि मेरे ही प्रतिबिंब हैं तो क्या मुझे उनसे नफरत होगी। जब सब कुछ मेरा ही है तो मुझे कुछ जमा करने की लालसा होगी। लोभ होगा? ये सब नहीं होगा। ये सारे झगड़े हैं, नरकीय जीवन है, उसका मूल अज्ञान है। आम व्यक्ति अज्ञान में, आसपास, व्यवहार में बहुत हानि पहुंचा रहा है। कर्मों से, वाणी से, विचार से किसी को हानि पहुंचाना, हिंसा कहलाती है। ९९.९% लोग हिंसक हैं। उनकी वृत्ति हिंसा में है। चाहे पशुवृत्ति, भाववृत्ति, जाति, बौद्धिक वृत्ति या किसी वृत्ति में हो, वे सभी हिंसक हैं। क्योंकि नैतिकता का उनका आधार अज्ञान है। दो तरीके की नैतिकता उनको दिखाई नहीं देती।

मैं अहंभाव सर्वोपरि है, स्वयं का जीवन नरक है, और दूसरों का भी नरक बना रखा है। इसका मूल अज्ञान है। इस युग का प्रभाव है बुरे लोग अपने लाभ के लिए नैतिक को अनैतिक, अनैतिक को नैतिक बनाकर लोगों को प्रभावित करते हैं। बुरे कर्म करने के लिए प्रेरित करते हैं। ऐसे लोगों को बड़ा व्यक्ति या नेता की उपाधि दी जाती है। जो आपको अच्छा करने को कह रहा है, उस पर लोग हंसते हैं। उसे पागल की उपाधि दी जाती है। इस युग का

संकेत है ऐसा होगा। विनाशकाले विपरीत बुद्धि। टीवी का दुष्प्रचार। बुरे लोग करोड़ों कमा रहे हैं। अनैतिकता फैला रहे हैं। जो व्यक्ति आपको अच्छा नैतिक व्यवहार बताता है, माता, पिता, गुरु, उन पर आप हंसते हैं। लोग उनमें भी अनैतिक व्यवहार ढूंढते है। ताकि अपनी अनैतिकता को सही बता सकें। अनैतिक व्यक्ति की विशेषता है कि वो नैतिकता को सहन नहीं कर सकता। हिंसा से, चालाकी से वो अपनी अनैतिकता को ही नैतिक बना कर, सबके सामने रखता है।

पैसा कमाना नैतिकता है। किसी भी तरीके से कमायें। मान सम्मान पैसे वाले का ही होता है। ईमानदार का इतना नहीं होता। मैं सबके साथ कैसा भी रहूं सब मेरे साथ ईमानदार रहने चाहिए। मेरा अच्छा हो तो नैतिक, बुरा हो तो अनैतिक। ये अहम भाव है। पशुवृत्ति है। सिर्फ मेरे देश का अच्छा हो बाकी देश गये भाड़ में। उन पर बम डाल दो। उनका धर्म नीच है, मेरा श्रेष्ठ है। मार डालना चाहिए उनको। ये जाति वृत्ति है। इस सबका मूल व्यक्तिनिष्ठ नैतिकता है। ज्ञानी के लिए जानना आवश्यक है कि सुन्दर क्या है। नैतिक क्या है।

सम्पूर्णता और अहिंसा

जिसको ज्ञान है, आत्म ज्ञान है, ब्रम्ह ज्ञान है, जिसको अस्तित्व के रहस्यों का ज्ञान है, जिसको माया का ज्ञान है, चित्त का ज्ञान है, चित्त वृत्ति से परिचित है। वो तुरन्त देख सकता है कि जो सम्पूर्ण है, वही सुन्दर है। अहिंसा ही नैतिकता है। सम्पूर्णता क्या है, यदि किसी अनुभव में न आप निकाल सकें न जोड़ सकें, वो अनुभव सम्पूर्ण है। ज्ञानी के लिए हर अनुभव सम्पूर्ण है। इसलिए ज्ञानी कुछ फेर बदल के चक्कर में नहीं पड़ता। ये क्षण सम्पूर्ण दिखाई देता है, पूरी तरीके से सुन्दर दिखाई देता है। क्योंकि ये मेरा ही रूप है। मैं ही सत्य हूँ। सत्य ही सुंदर है। इसलिये मैं न उसमें कुछ बदलना चाहता हूं, न उसको सुन्दर कहता हूँ न कुरूप। क्योंकि मुझे सम्पूर्णता दिखती है। इस क्षण में, जो अभी सामने है, कोई अभाव नहीं दिखता, इसलिए एक योगी, ज्ञानी कुछ बदलने के चक्कर में नहीं रहता। कुछ अच्छा नहीं करता, कुछ बुरा नहीं करता। अज्ञानी सुन्दरता और कुरूपता के चक्कर में है। सुन्दरता के पीछे भागता है, कुरूपता से दूर भागता है। इसलिये संसार के चक्र में फंसा है। सम्पूर्णता, मुक्ति की ओर ले जायेगी। सुख की ओर ले जायेगी, सुन्दरता कुरूपता आपको फंसा कर रखेंगी। बेड़ियों में रहेंगे, मुक्ति नहीं मिलेगी।

अहिंसा क्या है? चित्त की रचनाओं को हानि न पहुंचाना अहिंसा है। कुछ अच्छा करना अहिंसा नहीं है। अहिंसा नकारात्मक शब्द है। हिंसा का अभाव अहिंसा है। किसी भी प्रकार का नुकसान पहुंचाना हिंसा है। कोई कर्म जो हिंसक हो वो अनैतिक है। हिंसा में दूसरों को मारना, पीटना, धमकाना क्रोध करना, ये ही नहीं, बल्कि किसी को बुरा भला कहना, गाली देना, कटु वचन बोलना, किसी का अपमान, ये हिंसा है। इसका भी उतना ही परिणाम होता है जितना शारीरिक यातना का। शरीर तो ठीक हो जाता है। लेकिन मन का घाव जन्मों जन्मों

तक नहीं जाता। विचारों में हिंसा, बुरे विचार किसी को नुकसान पहुंचाने के, ईर्ष्या करना, प्रतियोगिता करना, क्रोध करना, नफरत करना, द्वेष करना। ये विचार आना ही हिंसा है। जरूरी नहीं शारीरिक हिंसा हुई हो। इन तीनों तरीके की हिंसा का अभाव अहिंसा है।

जिनको ज्ञान है कि मैं व्यक्ति नहीं हूँ, शरीर भी नहीं हूँ, मेरा यहां कुछ नहीं है। ये जग, ये लोग प्रतीति है। स्वप्न की तरह है। मेरा यहां आना, एक तरह का स्वप्न है। मुसाफिर की तरह मैं यहां आया हूं। ज्ञान जब होगा, आत्म ज्ञान, मेरे न होने का ज्ञान है, ब्रम्ह ज्ञान, मेरे सब कुछ होने का ज्ञान, मैं ही अस्तित्व हूँ ये ज्ञान है, वहां पर हिंसा कहां हो सकती है। इसके लिए सही क्या है गलत क्या है, मन में कूट कूट कर भरने की आवश्यकता नहीं है। जबरदस्ती, बल पूर्वक नैतिक बनाने की कोशिश की जा रही है। ऐसा नहीं होता। कितने रीति रिवाज बना लें, कितने कानून बना लें नैतिक बनाने के लिए, नैतिक नहीं बन सकता। इसलिए ज्ञानी स्वयं को सुधारता है। स्वयं को सम्पूर्णता की ओर ले जाता है। स्वयं को अहिंसा की तरफ ले जाता है। अहिंसा परम नैतिकता है। यदि आप सुंदरता के, अहिंसा के मार्ग पर हैं तो हर कर्म सही होगा। अपने आप होगा। बिना सोचे समझे। क्योंकि चित्त के नियम जहाँ ले जा रहे हैं वहीं जा रहा है ज्ञानी। उसको कुछ करना नहीं पड़ता। उसको सोचना भी नहीं पड़ता। उसका स्वभाव ही उसे सम्पूर्णता और अहिंसा की तरफ ले जाता है। यही उसका भाव है। ये तब होता है जब ज्ञान प्राप्त होता है।

इन अवधारणाओं का, माया का, आवरणों का नष्ट होना ही ज्ञान है। किसी ने बता दिया, पढ़ लिया वो ज्ञान नहीं है। वो भी दिमाग में भरा हुआ कचरा ही है। ज्ञान अपने अपरोक्ष अनुभव से होता है। बुद्धि, तर्क से आता है। आत्म ज्ञान होने के बाद ही सुंदरता और नैतिकता का ज्ञान होता है। गुरु ही आप को ये दिशा दिखा सकता है। शिक्षित और ज्ञानी होने में भेद है। आज शिक्षित व्यक्ति ही समाज का शोषण कर रहा है। सारी मानवता शीर्षासन कर रही है। जो अच्छा है नकार दिया गया है। जो बुरा है उसे नैतिक बनाया गया है उसे अच्छे होने का आवरण पहनाया गया है। ये अंधापन एक तरह का मनोरोग है। अज्ञान का लक्षण है। ज्ञानी इससे मुक्त है। इसीलिये उसका व्यवहार बाकी लोगों को पागलों की तरह दिखाई देता है। जो स्वयं उल्टे है उनको सीधा व्यक्ति उल्टा दिखाई देगा। ज्ञानी ये जानता है इसलिए वो दूसरों को प्रेरित करता है। लेकिन बलपूर्वक नहीं। नैतिकता थोपता नहीं है दूसरों पर। वो चलता है। और जिनकी जिज्ञासा धीरे-धीरे बढ़ रही है वो ज्ञानीजनों का अनुसरण करते हैं। और अपने जीवन को सुंदर और नैतिक बनाते हैं।

अध्याय १६: "सुंदरता और नैतिकता" समाप्त हुआ।

17

आत्मज्ञान;

आत्मविचार

आत्म विचार.. मेरे होने का क्या अर्थ है? मैं का मूलभूत सार क्या है? इन प्रश्नों का उत्तर खोजते हुए आत्मज्ञान तक पहुंचने की विधि को आत्मविचार कहते हैं। मैं कौन हूँ? या मैं क्या हूँ? मूल रूप से मेरा क्या सार है? कौन प्रश्न व्यक्ति की ओर इशारा करता है। मैं कौन? यह व्यक्ति मैं हूँ। व्यक्ति शरीर, मन, और जीव है। इसी को मैं मान लिया जाता है। इसलिए मैं क्या? अधिक मौलिक विवरण, उपयोगी और स्पष्ट है। मेरा मूलभूत सार क्या है?

वस्तुएं

मैं कोई वस्तु हूँ? सबको पता है कि मैं कोई वस्तु नहीं हूँ। वस्तुएँ मेंरी हो सकती हैं। लेकिन वस्तुएँ मैं नहीं हो सकतीं। क्योंकि वस्तुओं का मेरे से अलग अस्तित्व है। इस विकल्प को नकारना पड़ेगा। वस्तुओं का मेरे से सम्बंध हो सकता है कि मेरी हैं या मेरी नहीं हैं। परंतु वस्तु मैं नहीं हो सकता। और विकल्प ढूँढ़ते हैं।

शरीर

वस्तुओं का शरीर से संबंध होता है। बहुत लोग कहते हैं की मैं शरीर हूँ। गहराई से विचार करें, शरीर एक बदलती हुई वस्तु है। बहुत लोग शरीर को वस्तु नहीं कहते, क्योंकि वह जीवित है। उस पर नियंत्रण है। संवेदनाएं होती हैं। वो मेरे होने का भ्रम दिलाती है। शरीर एक वस्तु है, जगत में है, लेकिन विशेष वस्तु है। आन्तरिक शरीर से आने वाली संवेदनाओं के कारण ऐसा लगता है मैं शरीर हूँ। प्रयोग, कार चलाते हैं, जहाँ चाहे मोड़े, जब चाहें शुरू, जब चाहें बन्द कर सकते हैं। इसका अर्थ ये नहीं, कार मैं हूँ। केवल नियंत्रण है। मैं नहीं कह सकता, कार भी

मैं हूँ। इसी प्रकार शरीर पर नियंत्रण है, इस नियंत्रण के कारण शरीर को मैं नहीं कह सकते। दूसरा प्रयोग, सम्वेदनाओं के कारण मैं शरीर? एक बाहरी वस्तु लें, उससे स्नायुतंत्र द्वारा शरीर से सम्पर्क जोड़ दें, बिजली की सहायता से या सीधा। अब कोई उस वस्तु को छूता है, तो हमें उसकी संवेदना होगी। उसका अनुभव होगा। इसका अर्थ यह नहीं कि मैं वह वस्तु हो गया। ऐसा नहीं है। इसलिए इसे भी नकार सकते हैं।

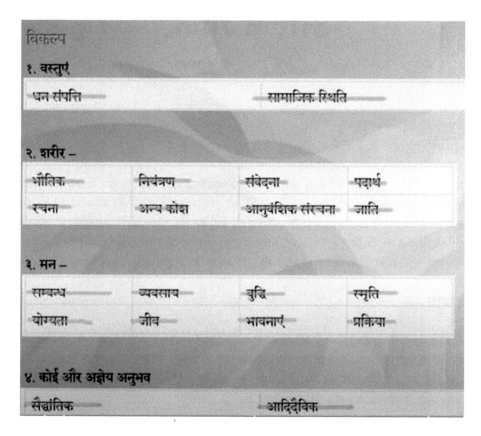

विकल्प

१. वस्तुएं

धन संपत्ति	सामाजिक स्थिति

२. शरीर –

भौतिक	नियंत्रण	संवेदना	पदार्थ
रचना	अन्य कोश	आनुवंशिक संरचना	जाति

३. मन –

सम्बन्ध	व्यवसाय	बुद्धि	स्मृति
योग्यता	जीव	भावनाएं	प्रक्रिया

४. कोई और अज्ञेय अनुभव

सैद्धांतिक	आदिदैविक

आत्मविचार

इसी प्रकार शरीर में संवेदनाएं हो रहीं है लेकिन ये नहीं कह सकता कि ये शरीर मैं हूँ। शरीर के कई भाग हैं बाल, नाखून, और कुछ शरीर के आन्तरिक भाग, जिसमें सम्वेदनाऐं नहीं होती। स्पष्ट है कि शरीर को मैं कहना इतना आसान नहीं है। शरीर बदल रहा है। बचपन में छोटा था। इन बदलते हुए शरीरों में, कौन सा शरीर हूँ। आज का शरीर हूँ, तो पिछले शरीर किसके थे? १० वर्ष पहले वाला चेहरा बदल गया। या शरीर का अंग कट गया हो। शरीर कुछ बदल गया, लेकिन ये नहीं कह सकते कि मैं बदल गया। शरीर को मैं नहीं कहा जा सकता।

अन्य कोशीय, प्राणमाया कोष, विज्ञानमाया कोष, शरीर मैं हूँ। लेकिन इनमें भी बदलाव है। इसलिए ये भी मैं नहीं हूँ। शरीर का रंग, जाति, लिंग भी नहीं हूँ। मैं बदल रहा हूँ। यह नहीं हो सकता। इस प्रकार शरीर का विकल्प निकाल सकते हैं। नकार सकते हैं । शरीर पर पूरा नियंत्रण नहीं है। जन्म मृत्यु का नियंत्रण नहीं है। कई सारी आंतरिक गतिविधियों पर नियंत्रण नहीं है। ९०% शरीर पर नियंत्रण नहीं है। लेकिन ये नहीं कह सकता कि केवल १०% शरीर मैं हूँ। ये अर्थ हीन है। मैं बदल रहा हूँ। ये नहीं कह सकते। शरीर बदल रहा है, शरीर मेरा है, ये एक वस्तु है, इसका उपयोग मैं कर रहा हूं, इसका अनुभव कर रहा हूं, ये कह सकते हैं लेकिन शरीर मैं हूँ नहीं कह सकते। ये असत्य है।

मन :

तीसरा विकल्प है कि मैं मन हो सकता हूँ। सारी स्मृतियाँ मैं हूँ। शरीर कितना भी बदल जाय, अनुभव और उनकी सारी स्मृतियाँ वही रहती हैं। या मेरी भावनाएं मैं हूँ। मेरी बुद्धि, मेरा कार्य क्षेत्र मैं हूँ। या डाक्टर इन्जीनियर हूँ। कलाकार हूँ। या मेरे जो सम्बंध हैं किसी का मैं पुत्र हूँ, पुत्री हूँ, पति, पत्नी, मां, पिता हूँ, हो सकता है ये सब मैं हूँ, लेकिन मैं इतनी सारी चीजें नहीं हो सकता। मैं बहुसंख्यक नहीं हूँ। मैं एक हूँ। चुनना पड़गा कौन सा मैं हूँ?

सम्बन्ध बदलते हैं। पता चले माता पिता ने गोद लिया है, क्या मैं बदल जायेगा? मेरा पेशा जो मैं करता हूँ, वो मैं हूं। शिक्षक, अफसर, कर्मचारी, मजदूर हूँ, और यदि पेशा बदल जाय तो क्या मैं बदल गया हूँ। मैं वही हूँ। इसी प्रकार कला योग्यता मैं नहीं हूं। बुद्धि कभी कम होती है कभी ज्यादा। जो वस्तुएं बदलती हैं, मन के अनुभव में, मैं वो नहीं हूँ। स्मृति, ये बदलती नहीं है। कभी कभी किसी बात का स्मरण नहीं आता, पिछले जीवन काल से, तो क्या जब वो घटना हुई मैं नहीं था? ये दिखता है कि घटना की स्मृति नहीं भी है, तो भी उस घटना के समय मैं था। हम अपने जीवन में कुछ गिनी चुनी बातों का ही स्मरण रख सकते हैं। बाकी समय ३०% सोने में, बाकी रोज की दिनचर्या में समय निकलता है, जिसका स्मरण नहीं रहता। स्मृति का कितना हिस्सा मैं हूं? जो स्मरण रहता है, वो या पूरा? कई बार किसी कारण स्मृति चली जाती है, और उसको नाम याद नहीं रहता, तो क्या वो कह सकते हैं कि वो नहीं है। मैं वही हुं। नहीं बदला, स्मृति बदल गई है। मुझे स्मृति का ज्ञान होता है, वो मेरा मूल नहीं है, मेरा सार नहीं है। इस प्रकार स्मृति को भी सूची से काट सकते हैं, नकार सकते हैं कि मैं स्मृति नहीं हूँ।

भावनाएं आती जाती हैं। मैं ये भी नहीं हूँ। अनुभव आते जाते हैं। मैं जीव हूँ। जो जन्म लेता है। जो मरता है। जिसका पुनर्जन्म होता है। वो मैं हूँ, जो अलग अलग रूप धारण करता है। जीव भी एक तरह की स्मृति मात्र है। स्मृतियाँ भी एक रचना है। इस समय जो स्मृति है, उसमें इस जन्म की स्मृतियां हैं। इस जन्म की घटनाएं स्मृति में हैं, स्मरण रहती हैं। जीव वो स्मृति है जिसमें सभी जन्मों की स्मृति संग्रहित है। इसको हम संस्कार भी कहते हैं। इस को

कर्म भी कहते हैं। जीव को हम कारण शरीर भी कहते हैं। अलग विवरण हो सकते हैं अलग दर्शन शास्त्रों में। सार उसका स्मृति है। काफी बड़ी स्मृति है। इस जन्म की स्मृति १%से भी कम भाग है। जीव चित्त का भाग है। जीव समूह में पाया जाता है। जीव चित्त की एक परत मात्र है।

योग में समाधि में जीव का अनुभव होगा। सभी जन्मों की स्मृतियाँ मिल सकती हैं। मृत्यु के समय चेतना जीव में वापिस चले जाती है उस समय अनुभव होता है जीव का। जैसे स्मृति मैं नहीं हूँ वैसे ही जीव भी नही हूँ। जीव मैं नहीं हूँ। जीव मेरा रूप है। योगी ज्ञानी जो प्रगति कर चुके हैं जिनकी चेतना कारण शरीर में आ चुकी है उन्हीं को जीव का ज्ञान होता है। उसके दर्शन मुझे होते हैं, उसका अनुभव मुझे होता है। लेकिन वो मैं नहीं हूँ। इसी प्रकार मन पर प्रश्न करेंगे, तो पता चलता है कि निचली परतें मैं नहीं हूँ, ऊपरी परतें भी मैं नहीं हूँ। हो सकता है, मैं कोई अज्ञेय सी प्रक्रिया हूँ। जिस का ज्ञान नहीं हो सकता, वो मैं हूँ। जिसे जाना नहीं जा सकता, वो मैं हूं। अगर उसका ज्ञान नहीं होता तो शब्द कोष में, मैं शब्द नहीं होता। भाषा में मैं नहीं आता। किसी से पूछे तुम्हें पता है तुम हो। वो नहीं, कभी नहीं कहेगा। क्या आपको ज्ञान है, कि आप हो तो हां कहेगा। ये सैद्धांतिक अवधारणा हो गयी है, मैं ऐसा कुछ हूँ। या ऐसी प्रक्रिया है जो मानसिक प्रक्रिया है, जो मैं हूं। इसका अनुभव नही है। कागज पर लिख सकता हूँ। बोल सकता हूं। अनुभव नहीं होगा।

अज्ञेय अनुभव

क्या कोई अज्ञेय प्रक्रिया मैं हूँ। कुछ लोग कहते हैं विज्ञान नें ये कहा है उस वैज्ञानिक नें ये कहा है। विज्ञान सैद्धान्तिक भी हो सकता है। ये सिद्धांत बना सकते हैं, कि ये प्रक्रिया है, वो मैं हूँ। लेकिन आपके अनुभव में कोई प्रक्रिया है, जो मैं हूँ। गहराई में जाने से पता चलता है, मैं अज्ञेय नहीं हूँ, मेरे होने का मुझे अनुभव है। ऐसा नहीं है कि मैं नहीं हूँ। क्योंकि उसका ज्ञान है तभी तो स्वयं को मैं कहता हूँ। ये एक अर्थहीन सिद्धांत है इसका कोई उपयोग नहीं है कहना की मैं कोई अज्ञेय प्रक्रिया हूं। मैं इतने सारे विकल्पों में किसी विकल्प पर सही नहीं उतरता। कहीं पर स्थित नहीं होता। कहीं भी स्थायी नहीं है।

मैं की स्थिति

मैं किसी भी विकल्प पर कह सकते हैं ये मैं हूँ, ये कहना गलत नहीं होगा। गहरायी में जाने से लगता है कि मैं शरीर की तरफ इशारा कर रहा है। शरीर खा रहा है, बोल रहा है, चल रहा है। व्यवहारिकता के लिए मैं कह देता हूं कि मैं शरीर हूँ। मेरा शरीर बैठा है कहना अजीब हो जाता है। मैं गुस्सा हूँ, मैं सुखी हूँ, दुखी हूँ, ये भी लोग कहते हैं। क्योंकि व्यावहारिकता के लिए ये आसान होता है। आता जाता है मैं वही रहता है। मैं धनी हूँ, निर्धन हूँ, वस्तुओं से जोड़ देते हैं, मन का, स्मृतियों का, संबंधो का प्रयोग मैं के साथ करने लगते हैं। तो भ्रांति और गहरी हो

जाती है। स्पष्टता चली जाती है, कुछ अजीब सी वस्तु हो जाती है मैं।

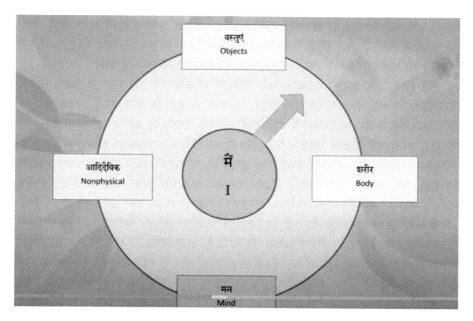

मैं की स्थिति

जो आध्यात्मिक तरह के लोग हैं, वो ये सब नहीं कहेंगे, वो कहेंगे मैं वो हूँ जो जन्म लेता है, जिसको मुक्ति चाहिए, जिसका पुनर्जन्म होता है, कितने आध्यात्मिक अनुभवों से जोड़ दिया जाता है मैं का संबंध। एक विशेष बात देखने को मिलेगी कि मैं का संबंध सदा बदलता रहता है। आपके विभिन्न अनुभवों से। आप बिना सोचे किसी अनुभव से मैं को जोड़ देते हैं। ये अपने आप होता है, ये हमारे संस्कार हैं। ये हमारा अज्ञान है। मैं स्थायी नहीं है, बदलता रहता है। वो अनुभव के किसी भी परत पर स्थिर हो सकता है। जब भी कुछ काम पड़ता है, व्यवहारिकता के स्तर पर, हम समाज में रहते हैं, बाकी लोग जिसको मैं कहते हैं उसी को मैं भी मैं कहता हूँ। बाकी लोग हमारा ये शरीर मात्र है। या उनका व्यवहार मात्र है हमारे लिए। वो व्यक्ति, उसका शरीर कैसा है, उसका चेहरा कैसा दिखता है, व्यावहार कैसा है। उसका मुझसे संबंध क्या है? एक व्यक्ति की कल्पना करते हैं उसे मैं कहते हैं, उसमें कई तरीके की परतें हैं।

व्यक्ति कई अनुभवों का एक समूह है, वो कई परतों में बना है। उसका शरीर, मन, भावनाएं, संबंध भी हैं। उसकी स्मृति भी है। उसके कई कोष भी हैं। उसकी वस्तुएं भी हैं। अगर मैं भी एक तरह का व्यक्ति है, तो भी ये प्रश्न हल नहीं होता। मैं की अवधारणा व्यक्ति की अवधारणा से जोड़ देते हैं। मैं भी एक व्यक्ति के रूप में दिखाई देता हूं। लेकिन इसमें मैं

होने का सार कहीं दिखाई नहीं देता है। मैं एक हो सकता हूँ कई नहीं हो सकता। व्यक्ति के कई पक्षों में एक चुनना पड़ेगा। प्रयोग से पता चला कि उसमें से एक भी नहीं। मैं व्यक्ति है कहना अर्थ नहीं निकलता। मैं व्यक्ति की स्थिति बदलती रहती है कभी शरीर में हूँ, कभी वस्तुएं मैं हूँ, कभी मैं मन भी हूँ, कभी मानसिक स्थितियां भी हूँ। सम्बन्ध भी हूँ, स्मृतियाँ भी हूँ। कभी आध्यात्मिक अनुभव भी हूँ। यदि मैं बदलता है तो क्या वो वास्तविक है।

कोई शब्द - लें, उसका सम्बन्ध कई वस्तुओं से जोड़ें, तो उस शब्द से जुड़ा अनुभव वास्तविक है? क्या वो सत्य अनुभव है जो उस शब्द से जुड़ा है? कोई वस्तु आपके अनुभव में है, आप कहें ये मेरा मेज वस्तु है, फिर कुर्सी वस्तु है, फिर कोई जानवर वस्तु हो जाता है। तो वस्तु का यथार्थ से कोई संबंध नहीं है। उसकी वास्तविकता शून्य है। वो कल्पना मात्र है, परिकल्पना है। हो सकता है वो शब्द काम आता हो, जीवन में, सभी उस शब्द का उपयोग करते हों, सभी समझ जाते हैं कि इस शब्द का अर्थ ये होगा। लेकिन उस से संबंधित कोई अनुभव नहीं है। क्योंकि बदलता रहता है। इसी तरीके से मैं का कोई अर्थ नहीं है। क्योंकि इस से संबंधित वस्तुएं बदलती रहती हैं। इससे सम्बन्धित अनुभव बदलते रहते हैं। इसलिये मैं अर्थहीन शब्द है। यानि मैं एक तरीके की भ्रांति है, अवधारणा है। भ्रम है। एक तरीके की परिकल्पना है। मैं असत्य हूँ। मैं भ्रम हूँ। मैं कल्पना हूँ। मैं एक शब्द मात्र हूँ। वास्तव में ऐसा कोई अनुभव नहीं है जो मैं से संबंधित हो। क्योंकि कई अनुभव जिनसे मैं को संबंधित कर सकता हूं। मैं एक मानसिक अवधारणा है। इसी को हम अहम कहते हैं। ये एक प्रक्रिया है जो मन में चल रही है, चित्त में चल रही है। चित्त की वृत्ति है। चित्त की एक परत है। जिस को अहंकार कहते हैं।

अहंकार

अहंकार चित्त की एक परत है। जो मनुष्यों में मिलती है। ये है अहंकार की प्रक्रिया। ये किसी भी वस्तु से मैं का संबंध जोड़ देती है। कभी शरीर से, कभी वस्तुओं से, कभी मन से, शरीर की क्रियाओं से। मन जो कर्म करता है, मानसिक प्रक्रियाओं से और अध्यात्मिक अनुभवों से, अहंकार का काम यही है कि अनुभव को देखना और उसमें से मैं को ढूंढ कर उसका संबंध जोड़ना। ये अहम की प्रक्रिया है। अहम का अर्थ ही मैं है। ये अध्यात्म के शिष्य के लिए ये जानना आवश्यक है कि जिस का अनुभव किया जा सकता है वो मैं नहीं हूँ। आम जनता और कुछ साधक मैं को किसी अनुभव में ढूंढ रहे हैं। अनुभव का स्वभाव है बदलना। अनुभव परिवर्तन का ही दूसरा नाम है। अनुभव अस्थायी है, नश्वर है, वहां कभी मैं नहीं मिलता। उनको लगता है कि कभी अनुभव होगा मैं कौन हूँ। लगे हुए हैं। अनुभव में ढूंढ रहे हैं मैं को, कहां रहेगा। यदि मैं बदल गया, तो उसको जानने वाला कहां रहेगा। वो जा चुका है। मैं वो हो सकता हूं जो नहीं बदलता। सारे अनुभव मेरे सामने बदलते हैं। मैं वो हो सकता हूँ जिसमें परिवर्तन नहीं है। जो सारे परिवर्तनों का साक्षी है। अनुभव में ऐसा कुछ भी नहीं है जो स्थिर

हो। स्थायी हो।

अनुभवकर्ता

अनुभव है तो उसका अनुभव करने वाला भी होना चाहिए। अनुभव बदल रहा है तो ये आवश्यक है अनुभव करने वाला न बदले। यदि अनुभवकर्ता बदल गया तो वो भी अनुभव बन जाएगा। अनुभवकर्ता की आवश्यक शर्त है कि उसे अपरिवर्तनीय बनना पड़ता है। अस्तित्व का वो चेहरा जो परिवर्तित नहीं होता वही अनुभवकर्ता है। इसीलिए अनुभवकर्ता ही मैं हूँ।

मैं वो हूँ जो आते जाते अनुभवों का अनुभव कर्ता हूँ। मैं ही अनुभवकर्ता हूँ, आत्मन हूँ, साक्षी हूँ, चेतना हूँ, चैतन्य प्रकाश हूँ। मैं भी एक नाम है अनुभवकर्ता का। यही आत्म विचार का उत्तर है। यदि कोई भी अनुभव हो वो मैं नहीं हो सकता। बचता वो है जो अनुभव कर रहा है। क्योंकि यह अपरोक्ष अनुभव है कि सभी अनुभवों का एक अनुभवकर्ता है। यदि अनुभवकर्ता नहीं होता तो अनुभव भी नहीं होता। अनुभवकर्ता क्या है? यदि वो मैं नहीं तो और क्या हो सकता है? इसलिए कहते हैं कि मैं ही आत्मन हूँ। क्या इससे भी ऊपर कुछ है? हो सकता है कि वो मैं हूँ। अनुभवकर्ता के उपर कोई अनुभवकर्ता नहीं हो सकता। ये परम है। यदि आप कोई अवधारणा या परिकल्पना कर रहे हैं कि इसके ऊपर कुछ है तो वो कल्पना होगी। मैं चाहे जो कल्पना कर सकता हूं लेकिन सत्य वो होगा जो अभी सामने है।

मैं ही अनुभवकर्ता हूँ । मैं का मूल अनुभवकर्ता है। जो नहीं बदलता। सारे अनुभव बदल जाते हैं। इसलिये मैं कहलाने का सही हकदार अनुभवकर्ता है। मैं आत्मन हूँ ऐसा कह दिया जाता है। आत्मन मैं की सबसे ऊंची स्थिति है। मैं इससे ऊपर नहीं जा सकता, नीचे जा सकता है। क्या सच है मैं ही आत्मन हूँ? क्या मैं आत्मन के बराबर है? मैं द्वैत में है। मैं होने के लिए वो भी होना चाहिए जो मैं नहीं है। यदि मैं आत्मन हूँ तो बाकी सारे अनुभव मैं नहीं होऊँगा। बाकी सारे अनुभव मैं नहीं हो सकता। लेकिन अनुभव माया है। बदलते रहते हैं तो उनका अस्तित्व नहीं है। अनुभवकर्ता ही सत्य है और यदि वहां ऐसा कुछ है, जो मैं नहीं हूँ तो मैं होने का अर्थ कुछ नहीं निकलता। मैं शब्द अर्थ हीन हो जाता है। मैं शब्द का अर्थ तभी है जब उसकी तुलना उससे की जाय जो मैं नहीं है। जो कि अहम नहीं है।

मैं व्यक्तिगत है। मैं और व्यक्ति में कोई अन्तर नहीं है। मैं और व्यक्ति पर्यायवाची हैं। एक व्यक्ति दूसरा व्यक्ति नहीं हो सकता। एक मैं दूसरा मैं नहीं हो सकता। यदि आप भी मैं और मैं भी मैं, ये नहीं हो सकता। मैं शब्द का अर्थ नहीं बचता है। सभी व्यक्ति आत्मन की अभिव्यक्ति है. मैं आत्मन नहीं हो सकता। गुरुजन कहते हैं कि मैं ही आत्मन हूँ। आत्मन ही मैं हूँ। आत्मन व्यक्ति है। फिर ये भी कहेंगे आत्मन विश्व व्यापी है। आत्मन ही ब्रम्हन है। मैं आत्मन कैसे हो सकता हूँ जो कि छोटा सा भाग है सारी रचना का? आत्मन को अहम के बराबर मानना बड़ी भूल है। आत्मन सत्य है, यथार्थ है, वास्तविकता है। अहम असत्य है, परिकल्पना है, अवधारणा है, मानसिक प्रक्रिया है। यदि दोनों को समान मान लूँ तो दोनों

ही शब्द अर्थहीन हो जाते हैं। अहम और आत्मन में भेद - आत्मन वो है जो हमेशा एक जैसा रहता है, बदलता नहीं है, आता जाता नहीं है जो कि बहुसंख्यक नहीं है, एक ही है। मैं मानसिक प्रक्रिया है, जो कि एक अनुभव भी नहीं है, मिथ्या के ऊपर मिथ्या है, माया के ऊपर की माया है। शरीर मिथ्या है लेकिन मैं शरीर को कहना उससे भी बड़ा अज्ञान है। मन और उसकी प्रक्रियाएं माया हैं क्योंकि हमारे अनुभव में हैं, मन माया है लेकिन मैं मन की कोई प्रक्रिया हूँ या मैं स्मृति हूँ किसी तरह की, कहना माया के ऊपर की माया है। ये दुगनी माया है। दुगना अज्ञान है। मैं क्या हूँ, मैं अज्ञान हूँ, बहुत भारी अज्ञान हूँ। ये एक प्रक्रिया चल रही है मन में अहंकार की, उसमें से अहम का जन्म होता है और वो किसी भी अनुभव से जुड़ सकता है। दुनिया का, जगत का, कोई भी अनुभव हो, मन का अनुभव हो, या मन के ऊपर आध्यात्मिक परते कहते हैं, उनका अनुभव हो.. उससे भी जुड़ सकता है अहम भाव। ये उस प्रश्न का उत्तर है, मैं मिथ्या हूँ, असत्य हूँ, मैं अज्ञान का रूप है।

मैं अहम की क्रिया है, वहां कोई मैं नहीं है, यही प्रत्यक्ष अनुभव है कि मैं नाम की कोई चीज नहीं है, यदि मैं कहता हूँ कि मैं आत्मन हूँ, तो उसका भी कोई अर्थ नहीं है। केवल इतना कह सकते हैं कि आत्मन है, ब्रम्हन है, अनुभव कर्ता है, अनुभव भी है। यहां दूर दूर तक मैं नहीं दिखाई देगा, क्योंकि मैं एक अवधारणा मात्र है। प्रत्यक्ष या अपरोक्ष अनुभव में मैं कहीं दिखाई नहीं देगा। आपको चित्त की परतें दिखाई देंगी। उसमें एक परत अहंकार की है, जो हर आने जाने वाली वस्तु को मैं मैं कह रही है। ये प्रत्यक्ष अनुभव है। ये सामने है अभी। अज्ञान है, अंधकार है, ज्ञान का अभाव है। इसीलिए ये मैं वास्तविक हो जाता है। ये सही नहीं है कहना की मैं आत्मन हूँ।

उत्तरजीविता

सत्य ये है आत्मन है, अनुभव है, अनुभवकर्ता है, और दोनों एक ही है, अनुभवक्रिया मात्र है। अनुभवकर्ता और अनुभव का भेद चित्त करता है, चित्तवृत्ति है, जो भी जीवन के लिए उपयोगी है, उत्तर जीविता के लिए उपयोगी है, उसको अहंकार की प्रक्रिया मैं का नाम दे देती है। सम्पत्ति है, खाना है, शरीर है, मैं मे डाल दिया जाता है। क्योंकि शरीर है, तो जीवन है। सम्बंध भी जीवन और शरीर से जुड़े हुए हैं, मैं में डाल दिया जाता है। योग्यताएं, कलाएं, स्मृति, शरीर से जुड़ी होने के कारण मैं कह देते हैं। ये सब व्यक्ति के जीवन के लिए उपयोगी है, इसलिये ये क्रिया चल रही है। उपयोगी नहीं होती तो नहीं दिखाई देती ये क्रिया। केवल शरीर को जीवित रखने के लिए अहंकार की इस प्रक्रिया की उपयोगिता है। यदि आप सत्य जानना चाहते हैं, तो अहंकार का कोई सत्य नहीं है, अहम का कोई सत्य नहीं है, मैं का कोई सत्य नहीं है।

यहां तक कि मैं आत्मन भी नहीं हूँ। क्योंकि आत्मन, अनुभवकर्ता या साक्षी इस सारे दृश्य का साक्षी मात्र है, सारे दृश्य का अनुभवकर्ता मात्र है। प्रत्यक्ष प्रमाण है। मैं कहना हर

चीज़ को, कहां की बुद्धिमानी है? जो सत्य ढूँढ रहा है उसे मैं से दूर रहना चाहिए। जैसे ही मैं कहते हैं, अंधकार में उतर जाते हैं। आप भ्रम में भ्रांति में, कल्पनाओं में चले जाते हैं। ज्ञानी अनुभवकर्ता को भी मैं नहीं कहता। वो कहेगा अनुभवकर्ता है। कहने को कह सकते हैं कि मैं आत्मन हूँ, मैं अनुभवकर्ता हूँ। मैं साक्षी हूँ, ये गलत नहीं होगा। दूसरे को स्पष्ट होना चाहिए कि मैं केवल भाषा के लिए प्रयोग हो रहा है। मैं का और अनुभवकर्ता का कोई संबंध नहीं है, जैसे शरीर का और मैं का कोई संबंध नहीं है। मन का और मैं का कोई संबंध नहीं है। क्योंकि हमारी भाषा अज्ञान की भाषा है, इसलिए हम प्रयोग करते हैं। और समाज में रहने के लिए उपयोगी है। जीवन के लिए उपयोगी है इसलिए करना पड़ता है। क्योंकि सभी शरीर, मन जो समूह में दिखाई देते हैं जिसे समाज कहते हैं, उन सबमें यही अवधारणा है मैं की। समाज व्यक्ति की अवधारणा पर ही टिका है। व्यक्तिगत संबंधों पर ही टिका है। मैं को लाना ही पड़ता है वहां। व्यावहारिकता के लिए प्रयोग करना पड़ता है। ये नहीं कह सकते कि आप सब अज्ञानी हो। जिसको सत्य जानना है, सत्य की खोज कर रहे हैं, उसके सामने मैं असत्य साबित हो जाता है।

अहम् की मिथ्या

विचार करें कि मैं क्या हूँ। मेरा मूल तत्व क्या है। मैं का सार क्या है। किस अनुभव की ओर इशारा करता है। ये प्रयोग बता रहा है कि मैं स्थायी नहीं है। अवधारणा है। माया से भी दुगनी माया है। असत्य है। भ्रांति है, भ्रम है, केवल भाषा में प्रयोग होता है। मैं शब्द का। अहम का। ज्ञानी के शब्द कोष में अहम/मैं शब्द नहीं है। अहम का अर्थ बदल जाता है। अनुभव मात्र हो जाता है। क्रिया मात्र होती है, धुंधली सी क्रिया है। मैं का ज्ञान, अहम का ज्ञान, यानि कि देखना कि ये अज्ञान है, आध्यात्मिक शिष्य के लिए सबसे आवश्यक है, क्योंकि अध्यात्म का अर्थ में आत्म है। स्वयं का अध्ययन है। मेरे होने का ज्ञान। आत्मज्ञान, मेरे नहीं होने का ज्ञान। गुरु के पास ये युक्ति है, ये कहने के लिए कि मैं आत्मन हूँ, मेरी मृत्यु नहीं होती, मैं शरीर नहीं हूँ। ये सब अच्छा लगता है। शांति मिलती है। प्रश्न चिन्ह, क्यों हूँ मैं आत्मन? दो विकल्प है, मैं आत्मन हूँ, दूसरा... आत्मन है, दोनों में आत्मन है, कहना ज्यादा सही है। सत्य है। मैं उसमे जोड़ दिया गया है जो कि मानसिक क्रिया है। मन में एक विचार मात्र है। जो कि भाषा, एक वाक्य मात्र है। सारे अनुभवों का एक अनुभवकर्ता है। अनुभव कर्ता वही है जिसका अनुभव वो कर रहा है। आत्मन वही है जो ब्रम्हन है, जो अस्तित्व है, जो प्रकट है। वही आत्मन है। ये अस्तित्व ही है जो बदलता नहीं है। अस्तित्व का ही वो भाग है, चेहरा है, जो बदलता नहीं है। ये मैं नहीं हूँ। मैं एक अवधारणा मात्र है, एक कल्पना है, जो भी है। एक है। ये आत्म ज्ञान है। ये आत्म विचार करें, स्वयं करें, प्रयोग करें। अपना अनुभव करना है।

अध्याय १७: "आत्मज्ञान" समाप्त हुआ।

18

ब्रम्ह ज्ञान;

अनुभवों का एकीकरण

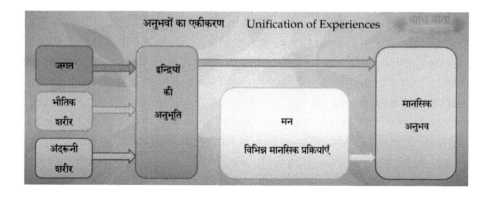

अनुभवों का एकीकरण

केवल एक तरह का अनुभव होता है, जो जगत, शरीर, मन इन तीन रूपों में होता है। इसके बाद अनुभवकर्ता का भी ज्ञान होता है, जो अनुभव कर रहा है। लेकिन उसका अनुभव नहीं होता। वो, वो है जो अनुभव करता है। उसका हमें प्रत्यक्ष ज्ञान होता है। अनुभवक्रिया भी है, जहां अनुभवकर्ता और अनुभव एक साथ हैं। ब्रम्ह ज्ञान का पहला चरण यही है की ये सारे अनुभव एक साथ हैं। अनुभवकर्ता एक ही है, उसके कई प्रकार नहीं होते। मैं या अहम का कोई अस्तित्व नहीं है। अनुभवकर्ता एक ही है, प्रत्यक्ष ज्ञान है, और वो मैं नहीं है, अहम भी एक तरह का अनुभव है, जो एक मानसिक क्रिया है। जगत के अनुभव इन्द्रियों के माध्यम से आते हैं, इन्हें एक भाग में डाल सकते हैं। कई तरीके की इन्द्रियां हैं, उनसे कई तरीके के

अनुभव हो रहे हैं, उनसे वस्तुओं की अनुभूति होती है। वस्तुओं की अनुभूति कहाँ होती है, ये अनुभूति कहीं बाहर नहीं हो सकती, जहां मैं हूँ, वहीं होती है। हमें वस्तुओं का ज्ञान नहीं होता, इन्द्रियों द्वारा जनित अनुभूति के रूप में होता है। इन्द्रियां जो दिखा रही हैं वो जगत में नहीं मिलता।

यदि जगत का वैज्ञानिक अध्ययन करें तो रंग, रूप, आवाज़ नहीं मिलती, गंध और स्वाद भी नहीं मिलता जगत में। जगत का अनुभव इन्द्रियों द्वारा रचित अनुभव है जो मन में कहीं होता है। शरीर का अनुभव भी वैसा ही है। थोड़ा विशेष है। आंतरिक शरीर का अनुभव भी है, ये शरीर की आन्तरिक इन्द्रियों द्वारा मिलता है। मन का अनुभव मानसिक इन्द्रियों द्वारा मिलता है। जो किसी वस्तु से संबंधित नहीं है। शरीर को दो तरीके के मान लें। ये चारों अनुभव एक ही हैं। किसी से पूछें तो वो कहेगा कि जगत का अनुभव बाहर हो रहा है, शरीर का अनुभव यहाँ हो रहा है। मानसिक अनुभव, अंदरुनी शरीर का अनुभव अंदर कहीं हो रहा है। मैं कल्पना है, मेरा कोई अंदर, कोई बाहर नहीं। क्योंकि मैं नहीं है।

अंदर बाहर का भ्रम

यदि पूछें बाहर, अंदर का अर्थ क्या है तो आम आदमी यही कहेगा जो शरीर के बाहर है वो बाहर है, जो अनुभव अंदर है वो शरीर के अंदर है। सीमा रेखा शरीर पर खींच दी गई है। अगर कहें आपकी वस्तुएं कौन सी है, दूसरों की कौन सी, आपके संबंधी कौन से हैं, दूसरों के कौन से हैं। वो सीमा रेखा वस्तुओं की जगत में होती है। जो मेरे जीवन के लिए उपयोगी है वो सारा मेरा है। पहली सीमा रेखा जगत में जहां मेरा आता है, दूसरी सीमा रेखा शरीर पर मिलेगी। शरीर कहाँ है, जो मन नहीं वो शरीर है। मन के बाहर शरीर है। इन्द्रियों की सीमा के बाहर। तो वहां पर सीमा रेखा खींच दी जाती है। शारीरिक अनुभूतियां कहाँ हैं वहां सीमा रेखा मिलेगी जो शारीरिक अनुभूतियों और मानसिक अनुभूतियों के बीच खींच दी जाएगी। मानसिक अनुभव कहाँ हो रहे हैं? सिर के अंदर हो रहे हैं, भ्रम होता है वहां अनुभव हो रहे हैं। जो चेतना के बाहर है, अनुभवकर्ता के बाहर है, वो मन है। क्योंकि अनुभव है, उससे मेरी दूरी है। उसे चेतना के बाहर रख दिया जाता है, वहां पर सीमा रेखा होती है। प्रश्न करें चेतना कहाँ है तो कोई उत्तर नहीं आयेगा, वहां कोई सीमा रेखा नहीं है क्योंकि लोग कहेंगे वहां मैं हूँ। सीमा रेखा कहीं भी खींच सकते हैं अंदर या बाहर मनगढंत है। जब भी हमें आवश्यकता होती है उसी तरीके की वो सीमा रेखा वहां बना दी जाती है। यदि खाना चाहिए, संबंधियों से सम्बंध रखने हैं या हमारी प्रिय वस्तुएँ हैं। तो हमारी सीमा रेखा जगत में कहीं होगी। कुछ लोगों की लंबी चौड़ी रेखा होती है, सारे देश को, पृथ्वी को अपना कहते हैं। अगर जगत और स्वयं में भेद करना है, तो शरीर पर खींच देंगे सीमा रेखा। मन और शरीर में भेद करना है तो मन पर सीमा रेखा खींचनी पड़ेगी। ये काल्पनिक रेखा है। इसका यथार्थ नहीं है। क्या अंदर क्या बाहर.. बदलता रहता है, ये मनगढंत है, अवधारणा मात्र है। अंत में हर वस्तु बाहर है, अनुभूतियां यहां पर हो

रही हैं। मेरी चेतना में, यहां है, हर अनुभव अंदर है।

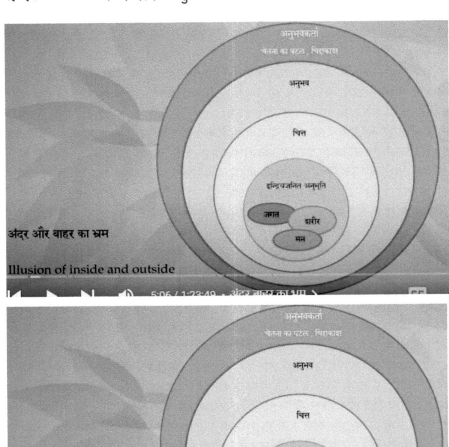

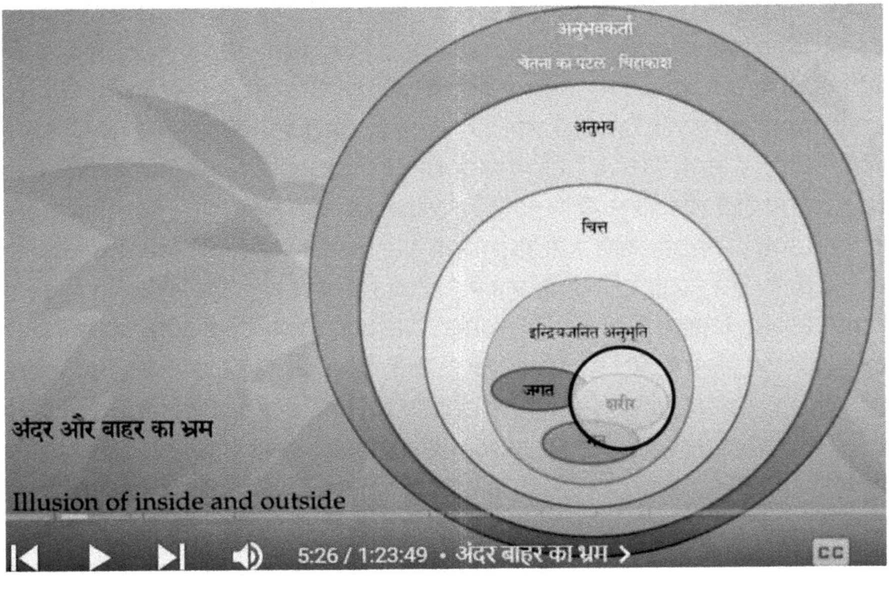

अंदर बाहर का भ्रम - सीमा रेखा

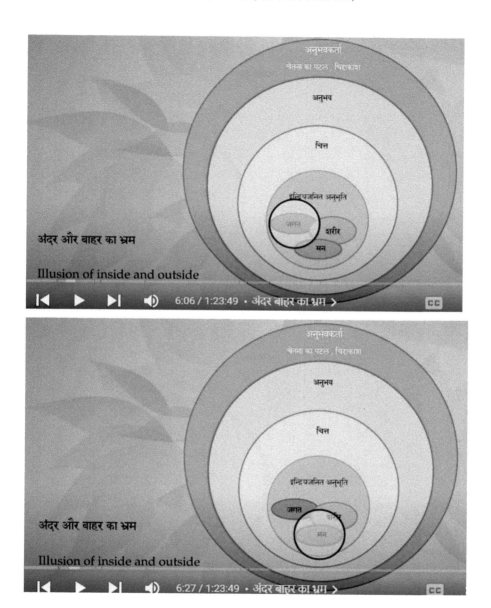

अंदर बाहर का भ्रम - सीमा रेखा

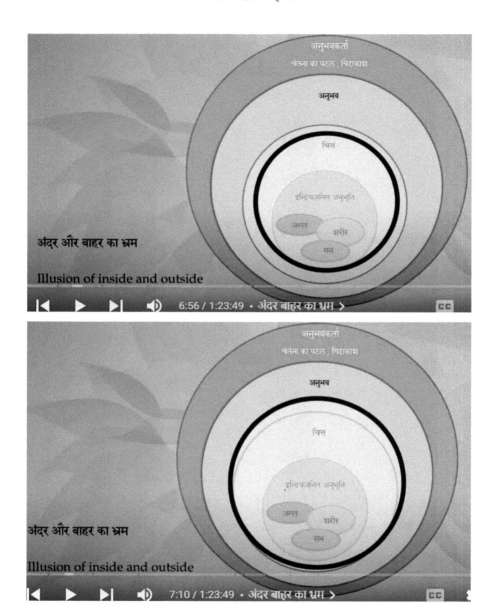

अंदर बाहर का भ्रम - सीमा रेखा

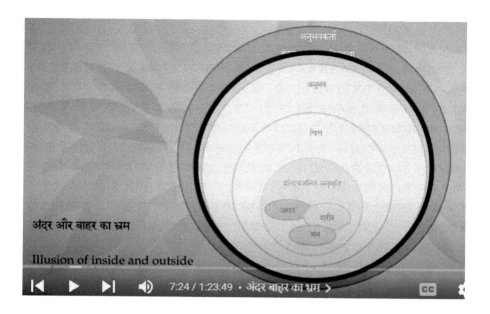

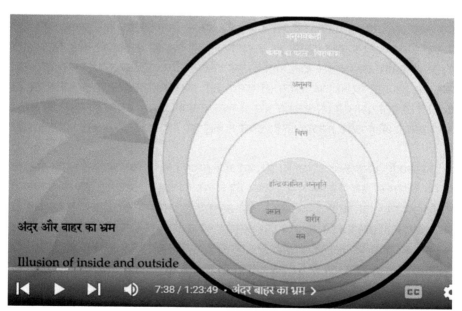

अंदर बाहर का भ्रम - सीमा रेखा

चित्तवृत्ति :

उसका कोई यथार्थ नहीं, सत्य नहीं है। सारे अनुभव एक ही तरीके के हैं. यदि वो पांच इन्द्रियों के माध्यम से आते हैं, हम उसे कह देते हैं कि वो जगत का अनुभव है। ठोस दिखाई देता है लेकिन वो अनुभूति मात्र है। यदि वो शरीर की अंदरुनी इन्द्रियों के माध्यम से आते हैं तो हम उसे शरीर का अंदरुनी अनुभव कह देते हैं। यदि वो मानसिक इन्द्रियों से आ रहे हैं उनको मानसिक अनुभव कह देते हैं, ये विभाजन केवल सहायता करता है हमें जानने के लिए की कौन सी वस्तु क्या है। ये विभाजन चित्त वृत्ति है। अनुभवों में जो भिन्न वस्तुए होती है उनका स्थान होता है। जगत में वस्तुओं का स्थान होता है, एक वस्तु के आधार पर दूसरी वस्तु का स्थान होता है। जो कि शारीरिक अनुभूतियों में थोड़ा विलीन होने लगता है। हाथ में दर्द है तो ज्ञान होगा, थकावट है तो कहीं स्थान नहीं मिलेगा। इसी तरह से मानसिक अनुभवों का कोई शुद्ध स्थान नहीं। उस स्थान पर जा नहीं पायेंगे। बता नहीं पाएंगे। स्थान इन्द्रियों का भ्रम है, और अनुभव का कोई स्थान नहीं है, अनुभव यहां है।

अनुभव और अनुभवकर्ता का एकीकरण

ये कह सकते हैं, अनुभव अलौकिक है। इनका कोई स्थान नहीं है, इनका कोई लोक नहीं है। इस तरह अनुभवों का एकीकरण कर सकते हैं। चेतना के पटल पर सारे अनुभव हैं। यही प्रत्यक्ष अनुभव है। प्रत्यक्ष प्रमाण है। अनुभवकर्ता भी यहां है। इसका भी कोई स्थान नहीं है। अनुभव और अनुभवकर्ता दोनों यहाँ है। इन दोनों के बीच दूरी, अन्तराल कितना है, क्या भिन्नता है? कोई घटना होने के कितने समय बाद अनुभव होता है? दूरी कितने मीटर है? देखते हैं तो पता चलता है कि अनुभव और अनुभव कर्ता का एक ही स्थान है। यहां इसी समय अनुभवकर्ता भी है, और अनुभव भी है। दोनों में कोई दूरी नहीं है, दोनों में कोई भिन्नता नहीं है।

अनुभव है, अनुभव की चेतना है। अनुभव और अनुभव की चेतना एक ही है। मुझे अनुभव हो रहा है, इसका अर्थ ये है कि मुझे अनुभव की चेतना है। चेतना का दूसरा अर्थ अनुभवकर्ता भी है। अर्थात - जो अनुभव कर रहा है वही अनुभव है। अनुभव की चेतना ही अनुभव है, अनुभवकर्ता ही अनुभव है। अनुभव और अनुभव की चेतना में कितनी दूरी है? अनुभव और अनुभव का ज्ञान कितना भिन्न है? उत्तर मिलेगा दोनों एक ही हैं। अनुभव का होना और अनुभव का ज्ञान होना एक ही है। अनुभव का होना और अनुभव की चेतना होना एक ही है। अनुभव का होना और अनुभवकर्ता का होना, एक ही है। अनुभव करना और अनुभवकर्ता का होना एक ही तरीके की घटना है, जिसको अनुभवक्रिया भी कहते हैं। केवल अनुभव क्रिया मात्र है जो हो रही है। अनुभव कर्ता और अनुभव एक साथ पाए जाते हैं। ऐसा नहीं मिलेगा कि अनुभवकर्ता है, और अनुभव नहीं है किसी तरीके का। अनुभव है, अनुभवकर्ता गायब है, ऐसा कभी नहीं मिलेगा। वो अनुभव नहीं हो सकता जिसका अनुभवकर्ता न हो। दोनों एक

साथ पाये जाते हैं। दोनों एक ही है। एक ही जगह पर हैं। जैसे एक ही सिक्के के दो चेहरे होते हैं। दृष्टिकोण मात्र हैं।

यदि ध्यान अनुभव पर है तो अनुभवकर्ता विलीन हो जाता है। अनुभव में विलीन हो जाता है। उसके होने का ज्ञान नहीं होता। यदि ध्यान अनुभवकर्ता पर है, तो अनुभव विलीन हो जाता है। ये आंख बंद कर के देख सकते हैं प्रयोग द्वारा। क्योंकि ये ध्यान पर निर्भर है कि आप का ध्यान किधर है, अनुमान लगा सकते हैं कि - ये एक तरीके की चित्त वृत्ति है, ये एक तरीके की मानसिक प्रक्रिया है। एक को दो में बांटने की। एक को अनुभव और अनुभवकर्ता में बांटने की। एक अनुभवक्रिया को दो में बांटने की। अनुभव और अनुभवकर्ता में। एकता का दो में विभाजन एक तरह की चित्त वृत्ति है। किसी समय प्रयोग कर के देख सकते हैं, कि कभी जब ध्यान अनुभव पर है तो अपने होने का ध्यान नहीं रहता। मैं अनुभवकर्ता नहीं हूँ ये ज्ञान होता है।

अनुभवकर्ता का ज्ञान और कुछ नहीं है, उस का अनुभव नहीं हो सकता। इतना मात्र है कि वो अनुभव नही है। यदि किसी घटना का अनुभव हो रहा है तो वो अनुभवकर्ता नहीं है। सिक्के का पहला चेहरा देख रहा हूँ, तो दूसरा नहीं दिखेगा। दूसरा देख रहा हूँ तो पहला नहीं दिखेगा। इसी तरीके की चित्तवृत्ति है। ये भी एक तरीके की माया है। इसकी प्रतीति है, एकता का दो में विभाजन करनें की। चित्त यहां रुकता नहीं है क्योंकि अनुभवकर्ता का कोई विभाजन नहीं कर सकता तो अनुभव में विभाजन करता है। यदि अनुभवकर्ता मैं हूँ तो मैं दो नहीं हो सकता।

चेतना के दो भाग नहीं हो सकते। वो अनुभव के भाग करता है। पहला भाग यही होता है बाहर अनुभव, और अन्दर अनुभवकर्ता। दूसरा अनुभव के तीन /चार विभाजन, जगत शरीर, मन का अनुभव। जगत की कई वस्तुएं हैं, एक वस्तु की दूसरे से भिन्नता देखता है। उसकी पृष्ठभूमि है, उससे अलग करता है वस्तु को, उसकी अनुभूति को। इससे हमें ज्ञान होता है वस्तुओं के भिन्न होने का। जीवन जीवित रहने के लिए बहुत आवश्यक है कौन सी वस्तु क्या है। विभाजन करना। तो वस्तुओं का विभाजन करता है चित्त उनके नाम, रूप, रंग देता है। नाम रूप का जगत निर्माण करता है। इसी तरह से शरीर को भी विभाजित करता है, हाथ, पैर और अन्य अंगो को और रचनाओं को। मानसिक क्रियाओं का भी विभाजन करता है। ये हैं भावनाएं, स्मृतियाँ, बुद्धि। चित्त की परतों में देखा, निष्क्रिय पदार्थों से लेकर चेतना तक विभिन्न परतें हैं चित्त की, जो नाद रचनाओं पर आधारित हैं। और चित्त भेद करता है इनमें। चित्त वृत्ति है विभाजन करना। एक ही तरीके का अनुभव है उसे चित्त विभाजन करके दिखाता है।

योग और ब्रम्हज्ञान

पहले चरण में सभी अनुभवों का एकीकरण कर दें, चित्त के अनुभव हैं, चित्त की परतों के अनुभव हैं, यहां हैं, इसी समय हैं। अनुभवकर्ता और अनुभव में कोई अन्तराल नहीं है, दूरी नहीं है। जब ध्यान अनुभवकर्ता पर होता है या अनुभव पर होता है तो दो दिखाई देंगे। यदि ध्यान बीच में रखें तो केवल अनुभवक्रिया पर रखें, विभाजन न करें, न दृष्टा पर न दृश्य पर केवल दृष्टि पर ध्यान रखें तो एकता का ज्ञान होगा। इसी को समाधि भी कहते हैं। अभी प्रयोग कर सकते हैं। अपना ध्यान न अनुभव पर, न अनुभवकर्ता पर, उसके बीच अनुभवक्रिया पर स्थिर रहें, कि यहाँ कुछ है जिसका अनुभव चल रहा है, हो रहा है। आप विभाजन न करें, वस्तुओं को न गिनें, मानसिक प्रक्रियाओं पर भी नियंत्रण कर लें, न ज्यादा भावनाएं हों, न बुद्धि ज्यादा चल रही हो, न ज्यादा विचार हों, अपने मन को थोड़ा रोक लें, आंखें बंद कर लें, उस पर ध्यान न दें जो आप का चित्त कहता है। तो आप अनुभवक्रिया पर स्थित हो जाएंगे। आप पायेंगे कि उसको रोकना सम्भव नहीं है। जो चेतना है अनुभव की, उसको रोकना सम्भव नहीं है। इसी को तथाता भी कहते हैं। ये एक होने का ज्ञान है। एकता होने का ज्ञान है। यदि इसी स्थिति में अधिक देर तक रहेंगे तो यही तूर्या अवस्था है। मन और चित्त समाधि में है।

समाधि का अर्थ है सम बुद्धि। न इधर जा रहे हैं, न उधर जा रहे हैं। बीच में स्थित हैं। अगर ये स्थिति १-२ मिनट रख पायें तो एकता का अनुभव होगा। चित्त का विभाजन, चित्त वृत्ति पर नियंत्रण रहता है तो योग होगा। इस विभाजक चित्त वृत्ति का अंत ही योग है। और ये सामने और इसी समय है। पहला चरण: सारे अनुभवों का एकीकरण, दूसरा चरण: अनुभवकर्ता और अनुभव में दूरी देखना, प्रश्न रखना, और ये समझना ये दूरी चित्त विभाजन कर रहा है। उस पल आप समाधि में आ जाएंगे। चित्त समाधि में आता है। अनुभवकर्ता हमेशा समाधि में रहता है। वो कहीं नहीं जाता। क्योंकि हमें सारा ज्ञान चित्त के माध्यम से होता है, सारे अनुभव चित्त के हैं इसलिए चित्त को स्थिर करना आवश्यक है। अनुभव और अनुभवकर्ता के बीच में स्थिर करना है। यही अनुभवक्रिया है, तथाता है, यही अनुभवक्रिया तूर्या है। यही समाधि है। चित्त की बदलती हुई स्थितियों के बीच में रहना समाधि है। यही ब्रम्हज्ञान है। अनुभव और अनुभवकर्ता का मिलाप ब्रम्ह ज्ञान है। यही योग है। यही तथाता है। यहां है, इसी समय है। अनुभव में ढूंढ़ना सम्भव नहीं है इसको।

जब अनुभवकर्ता विलीन हो जाता है अनुभव में और अनुभव विलीन हो जाता है अनुभव कर्ता में तो एकता का ज्ञान होता है। जब दृश्य चला जाता है, दृष्टा भी चला जाता है तो केवल दृष्टि बचती है। तो ब्रम्ह ज्ञान होता है। साक्षी और साक्ष्य दोनों विलीन हो जाते हैं तब ब्रम्ह ज्ञान होता है। कुछ भ्रांति होती है कि अनुभव कुछ बड़ा होगा, ज्ञान होगा, कुंडलिनी सहस्रार में होगी, वर्षों वर्षों तक जीवन भर प्रयास करते हैं। एकता का अनुभव, अनुभव नहीं है। ब्रम्हज्ञान कोई अनुभव नहीं है, जैसे आत्मज्ञान अनुभव नहीं है। मेरे नहीं होने का ज्ञान आत्मज्ञान है। कैसे दर्शन होगा? मेरे नहीं होने का दर्शन। मैं, अहंकार न होने का दर्शन। इसी प्रकार ब्रम्हज्ञान, अनुभव और अनुभवकर्ता में कोई भेद न दिखे, समाधि की स्थिति हो चित्त की।

कोई विभाजन नहीं हो तो ब्रम्हज्ञान होता है। सरल है। इसे न आत्म में ढूँढने का प्रयास करें, न आत्म के बाहर ढूँढने का प्रयास करें। विफलता मिलेगी। कई भ्रांतियों के कारण ब्रम्हज्ञान नहीं होता है ।

ये प्रयोग तब तक करें जब तक सारी शंकाओं का समाधान नहीं हो जाता। सारे प्रश्न हल न हो जाए। सारे अनुभव एक कैसे हैं, सारे अनुभव अनुभूति हैं, यहाँ है। चित्त के अनुभव हैं। अनुभवकर्ता को जो भी अनुभव हो रहा है वो चित्त के अनुभव हैं, चित्त की परतों का अनुभव है। आपकी बुद्धी उनको विभाजित करती है। ये जगत है, ये विभिन्न तरीके के अनुभव हैं। यदि विभाजन न करें तो सारे अनुभव यही के यहीं मिलेंगे। कोई अंदर बाहर नहीं मिलेगा। जब स्पष्ट और पक्का हो जाय कि सारे अनुभव एक ही हैं, तो आप अनुभव और अनुभवकर्ता में विभाजन तोड़ सकते हैं। लेकिन जो भी विभाजन है, चित्त करता है। जब ध्यान यहां वहां जाता है तो अद्वैत में द्वैत का भ्रम होता है। ध्यान को बीच में लाएं, अनुभव और अनुभवकर्ता के बीच, इधर उधर के भटकाव को रोक कर। समभाव, समाधि - बुद्धि को एक जगह पर सम करना। उसको ही अनुभव क्रिया कहते हैं। दृष्टि कहते हैं, तथाता कहते हैं।

योगी समाधि में जाने का प्रयास करते हैं। चित्त को एक जगह सम करने का प्रयास कर रहे हैं। पतंजलि का योग वही है जो तूर्या है। चित्त को एक जगह पर स्थिर करना, विभाजन न करना, पक्का ज्ञान होना बिना किसी संशय के, ये सब चित्त निर्मित है, ये ज्ञानी का काम है, आत्म विचार का प्रयोग है, अवधारणा नष्ट होती है ज्ञान सामने आता है। अज्ञान का मैल नष्ट होता है ज्ञान स्पष्ट होता है। नया अनुभव नहीं होगा, पुराना जमा हुआ कचरा, अज्ञान साफ होगा। वो हटते ही, ब्रम्हज्ञान आपके समक्ष प्रकट होता है।

ये ज्ञानी के लिए आसान है, प्रश्न करते जाओ, अनुभव की ओर देखते जाओ, अनुभवकर्ता की ओर देखते जाओ, चित्त की ओर दृष्टि ले जाएंगे, चित्त का उपयोग करके, तो चित्त स्थिर हो जाएगा, तब एकता का ज्ञान होगा। ज्यादा समय नहीं लगता। आत्म विचार तक पहुंचने का समय लगता है। इस प्रक्रिया तक, समाधि तक पहुंचने में समय लगता है। गुरु की आवश्यकता होती है, स्वयं नहीं कर सकते। सपने में नहीं सोच सकते, क्योंकि अज्ञान में जन्म होता है। जन्म का अर्थ है अज्ञान होना। ये है ब्रम्हज्ञान, संपूर्णता का ज्ञान। अविभाजित अखंड चैतन्य का ज्ञान। अस्तित्व इसी रूप में दिखेगा। और किसी रूप में दिख रहा है तो माया है।

दृश्य - दृष्टा

जो दिख रहा है, वही देख रहा है। जो दृश्य है वही दृष्टा है। जो अनुभव

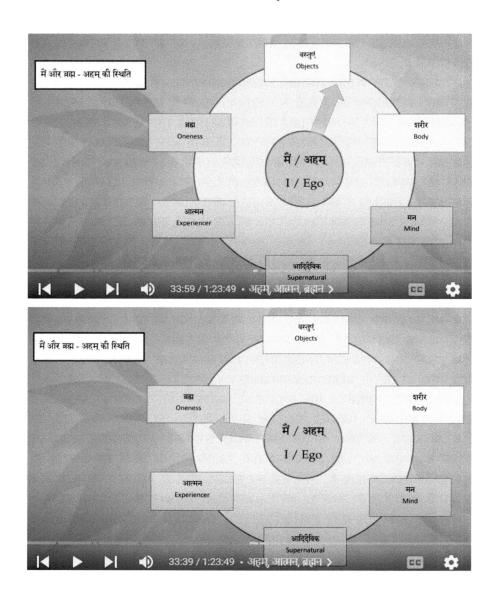

अहम् आत्मन ब्रम्हन

है वही अनुभवकर्ता है। दोनों में भेद नहीं है। अविभाजित है। अखंड है। निरंतर है। अनन्त है। और चैतन्य भी है। सच्चिदानंद कहते हैं उसे। कई नाम हैं। जो दिख रहा है वही देख रहा है। जो देख रहा है वही दिख रहा है। इस पर ध्यान करना है। इसी को समाधि कहते हैं।

अहम् आत्मन ब्रम्हन

मैं ही आत्मन हूँ। आत्मन ही ब्रम्हन है। मैं ही ब्रम्हन हूँ। ये कह सकते हैं। लेकिन ये सही होगा कहना कि ब्रम्हन है। मैं चित्तवृत्ति है। अहम है। क्योंकि अहम, ब्रम्ह में उपस्थित है। चित्त अहम की स्थिति कहीं भी रख सकता है। कभी अहम शरीर पर उपस्थित होता है। कभी वस्तुओं पर। कभी मन पर उपस्थित होता है। मन की विभिन्न परतों पर स्थित होता है। आत्म विचार करने जाएँ, तो आत्मन पर भी स्थित होता है। मैं आत्मन हूँ ये चित्त कह सकता है। जब एकता का ज्ञान होता है, ब्रम्ह का ज्ञान होता है। ये भी कह सकते हैं कि मैं ब्रम्ह हूँ। ब्रम्ह के बाहर कुछ भी नहीं है। कह सकते हैं मैं ब्रम्ह हूँ।

अहम ब्रम्हास्मि। यही वाक्य वेदों में, उपनिषदों में मिलेगा। बस कहना है ब्रम्हास्ति, ब्रम्ह है। पहले चरण में सभी अनुभवों का एकीकरण कर दें, चित्त के अनुभव हैं, चित्त की परतों के अनुभव हैं, यहां हैं, इसी समय हैं। अनुभवकर्ता और अनुभव में कोई अन्तराल नहीं है, दूरी नहीं है। अखंड, अविभाजित चैतन्य है, मेरे सामने है। अहम को लाना चाहे ला सकते हैं, क्योंकि भाषा में प्रयोग करने के लिए आसान होता है। दो लोगों को ब्रम्ह ज्ञान हो गया है तो वो आपस में कह सकते हैं अहम ब्रम्हास्मि, लेकिन जिसको ज्ञान नहीं हुआ है वो कहेंगे तो सही नहीं होगा। अवधारणा बना लेगा। जैसे मेरा नहीं होना, आत्मज्ञान है, उसी प्रकार से द्वैत का न होना ब्रम्हज्ञान है।

चेतना

एकता क्यों है, चैतन्य क्यों है, क्योंकि वो एक ही है, अगर एक ही है तो वो चैतन्य होगा। यदि वो दो होता तो आप कह सकते थे कि एक को दूसरे का ज्ञान असंभव है। यदि दोनों के बीच संपर्क न हो, तो वो ज्ञान असंभव होगा। कल्पना : एक तरफ अनुभव है, दूसरी तरफ अनुभवकर्ता है, संपर्क नहीं है। तर्क से, यदि संपर्क नहीं है तो अनुभवकर्ता को अनुभव का ज्ञान नहीं होगा। अनुभव नहीं तो अनुभवकर्ता भी नहीं होता, हमारे प्रत्यक्ष प्रमाण के विपरीत है, अनुभव भी है, अनुभवकर्ता भी है, ठोस ज्ञान है। शंका नहीं हो सकती। इसका अर्थ है कि अनुभवकर्ता और अनुभव संपर्क में हैं। कितनी दूर है, दूरी नहीं है, अन्तराल भी नहीं है, समय नहीं है, दूरी होती तो अनुभव होता। सत्य एक है, यदि दो होते तो उनके बीच संपर्क नहीं होता। ज्ञान नहीं हो सकता था। चेतना और अनुभव एक साथ नहीं मिलते कभी। ऐसा नहीं है। प्रयोग, दोनों को विभाजित करने का, और सम्पर्क काटने का। अनुभव और अनुभवकर्ता के बीच संपर्क काट दें, अब देखेंगे न अनुभव रहा, न अनुभवकर्ता न कोई ज्ञान रहा। न चित्तवृत्त होगी क्योंकि वो भी अनुभव है। क्योंकि ये असम्भव है, इसलिए जो दूसरी सम्भावना है वही बचती है कि एकता है, द्वैत नहीं। अद्वैत है। क्योंकि हमारा सारा ज्ञान चित्त के माध्यम से आता है विभाजन तो होगा, तो हमें अद्वैत के दर्शन नहीं होते, अद्वैत का अनुभव नहीं होता।

इसलिये एकता नहीं कहा जाता उसको अद्‌वैत कहा जाता है। इतना कह दिया जाता है कि दो नहीं है। इसका स्पष्ट ज्ञान है, प्रमाण है इसलिए एकता नहीं कहते, दो नहीं है, केवल अद्‌वैत है। यही कहते हैं।

शून्यता :

अनुभवकर्ता का कोई पदार्थ नहीं है। उसका कोई धरातल नहीं है। आधार नहीं है। यदि मैं चित्त से पूछूं, अनुभवकर्ता किस पदार्थ से बना है, या क्या है जो अनुभवकर्ता के रूप में दिखाई देता है, कोई उत्तर नहीं मिलेगा। अनुभवकर्ता का, चेतना का, चैतन्य का, कोई पदार्थ नहीं है, धरातल नहीं है, सत्त नहीं है, उसके पीछे शून्य ही दिखाई देता है। चेतना का अनुभव होता है इसलिए कहता है मैं अनुभवकर्ता हूँ। किस पदार्थ का बना है वो ज्ञान नहीं होगा। शून्यता का ज्ञान होगा। शून्यता अनुभव कर रही है। इसी तरह अनुभव पर दृष्टि डालें, अनुभव के पीछे अनुभूतियाँ हैं, अनुभूतियाँ इन्द्रिय जनित हैं। इन्द्रियों के सामने परिवर्तन है नाद रचनायें हैं। नाद रचनाओं का कभी अनुभव नहीं होगा। नाद रचनाओं का कोई पदार्थ नहीं है। नाद किस वस्तु में, किस धरातल पर हो रहा है इसका ज्ञान नहीं होगा। जो नाद है वो भी शून्य में है। इसलिए अनुभव के पीछे भी शून्यता है। क्योंकि अनुभव और अनुभवकर्ता एक ही है, दोनों का धरातल या तत्व शून्यता है। अनुभवकर्ता शून्य है, अनुभव भी शून्य है। दोनों एक ही है अनुभवक्रिया मात्र, वो भी शून्य है। ब्रम्ह का सार शून्यता है। धरातल शून्य है।

अस्तित्व का मूल और पदार्थ शून्य है। ऐसा कुछ नहीं है, जो अनुभव और अनुभवकर्ता के रूप में प्रकट हो रहा है। इसका ज्ञान नहीं होगा। लोगों की अवधारणा है कुछ बड़ा अनुभव होगा, ऐसा कुछ नहीं है, कभी दिखाई नहीं देता। ब्रम्ह दिखाई नहीं देगा। प्रश्न करेंगे तो शून्यता ही दिखाई देती है। इसलिये परम सत्य को शून्य कहा गया है। शिव का अर्थ है शून्यता। शिव शब्द शव से निकला है। इसीलिये शिवोहम कहा गया है। मैं ही शिव हूँ। शिव ही मैं हूँ। जो भी है वो शिव है। अस्तित्व शिव है। वही ज्ञान है। अहं ब्रम्हास्मि है। ये चित्त की एक ही स्थिति को दिखाता है। जहाँ से ये भाव निकले हैं वो समाधि की स्थिति से ही निकले हैं। ब्रम्ह ज्ञान से ही निकले हैं। क्योंकि शून्य में कुछ नहीं होता। शून्य में कुछ घटित नहीं हो सकता। शून्य ही रहता है। शून्य से कुछ उपजता नहीं है। ब्रम्ह में कोई घटना नहीं होती, कोई अनुभव नहीं होता। ब्रम्ह में कोई अनुभवकर्ता भी नहीं होता। ब्रम्ह में न कभी कुछ हुआ है। न हो रहा है, न होगा। ये शून्यता का ज्ञान है।

तीनचरण

इस पर भी आत्म विचार कर सकते हैं। द्‌वैत से अद्‌वैत में कैसे जांय? अद्‌वैत से शून्यता तक कैसे जांय। शून्यता है। जो एकता के रूप में मिलती है। अनुभव और अनुभवकर्ता की एकता है। ब्रम्ह के रूप में दिखाई देती है, चित्त है तो दो के रूप में दिखाई देता है। दो में अनुभव

होता है एक के रूप में नहीं। क्योंकि अनुभव कई तरह के हैं। चित्त की परतों का अनुभव है। हजारों तरह के अनुभव। अहंकार वहां है। अहं चित्तवृत्ति है। अहंकार की क्रिया है। इसलिए अनुभवकर्ता अहं के पीछे छुप जाता है। ध्यान से देखें तो अहम का काम है अनुभवकर्ता को छुपाना। यदि शरीर पर स्थित है अहम तो मन को छुपा देता है। शारीरिक क्रियाओं को मैं कह देता है। मन पर स्थित है तो मानसिक क्रियाओं को मैं कह देता है। अनुभवकर्ता मन के पीछे छुप जाता है। यदि अहम मन के ऊपर बुद्धि पर है, चेतना पर स्थित है तो कहता है मैं ही अनुभवकर्ता हूँ। मैं चैतन्य हूँ। यदि वहाँ से हटा कर उपर जाता है तो कहता है मैं ही ब्रम्ह हूँ।

ये अहम की क्रिया माया को जन्म देती है। मैं शरीर हूँ, प्राणी हूँ। जगत का अनुभव कर रहा हूं। जीना है मरना है। ये अज्ञान जीवन के लिए उपयोगी है। इसलिए पकड़ कर बैठते हैं इसको। जीव, प्राणी सारा जीवन अज्ञान में बिता देता है। आत्म विचार में प्रश्न करने से, ये अज्ञान दूर होता है। और मुक्ति होती है। मुक्ति का अर्थ अज्ञान से मुक्ति है। इसका अर्थ ये नहीं कि आप स्वर्ग में पहुँच जायेंगे। वो मूर्खता है। मोक्ष शून्यता के दर्शन हैं। जब शून्य हो गया तो आपको किस चीज से मुक्ति मिलेगी। आप पूरी तरह से मुक्त हैं। जो चाहे हो सकते हैं। शून्यता कुछ भी हो सकती है। किसी भी रूप में दिखाई दे सकती है। यदि शून्य नहीं होता, पदार्थ होता, उतना ही होता, कभी बदलता नहीं। क्योंकि बदलाव है। परिवर्तन है। क्योंकि माया है। कुछ भी अनुभव हो सकता है। क्योंकि शून्यता है। इसके उपर कुछ नहीं। शून्यता के ऊपर क्या है। क्या हो सकता है? शून्य ही होगा। कई मार्ग हैं। लेकिन शिखर एक ही है। शिखर शून्य है।

प्रश्नोत्तर:

यदि अनुभव और अनुभवकर्ता एक ही हैं तो साक्षीत्व और तादात्म्य को कैसे समझें? ये चित्तवृत्ति है। जब ध्यान अनुभव पर होगा तो अनुभवकर्ता विलीन होता हुआ दिखाई देगा। अनुभवकर्ता का ध्यान नहीं होगा। अनुभव दिखाई देगा। यदि ध्यान शरीर पर जाता है तो मैं कहता हूँ मैं शरीर हूँ। इसका अर्थ यह है कि शरीर के साथ आसक्ति हो गयी है और मेरा तादात्म्य शरीर के साथ हो गया है। इस समय कोई कहे ये शरीर है तुम तो अनुभवकर्ता हो शरीर का अनुभव कर रहे हो, तो ध्यान अनुभवकर्ता पर जाता है। यहां साक्षी है। दोनों चित्त वृत्ति है। दोनों में ब्रम्हज्ञान नहीं होगा। ब्रम्हज्ञान इन दोनों की एकता में होगा। या तो वो रहेगा जिसे आसक्ति है या जो देख रहा है। ध्यान दोनों जगह चलता रहेगा। ध्यान बीच में लाना है। बीच में केन्द्रित करना है। ये अनुभवक्रिया है। यही समाधि है। तूर्या कहते हैं। चित्त को बीच में रखना है। एकता का अनुभव। आवाज़ कहां है, ये मानसिक अनुभूति है। आवाज का अनुभव कहाँ है? पायेंगे यहां है, इसका कोई स्थान नहीं है।

अब अनुभवकर्ता पर दृष्टि डालिए। अनुभवकर्ता कहाँ है? वो भी यहीं है। अब विचार कीजिए दोनों कहां है। तो दोनों यहीं हैं। अब पता कीजिए कितनी दूरी है? पता चलता है कोई

दूरी नहीं। अब दोनों अवधारणाओं को भूलना है। यहाँ अनुभवक्रिया बचेगी। यहाँ एकता का ज्ञान होता है। चित्त समाधि में आ जाता है। ये प्रयोग कर सकते हैं। ब्रम्हज्ञान यही है। यदि चित्त इधर उधर जा रहा है, इसका अर्थ है कि चित्त वृत्ति के बाहर नहीं आया अभी। दूसरा आसान तरीका, ये आंख बंद कर ले कुछ दिखेगा नहीं। अंधकार दिखेगा। आवाज से ध्यान हटा लें, आंतरिक अनुभूति से ध्यान हटा लें। मन को भी नियंत्रण में रखें। अब ध्यान अंधकार की अनुभूति और उसको देखने वाले पर ले जायें। अनुभवकर्ता पर ध्यान जाएगा। अब ध्यान दें, अंधकार की अनुभूति जहाँ हो रही है और अनुभवकर्ता जहां है दोनों एक ही स्थान पर है। चिदाकाश है। वो शुद्ध हो जाता है। उसमें हैं दोनों। कोई दूरी नहीं है। एक है।

ये अनुभवक्रिया है। चित्त समाधि में आ जाता है यही ब्रम्हज्ञान है। सच्चिदानंद है। अगर एकता नहीं हो रही तो चित्त वृत्ति शान्त नहीं है। अभ्यास करें। चित्त स्मृति में जाए तो रोक कर अपरोक्ष अनुभव में आएं। स्मृति के अनुभवों को भूलना। अहम को नष्ट करना है। आत्मज्ञान द्वारा।

ब्रम्हज्ञान का लाभ : ब्रम्ह ज्ञान से प्रभाव, जीवन पर प्रभाव, अहम का नाश, पशुवृत्ति का नाश, व्यवहार में परिवर्तन, पुनर्जन्म से मुक्त। जीवन आनन्द की पृष्ठभूमि रहेगा। इच्छाओं की कमी होगी। अनासक्ति होती है। ज्ञान मार्ग सीधा मार्ग है। आध्यात्म प्रायोगिक है। आप पहले से ही शून्य हैं। अनुभवों का एकीकरण, अनुभव और अनुभव कर्ता का एकीकरण, मन को रोके, चित्त वृत्ति से बाहर आएं। चित्त वृत्ति से बाहर आए, चित्त को शान्त करें। प्रयोग करें। चित्त प्रतिक्रिया कर रहा है। उस समय स्थिर करें। चेतना में अनुभव और अनुभवक्रिया के एक होने का ज्ञान, ब्रम्हज्ञान के बाद माया का ज्ञान, सत्संग। चैतन्य भाव में व्यवहार, कुशल पूर्वक सांसारिक कार्य करें। माया भी ब्रम्ह है। अद्वैत। मैं नहीं, कर्म भी नहीं। हो रहे हैं बस। ज्ञानी, मुमुक्षत्व।

अध्याय १८: "ब्रह्मज्ञान" समाप्त हुआ।

उपसंहार;

उपसंहार

अध्यात्म का प्रारम्भ होता है जगत में वैराग्य से। मूल प्रश्नों के समाधान की तीव्र जिज्ञासा से। जन्म क्या है? जीवन क्या है? जगत क्या है? ये सब क्या चल रहा है ? मृत्यु क्या है? समाधान की खोज प्रारंभ होती है। इस स्थिति में ये पुस्तक एक मार्गदर्शक का कार्य करेगी। सहायक सिद्ध होगी। लेकिन पुस्तक में लिखा हुआ ज्ञान, आपका ज्ञान तभी बनता है जब आपके अनुभव में उतरे। अनुभव के पूर्व ये केवल शब्द है, मान्यता है। अनुभव में उतरने के लिए सांसारिक बुद्धि से परे जाना पड़ता है। इसके लिए साधना और गुरु की आवश्यकता होती है। समाधान गुरु देता है। गुरु से संवाद के समय बहुत सी बातें स्मरण रहती हैं। आगे पीछे, कुछ विस्मृत होने लगे, तो भी ये पुस्तक "ज्ञानमार्ग" सहायक सिद्ध होगी।

ज्ञानमार्ग एक सशक्त आधार है, मायारुपी अनंत महासागर को जानने के लिए। इसका ज्ञान होते ही, माया की मिथ्या स्पष्ट हो जाती है। जिसका आधार ही परिवर्तन हो, वो अद्वैत में मिथ्या ही है, असत्य ही है। यही परिवर्तन नाद, नाद रचनाओं के सरल, यौगिक, जटिल, परतीय, रचनाओं, चित्त शक्ति का अद्भुत खेल, सामने अनुभव के रूप में प्रकट होता है। इस अनुभव में फंसे हुए जीव को, अनुभव की मिथ्या और स्वयं के आत्मन रूप का विस्मरण हो, कई जन्मों के भटकाव के लिए विवश करता है।

परन्तु ज्ञान के प्रकाश में ये पता चलता है कि आप साक्षी, चैतन्य, अनुभवकर्ता के रूप में सदैव से इस अनुभव का आनन्द ले रहे हैं। नेति नेति के सूत्र की तीव्र धार से, समझने के लिए गुरुदेव, आपके अपने मूल स्वरुप, आपके अपने तत्व निराकार, निर्गुण, असीम, शून्य, चैतन्य, अपरिवर्तनीय, नित्य, अनुभवकर्ता स्वरुप तक ले जाते हैं। यही आत्मज्ञान है।

ब्रम्हज्ञान में अनुभव और अनुभवकर्ता अद्वैत में लय हो गए, अनुभवक्रिया ही बचा। ये तीनों भाव अस्तित्व में पूर्णता में पहुँच गए। अनंत संभावनाओं के साथ, प्रकट, अप्रकट सब अपने में समेटे हुए, सत्य-असत्य, नैतिक-अनैतिक सब उसी में। एक लीला चल रही है। कहीं जड़ है पदार्थ रूप में, कहीं वनस्पति और कहीं जीव जंतुओं के रूप में। कहीं मानव, कहीं पशु, कहीं देव कहीं दानव। अवतार रूप में धर्म संरक्षण, अधर्म का नाश। चैतन्य की चेतना ही सर्व चित्त रूप में भासमान है। शून्यता में प्रकट अप्रकट सब। आकाश में बादल बने और उसी में विलीन हो गए, पुराने विलीन नए पुनः निर्मित। समुद्र की लहरें, कोई नाम रूप दे दो, लेकिन है तो जल ही। जल वही रहेगा, नाम रूप लहरें बदलती जाएंगी। अस्तित्त्व (अनुभवक्रिया) स्वयं ही अपने परिवर्तनशील रूप(अनुभव) के अपने अपरिवर्तनीय रूप (अनुभवकर्ता) द्वारा अनुभव कर रहा है। ये सब लीला, खेल निरंतर चल रहा है।

ज्ञानी इसी ब्रम्हभाव में स्थित आनंद में रहते हुए जगत में अस्तित्व का अवलोकन करते हुए, जगत से उचित व्यव्हार करता है। मुक्त रहते हुए प्रेम पूर्वक जीवन व्यतीत करता है। इसी प्रकार हमें भी यथायोग्य ब्रम्हभाव में स्थित हो सभी कार्य जीवन में सुचारु रूप से करते हुए आनंद में रहना चाहिए। यही इस ज्ञान का, इस पुस्तक का अभीष्ट है।

ॐ श्री गुरुवे नमः

*

*

*

*

*

साधकों जिज्ञासुओं के लिए विशेष सूचनाः-

इस पुस्तक के विषय में, लेख के विषय में कोई प्रश्न, या अध्यात्म में अन्य कोई प्रश्न अथवा शंका के समाधान के लिए, आप सुधि पाठक लेखक से, निम्न प्रकार से संपर्क कर सकते हैं।

रमा कांत शर्मा

ईमेल rksharma09@gmail.com

टेलीग्राम @ramakant09

अपनी किसी आध्यात्मिक जिज्ञासा के समाधान के लिए, आप गुरुदेव से भी निम्न प्रकार से सीधा संपर्क कर सकते हैं। जिनकी कृपा और प्रेरणा से ही ये पुस्तक का लेखन पूर्ण हुआ है।

श्री तरुण प्रधान

ईमेल tarun.pradhaan@gmail.com

टेलीग्राम @TarunPradhaan

Milton Keynes UK
Ingram Content Group UK Ltd.
UKHW020745231123
433129UK00017B/1204